Sei tapfer im Leben!

Schauplatz Ludwigshafen/Rhein: Im Mai 1939 kommt Ilse Oehler zur Welt. Ihre ersten Lebensjahre: geprägt von Bombenangriffen, Fliegeralarm und Nächten im Bunker. Ihr Elternhaus: pflichtbeflissen und schweigsam. Und so beginnt für die lebenslustige junge Frau ein verzweifelter Kampf um Liebe, Anerkennung, Selbstbestimmung und ein bisschen Freiheit. Bis Ilse um sich herum eine Mauer aus Schweigen baut und die Katastrophe sich anbahnt. Ein beeindruckender historischer Roman, hervorragend recherchiert, mit vielen Originalunterlagen und Zeitungsberichten aus Ludwigshafen und Mannheim. Ein Schicksal, das exemplarisch ist für viele Kriegskinder und ihren traurigen Lebensweg. Und immer offen bleibt die Frage nach der Verantwortung...

Karin Lassen

gehört der Kriegsenkel-Generation an. Nach ihrer kaufmännischen Ausbildung in der pharmazeutischen Industrie übernahm sie verschiedene Aufgaben in Marketing, Vertrieb und Projektmanagement und war redaktionell tätig. Später qualifizierte sie sich als systemischer Coach, übernahm einige Jahre lang bundesweit Projekte im Personal- und Schulungsbereich und baute sich parallel ihr zweites Standbein rund um das Thema ‚Redaktion und kreatives Schreiben' auf. Seither verfasst sie Blogbeiträge, Webseiten Content, Rezensionen und organisiert kleinere kulturelle Events. Im Hauptberuf unterstützt und begleitet sie nach wie vor Menschen auf deren Weg der beruflichen Orientierung.

2019 erschien ihr erstes Buch ›Eine Möhre auf Weltreise‹, begleitet von kulinarischen Lesungen.

›Die Spuren der Kriegskinder. Sei tapfer im Leben!‹ ist ihr erstes belletristisches Werk. Karin Lassen stammt aus Ludwigshafen am Rhein und lebt mit ihrem Mann, einem Berufsmusiker, und ihren Katzen in Mannheim.

Sei tapfer im Leben!

KARIN LASSEN

pinguletta

DIE
SPUREN
DER KRIEGS-KINDER

Sei tapfer im Leben!

KARIN LASSEN

DIE SPUREN DER KRIEGSKINDER

ISBN 978-3-948063-22-1

1. Auflage 2021
Copyright © 2021 by Karin Lassen
© 2021 pinguletta® Verlag, Keltern.

Fotos: © Karin Lassen
Grafiken: © Patrick Müller, Helmut Speer
Covergestaltung: pipublic | Patrick Müller
Grafik Fußzeile: © Frank Fiedler/Shutterstock.com
Produktion: Helmut Speer
Lektorat: Elsa Rieger

Druck: www.druckterminal.de
KDD Kompetenzzentrum Digital-Druck GmbH
D-90439 Nürnberg * Printed in Germany 2021

www.pinguletta-verlag.de

Dein Herzlein soll immer denken an mich

Prolog. 1940

Auch wenn Hedwigs erster Impuls die Flucht war, musste sie der besonneneren Schwägerin zustimmen. Es hieß, man habe ab dem Alarm fünf bis zehn Minuten Zeit. Sollten tatsächlich Bomben fallen, dann befänden sie sich immer noch außerhalb eines Schutzraumes, aber bereits innerhalb der Häuserzeilen. Und die lagen deutlich näher am Fabrikgelände der Anilin, einem, wie Wilhelm kürzlich erklärt hatte, möglichen Angriffsziel. Hedwig war dennoch unschlüssig. Sollten sie wirklich bleiben? Mittlerweile herrschte Totenstille. Die Sirenen waren verstummt, die zuvor sich noch sanft wiegenden Baumkronen schienen erstarrt. Kein Vogelgezwitscher, Bienensummen, Wellengeplätscher oder Flügelschlagen war mehr zu vernehmen. Ilses Geschrei und Dorotheas Wimmern waren angespanntem Schweigen gewichen. Für einen Moment schien Hedwig Zeit und Raum zu vergessen.

In die Stille hinein schlich sich ein entferntes, gleichförmig anschwellendes Brummen, ähnlich dem sanften, lang gezogen Ton einer tiefen Cello-Saite.

Ein C? Ein tiefes C? War das möglich?, dachte Hedwig.

»Hörst du das?«, wisperte Frieda. »Klingt wie ein Bienenvolk.«

»Müsste man nicht allmählich Flakschüsse hören?«, fragte Hedwig nach kurzer Pause und schüttelte ihre irrationalen Überlegungen hinsichtlich der Tonlage ab.

»Ich glaube, die fliegen zu hoch für die Geschütze«, erwiderte Frieda in das immer deutlichere Summen hinein, das nun eher einem Hornissen- denn einem Bienenschwarm glich. »Schau mal, da hinten sind sie. Lauter schwarze Punkte in Reih und Glied.«

»Ich sehe sie! Meine Güte, die ziehen jetzt weiter runter. Erkennst du das auch?«

Frieda folgte Hedwigs Blick und beobachtete ebenfalls die Formation der sich von Westen nähernden, feindlichen Flugzeuge. Murmelnd zählte sie zwanzig Stück, es konnten sogar einige mehr sein. Ganz eindeutig ließ sich das nicht feststellen. »Stimmt. Aber die kommen nicht auf uns zu. Ich glaube, sie fliegen links an uns vorbei.«

Hedwig verfolgte die Flugbahn, angespannt und furchtsam. Der sich zunächst kontinuierlich steigernde Summton hatte seinen Zenit erreicht und schwoll nun wieder ab. »Die halten auf das Werk Oppau zu!«

Sekunden später hörten sie einzelne entfernte Detonationen. Die Bomber hatten sich ihrer unheilvollen Fracht entledigt, erneut nach Westen beigedreht und waren ebenso schnell verschwunden wie sie gekommen waren.

Schreckgeweitete Kinderaugen in kreidebleichen Gesichtern suchten schweigend die Blicke ihrer Mütter.

Teil 1

Denn die einen sind im Dunkeln
und die andern sind im Licht
und man siehet die im Lichte
die im Dunkeln sieht man nicht.

Bertolt Brecht, ›Die Dreigroschenoper‹

11. Mai 2014

»Los jetzt, Markus. Trödel nicht herum. Du weißt genau, dass Mama gleich unten vor der Tür wartet. Ich will nicht zu spät kommen.«

»Wir haben genug Zeit. Die Fahrt dauert zehn Minuten, du brauchst nicht drängeln.«

»Und die Baustelle auf der Rheinbrücke? Man weiß nie, ob man da gut durchkommt.« Birgit lief nervös von der Wohnungstür zum Bad und zurück, bereits fix und fertig angezogen, während sich Markus in aller Seelenruhe rasierte.

»Ich bin fast so weit. Nur die Schuhe anziehen.«

Markus warf ihr einen gereizten Blick zu, als er sich endlich die Schnürsenkel band.

Es war immer das Gleiche. Birgits Mutter war überpünktlich. Bei ihren seltenen Besuchen traf sie üblicherweise fast eine halbe Stunde früher ein, aus lauter Angst, zu spät zu kommen. Holte man sie daheim ab, stand sie bereits minutenlang in der Kälte herum. Man könnte ja genauso gut läuten und dann auf sie warten. Aber nein …

Dass sie damit andere Leute regelmäßig unter Druck setzte, konnte man ihr nicht klarmachen. Und Birgit verfiel jedes Mal in unerträgliche Hektik, wenn ein Treffen mit ihrer Mutter Ilse anstand.

»Was habe ich dir gesagt, da steht sie«, rief Birgit ärgerlich aus.

Auf die Minute pünktlich hielt Markus vor Ilses Haus. »Meine Güte, wie sieht sie denn aus?!« Er musterte die schmale Gestalt am Treppenaufgang, die sich mühsam von der Wand löste.

Auch Birgit war entsetzt. Sie hatte ihre Mutter an Weihnachten zuletzt gesehen. Da wirkte sie krank, klagte über Rückenschmerzen. Seither schien sie um die Hälfte geschrumpft.

Sie sprang aus dem Auto. »Alles Gute zum Geburtstag, Mama.« Während sie Ilse umarmte, spürte sie jeden einzelnen Knochen am fragilen Körper ihrer Mutter. »Geht es dir nicht gut? Was ist denn los?« Ganz zart drückte sie sie an sich, wagte kaum, sie fester zu umfangen, aus Sorge, sie könnte etwas zerbrechen.

»Ach, es geht schon. Ich habe nur Rückenschmerzen.« Ilse winkte ab. Zumindest ließ sie zu, dass Birgit ihr den Arm reichte und sie die paar Schritte zum Auto geleitete. Das Gehen fiel ihr sichtlich schwer. Beim Einsteigen erschauerte sie, ein stechender Schmerz schien Ilse zu durchfahren, Birgit spürte das Erbeben.

Ihr stiegen Tränen in die Augen. Sie warf Markus einen besorgten Blick zu, den dieser ebenso betroffen erwiderte. Wie hatte sich ihre Mutter in den letzten Wochen verändert.

Auf der kurzen Fahrt zum Restaurant versuchte Markus, die beiden Damen aufzuheitern. Ilse reagierte gewohnt schlagfertig auf seine flapsigen Bemerkungen und bald herrschte eine fröhliche Stimmung.

»Jede Wette, du wirst wieder deine alljährlichen sauren Nieren bestellen. Habe ich recht, Ilse?«

»Na klar, ich kann doch nicht zulassen, dass du die Wette verlierst! Lass mich raten. Du freust dich auf ein Steak mit Kräuterbutter und Bratkartoffeln.«

»Volltreffer. Daheim bekomme ich so etwas leider nie.«

»Niemand hält dich davon ab, zu Hause ein Steak zu essen«, warf Birgit in gespielter Empörung ein. »Wenn du mir einen Fisch zubereitest, brate ich dir ein Steak.«

»Den Fisch bekommst du, das Steak brate ich mir lieber selbst. Das ist eine Wissenschaft für sich, davon hast du keine Ahnung, du Gemüsefetischistin«, witzelte Markus.

Nach etwa zwanzig Minuten erreichten sie das Restaurant in heiterer Stimmung. Markus hielt direkt vor dem

Eingang. »Steigt schon mal aus, ich suche einen Parkplatz und komme nach.«

Birgit öffnete ihrer Mutter die Autotür und beobachtete sie beim Aussteigen. »Mama, du hast ja gar keine Strümpfe an! Es ist doch viel zu kalt!«

Irritiert blickte Ilse auf die nackten Füße in den ausgetretenen Mokassins. »Das war mir vorhin zu beschwerlich.«

Offenbar war ihr alles zu beschwerlich, denn sie stöhnte, als sie sich an Birgits Arm klammerte. Langsam gingen sie die wenigen Meter zum Eingang, konzentriert setzte Ilse einen Fuß vor den anderen, tapsend, unsicher.

»Mama, das gefällt mir gar nicht.«

»Es ist nur der Rücken. Ich brauche einfach eine Weile nach dem Sitzen«, stöhnte Ilse.

Birgit musste die Erklärung hinnehmen; sie kannte ihre Mutter, wusste, es hatte im Moment keinen Sinn zu insistieren. Außerdem wollte sie ihr einen unbeschwerten Abend bereiten. Ein fünfundsiebzigster Geburtstag war etwas ganz Besonderes. Hoffentlich fand Markus bald einen Parkplatz. Dankbar hatte sie das rücksichtsvolle Verhalten ihres Mannes zur Kenntnis genommen. Es war ihm nicht entgangen, dass Ilse kaum zehn Schritte gehen konnte.

Während der Kellner sie zum reservierten Tisch geleitete, eilte Markus schon mit dem schönen Blumenstrauß und ihrem sorgsam ausgewählten Geschenk herbei. Die Mutter orderte noch im Stehen für jeden ein Glas Prosecco, Markus bat um eine Blumenvase. Endlich nahmen sie Platz, Ilse mit einem leisen Aufstöhnen. Die für die Witterung zu dünne Jacke wollte sie zunächst nicht ablegen. »Mir ist etwas kühl.«

Der Kellner brachte die Gläser mit Prosecco und die Blumenvase. »Sehr zum Wohl und alles Gute.« Er zog sich lächelnd zurück.

»Kommt, lasst uns anstoßen.« Ilse hob ihr Glas.

»Noch mal alles Liebe und Gute zum Geburtstag!«, Markus stieß sein Glas mit einem zarten Klingen an ihres.

»Ich danke euch, Kinder. Es ist schön, mit euch zusammen zu sein.« Sie lächelte glücklich. »Und so schöne Blumen!«

Birgit war froh, dass ihre Wahl auf ein kleines Gebinde gefallen war. Die Bodenvase hätte Ilse in ihrer augenblicklichen Verfassung nie und nimmer füllen und an den Platz zwischen Kiefernholzkommode und Heizkörper, dem traditionellen Ort für alle Weihnachts-, Oster- und sonstigen großen Sträuße, schleppen können.

»Schau mal, es sind Maiglöckchen dabei, deine Lieblingsblumen«, machte sie das Geburtstagskind auf die süß duftenden, kleinen Köpfchen inmitten der leuchtenden Tulpen aufmerksam. »Die letzten Jahre waren sie an deinem Ehrentag immer verblüht, aber diesmal haben sie auf dich gewartet.«

Ilse schnupperte andächtig und freute sich offenkundig. »Sie sind wunderschön, danke, Birgit.«

Markus schob das kleine Päckchen über den Tisch. »Hier ist noch etwas, willst du es gleich auswickeln oder hebst du dir das zum Nachtisch auf?« Seine Augen wanderten mit hungrigem Blick in Richtung Speisekarte und Birgit verbiss sich ein Schmunzeln.

»Ich genieße die Vorfreude noch ein bisschen«, Ilse zwinkerte und nestelte nach ihrer Lesebrille. »Lasst uns erst einmal bestellen.«

Während Markus und Ilse die Karte studierten, betrachtete Birgit ihre schmächtige Mutter, die auf der Bank herumrutschend eine bequemere Sitzposition suchte, heimlich etwas genauer. Irgendetwas stimmte einfach nicht. Wieso trug sie keine Strümpfe? Seit wann war ihr das Anziehen zu beschwerlich? Der sandfarbene Wollblazer über dem dunklen Pullover umhüllte die knochigen Schultern, die Birgit bei der Umarmung ertastet hatte, die Ärmel schlotterten um viel zu schmale Handgelenke. Am Revers erblickte Birgit einen Fleck.

Die langgliedrigen Hände waren von deutlich sichtbaren blauen Adern durchzogen, die Finger schienen nur aus

Sehnen und Knöchelchen zu bestehen. Sie wirkten unglaublich zerbrechlich, fast wie Vogelfüßchen. Die etwas zu langen Fingernägel waren wie gewöhnlich lackiert, doch die dezente Farbe blätterte am Nagelende ab und verlief unschön am Mond ins Nagelhäutchen hinein.

Den Kopf bedeckte das übliche Stoffhütchen – ein Accessoire, auf das Ilse seit Jahren nicht verzichtete. Im Alter von knapp fünfzig hatte sie aufgrund einer allergischen Reaktion fast alle Haare verloren. Seither umhüllte ihre Kopfhaut nicht viel mehr als ein zarter Flaum. Lediglich im Nacken und an den Seiten wuchsen die immer schon sehr feinen Haare normal nach. Zu wenig, um sie in eine ansprechende Façon zu bringen. Ilse stutzte sie daher regelmäßig mit einer kleinen Schere akkurat zurecht. An diesem Abend lugten eher wirre Strähnchen unter dem Hut hervor. Sie waren noch von warmem Braun, in das sich ganz vereinzelt etwas Grau stahl. Im Gegensatz zu den Kormanns, die allesamt im Alter von dreißig Jahren fast vollständig ergrauten – inklusive Birgit, die dieses genetische Erbe ihres Vaters verfluchte und sich daher seit Langem mit monatlichem Färben behalf – behielten die Oehlers bis ins hohe Alter ihre naturbraune Haarfarbe.

Obwohl Ilse Ohrringe über alles liebte und das Haus so gut wie nie ohne schlichte, silberne Hängerchen verließ, hatte sie heute anscheinend vergessen, ihren Lieblingsschmuck anzulegen. Alles in allem vermittelte sie ein nachlässiges Erscheinungsbild. Ungewöhnlich. Schmerzlich. Birgits forschendem Blick entgingen auch nicht die eingefallenen Wangen ihrer Mutter. Die fahle, von winzigen roten Blutgefäßen durchzogene Haut spannte über den Wangenknochen, die Augen quollen leicht aus tiefliegenden Höhlen hervor. Ilse schien sämtliches Fettgewebe verloren zu haben. Es ging ihr nicht gut, das war klar. Nur, was fehlte ihr?

»Habt ihr euch entschieden? Wollen wir bestellen?«, fragte Ilse mit gespannter Miene in die Runde.

Der Kellner schien ihr Anliegen erahnt sowie Birgits und

Markus' zustimmendes Nicken registriert zu haben, eilte herbei und nahm die Bestellung auf.

Die Wartezeit auf saure Nieren, das Spargelgericht und Markus' Steak verkürzte Ilse mit Geburtstagspost, die sie aus der Tasche kramte und Birgit zum Lesen weiterreichte. Wie jedes Jahr hatten ein früherer Außendienstkollege, Birgits Vater und eine ehemalige Nachbarin Glückwünsche geschickt. Sogleich waren die beiden Damen in gemeinsame Erinnerungen vertieft, tauschten Anekdoten aus und lachten bei den üblichen Weißt-du-noch-Geschichten.

Birgit warf Markus einen kurzen Blick zu. Er saß bequem zurückgelehnt und betrachtete seine Schwiegermutter prüfend und schweigend. Sie selbst bemerkte, dass Ilse im Gespräch geradezu aufblühte, sogar etwas Farbe im Gesicht bekam.

Bald standen wohlgefüllte Teller mit duftenden Speisen auf dem Tisch. Markus stürzte sich hungrig auf sein zartrosa gebratenes Steak zu knusprigen Bratkartoffeln, Birgit schwelgte in ihrem heiß geliebten Spargel zum Pfannkuchen, und Ilse stocherte in den sauren Nieren, nahm eher lustlos ein Häppchen, nippte am Weinglas, kämpfte merklich mit ihrer Portion.

»Schmeckt es dir nicht, Mama?«, erkundigte sich Birgit schließlich mit besorgtem Blick, von ihrem mittlerweile leeren Teller aufblickend.

»Doch, doch, aber es ist zu viel.«

»Du hast kaum einen Bissen genommen«, mischte sich Markus mit erhobener Augenbraue ein.

»Lass mal, ich habe keinen großen Hunger. Esst ihr schön, ich bin satt. Wollt ihr Nachtisch?«

»Ich fürchte, den schaffen wir nicht mehr. Lasst uns lieber einen Espresso trinken. Für dich auch, Mama?«

»Hm, nein, ich glaube nicht.«

»Wie wäre es mit einem Ouzo oder einem Likör?«

»Auf keinen Fall! Ich hatte Sekt mit euch und hier mein Glas Wein. Das reicht. Mehr vertrage ich nicht.«

Kurz darauf schlürften Birgit und Markus den starken,

süßen Espresso und beobachteten Ilse bei ihrem Bemühen, mit leicht zittrigen Händen die lose gebundene Schleife von ihrem Geburtstagspäckchen zu lösen. Markus griff kurz entschlossen zu seinem Taschenmesser und durchtrennte das Bändchen, wofür er Ilses dankbaren Blick erntete.

»Oh, was ist das denn?« Ilse versuchte vergeblich, die kleinen Buchstaben zu entziffern.

Birgit las vor: »Ein geheimnisvoller Komponist, zwei Weltstars auf musikalischer und literarischer Spurensuche. Ein Hör- und Lesegenuss von Cecilia Bartoli und Donna Leon.« Auf Ilses fragenden Blick hin erläuterte sie: »Es ist ein Krimi von Donna Leon und eine CD von Cecilia Bartoli in einem Schuber. Du hattest vor längerer Zeit einmal so begeistert von Cecilia Bartoli gesprochen. Weißt du noch?«

»Tatsächlich? Daran kann ich mich jetzt gar nicht erinnern. Dankeschön, Liebes. Ich schaue es mir daheim an.«

»Ich habe mir das Buch ebenfalls gekauft. Spannend! Wenn du die CD gehört hast, musst du mir davon erzählen. Ich kannte Cecilia Bartoli bislang nicht.«

Ilse betrachtete irritiert ihr Geschenk, legte es schließlich zur Seite und entschuldigte sich. Angestrengt bewegte sie sich aus ihrer Ecke heraus, blickte sich suchend um und machte sich auf wackeligen Beinen und mit gebeugtem Rücken in Richtung Theke auf.

»Die Toiletten sind gleich da vorn rechts«, erriet Markus ihre Gedanken, ehe Birgit etwas sagen konnte.

Während sich Ilse mit zaghaften Schritten entfernte, strich Birgit gedankenverloren über das Geschenk. »Komisch, sie scheint sich gar nicht darüber zu freuen. Dabei hatte sie mir erst an Weihnachten von Cecilia Bartoli erzählt. In irgendeiner ihrer Zeitschriften hatte sie über sie gelesen. Und jetzt kommt es mir vor, als höre sie den Namen zum ersten Mal.«

Markus schien nach Worten zu suchen, drehte sein Glas und beobachtete die Abdrücke, die es dabei auf der Tischdecke hinterließ.

»Ich bin gar nicht sicher, ob sie das Buch lesen wird«,

fuhr Birgit fort. »Dabei habe ich diesmal extra ein ganz schmales gekauft. Das letzte mochte sie nicht, es war zu dick und zu schwer. Sie meinte, sie könne es schlecht halten.«

»Kein Wunder. Sie hat ja kaum ausreichend Kraft, um das Besteck zu halten. Vermutlich wird sie auch dieses zur Seite legen. Und nicht nur, weil sie so schwach ist.« Markus warf ihr einen ernsten Blick zu. »Ist dir denn nicht aufgefallen, dass sie eigentlich ausschließlich von ihren Heile-Welt-Blättchen erzählt? Sie spricht im Grunde nur noch von Königskindern und Hundebabys.«

»Was redest du denn da? Sie hat immer gern gelesen! Wir haben oft sonntags zusammengesessen, jede mit einem Buch vor der Nase. Und die Woche darauf haben wir getauscht.«

»Birgit, das ist Jahre her. Deine Mutter hat sich verändert. Das weißt du doch. Sie interessiert sich für nichts mehr. Wie oft hast du darüber geklagt. Eure Telefonate laufen immer nach dem gleichen Schema ab. Du fragst, was sie die Woche über getan hat, ob sie genug isst, machst ihr Rezept-Vorschläge für kleine Gerichte und willst dich mit ihr auf einen Kaffee in der Stadt verabreden, was sie regelmäßig ablehnt. Sie berichtet von irgendeiner Tierkindergeschichte aus einer Zeitschrift, einem Telefonat mit einer früheren Kollegin und dem täglichen Einkauf, der ihr schwerfällt. Dann bietest du ihr an, ihr zu helfen, was sie ebenfalls ablehnt. Und am Ende bist du enttäuscht darüber, dass es so wenig zu sagen gibt, sie jegliche Hilfe ausschlägt und wünschst ihr eine angenehme Zeit bis zu ihrem nächsten Anruf, den sie wie üblich sonntags um dreizehn Uhr dreißig tätigen wird.«

»Sie freut sich über gar nichts, oder?«

»Sie freut sich, wenn sie dich sieht. Das dürfte aber auch alles sein. Ich habe es dir schon einmal gesagt, sie wartet nur auf den Tod.«

»Das ist blanker Unsinn!«

»Ist es nicht. Schau sie dir mal genau an! Haut und Knochen, absolut keinen Appetit, außerdem hat sie Schmerzen. Birgit, deine Mutter ist krank! Irgendwann liegt sie in ihrer Wohnung, und niemand kann ihr helfen. Du musst sie überzeugen, dass sie dir einen Schlüssel gibt, damit du notfalls nach ihr schauen kannst. Sie kommt nicht mehr allein klar, das sieht doch ein Blinder.«

»Sie wird es ablehnen. Jede Wette. Es ist immer das gleiche Drama mit ihr. Sie braucht niemanden, kann alles allein, will unabhängig sein. Das war seit jeher so. Sie ist furchtbar stur. Ich versuche es. Du musst mir aber dabei helfen, vielleicht hört sie ja auf dich.«

»Auf mich hört sie erst recht nicht. Doch da nützt jetzt kein Bitten, du musst etwas bestimmter auf sie einwirken.«

»Ich müsste sogar noch einen Schlüssel haben«, überlegte Birgit. »Früher habe ich die Blumen gegossen, wenn sie verreiste.«

»Na also. Dann ist zumindest dieses Problem gelöst. Da kommt sie. Schau hin, wie sie geht. Das kann man ja kaum mit ansehen!«

Tippelnd erreichte Ilse den Tisch und nahm mühsam wieder in ihrer Bankecke Platz. »Es war schön mit euch, aber ich möchte jetzt heim. Ich muss mich hinlegen, das Sitzen tut mir nicht gut.«

»Willst du uns nicht sagen, was mit dir los ist? Ich mache mir Sorgen, Mama.«

»Ach, es ist nur der Rücken. Mir fehlt nichts weiter.«

Auf Birgits auffordernden Blick hin ergriff Markus sanft Ilses kraftlose Hand. »Das stimmt nicht. Wir wissen doch alle, dass dir nicht allein der Rücken Probleme bereitet. Mit dem hast du bereits an Weihnachten gekämpft. Wäre da nur ein Nerv eingeklemmt gewesen, müsste sich das längst gebessert haben. Stattdessen scheint es dir sehr viel schlechter zu gehen. Was sagt denn der Arzt?«

Nach kurzem Schweigen meinte Ilse nervös, dass dieser keine Erklärung habe. Birgit wollte diese Aussage nicht akzeptieren und bat sie eindringlich, sich damit nicht zufriedenzugeben. Vor allem ihren unsicheren Gang und ihre sichtbare körperliche Schwäche hielten sie und ihr Mann für bedenklich. Während Birgit und Markus wechselnd Argumente für eine umfangreichere Untersuchung vortrugen und sie vor den Gefahren eines weiteren körperlichen Abbaus warnten, wurde Ilses Miene immer verschlossener. Schließlich erklärte sie in scharfem und bestimmtem Tonfall, dass dies ausschließlich ihre eigene Angelegenheit sei.

»Mama, jetzt sei bitte nicht so stur!«, rief Birgit erregt aus. »Was ist denn, wenn du noch schwächer wirst und daheim stolperst? Du wirst eines Tages hinfallen und nicht allein aufstehen können. Dass du das Telefon erreichst, ist eher unwahrscheinlich. Und dann liegst du da und niemand kann dir helfen. Willst du das etwa?«

»Das ist ganz allein meine Sache!«

»Aha? Und irgendwann komme ich dann vorbei, weil du auf Anrufe nicht reagierst, und finde dich tot auf. Ist das dann immer noch allein deine Sache?!« Wie starrsinnig ihre Mutter sein konnte!

Lautes Schweigen breitete sich am Tisch aus. Ilse schaute zunächst angespannt an den beiden vorbei, ehe sie Birgit mit einem lodernden Blick bedachte. »Das wird nicht passieren, du kommst ja nicht rein.«

»Und wieso nicht?«

»Du hast keinen Schlüssel.«

»Doch, ich habe einen von früher.«

»Der passt nicht mehr. Ich habe das Schloss austauschen lassen.«

»Wieso das denn? Wann?«

»Vor drei Wochen. Seit du bei mir warst.«

Verblüfft schwieg Birgit einen Moment. Was redete Ilse da? Allmählich wechselte ihre Sorge in Angst. »Wie bitte? Ich war vor drei Wochen bei dir? Das träumst du doch. Seit Jahren lehnst du jeglichen Besuch ab.«

»Du warst ja auch nicht zu Besuch, du bist heimlich gekommen. Dachtest du, ich bemerke das nicht?«

»Das kann nicht dein Ernst sein. Warum sollte ich denn heimlich deine Wohnung betreten?«

»Weil du mich kontrollieren willst, das ist vollkommen klar!«

Birgit war sprachlos.

»Sag mal, woran hast du eigentlich festgestellt, dass Birgit angeblich in deiner Wohnung war?«, wollte Markus nun mit ruhiger Stimme wissen.

»Na, ich habe die Münzen gefunden. Ich bin schließlich nicht blind!«

Fassungslos starrte Birgit ihre Mutter an. »Die Münzen?«

»Jetzt tu nicht so. Du hast eine deutliche Spur Münzen von der Wohnungstür bis ins Schlafzimmer gelegt.«

Birgit war den Tränen nahe. »Mama, das kannst du nicht wirklich glauben. Warum, um Himmels willen, sollte ich heimlich deine Wohnung betreten und dann sogar noch eine Spur Münzen hinterlassen?«

»Na gut, vielleicht hast du sie nicht absichtlich hingelegt. Vielleicht hast du sie ja verloren. Die Spur war jedenfalls ganz eindeutig«, beharrte Ilse.

»Könnte es nicht sein, dass du sie selbst verloren hast?«, gab Markus vorsichtig zu bedenken.

»Nein, ich habe meinen Geldbeutel überprüft. Ich weiß immer ganz genau, wie viel Kleingeld sich darin befindet. Es war vollständig«, erklärte Ilse eigensinnig.

Markus runzelte die Stirn. »Gesetzt den Fall, da waren wirklich Münzen, die nicht dort hingehörten. Wie kannst du so sicher sein, dass sie von Birgit stammen?«

»Weil Birgit als Einzige einen Schlüssel hatte!«, triumphierte Ilse. »Damit ist jetzt Schluss, das Schloss ist ausgetauscht. Ich lasse mich nicht kontrollieren.«

»Ich glaube, du missverstehst deine Tochter. Sie will dich nicht kontrollieren. Sie macht sich Sorgen, hat Angst um dich, will dich nicht verlieren«, versuchte Markus zu beschwichtigen, wofür Birgit dankbar war, denn ihr fehlten gerade die Worte. »Verstehst du das nicht?«

Ilse überlegte einen Augenblick, schien sich langsam zu beruhigen. »Doch. Ich verstehe das. Aber ich will es nicht.

Ich will nicht, dass sich jemand in mein Leben einmischt. Ich entscheide selbst, was gut für mich ist.«

Birgit riss sich zusammen und sagte liebevoll: »Niemand will dir dein selbstbestimmtes Leben nehmen, Mama. Wir wollen lediglich ein bisschen dazu beitragen, dass du es auch weiterhin führen kannst. Es ist doch offensichtlich, dass dir manche Dinge zurzeit sehr schwerfallen oder nicht mehr möglich sind. Du hast keine Kraft, warum sollte also nicht jemand anderes deinen Einkauf nach Hause tragen? Oder für dich staubsaugen oder die Gardinen waschen. Solche Dinge eben. Das hat nichts mit Einmischung zu tun. Du sollst es einfach bequem haben. Und gib mir bitte für den Notfall einen Schlüssel. Ich habe den alten in all den Jahren nicht ungefragt benutzt und werde das künftig genauso wenig tun. Es wäre nur zur Sicherheit. Und ich könnte dich zum Arzt begleiten. Man muss die Ursache deiner Schmerzen finden. Du willst doch nicht ewig so leiden müssen.«

Ilse schien mit sich zu kämpfen. Ihr eben noch herausfordernder Blick wurde unsicher, die Hände wanderten unruhig auf der Tischdecke hin und her. Schließlich atmete sie tief durch. »Ich möchte nicht, dass du mich zum Arzt begleitest. Ich kann sehr gut selbst auf mich aufpassen. Es ist lieb von dir, dass du mir helfen willst, aber ich brauche keine Hilfe. Das habe ich dir oft genug gesagt, doch du fängst immer wieder damit an. Bitte akzeptiere endlich, dass ich von niemandem abhängig sein und erst recht niemandem zur Last fallen will. Ich bin sehr stolz auf dich, aber du lebst dein Leben, und ich lebe meines. Damit du dir jetzt nicht länger Sorgen machst, verrate ich dir, dass ich darüber nachdenke, demnächst ins Krankenhaus zu gehen. Der Arzt hat es mir geraten, damit dort nach der Ursache meiner Schmerzen geschaut wird. Ich habe mich vorerst nicht entschieden, werde es dich aber zu gegebener Zeit wissen lassen.«

»Das ist eine gute Idee. Du solltest nicht länger darüber nachdenken, mach es!«, riet Markus.

»Ich überlege noch. Dabei belassen wir es jetzt. Und

bevor du wieder fragst, nein, ich will nicht, dass jemand mitkommt.«

Die abweisende Haltung ihrer Mutter schmerzte Birgit. Warum konnte sie nicht ein einziges Mal über ihren Schatten springen und Nähe zulassen? Sie fühlte sich zurückgestoßen, wie so oft. Dennoch. Hauptsache, Ilse ließ sich auf eine Untersuchung im Krankenhaus ein. »Wie du meinst, ich werde dich nicht drängen. Überlege dir bitte noch einmal, ob du mir nicht doch einen Schlüssel geben willst. Dann versorge ich in deiner Abwesenheit zumindest die Pflanzen.«

»Die Pflanzen«, lachte Ilse bitter auf, »muss niemand mehr versorgen«, und setzte auf Birgits erstaunten Blick hin nach, »alle vertrocknet.« Sie wollte sich offenbar keinen weiteren Fragen aussetzen und quälte sich aus ihrer Bankecke heraus. »Kommt jetzt bitte, lasst uns gehen.«

* * *

Mühsam kämpfte sich Ilse die Treppe zu ihrer Wohnung hinauf. Sechzehn Stufen, unterbrochen durch einen Treppenabsatz, auf dem sie, schwer atmend an die Wand gelehnt, eine kurze Verschnaufpause einlegte. Beine und Rücken schmerzten unerträglich. Wann hatte sie den Weg zuletzt ohne Pause geschafft? Widerwillig wischte sie diesen Gedanken beiseite und plagte sich die letzten Schritte bis zur Wohnungstür, den Schlüssel rechts in der zitternden Hand, die Taschenlampe griffbereit in der Jackentasche links. Geschafft. Der neue Schlüssel glitt leicht ins Schloss. Anders als der alte, da hatte sie meist mehrere Versuche benötigt, bis er exakt im Hohlraum saß. Sie öffnete sachte, zog den Schlüssel heraus und leuchtete mit der Taschenlampe in den Türspalt. Erleichtert stellte sie fest, dass niemand während ihrer Abwesenheit die Wohnung betreten hatte. Die leere PET-Flasche, auf die die Wohnungstür nach geschätzten zwanzig Zentimetern traf, stand unversehrt an ihrem Platz. Ilse schob die Tür weiter auf, um die Wohnung betreten zu können, und die Flasche fiel knisternd um. Sie würde sie nachher wieder aufstellen.

Sie verschloss die Tür von innen, stützte sich mit der linken Hand an der Wand ab und ging die wenigen Schritte im Schein der Taschenlampe den dunklen Flur entlang ins Wohnzimmer. Die Flurbeleuchtung war seit Langem defekt. Sie konnte die Birne der Deckenlampe nicht wechseln, dazu müsste sie auf eine Leiter steigen. Ausgeschlossen. Aber sie hatte vorgesorgt. Auf der kleinen Ablage neben der Eingangstür standen in gerader Linie aufgereiht drei funktionsfähige Taschenlampen. Eine vierte befand sich im Weidenregal im Schlafzimmer, auf der anderen Seite des Flurs, am Kopfende ihres Bettes. Genau neben der Leselampe und Birgits Kinderbild in seinem dunkelbraunen Standrahmen. Im Wohnzimmer, links neben ihrer Sitzkuhle, die sich im Lauf der Jahre auf dem ehemals dunkelgrünen Zweisitzer-Sofa gebildet hatte, lagen in einer Olivenholzschale, dem Mitbringsel eines Familienurlaubs in Nordspanien in den frühen Siebzigern, zwei weitere Taschenlampen sowie eine Schachtel Ersatzbatterien parat. Die Lampe, die ihr gerade den Weg leuchtete, würde sie nachher, wenn sie zu Bett ging, an die Klinke der Wohnungstür hängen. Dann hatte sie sie griffbereit, sobald sie das Haus verließ.

Im Wohnzimmer angekommen, tastete sie nach dem Lichtschalter. Die Lampe mit dem Korbschirm verbreitete sogleich ein warmes, gedämpftes Licht. Die zartduftenden Blümchen legte sie auf den niedrigen Tisch. Sie musste darüber nachdenken, wie sie sie am besten versorgte. Die Vasen warteten seit Jahren unbenutzt und fast vergessen in dem zierlichen Schrank im Schlafzimmer, ihrem ersten Einrichtungsstück, das sie sich 1961 gekauft hatte, bald nach der Trennung von ihrem ersten Ehemann Fred. Ihre Eltern hatten ihr das nötige Geld geliehen. Das dazu passende Regal hatte sie Birgit geschenkt, als die 1989 von daheim auszog.

Sie überlegte einen Augenblick. Ausgeschlossen, sie konnte keine Vase hervorholen. Vor der Schranktür lagerten

Zeitungen, die sie fürs Altpapier gerichtet hatte. Die Container waren ja immer voll, sodass der Stapel mittlerweile ziemlich angewachsen war. Sie würde ihn heute Abend nicht mehr zur Seite schieben. Vielleicht fand sie ein anderes geeignetes Behältnis. Andernfalls könnte sie den Strauß am nächsten Tag den beiden jungen Inhaberinnen des Kosmetikstudios im Erdgeschoss schenken.

Ihre Tochter schien nicht zu wissen, dass die Vasen nicht griffbereit waren. Dann war sie wohl wirklich nicht in ihrer Wohnung gewesen. Aber wer hatte die Münzen ausgelegt? Oder wollte Birgit von dem heimlichen Besuch ablenken und hatte die Blumen gekauft, obwohl sie wusste, dass sie nicht an die Vasen herankam? Nein, das traute sie ihr nicht zu.

Langsam entledigte sie sich ihrer Kleidung. Den Blazer hängte sie auf einen Bügel an den Haken an der Wohnzimmertür, die bequeme Hose mit dem Zugbund und dem praktischen Aufhänger kam direkt darunter, der Rest wanderte auf das Sofa und gesellte sich dort zu anderen achtlos abgelegten Dingen. Eine Einkaufstasche mit defektem Reißverschluss, ein Wolltuch, die blaue Handtasche mit den bunten Bordüren, die pfirsichfarbene Bluse aus Mikrofasergewebe, die man nie bügeln musste, ein paar Zeitschriften, eine leere Medikamentenpackung. Sie nahm sich vor, etwas aufzuräumen, bevor sie den Untersuchungstermin im Krankenhaus wahrnahm. Sie versprach sich zwar von dem Aufenthalt dort keine echte Hilfe, die Prognose des Arztes ließ in dieser Hinsicht kaum Zweifel zu. Vielleicht könnte man wenigstens die Schmerzen lindern, die sie seit Monaten quälten. Sie wusste, dass sie Birgit gegenüber nicht ehrlich war, obwohl sie es ihr stets versprochen hatte. Doch das schlechte Gewissen wischte sie schnell beiseite. Es war ihr Leben, sie duldete keine Einmischung.

Niemals mehr würde sie zulassen, auf andere angewiesen zu sein. Niemals mehr würde sie erlauben, dass andere über ihr Wohl bestimmten. Niemals mehr.

Fröstelnd kuschelte sie sich in den warmen Schlafanzug, den sie vom Haken an der Badtür gegenüber dem Eingang abgenommen und sich auf dem Weg durch den Flur bereits über den Arm gelegt hatte. Sie hoffte, schnell müde zu werden, dann könnte sie schlafen gehen. Im Bett liegend fühlte sie sich am wohlsten. Jedoch nur, wenn sie ihre Gedanken abschalten konnte.

Sie zündete sich eine Zigarette an, nahm einen tiefen Zug und drehte den losen Verschluss der kleinen Weinbrandflasche auf. Zwei oder drei Schlucke, dann wäre sie leer. Ilse würde sie später mit ins Schlafzimmer nehmen und in die Reihe der übrigen leeren Flaschen stellen. Vor dem Zeitungsstapel am Schrank warteten sie darauf, zum Glascontainer gebracht zu werden. Die Großen hinten, die Kleinen fein säuberlich davor.

Ilse hatte sich sehr auf den Abend mit Tochter und Schwiegersohn gefreut. Sie sah die beiden viel zu selten. Sie wusste, es lag nur an ihr. Wie oft hatte Birgit Verabredungen vorgeschlagen. Einen Stadtbummel, einen Theaterbesuch oder einfach eine Plauderei im Café. Im Lauf der Zeit wurden die Einladungen zu gemeinsamen Unternehmungen seltener, da sie vermutlich ahnte, dass Ilse ohnehin ablehnen würde. Sie hätte Birgit natürlich erklären können, dass ihre Schmerzen sie im Haus hielten, aber dann wäre sie ihrer Sorge und den Fragen nicht mehr entkommen. Nein, so schien es besser. Bis heute. Es war ihr nicht gelungen, ihren Zustand vollends zu verbergen. Und prompt musste Birgit sich einmischen, anstatt sie in Ruhe zu lassen. In der Beziehung ähnelte sie ihrer Großmutter, die auch immer alles besser wusste.

Bei dem kurzen Gedanken an ihre eigene Mutter sträubte sich alles in ihr gegen die verhasste Erinnerung. Tränen bahnten sich den Weg, sie suchte in der Handtasche nach einem Taschentuch. Dabei fiel ihr Birgits Geschenk in die Hände. Stirnrunzelnd versuchte sie erneut, die kleinen Buchstaben zu entziffern und griff schließlich zur Leselupe. Cecilia Bartoli.

Sie konnte sich beim besten Willen nicht erinnern. Der Schuber mit Buch und CD landete auf dem Stapel neben ihr. Ilse schnäuzte sich die Nase, trocknete die Tränen und nahm einen Schluck vom wohltuenden Weinbrand.

Eine Spinne huschte die Wand entlang. Ah, da war sie ja wieder. Sie kannte sie, würde ihr nichts tun, ihrer Gesellschafterin in einsamen Stunden.

Zurückgelehnt folgte Ilse den Bemühungen der Spinne, die konzentriert und emsig ihr Netz ausbesserte, und gab den Kampf gegen die Erinnerung auf.

Teil 2

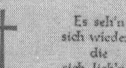

In Gottes
Ratschluß
steht
geschrieben,

Es seh'n
sich wieder,
die
sich lieb'n!

Ach, es ist ja kaum zu fassen,
Daß Du nie mehr kehrst zurück,
So jung mußt Du Dein Leben lassen
Vorbei ist unser größtes Glück.
Ein jeder der Dich hat gekannt
Und auch Dein gutes Herz,
Der drückt uns jetzt nur stumm die Hand
In diesem tiefen Schmerz.
Wenn Liebe könnte Wunder tun
Und Tränen Tote wecken,
So würde Dich gewiß nicht dort
Die fremde Erde decken.

———

Er zog so frisch von dannen
Zu schirmen Hof und Haus,
Nun ruht von allen Kämpfen
Im fremden Land er aus.

1940

Müde stieg Wilhelm die wenigen Stufen zur Wohnung empor. Ein anstrengender Arbeitstag lag hinter ihm. Der Heimweg in der bitteren Kälte dieses Januar 1940 war heute bei dem pfeifenden Wind besonders unangenehm gewesen. Gegen dessen eisig bohrenden Nadelstiche halfen weder der warme Schal noch die Wollhandschuhe, die ihm Hedwig, passend zur Mütze, zum letzten Weihnachtsfest gestrickt hatte. Er hatte einen Umweg zur Freibank-Fleischerei gemacht und dort den Bezugsschein seiner unverhofften Sonderzuteilung eingelöst. Es ging ihnen dank seiner Beschäftigung als Fabrikarbeiter in der Palatinolfabrik der I.G. Farben[1] gut, die kleine Familie litt keinen Hunger, aber ein Extra war immer sehr willkommen und sorgte für Abwechslung auf dem Speisezettel.

Im dunklen Flur erklang ein klägliches Wimmern im Wechsel mit aufwallenden Zornesschreien. Hedwig faltete in der warmen Küche frisch geplättetes Leinen. »Was ist denn los?«, fragte er mit besorgtem Blick zur Stube.

»Na, was wohl?«, seufzte Hedwig und nahm Wilhelm den Mantel ab. »Ilse muss schlafen, hat aber keine Lust dazu. Was hast du da in der Hand?«

Wilhelm berichtete von der Sonderzuteilung und reichte ihr das Päckchen.

---

[1] Mit Gründung der Interessengemeinschaft Farbenindustrie AG (kurz I.G. Farben) im Jahr 1925 gab die BASF ihre Eigenständigkeit auf und existierte fortan als Teil des Zusammenschlusses von insgesamt acht deutschen Firmen (Agfa, BASF, Bayer, Cassella, Chemische Fabrik Griesheim-Elektron, Chemische Fabrik vorm. Weiler Ter Meer, Hoechst und Chemische Fabrik Kalle). Ab ihrer Neugründung 1952 trug sie wieder den Namen BASF AG (heute BASF SE). In der Bevölkerung war und ist sie seit jeher als ›die Anilin‹ bekannt.

»Suppenfleisch! Prima, das passt zum Möhrengemüse, das es heute ohnehin gibt. Dazu Salzkartoffeln.« Während Hedwig den Tisch freiräumte, um Platz fürs Abendessen zu schaffen und sich geschäftig an dessen Vorbereitungen machte, entledigte sich Wilhelm seiner Straßenschuhe, schlüpfte in die Pantoffeln, wusch sich die Hände und ging leise zur Stube hinüber, aus der die jammervollen Geräusche drangen. Die acht Monate alte Ilse lugte mit tränennassem Gesicht unter ihrer Federdecke hervor, kaum hatte sie seine Schritte vernommen. Strahlend streckte sie ihm die kleinen Arme entgegen und wurde nicht enttäuscht. Wilhelm hob sie behutsam aus dem Bettchen, wickelte eine warme Woll-decke um sie beide und setzte sich mit ihr in den Sessel. Sanft wiegte er sie hin und her, erzählte ihr flüsternd von vereinzelt tanzenden Schneeflocken auf seinem Heimweg und zeigte ihr die Eisblumen am Fenster, die die Kleine mit großen Augen bestaunte.

»Das habe ich mir gedacht.« Hedwigs leise tadelnde Stimme riss ihn aus dem Schlaf. »So begreift sie es nie, Wilhelm. Du kannst das Kind nicht bei jedem Weinen aus dem Bett holen. Sie muss lernen, sich zu fügen. Komm jetzt, das Essen ist fertig.« Zärtlich legte Hedwig die auf Wilhelms Brustkorb friedlich schlafende Ilse wieder in ihr Bettchen. Leise verließen die beiden die Stube, in der nun einzig das Knistern des Kohleofens sowie das gleichmäßige Atmen des Kindes und seine gelegentlichen wohligen Seufzer zu hören waren.

»Sie ist doch noch so klein. Und was kann es schaden, wenn man sie ein bisschen tröstet. Nun schläft sie ja«, brummte Wilhelm.

Hedwig warf ihm einen zwar strengen Blick zu, beließ es aber dabei. Sie verstand ihn ja. Sechs Jahre hatten sie gewar-tet, bevor Ilse ihr Familienleben vervollständigte. Wilhelm hatte sich schon viel früher ein Kind gewünscht. Aber als einfacher Arbeiter ohne feste Anstellung, mal hier, mal da für Tage oder Wochen, konnte er keine Familie ernähren. Für sie beide hatte es stets gereicht, nicht zuletzt, weil Hedwig mit ihren geschickten, flinken Händen durch Näharbeiten etwas beisteuerte. Mit Kind wäre das in diesen wirtschaftlich so schwierigen Jahren jedoch schlicht unmöglich gewesen. Gut, dass er das eingesehen hatte. Im April 1937 erhielt er endlich die Festanstellung bei der I.G. Farben, der Anilin. Und 1938 durften sie dann sogar die Werkswohnung in dem gerade fertiggestellten, schmucken Block im Ludwigshafener Hemshof beziehen. Küche und Stube konnten mit einem Kohleofen beheizt werden. Lediglich im Schlafzimmer musste man auf diesen Komfort verzichten. Sie schafften es sogar, ein bisschen zu sparen. Wenn Wilhelm sich weiterhin so gut anstellte, ernannte man ihn sicherlich bald zum Vorarbeiter. Es hatte also keinen Grund gegeben, länger zu warten, schließlich wurde Hedwig nicht jünger. Einen Monat vor ihrem 29. Geburtstag brachte sie überglücklich die kleine Ilse zur Welt und machte Wilhelm zum stolzen Vater. Sein Herzenswunsch nach einer eigenen, richtigen Familie war in Erfüllung gegangen. Dass kurz darauf Krieg ausbrechen würde, hatten sie beide nicht für möglich gehalten. Für Hedwig war klar, dass es bei dem einen Kind bleiben musste. Wer wusste denn, wann der Krieg endete und ob Wilhelm nicht auch noch eingezogen würde. Wäre sie jünger, dann sähe die Familienplanung vielleicht anders aus. Aber als streng gläubige Protestantin betrachtete sie ihr Leben so, wie es war, als Gottes Wille, und nahm es entsprechend an. Sie würde als Mutter ihr Bestes geben, so wie sie es stets als Ehefrau tat. Sie hielt Wilhelm den Rücken frei, wirtschaftete sparsam, kümmerte sich um den Haushalt und nun auch um die kleine Ilse, die ja die meiste Zeit in ihrer alleinigen Obhut verbrachte und für deren Erziehung sie verantwortlich war. Sie liebte die Kleine von ganzem Herzen, selbst wenn sie sie nicht ständig verhätschelte. Dafür sorgte Wilhelm, wie sie gelegentlich innerlich stirnrunzelnd feststellte. Er war ein stiller, sensibler, zu

Schwermut neigender Mann, der es nie leicht gehabt hatte. Schmal, großgewachsen, mit hoher Stirn, braunem, feinem Haar und wässrig-grauen Augen ähnelte er seinem Vater, an den er sich jedoch kaum erinnerte. Er hatte im letzten Krieg sein Leben gelassen, als Wilhelm gerade neun Jahre alt war. Seine Mutter heiratete später wieder und gebar weitere Kinder, doch Wilhelm blieb für sich, fühlte sich nicht mehr zugehörig. Einzig zu seinem fünf Jahre jüngeren Bruder Georg hielt er einen losen Kontakt. Ansonsten ersetzten lange Zeit seine Fußballkameraden, denen er nach wie vor die Treue hielt, das fehlende Familienleben, dem er sich zwar entzogen hatte, das er aber dennoch schmerzlich vermisste.

Hedwig, lebhaft, mit ihrem widerspenstigen vollen Haar hingegen war geradezu froh gewesen, durch die Ehe mit ihrem Wilhelm dem Elternhaus zu entkommen. Sie war mit vier älteren Brüdern aufgewachsen, gegen die sie sich früh behaupten musste. Erfolgreich dank ihrer Unbeugsamkeit und ihres Temperaments – es hieß, in ihren Adern fließe ungarisches Zigeunerblut, das sie, samt dem roten Haar, von den Ahnen ihrer Großmutter geerbt hatte. Wilhelms Mangel an Durchsetzungskraft und Willensstärke konnte sie daher gut ausgleichen. Den familiären Trubel, die häufigen geschwisterlichen Auseinandersetzungen und die viele Arbeit, die ein solch großer Haushalt inklusive umfangreichem Gemüsegarten mit sich brachte, vermisste sie hingegen nicht. Sie hatte früh die Kunst der Haushaltsführung erlernt, war eine begabte Näherin und überhaupt geschickt in jeglicher Handarbeit, konnte ausgezeichnet kochen und wirtschaften – und war glücklich, diese Fähigkeiten nun ausschließlich ihrer eigenen kleinen Familie zugutekommen lassen zu können. Gemeinsam würden sie Ilse zu einem rechtschaffenen Menschen erziehen, sie schützen und behüten, ihr Liebe und Geborgenheit schenken. Hedwig würde zudem darauf achten, dass sie sich zu einem folgsamen und ordentlichen Mädchen entwickelte, das sich später im Leben als Frau gut zurechtfand.

Gedankenverloren schöpfte Hedwig Gemüse, Fleisch und Kartoffeln auf ihre beiden Teller, von denen sofort duftendheiße Dampfwölkchen aufstiegen. Das Fleisch hatte sie in einem Sud gegart, dem sie eine Zwiebel sowie etwas Sellerie und Lauch beigefügt hatte. Ein Teil davon verlieh den Möhren zusätzlichen Pfiff, die sie außerdem mit etwas Mehlschwitze gebunden und mit Petersilie bestreut hatte. Der Rest der Brühe würde morgen als Basis für die Erbsensuppe dienen. Für Ilse hatte sie Gemüsebrei aus einer kleinen Portion der Möhren, die sie separat in salzarmer Brühe weich gekocht hatte, vorbereitet. Morgen wollte sie das Gemüse dann abgießen, durch ein Sieb streichen, eine Einbrenne aus Mehl und etwas Margarine zubereiten, mit dem Gemüsewasser ablöschen und den durchgetriebenen Möhrenbrei darin nochmals kurz aufkochen.

Genussvoll schweigend nahmen sie ihre Mahlzeit ein.

»Ah, das tat gut. Ich hatte einen Bärenhunger und war völlig durchgefroren.« Wilhelm bedachte seine Frau mit liebevollem Blick, als die ihm eine kleine Flasche Bier öffnete und über den Tisch reichte, bevor sie sich um den Abwasch kümmerte. »Wie war denn dein Tag?«

»Es war schon wieder eine Abordnung der NS Frauenschaft da. Die wollen unbedingt, dass ich an einer dieser Mütterschulungen teilnehme.« Sie stöhnte. »Als ob ich nichts Besseres zu tun hätte.«

»Was wollen die dir denn beibringen, was du nicht längst weißt?«

»Nicht wahr? Es geht um Haushalts- und Gesundheitsführung, Erziehungslehre, Volkstums- und Brauchtumspflege, also irgendwelche Volkslieder, Sagen und Märchen. Ich habe ihnen zum wiederholten Male erklärt, dass ich all das bereits in meinem Elternhaus gelernt habe. Und natürlich in der Pfarrgemeinde. Was sie anscheinend nicht interessiert. Sie sind der Meinung, dass jede deutsche Hausfrau und Mutter an diesem Unterricht teilnehmen sollte. Außerdem könnte man dann sogar ein Ehestandsdarlehen bekommen.

Was sollen wir denn damit anfangen? Unseren Hausrat haben wir längst zusammen.«

»Und dann?«

»Nichts dann«, sagte sie unwirsch und klapperte energisch mit dem Geschirr. »Ich habe den Damen gesagt, dass ich dafür keine Zeit habe, weil ich mich um dich, um Ilse und meinen Haushalt kümmern muss, außerdem Flickarbeiten übernehme und so weiter.«

»Recht hast du.«

»Und dann habe ich ihnen erklärt, dass ich mit meiner Zeit gut haushalten muss, damit ich künftig auch noch das Deutsche Frauenwerk unterstützen kann«, schob sie listig hinterher.

»Was hast du denn mit dem Deutschen Frauenwerk zu tun?«

»Nichts«, erwiderte Hedwig kurz angebunden. »Die Emrich redet immer davon. Ein gern gesehener Frauenverband. Ich dachte mir, dann lassen sie mich endlich in Ruhe.«

»Emrich? Die Frau vom Dekan?[2]«

»Ja, genau die.«

»Na, du hast ja Ideen. Hat es wenigstens gewirkt?«

»Ich glaube, ja. Sie haben nicht weiter gedrängt. Ich muss nach dem nächsten Gottesdienst einmal nachfragen, was es damit auf sich hat. Es gibt in unserer Gemeinde eine Gruppe, soweit ich weiß.«

»Und wann willst du das alles machen? Gehst du nicht schon zu diesen Stricknachmittagen von den evangelischen Frauen?«

»Ja, stimmt. Da will ich unbedingt weiterhin bleiben.

---

[2] Karl Emrich (1880 – 1972) war 1933 – 1945 Pfarrer und Dekan in Ludwigshafen (Apostelkirche) und vertrat nationalkirchliches Gedankengut. Seine Ehefrau, Maria Margarete, war NS-Parteimitglied und allgemein bekannt für ihre guten Kontakte zur Gestapo.

Schon allein wegen der Frau vom Pfarrer Knecht[3]. Wirklich schade, dass der jetzt hier weg ist. Seine Käthe kommt nach wie vor regelmäßig. Das ist immer sehr erbaulich. Neulich sprachen wir lange über den Katechismus. Jetzt mach dir mal keine Gedanken. Bei irgendwelchen Sammelgeschichten, wo man an fremden Türen klingeln und die Leute belästigen muss, mache ich nicht mit. Vielleicht kann ich ja am Abend daheim Socken für Frontsoldaten stricken, das wäre in Ordnung. An so etwas fehlt es schließlich immer. Hauptsache, die liegen mir nicht länger mit ihren Mütterschulungen in den Ohren.«

Hedwig hatte den Abwasch mittlerweile erledigt, den Wasserkessel aufgestellt und ihr Nähkörbchen hervorgeholt. »Willst du noch einen heißen Tee mit mir trinken und einen Blick in die Zeitung werfen?« Sie blickte zu ihrem Mann.

Er räkelte sich wohlig in seinem Lehnstuhl und stopfte die Pfeife. »Einen Tee trinke ich mit dir, zum Zeitunglesen habe ich keine Lust. Ich schaue dir lieber ein bisschen zu. Lass uns bald schlafen gehen, morgen wird ein langer Tag. Wir müssen nach Schichtende zu einer Versammlung im Betrieb.«

Geschickt fädelte Hedwig das Garn in die Nadel. Sie hatte sich ein paar schadhafte Geschirrtücher zum Ausbessern bereitgelegt. »Ich mache das noch fertig, aber geh ruhig schlafen, wenn du willst. Worum geht es denn bei dieser Versammlung?«

»Der Leiter vom Werkschutz, der Fritz Müller, will wohl, dass alle Arbeiter zusätzlich für den Ernstfall vorbereitet werden.«

Entsetzt blickte Hedwig auf. »Ernstfall? Was meinst du mit Ernstfall? Du hast doch gesagt, dass euch im Werk nichts passieren kann?!«

---

[3] Otto Knecht (1886 – 1956) war 1925 – 1939 Pfarrer in Ludwigshafen-Nord und zählte während der Nazi-Zeit zu den ›Bekenntnispfarrern‹, die in Opposition zum Nationalsozialismus gestanden hatten. Seine Frau Käthe leitete den Evangelischen Frauenbund in Ludwigshafen-Hemshof.

»Ich weiß auch nichts Genaues. Mach dir mal keine Sorgen. Wir sind da absolut sicher. Ich erzähle es dir, wenn ich mehr weiß.« Wilhelm paffte ein paar Züge, löffelte dann einige getrocknete Kräuter in die Teebecher, goss das kochend heiße Wasser darüber und gab so zu verstehen, dass das Thema für ihn vorerst erledigt war.

Hedwig wusste, weiteres Nachfragen brachte nichts und konzentrierte sich auf ihre Tücher. Kaum ein Straßengeräusch stahl sich in die Stille des Abends. Die Kälte sorgte dafür, dass jedermann in der warmen Wohnung blieb. Lediglich das leise Ticken der Uhr über der Küchentür war zu hören und sog sie in seinen beruhigenden Rhythmus. Tick, tack.

Als Hedwig eine halbe Stunde später aufblickte, war Wilhelm eingenickt und sein Kopf auf die Brust gesunken, während die erloschene Pfeife in seiner auf den Tisch gestützten Hand neben dem fast unberührten Becher Tee langsam auskühlte.

* * *

Nachdenklich polierte Hedwig den kleinen Pokal der SC Germania Ludwigshafen auf Hochglanz. Eigentlich unnötig, er würde gleich gemeinsam mit den beiden Zinnkrügen und dem Kerzenständer aus Messing in die bereitstehende Kiste für die Metallspende in der Sammelstelle Hemshofschule wandern. Als Hedwig kürzlich, am 1. April 1940, auf den Aufruf im General-Anzeiger gedeutet hatte, war Wilhelms Empörung groß. Er wollte sich tatsächlich weigern, das Erinnerungsstück zu opfern. Nicht den Vereinspokal, für den seine Mannschaft so hart gekämpft hatte! War er doch die letzte greifbare Erinnerung an den Sieg der Bezirksklasse 1936. Beinahe wären sie sogar in die Gauliga Südwest aufgestiegen. Wilhelm war sicher, sie hätten es schaffen können. Leider stimmte der Verein mehrheitlich für die Fusion mit der Ludwigshafener FG und dem MTV 1882, sodass es bald darauf nur noch den Großverein TuRa

Ludwigshafen gab. Geradezu leidenschaftlich hatte ihr der sonst so besonnene Wilhelm noch einmal die Vereinsgeschichte dargelegt und die Bedeutung seines Pokals hervorgehoben. Letztlich konnte sie ihn zwar zur Herausgabe bewegen, immerhin waren die sich häufenden mahnenden Aufrufe in der Zeitung eindeutig, doch seitdem blickte er allabendlich missmutig in Richtung Vitrine und prüfte, ob das gute Stück noch an seinem Platz stand.

Energisch den Lockenkopf schüttelnd beendete Hedwig ihre sinnlose Polierarbeit. Ab in die Kiste. Was sollte denn Wilhelms Sentimentalität? Es war streng genommen ein simpler Becher, meine Güte. Natürlich machte er sich ganz gut hinter der gläsernen Tür, aber sie konnten dort ja später die Dankesurkunde, die man diesmal bei der Abgabe erhielt, platzieren. Die würde ihn dann stellvertretend an seine aktive Fußballzeit erinnern. Was wohl mit all dem Zeug geschah? Es sollten ja anlässlich des Führer-Geburtstags am 20. April 1940 ganze Denkmäler der Metallspende zugeführt werden, war zu hören. So viele Geschosshülsen, die angeblich daraus hergestellt wurden, konnte man eigentlich gar nicht brauchen. Oder vielleicht doch? Man munkelte, dass sogar mit dem Tode bestraft wurde, wer bei einer der Sammelstellen heimlich Metallgegenstände an sich nahm. Eine wahrlich drastische Maßnahme. Dabei schien der Krieg gar nicht so schlimm zu verlaufen. Zumindest gab es keine Schreckensmeldungen. Aber was verstand sie schon davon.

Durch die geöffneten Türen warf Hedwig einen Blick in Richtung Stube, von der aus Ilse sie in ihrem Laufställchen aufmerksam beobachtete. Fast schien es, als würde die Kleine sie imitieren. Zumindest polierte sie dem straff gehäkelten Bärchen mit einem Zipfel ihres Schmusetuchs aus weicher Baumwolle gründlich den kleinen, dunkelbraunen Kopf mit der hellen Schnauze. Hedwig war gleichermaßen überrascht und stolz, als sie ihr Töchterchen betrachtete. Das feine Haar und die schimmernden grauen Augen hatte sie eindeutig von Wilhelm, in dem stämmigen Körperbau erkannte sie sich selbst wieder. Die Kleine saß mit ihren elf Monaten vollkommen selbstständig, krabbelte wieselgeschwind und griff zielsicher nach allen Gegenständen, die ihre Aufmerksamkeit erregten, während Ilses fast gleichaltrige Cousine Dorothea eher unbeholfen durch die Gegend robbte, wie Hedwig kürzlich beim Kaffeebesuch bei der Schwägerin Frieda festgestellt hatte. Die hatte ihr in großer Sorge berichtet, dass Erwin, Hedwigs Bruder und Friedas Ehemann, zur Musterung gerufen worden war.

Wilhelm, zwei Jahre älter als Erwin, hatte bereits im letzten September seinen Musterungsbescheid erhalten, seither jedoch nichts mehr von der Kreispolizeibehörde gehört. Weiterhin hoffte sie auf Anerkennung seiner UK-Stellung[4], schließlich arbeitete er in einer kriegswichtigen Produktion. Ihr schwindelte, dachte sie an die vielen Länder, in die man Soldaten schickte. Polen war ja besiegt. Aber sie hatte gehört, dass mittlerweile in den Niederlanden, Belgien, Frankreich, Dänemark und Norwegen gekämpft wurde. Verluste gab es anscheinend kaum. Dennoch. Hoffentlich blieb ihnen das alles erspart.

Ihr Vater hatte im letzten Krieg solch schlimme Verletzungen davongetragen, dass sie ihn drei Jahre nach Kriegsende schlussendlich das Leben kosteten. Es war nicht leicht gewesen für ihre Mutter, die halbwüchsige Rasselbande von fünf Kindern durchzubringen. Gut, der Älteste war damals achtzehn Jahre alt und entsprechend vernünftig. Aber der Rest? Das Leben hatte ihnen allen viel abverlangt. Was sollte denn aus ihr und Ilse werden, müsste Wilhelm in den Krieg ziehen, selbst wenn er anschließend wieder an seinen

---

[4] UK-Stellung war die gängige Bezeichnung für die sog. ›Unabkömmlichstellung‹. Sie galt für diejenigen Fachkräfte, die lt. § 5 Abs. 2 WehrG für wesentliche Aufgaben in der Kriegswirtschaft, im Verkehrswesen oder in der Verwaltung unentbehrlich waren und daher bis auf Widerruf nicht zur Wehrmacht eingezogen bzw. für einen befristeten Zeitraum aus dem Wehrdienst entlassen wurden.

Arbeitsplatz zurückkehrte? Und aus Frieda, sollte Erwin nun einen Gestellungsbefehl erhalten? Die Ärmste fühlte sich mit ihrem Töchterchen ziemlich allein. Als gebürtige Norddeutsche mit ihrer gewählten Aussprache reinsten Hochdeutschs fand sie schwer Anschluss. Sie wirkte stets etwas distanziert, wurde auch mit der Pfälzer Schwiegermutter nicht warm. Die Versorgungslage war gut, das wurde immer wieder versichert. Da hatte die Regierung entsprechend vorgesorgt. Sie sahen es ja schließlich selbst. Wenn sie die Lebensmittelmarken einlösten, konnten sie sicher sein, auch die entsprechenden Zuteilungen zu erhalten. Aber sie waren auf das Salär ihrer Ehemänner angewiesen, der Wehrsold einfacher Soldaten war sicherlich niedriger als der Lohn, den Wilhelm in der Anilin und Erwin bei der Reichspost erhielten.

Hedwig beschloss, sich nicht länger den Kopf darüber zu zerbrechen. Es würde sich alles fügen. Den Staubwedel in der Hand schaltete sie das Radio ein. Die Hausarbeit und ein bisschen Musik würden die trüben Gedanken vertreiben. Das Radio hatte Wilhelm vor wenigen Wochen gekauft. Fünfunddreißig Reichsmark hatte der Volksempfänger gekostet, dafür hatten sie eine ganze Weile gespart. Ein VE 301, hatte er ihr stolz erklärt, als sie andächtig der ersten Reichssendung lauschten.

Während Zarah Leander nun ›Er heißt Waldemar‹ schmetterte, öffnete sie weit die Fenster, um die frische Frühlingsluft, die endlich den Winter vertrieben hatte, hereinzulassen, und machte tänzelnd dem bisschen Staub des Tages den Garaus, tatkräftig unterstützt vom munteren Amselgezwitscher aus den gegenüberliegenden Gärten der Siedlungshäuschen und Ilses fröhlichem Krähen aus der Stube.

Kurz darauf packte Hedwig ihr mit dem Bären beschäftigtes und gegen die Unterbrechung lautstark protestierendes Töchterchen in den Kinderwagen. Als die Kleine feststellte, dass mit dem Umzug keine Notwendigkeit zum Schlafen verbunden war, sondern sich ein Ausflug abzeichnete, kehrte ihre gute Laune sofort zurück. Hedwig packte die Einkaufstasche sowie die fertiggestellten Strickarbeiten ins Gepäcknetz, griff nach der Milchkanne und machte sich auf den Weg.

Sie musste ein paar Lebensmittel besorgen – Vollmilch für Ilse, Eier, Kartoffeln und Mehl – und bei der Gelegenheit rasch im Gemeindesaal der Apostelkirche vorbeischauen, um die Socken abzugeben. Eine Hälfte für das Frauenwerk, eine Hälfte für die evangelischen Frauen und außerdem in Erfahrung bringen, was sie bis zum nächsten Treffen vorbereiten könnte.

Heute hatte sie keine Zeit zu bleiben, Wilhelm kam bald zurück und musste früh schlafen, da der Schichtwechsel auf Nacht bevorstand. In letzter Zeit wirkte er sehr müde. Die Arbeit war anstrengend, die Arbeitstage waren lang. Man hatte die Arbeitszeit auf zehn Stunden an sechs Tagen pro Woche wegen der kriegswichtigen Produktion erhöht. Gut, dass er wenigstens ordentlich verpflegt wurde. Für seine Pausenvesper sorgte das Werk. Die Arbeiter mussten lediglich einen Henkelmann mitbringen, den man ihnen zur festgelegten Zeit mit einer warmen Mahlzeit füllte. Dennoch richtete sie ihm stets ein gut belegtes Brot als Ergänzung zum Kantineneintopf und eine Flasche Wasser mit einem Schuss Himbeersirup. Für diesen Luxus belächelten ihn zwar die Kollegen, doch wie sie wusste, liebte Wilhelm insgeheim den süßen Schluck nach dem Essen, bevor er sich wieder in die heiße und staubige Werkshalle aufmachte. Und trotz gelegentlichen Murrens, er brauche derlei nicht, ging er nie ohne die bereitgestellte Flasche aus dem Haus und brachte sie stets vollständig geleert wieder heim.

Die Himbeeren hatte sie im letzten Sommer in den üppigen Hecken zwischen den Feldern bei Oggersheim gesammelt. Einmal hatte Wilhelm sie begleitet, die anderen Male jedoch war sie mit ihrer Schwägerin Frieda unterwegs, beide ausgerüstet mit jeweils zwei Milchkannen am Fahrradlenker. Ihre beiden Töchter wussten sie bei Hedwigs Mutter gut aufgehoben, die sich zu jener Zeit bei Frieda in Friesenheim aufhielt. Frieda war froh, dem strengen Regiment und den argwöhnischen Blicken ihrer Schwiegermutter eine Weile zu entkommen, und Hedwig genoss die paar Stunden ohne Ilse, auch wenn sie dies nie zugegeben hätte. Die Beeren blieben über Nacht in ihrem Gefäß, am nächsten Morgen wurden sie, nachdem sie die Würmchen herausgefischt hatte, durch ein Mulltuch gepresst. Anschließend kochte sie den köstlich duftenden Saft mit Zucker zu einem wundervoll nach Sommer schmeckenden Sirup, den sie in sterilisierte Glasflaschen mit Gummikäppchen füllte und im kühlen Keller aufbewahrte. So, wie sie es in frühester Jugend gelernt hatte. Bis zur nächsten Himbeerreife würde der Vorrat reichen.

Sie liebte diese Jahreszeit, wenn die Felder erwachten, überall zartes Grün spross und die bevorstehende Ernte von frühlings- und sommerfrischem Gemüse ankündigte. Frieda wollte sie benachrichtigen, wenn im Juni die Erdbeeren reif waren. Sie lebte in Hedwigs ehemaligem Elternhaus und kümmerte sich darum, dass im Garten alles wuchs und gedieh. Mieze hieß die Sorte, kam es ihr wieder in den Sinn. Ihr Aroma erinnerte an Walderdbeeren, die sie in Kindertagen in der Pfalz bei Hauenstein gesammelt hatten. Natürlich fanden die nie den Weg nach Hause, wanderten direkt in den Mund. Auch die Mieze musste schleunigst verspeist werden, die kleinen dunkelroten, nach Wald und Kindheit duftenden Beeren mit den tiefliegenden Nüsschen wurden schnell matschig. Sie würde ein kleines Körbchen ernten und es am gleichen Abend servieren. Ein ganz neues Geschmackserlebnis für Ilse, am besten zu einem süßen Grießbrei. Wilhelm wollte sie einen Kuchen backen und eine Handvoll eingezuckert dazu reichen. Sie freute sich darauf.

Raschen Schrittes eilte sie zum Kolonialwarenladen nahe dem Goerdelerplatz. Hier bekam sie alles, was sie benötigte. Mit Einführung der Lebensmittelkarten hatte sie sich dort registrieren lassen. Frau Meier hatte den Laden bestens im Griff und für Hedwig und die kleine Ilse viel übrig. So ließ sie ihr heute früh durch das Lehrmädchen, das in der Nachbarschaft etwas auslieferte, bestellen, dass frische Eier eingetroffen waren und sie ihr ihre Wochenration vorsorglich richte. Hedwig hatte das Mädchen gebeten, möglichst auch Kartoffeln und Mehl, jeweils zwei Pfund, dazuzupacken, was es gern versprach. Die Abschnitte ihrer Lebensmittelkarte in der linken Hand und die Milchkanne für Ilse am Arm, ruckelte sie den Kinderwagen die wenigen Stufen hoch und betrat den Laden, wo eine Glocke ihr Kommen durch fröhliches Gebimmel ankündigte.

»Da kommt ja mein Ilschen!«, rief Frau Meier freudestrahlend aus, nicht minder freudig glucksend von Ilse begrüßt. »Welch ein Sonnenschein du doch bist, meine Kleine! Und was trägst du da einen schönen Strampelanzug! Den hat dir bestimmt die Mutti genäht.« Frau Meier, die ihre beachtliche Körperfülle erstaunlich flink und gewandt um den Tresen herum schlängelte, herzte die strahlende Kleine in ihrem Kinderwagen und bewunderte das feine Strampelhöschen, dessen zartes Sonnengelb sich in den kleinen Punkten des weißen Hemdchens und den Bündchen der ebenfalls weißen, sauber gehäkelten Jacke wiederfand. »Ich staune immer wieder, liebe Frau Oehler, was Sie alles zaubern. Wo haben Sie nur die guten Ideen und hübschen Stoffe her? Und diese Knöpfe sind ja ganz besonders entzückend.«

Eigentlich schätzte es Hedwig gar nicht, wenn andere Menschen in den Kinderwagen griffen. Schließlich hatten sie Schmutz an den Händen, was ihrem Töchterchen, das ja begeistert nach jeder Hand griff und anschließend die Finger in den Mund steckte, sicherlich nicht guttat. Bei Frau Meier drückte sie, zwar schweren Herzens, beide Augen zu. Sie wollte deren Wohlwollen nicht durch eine vermeintliche Zurechtweisung verlieren.

»Ach, Frau Meier, das ist gar nichts Besonderes. Ein ganz einfaches Schnittmuster, und die Knöpfe habe ich von einer uralten fadenscheinigen Bluse abgetrennt«, wiegelte sie bescheiden ab. »Woher der Stoff stammt, kann ich jetzt gar nicht genau sagen«, überlegte sie. »Ich habe noch einige Meter verschiedener Stoffe, die ich günstig in den Vorkriegsmonaten bekommen habe. Und wenn ich Ausbesserungsarbeiten übernehme, erhalte ich oft als Gegenleistung ein paar Stoffreste. Für Ilses Kleidung braucht es ja ganz wenig, da kann man aus ein paar Flecken recht hübsche Hemdchen nähen. Sie wächst nur so schnell heraus, dass sie die Sachen gar nicht auftragen kann.«

»Ja, das war bei meiner Gertrud nicht anders. Ich habe ihre Sachen meiner Cousine gegeben, die hat etwas jüngere Zwillinge und hatte von allem zu wenig.«

»Ich gebe alles meiner Schwägerin. Deren Tochter Dorothea ist zwar im gleichen Alter wie Ilse, allerdings erheblich kleiner. Wobei sie in letzter Zeit aufgeholt hat. Na ja, wenn sie die Sachen einmal nicht mehr tragen kann, dann gebe ich sie in der Gemeinde ab. Da finden sich genug bedürftige Abnehmer.«

Frau Meier nickte kummervoll. »Ja, es sind schwere Zeiten. Gut, dass wir es da ein bisschen besser haben. Ihr Mann ist ebenfalls wohlauf, hoffe ich?«

»Es geht ihm gut. Er muss zwar viel arbeiten, aber darüber kann man heutzutage eigentlich nur froh sein. Und er ist ja schon immer sehr ordentlich und fleißig gewesen«, setzte Hedwig mit leisem Stolz hinzu.

Die Türglocke unterbrach das Gespräch, sodass Frau Meier geschäftig um die Lebensmittelmarken bat, um die nächste Kundin nicht warten zu lassen. Ruth, das Lehrmädchen, füllte die Milchkanne und packte die Lebensmittel zusammen, während Hedwig schnell das Geld für den Einkauf abzählte, und half anschließend, den Kinderwagen die Ladenstufen hinunterzubugsieren. Mit einem freundlichen Gruß verabschiedeten sie sich, und Hedwig eilte samt Ilse und den Einkäufen in Richtung Kirche.

Raschen Schrittes betrat Hedwig das Gemeindehaus der Apostelkirche. Sie wollte sich nicht lange aufhalten, war aber einem kurzen Schwätzchen mit den übrigen Mitstreiterinnen vom Evangelischen Frauenbund nicht abgeneigt. Sie mochte die gelassene Stimmung während der Vereinsnachmittage, an denen sie sich zusammenfanden, manchmal gemeinsam sangen oder während ihrer Handarbeiten zugleich über die Bibel und den Katechismus sprachen.

Erfreulicherweise war mittlerweile wieder Ruhe in der Gruppe eingekehrt. Vor allem das vergangene Jahr war von unangenehmer Spannung beherrscht, nachdem Dekan Emrich veranlasst hatte, das Christusbild im Gemeindesaal zu entfernen und durch ein Bild vom Führer zu ersetzen. Der Spruch ›Er kann helfen‹, der ursprünglich unter dem Christusbild gehangen hatte, blieb an seinem angestammten Platz. Dies und der Umstand, dass das Bild überhaupt ausgetauscht wurde, sorgte für viel Aufregung und Ärger.

An den hitzigen Diskussionen hatte sich Hedwig nie beteiligt, obgleich sie das Abmontieren des Christus' insgeheim verurteilte. Aber erstens hielt sie sich konsequent aus Politik heraus, von der sie einfach nichts verstand und die sie darüber hinaus nicht wirklich interessierte, und zweitens wollte sie keinesfalls die Aufmerksamkeit der Dekansgattin durch unbedachte Äußerungen auf sich ziehen, da die im Ruf stand, das eine oder andere Gerücht der Gestapo, zu der sie anscheinend gute Beziehungen pflegte, weiter zu berichten. Das fehlte ja noch, dass man ausgerechnet ihr ein möglicherweise aufrührerisches Verhalten unterstellte. Zudem hingen überall die Hakenkreuzflaggen, sogar im Kirchturm. Da kam es auf ein Führerbild im Gemeindesaal wohl kaum an. Es war schließlich nur ein Bild. Christus trug man im Herzen. Dennoch. Die ursprüngliche Spontaneität und Aufgeschlossenheit, die man einander in der Frauengruppe entgegengebracht hatte, war einer spürbaren Zögerlichkeit und Zurückhaltung gewichen. Niemand sagte mehr allzu offen, was er dachte. Man war vorsichtiger geworden in diesen Zeiten.

»Schönen guten Tag, liebe Frau Oehler! Kommen Sie zum Frauennachmittag?«, wurde sie an der Tür von der gerade hinauseilenden Pfarrersfrau begrüßt.

»Guten Tag, Frau Ferckel, viel Zeit habe ich heute nicht. Schauen Sie, ich habe einen Stapel Socken fertig und möchte die gern abliefern. Die andere Hälfte bekommt Frau Emrich für das Frauenwerk. Wollten Sie denn schon gehen?«

»Oh wie nett, was waren Sie fleißig! Die nehme ich Ihnen gern ab. Jetzt haben wir ein ordentliches Paket zusammen, das wir in den nächsten Tagen dann aufgeben können. Tja, heute Nachmittag sind leider etliche Damen verhindert. Außer uns beiden ist gerade niemand da. Ich wollte daher rasch nach der jungen Frau Moser schauen, die im Wochenbett liegt. Sie ist ja ganz allein, die Ärmste, ihr Mann ist an der Front. Aber das kann ich ebenso gut später tun, wenn Sie bleiben möchten.«

»Nein, nein, gehen Sie ruhig. Ich kann mich ohnehin nicht lange aufhalten. Mein Mann kommt heute früher nach Hause, da will auch ich mit meiner Arbeit fertig sein. Haben Sie zufällig etwas Wolle übrig? Dann mache ich mich näm-lich an den nächsten Stapel Socken.«

Es kam Hedwig nicht ungelegen, dass sie nun gar nicht erst in Versuchung geriet, die Zeit mit längeren Plaudereien zu verbummeln. Sie verstaute ein paar Knäuel Wolle in ihrer Tasche und machte sich mit Ilse auf den Heimweg.

Die bedauernswerte Frau Moser. Hedwig kannte sie flüchtig. Sie wohnte irgendwo in der Kanalstraße, also in einem Teil des Hemshofs, der nicht zu den besseren Wohn-gegenden zählte und wirkte stets etwas kränklich und sorgen-voll. Jetzt war ihr klar, warum. Der Mann an der Front, und das kurz vor ihrer Niederkunft. Sie nahm sich vor, Ilses zu klein gewordenen Kleidungsstücke an sie weiterzureichen. Dorothea würde sie ohnehin nur noch sehr kurze Zeit tragen können, hatte sie ja fast Ilses Größe erreicht.

Wieder daheim, blätterte Hedwig nach getaner Arbeit gedan-kenverloren im ›General-Anzeiger‹ und wartete auf Wilhelm. Sie schaute nach den amtlichen Bekannt-machungen, die über verschiedene Zuteilungen und Vorbestellungen informierten.

Auf der Anrichte stand das frühe Abendessen bereits parat: In einer vergangenen Ausgabe hatte sie die Empfehlung einer Frischkostplatte entdeckt und sich heute früh daran erinnert. Sie mochte diese ›Hausfrauen-Rubriken‹, wie Wilhelm sie bezeichnete. Gelegentlich schnitt er ihr die kleinen Artikel aus, wenn sie keine Zeit zum Zeitunglesen fand. Natürlich verfügte sie selbst über ein beachtliches Repertoire an Rezepten, schließlich hatte man sie von Kindesbeinen an in die Küchenarbeit eingebunden, ungeachtet dessen war sie neuen Anregungen stets aufgeschlossen. Vor allem, wenn diese Hinweise enthielten, wie man aus wenigen, preiswerten Zutaten schmackhafte Abwechslung auf den Tisch bringen konnte. Frischkostplatte, das gefiel ihr. Ein leichtes Essen bei frühlingswarmem Wetter und eine gute Gelegenheit, die Überbleibsel der Woche einladend zu verwerten. Anstelle eines Reste-Eintopfs wartete nun solch eine Platte darauf, verspeist zu werden. Die Zubereitung hatte Hedwig Spaß gemacht: Hübsch gehäufelt eine kleine Portion Selleriesalat, für die sie eine halbe Knolle geraspelt und mit Apfelstückchen und Mayonnaise gemischt hatte, drumherum zu gleichen Teilen etwas Gelbrüben- und Weißkrautsalat, beide mit Essig, Öl, Petersilie, Majoran sowie ein paar Blättchen Pimpernelle angemacht, und etwas Rotrübensalat, für den sie einen Schuss ihrer Magermilchration mit einigen Tropfen Essig verrührt und zwei Äpfel hineingerieben hatte. Außerdem freute sie sich auf den frisch gepflückten Löwenzahn. Wilhelm konnte sich für dieses bittere Grünzeug, wie er es nannte, selten begeistern, dabei war es so gesund. Die knusprigen Speckwürfel darüber, die sonst den Feiertagen vorbehalten waren, würden ihn mit dem intensiven Geschmack versöhnen. Dazu gab es Schmalzbrot mit gerösteten Zwiebeln. Der Schmalztopf war noch gut gefüllt, sie ging sehr sparsam damit um. Für Ilse hatte sie Gemüsebrei mit gestampften Kartoffeln gerichtet.

In der kommenden Woche waren Seifenzusatzkarten, unter anderem für Kinder bis zu acht Jahren, bei den Bezugsscheinstellen des Wirtschaftsamtes erhältlich. Hedwig notierte sich die Zeiten aus dem ›General-Anzeiger‹, um sich rechtzeitig im Gesellschaftshaus, der nächstgelegenen Ausgabestelle, einzufinden, blätterte weiter und griff zur Schere. Das Reichsernährungsministerium kündigte für die Lebensmittel-Zuteilungsperiode vom 6. Mai bis 2. Juni an, dass man beim Einkauf 150 Gramm Nährmittel durch eine Halbliterdose Obstkonserven oder 250 Gramm Backpflaumen austauschen konnte. Außerdem würde der Einzelhandel mit Kondensmilch beliefert, die auf Wunsch anstelle von Nährmitteln erhältlich wäre. Hierfür müsste sie bei Frau Meier rechtzeitig ihre Bestellung aufgeben und die entsprechenden Abschnitte ihrer Reichsfleischkarte abtrennen lassen. Sie wollte das gleich morgen erledigen. Obstkonserven oder Backpflaumen brauchte sie keine, Kondensmilch kam ihr dagegen sehr gelegen. Nährmittel, wie beispielsweise Haferflocken, konnte sie über Wilhelms Sonderzuteilungen besorgen. Zufrieden legte sie den ausgeschnittenen Artikel zu ihren übrigen Notizen und erschrak, als ihr Blick auf die nächste amtliche Bekanntmachung fiel, diesmal vom Polizeipräsidenten.

Polizeiliche Anordnung über luftschutzmäßiges Verhalten[5]

Auf Grund der §§ 2 und 12 des Luftschutzgesetzes vom 26.6.1935 und § 7 der Ersten Durchführungsverordnung zum Luftschutzgesetz vom 4.5.1937 sowie § 2 der Zehnten Durchführungsverordnung zum Luftschutzgesetz vom 1.9.1939 ordne ich für das Stadtgebiet Ludwigshafen a. Rh. folgendes an:

§ 1

Bei Beschießung feindlicher Flugzeuge, auch wenn kein

---

[5]   Originalzitat aus dem ›General-Anzeiger‹ Ludwigshafen a. Rh. vom 01. April 1940

Fliegeralarm gegeben wird, ist folgendes zu beachten:

1. Wer sich auf Straßen, Plätzen usw. befindet, hat den nächsten öffentlichen Luftschutzraum oder andere Deckungsmöglichkeiten in Gebäuden aufzusuchen.

2. In unbebautem Gelände ist jede mögliche Deckung (Gräben, Höhlen, Bäume usw.) auszunutzen.

3. Auf Märkten sind Bedarfsgegenstände, Lebens- und Futtermittel durch Abdecken gegen Einwirkungen flüssiger Kampfstoffe zu schützen. Lebende Tiere sind durch Anbinden oder in sonstiger Weise an der Fortbewegung zu hindern und nach Möglichkeit einzudecken.

Hedwig stockte der Atem. Sie überflog weitere Anordnungen, die Fahrzeuge und Fuhrwerke betrafen, und richtete ihre Konzentration auf den nächsten Punkt.

§ 2

Die Verdunkelung ist nach den Vorschriften der Achten Durchführungsverordnung zum Luftschutzgesetz vom 23.5.1939 durchzuführen. Hierbei ist strengstens darauf zu achten, daß nicht durch verbotswidriges Oeffnen der Fenster oder sonstiger Lichtaustrittsöffnungen Licht nach außen dringt.

Sie ließ die Zeitung sinken und blickte nach draußen. Die Vögel zwitscherten nach wie vor bei schönstem Sonnenschein ihr Frühlingslied, hielten Ausschau nach passenden Gefährten und sammelten geeignet scheinende Materialien für den Nestbau. Friedlich und fröhlich klang der April vor ihrem Fenster.

Drinnen hingegen wurde es plötzlich dunkler. Mächtig und unheilvoll schienen sie sich zu nähern, die wieder greifbaren Gefahren des Krieges, die doch eigentlich die Menschen weit entfernt von ihrer Welt, in Polen, den Niederlanden, in Belgien, Frankreich, Dänemark oder Norwegen betrafen.

Ilse, gerade mit eingehendem Studium des Bärenohrs befasst, schien die besorgte Stimmung ihrer Mutter zu spüren und hielt fragend in ihrem Tun inne. Hedwig bedachte sie mit einem nachdenklich-liebevollen Blick und legte die Zeitung entschlossen zur Seite. Die Hände ängstlich in den Schoß zu legen brachte nichts. Spätestens morgen wollte sie mit Wilhelm noch einmal die Verdunkelungen prüfen und überlegen, welche weiteren Vorbereitungen zum Schutz der Familie zu treffen waren. Dass ihrer Tochter aus Unachtsamkeit je etwas geschah, würde sie nicht zulassen. Niemals.

* * *

Wilhelm wusch sich den Staub vom Körper und zog frische, von Hedwig bereitgelegte Kleidung an. Endlich daheim. Rücken und Arme schmerzten, er war müde. Zusätzlich zur ohnehin harten Arbeit in der Palatinolfabrik leistete er seinen Dienst beim Werkschutz, wie nahezu alle seiner Kollegen. Sie legten unter anderem Deckungs- und Splittergräben an, unterstützt von ausländischen Zivilarbeitern. Woher die kamen, wusste er eigentlich gar nicht. Man sprach nicht miteinander. Aber ohne sie wäre all die Arbeit gar nicht zu bewältigen, schließlich waren seit Kriegsbeginn etliche Männer zur Wehrmacht einberufen worden und fehlten nun in der Produktion, die ständig weiter hochgefahren wurde. Er musste sich ausruhen. Ab morgen war er zur Nachtschicht eingeteilt, auch für Hedwig aufreibende Arbeitstage und - nächte. Wenn sie sich zwar nie dahingehend äußerte, so war er sich dessen durchaus bewusst.

Stets bemühte sie sich dann, die Hausarbeit so geräuschlos wie möglich zu erledigen, um ja nicht seinen Schlaf zu stören. Selbst das gleichmäßige Surren der Nähmaschine war nur in Ausnahmefällen zu vernehmen. Eher flickte sie schadhafte Kleidungsstücke oder griff zu den Stricknadeln. Allerdings war die Wohnung nicht groß, und Ilse, seinem

Sonnenschein, einem fidelen, kleinen Mädchen, konnte man noch nicht verständlich machen, dass es an bestimmten Tagen außerhalb seiner eigenen Schlafenszeit mucksmäuschenstill sein sollte.

Bei schönem Wetter unternahm Hedwig daher längere Ausflüge mit ihr oder stattete Frieda einen Besuch ab. Während die beiden Schwägerinnen sich dann bei einer Tasse Kaffee oder Gartenarbeit, an der sich Hedwig gern beteiligte, über die Fragen des Alltags austauschten, bestaunten die kleinen Cousinen Ilse und Dorothea die Welt von ihren Krabbeldecken oder dem Laufställchen aus, das sie dann teilten.

Niemals jedoch verließ er das Haus ohne eine gemeinsame Mahlzeit und eine liebevolle Geste seiner Frau. Es käme Hedwig gar nicht in den Sinn, einmal später heimzukommen. Und wie fleißig sie war. Während seiner Ruhezeiten aus Rücksicht Liegengebliebenes erledigte sie ganz selbstverständlich am späten Abend, wenn er sich zur Arbeit aufmachte. Nicht alle seine Kollegen hatten das Glück, mit einer Frau wie Hedwig das Leben zu teilen. Er entnahm dies der einen oder anderen kleinen Bemerkung. So mancher ließ ehelichen Zwist, der sich meist um schmale Haushaltsbudgets drehte, durchblicken. Andererseits konnte Wilhelm den Ärger der Ehefrauen nachvollziehen. Für den Besuch in der Eckkneipe, häufig verbunden mit Kartenspielen oder Wetten, gaben die Männer oft viel zu viel Geld aus und bemängelten dann die abwechslungsarme Küche daheim. Eintopf statt Braten, selbst an den Sonntagen. Wilhelm trug kein Geld in Kneipen, verspielte schon gar nicht seine Lohntüte. Und Hedwig verstand es, zu wirtschaften und ihn zu umsorgen. Gut, zwar konnte sie sich für allzu häufige nächtliche Zuwendungen nicht begeistern, trotz ihres Temperaments. Doch gerade jene Kollegen, die mit derlei Frivolitäten gern prahlten, führten bei Weitem kein so glückliches Leben wie er. Bestach Hedwig vielleicht nicht gerade durch Sinnlichkeit und Verführungskunst, so war sie die loyalste und tüchtigste Frau, die er sich an seiner Seite und als Mutter seiner Tochter vorstellen konnte. Er liebte sie innig, und das seit ihrer ersten Begegnung vor etwa acht Jahren.

Heute schien sie etwas bedrückt. Schnell zog er den Kamm durch die frisch gewaschenen Haare, warf einen prüfenden Blick auf seine nun sauberen Fingernägel und ging hinüber zur Küche, wo Ilse eifrig, mit Lobesworten Hedwigs bedacht, die letzten Löffel ihrer Mahlzeit verspeiste.

Ilses freudiges Strahlen mit umgehend emporgereckten Armen beim Anblick ihres Vaters und die Vorfreude auf das Abendbrot ließen Wilhelm alle Müdigkeit vergessen. Während Hedwig den Tisch von Ilses Essensspuren befreite und ihre beiden Gedecke auflegte, schaukelte Wilhelm sein begeistert quietschendes Töchterchen auf dem Knie.

»So, ab ins Laufställchen, Ilse, der Vati muss jetzt essen«, unterbrach Hedwig und setzte das Mädchen in den Laufstall.

Erstaunlicherweise gab es kein Zetern und Quengeln bei Ilses Standortwechsel. Die Kleine schien fast Verständnis zu zeigen. Wobei sicherlich auch der Umstand dazu beitrug, dass das Laufställchen diesmal nicht in der Stube gegenüber der Küche und getrennt durch den Flur platziert war, sondern sich direkt im Mittelpunkt des Familiengeschehens befand. So hatte sie ihre Eltern bestens im Blick, während die sich Hedwigs ausgeklügelte Frischkostplatte zum Schmalzbrot schmecken ließen. Nach den ersten, schweigend eingenommenen Bissen erkundigte sich Wilhelm vorsichtig nach dem Grund von Hedwigs bedrückter Miene.

Sie schob ihm bedeutungsschwer die Zeitung zu. »Lies!«

Wilhelm überflog den Text. »Ja, und? Eine ›Polizeiliche Anordnung über luftschutzmäßiges Verhalten‹. Was ist daran so außergewöhnlich? Die Zeitungen sind voll von irgendwelchen Anordnungen. Jeden Tag gibt es neue.«

»Ja, verstehst du denn nicht? Luftschutz! Gerade jetzt, wo überall um uns herum gekämpft wird! Was ist, wenn jetzt die Bomber zu uns kommen?!«

»So beruhige dich doch. Was soll denn passieren? Rund

um Ludwigshafen haben sie ja längst einen Flakring und Radarstationen eingerichtet. Sollte sich da wirklich ein Flugzeug zu uns verirren, dann wird es ganz schnell verjagt oder abgeschossen. Erinnerst du dich nicht, dass wir kurz nach Kriegsbeginn zum Luftschutzort ›Erster Ordnung‹ erklärt worden sind? Da wird aufgepasst! Mach dir mal keine Sorgen.« Wilhelm kaute zufrieden einen weiteren Bissen. »Außerdem werfen die keine Bomben auf Häuser und Straßen. Wenn überhaupt, wird man die Fabriken angreifen«, setzte er hinzu und erkannte im gleichen Atemzug seinen Fehler.

»Die Fabriken?«, rief Hedwig entsetzt aus. »Menschenskind, Wilhelm, wie kannst du da so ruhig bleiben!«

»Es gibt wirklich keinen Grund zur Sorge«, wiegelte er ab. »Sogar auf dem Gelände gibt es eine Flakstellung. Die meisten Produktionsanlagen haben wir in die Kellergeschosse verlagert, damit da nichts passiert. Und soeben sind wir fertig mit den Deckungs- und Splittergräben, die sich übers gesamte Werksgelände ziehen. Na ja, fast fertig. Außerdem gibt es Schutzräume, und der Bunker wird auch gerade gebaut. Die Anilin hat wirklich alles unternommen, damit keinem Arbeiter etwas geschieht.«

»Und was ist, wenn ich mit Ilse unterwegs bin und trotzdem Flieger durchkommen? Vielleicht werfen die ja mal aus Versehen Bomben ab. Auf die Wohngebiete.« Hedwig wirkte ganz und gar nicht beruhigt und schien geradezu fassungslos über Wilhelms Sorglosigkeit.

»Wenn du unterwegs bist und plötzlich Flieger kommen, dann bekommst du das rechtzeitig mit. Du weißt genau, dass es zuerst einen Voralarm gibt, ganz egal, was da jetzt in der Zeitung steht. Der verschafft dir ausreichend Zeit, einen Schutzraum aufzusuchen. Und wenn es keinen gibt, dann stellst du dich unter einen Baum, so wie hier beschrieben. Aber da wird kein Flieger kommen, Hedwig! Weißt du noch, der Luftschutzalarm letztes Jahr? Da haben die Sirenen geheult, und es kam trotzdem kein Angriff. Wann war das noch mal?«

»Am fünften September. Ein Dienstag. Genau eine Woche vor Ilses Taufe«, erinnerte sich Hedwig. »Du hast recht, da ist auch nichts passiert. Die machen einen ganz verrückt mit diesen Anordnungen.« Hedwig schlug die Zeitung wieder zu. »Dann lass uns morgen Abend, bevor du zur Schicht gehst, bitte die Verdunkelungen überprüfen, damit da alles seine Richtigkeit hat und wir keinen Ärger bekommen. Willst du einen Nachschlag?«

»Nein, ich bin satt. Ich trinke jetzt noch ein Bier, dann gehe ich schlafen. Was hast du für morgen geplant?«

Hedwig stand auf und begann mit dem Abwasch. »Nun, ich gehe früh einkaufen und bei der Gelegenheit gleich die Bestellung für die Kondensmilch aufgeben, später dann mit Ilse zum Friedhof. Da kann man schön spazieren, und die Luft ist so gut. Wenn du ausgeschlafen hast, kannst du uns ja für ein Weilchen begleiten.«

»Gute Idee«, murmelte Wilhelm, der sich die Zeitung wieder herbeigeangelt und Ilse leise aus ihrem Laufställchen gehoben und auf seinen Schoß gesetzt hatte. Gemeinsam studierten sie nun einen Artikel über eine Jüdin vor dem Schnellrichter. ›Sara mit der Hamstertasche‹[6]. Achtundfünfzig Jahre alt. War mit einem Koffer herumgezogen, hatte in Schifferstadt zerschlissene Klamotten eingetauscht und insgesamt dreiundvierzig Eier dafür kassiert. Dreiundvierzig Eier! Auf die Eierkarte erhielt man pro Person in der Woche gerade mal vier Stück. Ungeheuerlich, was diese Frau sich da erlaubt hatte, die fehlten ja dann in den Läden. Kein Wunder, dass sich die Justiz solche Leute vorknöpfte. Er blätterte weiter. Da war sie wieder, die ›Polizeiliche Anordnung über luftschutzmäßiges Verhalten‹. So viel Aufregung um nichts!

Knapp zwei Monate später, am 3. Juni 1940, fielen sie doch: Die ersten Bomben auf Ludwigshafen.

---

6 Vgl. ›General-Anzeiger‹, Freitag 05.04.1940 ›Sara mit der Hamstertasche – Eine Jüdin vor dem Schnellrichter‹

Frieda und Hedwig plauderten angeregt, ohne dabei Dorothea und Ilse aus den Augen zu lassen, die seit einigen Tagen auf wackeligen Beinen die ersten Schritte wagten. Übermütig und voller Tatendrang versuchten die Winzlinge die schönen Schwäne ans Ufer zu locken, die majestätisch ihre Kreise auf dem See zogen. Die jedoch ließen sich von den beiden vorwitzigen Mädchen nicht beeindrucken und segelten gemächlich in die entgegengesetzte Richtung.

Sie trafen sich regelmäßig im Hindenburgpark[7]. Beide konnten ihn gut zu Fuß erreichen – Frieda von ihrem Haus in Friesenheim und Hedwig vom Hemshof aus. Den Schwanensee liebten sie besonders, da dort stets ein frisches Lüftchen wehte, die ufernahen Bäume angenehmen Schatten spendeten und die Kinder im Gras spielen konnten. Frieda wollte gerade einen Apfel in mundgerechte Schnitze teilen, als die Sirenen losheulten. Nach Augenblicken starren Entsetzens packten sie in Windeseile ihre Siebensachen zusammen und zerrten die empörten Mädchen herbei.

Bevor Hedwig jedoch mit Ilse auf dem Arm panisch davonrennen konnte, sah sie sich von der Schwägerin gepackt und aufgehalten. »Warte! Jetzt nicht den Kopf verlieren! Überlege mal, Hedwig, der nächste Schutzraum liegt fünfzehn Minuten entfernt. Wenn wir rennen, vielleicht ein paar Minuten weniger. Das schaffen wir nicht!«

Hedwig hatte Mühe, die schreiende und tretende Ilse im Zaum zu halten. Frieda hatte recht. Es könnte eng werden. Aber je länger sie herumstanden und überlegten, desto knapper wurde die Zeit. »Was schlägst du denn vor? Sollen wir etwa hierbleiben?«

»Es ist ja nicht gesagt, dass überhaupt Flieger durchkommen. Hast du nicht selbst erzählt, dass rund um die Stadt

---

[7] Der Ebertpark in Ludwigshafen trug während der Zeit des Nationalsozialismus den Namen Hindenburgpark.

dieser Flakring steht? Und falls sie wider Erwarten kommen, dann werden sie wohl kaum Bomben auf einen harmlosen Park werfen. Loszurennen wäre vermutlich viel gefährlicher. Oder?«

Auch wenn Hedwigs erster Impuls die Flucht war, musste sie der besonneneren Schwägerin zustimmen. Es hieß, man habe ab dem Alarm fünf bis zehn Minuten Zeit. Sollten tatsächlich Bomben fallen, dann befänden sie sich auf jeden Fall noch außerhalb eines Schutzraumes, aber bereits innerhalb der Häuserzeilen. Und die lagen deutlich näher am Fabrikgelände der Anilin, einem, wie Wilhelm kürzlich erklärt hatte, möglichen Angriffsziel. Hedwig war dennoch unschlüssig. Sollten sie wirklich bleiben? Mittlerweile herrschte Totenstille. Die Sirenen waren verstummt, die zuvor sich sanft wiegenden Baumkronen schienen erstarrt. Kein Vogelgezwitscher, Bienensummen, Wellengeplätscher oder Flügelschlagen war mehr zu vernehmen. Ilses Geschrei und Dorotheas Wimmern waren angespanntem Schweigen gewichen. Für einen Moment schien Hedwig Zeit und Raum zu vergessen.

»Hedwig!« Frieda schüttelte sie sanft. »Hedwig, komm jetzt! Wir setzen uns ganz eng an den dicken Stamm dort. Schau, wie tief die Äste hängen. Unter den Blättern werden wir geradezu unsichtbar.«

Friedas energische und zugleich Ruhe ausstrahlende Stimme riss Hedwig aus ihren Zweifeln. Sie warfen Decke und Taschen in die Kinderwagen, huschten mit den Mädchen auf dem Arm und den über das Gras stolpernden Fuhrwerken unter das Astwerk der mächtigen Trauerweide und schmiegten sich, an den rissigen Stamm gelehnt, eng aneinander. Die Kleinen schienen den Ernst der Situation zu begreifen. Sie verhielten sich mucksmäuschenstill, beobachteten nur mit weitgeöffneten Augen das Geschehen um sie herum.

In die Stille hinein schlich sich ein entferntes, gleichförmig anschwellendes Brummen, ähnlich dem sanften, langgezogen Ton einer tiefen Cellosaite.

Ein C? Ein tiefes C? War das möglich?, dachte Hedwig.

»Hörst du das?«, wisperte Frieda. »Klingt wie ein Bienenvolk.«

»Müsste man nicht allmählich Flakschüsse hören?«, fragte Hedwig nach kurzer Pause und schüttelte ihre irrationalen Überlegungen hinsichtlich der Tonlage ab.

»Ich glaube, die fliegen zu hoch für die Geschütze«, erwiderte Frieda in das immer deutlichere Summen hinein, das nun eher einem Hornissen- denn einem Bienenschwarm glich. »Schau mal, da hinten sind sie. Lauter schwarze Punkte in Reih und Glied.«

»Ich sehe sie! Meine Güte, die ziehen jetzt weiter runter. Erkennst du das auch?«

Frieda folgte Hedwigs Blick und beobachtete ebenfalls die Formation der sich von Westen nähernden, feindlichen Flugzeuge. Murmelnd zählte sie zwanzig Stück, es konnten sogar einige mehr sein. Ganz eindeutig ließ sich das nicht feststellen.

»Stimmt. Aber die kommen nicht auf uns zu. Ich glaube, sie fliegen links an uns vorbei.«

Hedwig verfolgte die Flugbahn, angespannt und furchtsam. Der sich zunächst kontinuierlich steigernde Summton hatte seinen Zenit erreicht und schwoll nun wieder ab. »Die halten auf das Werk Oppau zu!«

Sekunden später hörten sie einzelne entfernte Detonationen. Die Bomber hatten sich ihrer unheilvollen Fracht entledigt, erneut nach Westen beigedreht und waren ebenso schnell verschwunden wie sie gekommen waren. Kurz darauf ertönte ein hoher Sirenendauerton und beendete die nur vom unheimlichen Geräusch der Flieger und ihrer zerstörenden Ladung unterbrochene, gespenstische Stille. Entwarnung.

Hedwig, Frieda und die kleinen Mädchen verharrten einige Augenblicke schweigend und unbeweglich an ihrem Platz.

Allmählich ließ die Anspannung nach. Bei ihnen und der sie umgebenden Natur, so schien es. Die Äste der Trauerweide, die sie schützend umgaben, begannen einen flüsternden Dialog mit der benachbarten Flora. Erstes zaghaftes Piesen war aus den Baumkronen zu vernehmen. Amseln und Meisen klangen in Hedwigs Ohren, als ob sie einander ihr Wohlbefinden versicherten und Pläne für den weiteren Tag schmiedeten. Ein kräftiges Flügelschlagen auf dem See kündigte ein Entenpaar an, das sogleich sein vorhin jäh unterbrochenes Gründeln wieder aufnahm. Vom gegenüberliegenden Ufer näherte sich ein Schwan, als wäre nichts geschehen.

»Lass uns nach Hause gehen.« Hedwig löste sich aus ihrer Erstarrung und zog Frieda auf die Beine.

Sie setzten ihre noch immer bewegungslosen, stillen Töchter in die Kinderwagen und schoben sie auf sandig knirschenden Reifen zum Ausgang, wo sie einander einige hartnäckige Blättchen aus dem Haar zupften, bevor sich ihre Wege trennten. »Wilhelm ist sicherlich von den Sirenen aufgewacht und macht sich Sorgen um uns. Dabei hätte er noch eine Weile schlafen sollen, wo er doch die ganze Nacht arbeiten muss.«

»Grüße ihn von mir. Wollen wir uns morgen Nachmittag auf ein Stündchen bei mir treffen oder hast du etwas anderes geplant?«, fragte Frieda mit bemüht fester Stimme.

Hedwig schaute etwas irritiert in den Kinderwagen. Ilse war ungewöhnlich still. Auch Dorothea gab keinen Laut von sich. »Ich komme gern. Dann hat Wilhelm seine Ruhe und die Kinder Gesellschaft. Das wird ihnen guttun und sie den Schrecken vergessen lassen.«

Sie verabschiedeten sich herzlich und eilten jede in ihre Richtung. Auf dem Heimweg wunderte sich Hedwig über die vielen Menschen auf der Straße. In einem der Grüppchen erkannte sie den Sohn ihrer Nachbarn von gegenüber und fragte ihn, wohin sie denn alle unterwegs seien.

»In Oppau hat es eingeschlagen. Wir wollen uns das anschauen«, klärte er sie auf, sichtlich in Eile.

Kopfschüttelnd ging sie weiter. Hatten die Leute nichts Besseres zu tun, als am Unglücksort anderen im Weg herumzustehen? Morgen würden sie es ja sicherlich in der Zeitung lesen. Sie dachte an die kurzen Einschläge, die sie vorhin aus der Ferne vernommen hatte. Allzu schlimm konnte der Schaden nicht sein. Kein Vergleich zu der furchtbaren Explosion 1921 im Stickstoffwerk, bei der Hunderte Menschen starben und zweitausend weitere verletzt wurden. Halb Oppau war gleich mit in die Luft geflogen. Sogar in Friesenheim und auf der Mannheimer Seite waren etliche Häuser beschädigt. Ihre Familie zählte zu den Glücklichen: Lediglich eine Fensterscheibe musste ausgetauscht werden. Hedwig war damals elf Jahre alt und noch traurig, denn wenige Monate zuvor hatten sie den Vater begraben. Nicht auszudenken, hätte die Mutter bei dem Unfall ihren ältesten Sohn, der seinen Postdienst nahe der Anilin versah, auch verloren.

Eine sich selten gestattete Wehmut ergriff sie beim Gedanken an den Vater. Wie sehr er gelitten hatte. Und erst die Mutter. Die schweren Kriegsjahre ohne ihn, von ständiger Angst und Sorge begleitet, dann das Aufatmen, als er zurückkam, für Tapferkeit und Heldenmut ausgezeichnet, und sich von schweren Verletzungen langsam erholte. Die schmerzliche Erkenntnis, dass er nie wieder die volle Gesundheit erlangen würde, und drei Jahre nach Kriegsende sein früher Tod mit gerade einmal zweiundvierzig Jahren. In einem Ehrengrab hatte er seine letzte Ruhe gefunden. Hedwig besuchte es oft auf ihren Spaziergängen mit Ilse. Suchte Zwiesprache mit ihm, seinen Rat. Antwort erhielt sie nie. Ob die Soldaten heute Ähnliches erleiden mussten wie damals ihr Vater? Sicherlich forderte auch dieser Krieg seine Opfer, selbst, wenn ihr bislang niemand begegnet war, der dieser Tage einen persönlichen Verlust zu beklagen hatte. Würde sich das mit den heutigen Vorkommnissen ändern?

Sie bog in ihre Straße und erblickte Wilhelm, der sich suchend vor dem Hofeingang umschaute.

Als er sie entdeckte, eilte er sichtlich erleichtert zu ihr. »Gott sei Dank, dass du jetzt da bist. Geht es euch beiden gut?«

Ilse gab keinen Laut von sich, schaute aber mit großen Augen, die einen Funken Wiedersehensfreude erahnen ließen, hinter ihrem Schmusetuch hervor, die Hände fest um den kleinen Bären gepresst.

»Was hast du denn, meine Kleine? Willst du den Vati gar nicht begrüßen? Komm mal zu mir, das Bärchen bekommt ja gar keine Luft!« Liebevoll nahm er Ilse auf den Arm, die sich glücklich an ihn schmiegte.

»Ich glaube, der Schrecken sitzt ihr ordentlich in den Gliedern. Wir waren im Hindenburgpark, als der Alarm los-heulte, und haben uns unter der großen Trauerweide am Schwanensee versteckt. Zum Schutzraum hätten wir es nicht geschafft. Wir haben die Flugzeuge gesehen, Wilhelm. Frieda meinte, es müssen um die zwanzig gewesen sein. Sie haben auf Oppau zugehalten. Ein paar Einschläge haben wir auch gehört. Aber das war kein Vergleich zu 1921. Ich glaube nicht, dass viel passiert ist. Was bin ich froh, dass du hier bist. Warum stehst du denn hier herum? Haben dich die Sirenen geweckt?«, sprudelte es einem Wasserfall gleich aus Hedwig hervor.

»Ich muss gleich weg. Einer vom Werkschutz trommelt gerade alle verfügbaren Kollegen zusammen. Wir sollen uns im Werk einfinden. Kann sein, dass wir vor Schichtbeginn noch bei Aufräumarbeiten helfen müssen. Keine Ahnung.«

»Hast du denn etwas gegessen? Du kannst doch nicht mit leerem Magen los!«

»Ich verhungere schon nicht. Komm, ich begleite euch beide nach oben.« Sanft dirigierte Wilhelm Hedwig zur Haustür, stellte den Kinderwagen ab und stieg langsam die Treppe hinauf, Ilse dabei hin- und herwiegend, Hedwig im Schlepptau. »So, jetzt setz dich erst mal. Du hattest wahrlich jede Menge Aufregung heute. Ich hole dir ein Glas Wasser, dann mache ich mich auf den Weg.«

Dankbar genoss Hedwig Wilhelms Fürsorge und berich-tete dann noch einmal ausführlich. »Und dann all diese Leute, die sich nicht schämen, jetzt nach Oppau zu rennen und Maulaffen feilzuhalten. Sogar der Junge von gegenüber war auf dem Weg. Na, wenn das meiner wäre, dem würde ich was erzählen[8].«

Wilhelm legte Hedwig die gerade eingeschlafene Ilse in den Arm. »Ich muss gehen. Morgen früh bin ich zurück. Ruh dich aus. Jetzt passiert nichts mehr.«

»Ja, wahrscheinlich hast du recht. Weißt du was? So beängstigend das vorhin auch war, jetzt wissen wir zumindest, wie sich ein Luftangriff anfühlt. Ich denke, damit komme ich nun klar.« Sie warf einen Blick auf ihr Töchterchen, auf dessen Stirn sich kleine Schweißperlen formten. »Und Ilse halte ich das nächste Mal die Ohren zu. Sie muss das nicht hören und schon gar nicht sehen. Dann wird sie sich nicht mehr so erschrecken. Mit etwas Glück gibt es ja kein nächstes Mal. Vielleicht war das heute ein dummer Einzelfall.«

Wilhelm war sichtlich beruhigt, dass Hedwig so vernünftig reagierte, und eilte nach einer letzten Umarmung zur Tür.

Bis spät nachts surrte in der Küche die Nähmaschine ihren gleichmäßigen Rhythmus und ließ das neue Hemd für Wilhelm im Takt der Nadel entstehen. Hedwig konnte nicht schlafen und hatte daher beschlossen, sich nach langen, erfolglosen Versuchen mit Sinnvollerem als mit Herumwälzen zu beschäftigen. Auch Ilse konnte nur schwer Ruhe finden. Kaum war Wilhelm aus dem Haus, war sie schon wieder wach und ließ ihre Mutter keinen Moment aus den Augen. Ging Hedwig aus dem Zimmer, folgten ihr ein klägliches Weinen und Wimmern. Für kein Spielzeug konnte sie sich

---

[8] Nach den ersten Luftangriffen besuchten tatsächlich zahlreiche neugierige Bewohner auch anderer Stadtteile die Abwurfstellen und behinderten dadurch sogar Rettungs- und Aufräumarbeiten. Dies sollte sich erst ändern, als sich der Nervenkitzel in echte Gefahr wandelte und die bislang vereinzelten Angriffe die Stadt ab 1943 schließlich massiv bedrohten.

begeistern, einzig die mütterliche Nähe schien Ilse zu beruhigen. Selbst ihr Abendessen, das sie sonst mit freudigem Appetit verzehrte, wollte heute nicht schmecken. Lange brauchte sie, bis sie endlich erschöpft eingeschlafen war.

Es war nicht mehr weit bis zum Morgengrauen, als Hedwigs Blick auf Bibel und Gesangbuch neben dem Wollkorb fiel, bereits gerichtet für den nächsten Nachmittag mit ihren evangelischen Frauen. Mit einem Male fragte sie sich, ob sie fortan beim Erklingen eines tiefen C auf der Kirchenorgel an Flugzeuge am Himmel statt an beseelende Psalmen denken würde.

11. Mai 2014

Ilse schreckte hoch. Wo war eigentlich diese Bibel? Nicht, dass sie vorhatte, einen einzigen Blick hineinzuwerfen. Dennoch überlegte sie, wo sie sie hingelegt hatte. Vermutlich in die unterste Schublade der Kommode. Dort war alles mehr oder weniger ungesehen verstaut, was sie an Fotos und Dokumenten nach dem Tod ihres Vaters 1983, knapp sechs Jahre nach dem ihrer Mutter, in einem Anflug von Sentimentalität vor der Müllverbrennung bewahrt hatte. Ihr eigenes Gesangbuch, das unvermeidliche Konfirmationspräsent, befand sich vermutlich am gleichen Ort, einträchtig mit dem ihrer Mutter vereint.

Bitterkeit durchfloss sie. Was sollte das jetzt? Eintracht und Harmonie waren so ziemlich das Letzte, was sie mit ihrer Mutter verband, an die zu erinnern sie sich seit Jahren verbot. Wie typisch von ihr, dem Kind Augen und Ohren zuzuhalten, wenn sich Dinge ereigneten, die es nicht sehen oder hören sollte. Als ob man sie dadurch ungeschehen machen könnte. Nichts ließ sich ungeschehen machen. Gar nichts. Gleichwohl ihre Mutter grundsätzlich glaubte, es besser zu wissen und versuchte, sie in irgendeine von ihr als passend erachtete Richtung zu dirigieren. Sie ließ sich nicht dirigieren.

Nicht von ihrer Mutter, nicht von ihrer Tochter Birgit.

Hatte sie wirklich von diesen frühen Kriegsjahren geträumt? Wie absurd der Gedanke, sie könne sich daran erinnern. Ein Kleinkind war sie damals. Unmöglich. Und doch schien ihr Traum völlig real.

Je älter man wird, desto näher rückt die Vergangenheit.[9]

---

[9] Das Zitat wird in dieser und ähnlicher Formulierung vielerorts verwendet, u.a. im Film und gleichnamigen Roman ›Small World‹ von Martin Suter.

Wo hatte sie das gelesen? Eine Lebenserinnerung in einer Zeitschrift, die sie rasch weggeblättert hatte? Vermutlich. Sie mochte keine Lebenserinnerungen. Man sollte an der Vergangenheit nicht rühren. Wie kam es nur, dass Birgit diese fest verschlossene Tür mit den rostigen Riegeln immer wieder aufstemmen wollte? Und warum wurde sie seit einiger Zeit ständig von diesen alten Geschichten heimgesucht? Das musste aufhören.

Ilse beschloss, allmählich zu Bett zu gehen. Gedankenverloren trank sie einen weiteren goldbraunen Schluck, spürte, wie er sich wohlig warm in ihrem Innern ausbreitete, und dem Tag die Schärfe nahm. Zu ihren Füßen raschelte eine vergessene Plastiktüte. Irritiert überlegte sie, warum sie dort lag. Sie sollte sie wohl aufheben. Später.

1940/1941

Am nächsten Abend fiel Hedwig unmittelbar nach Wilhelms Aufbruch ins Bett. Sie war entsetzlich müde nach der halb durchwachten, vergangenen Nacht.

Plötzlich riss sie ein ohrenbetäubender auf- und abschwellender Heulton aus dem Tiefschlaf. Während sie die Benommenheit traumloser Erholung abzuschütteln versuchte, mischten sich lautes Rufen und Trommeln an der Wohnungstür, gepaart mit Ilses Geschrei aus der Stube, ins Sirenengeheul.

»Fliegeralarm! Frau Oehler! Sind Sie wach?«, klang es lautstark vor der Tür.

»Ja, ja, der Radau weckt ja Tote auf! Sind Sie das, Frau Herrmann?«. Hedwig schlüpfte in Morgenrock und Pantoffeln und sauste den Flur entlang, an der Stube vorbei zur Tür. »Ich komme ja schon!«

»Ja, ich bin's. Ich wollte schauen, ob Sie Hilfe brauchen. Mein Mann gibt den anderen Hausbewohnern Bescheid.«

Hedwig öffnete die Tür und dankte, noch immer schlaftrunken, für die freundliche Aufmerksamkeit. »Es wird bestimmt nichts passieren, gestern haben wir das ja schon mal mitgemacht. Wir rennen jetzt nicht durch die Straßen zum Schutzraum. Bis ich Ilse angezogen habe, ist ohnehin wieder alles vorbei.«

»Sie können nicht in der Wohnung bleiben, das verbietet die Luftschutzverordnung«, erwiderte Frau Herrmann streng. »Kommen Sie mit, wir gehen in den Keller. Sie müssen Ilse nicht extra anziehen, eine Decke genügt. Und für Sie auch.«

Resigniert gab Hedwig nach. Frau Herrmann würde sich ohnehin nicht vom Fleck rühren, also bat sie sie kurz herein und holte die verzweifelte Ilse aus ihrem Bettchen. Kaum verspürte sie Hedwigs beruhigend starke Umarmung, ließ ihr Schluchzen nach, bis nur noch einzelne Tränenspuren auf ihren blassen Wangen schimmerten.

Währenddessen öffnete die Nachbarin das Küchenfenster und forderte Hedwig auf, dies auch in Schlafzimmer und Stube zu tun. »Sicher ist sicher, Frau Oehler. Falls in der Nähe eine Bombe fällt, zerspringen die Scheiben bei geschlossenen Fenstern. Das wollen Sie garantiert nicht.«

Hedwig tat, wie ihr geheißen. Sie erinnerte sich dunkel an das Merkblatt vom Reichsluftfahrtministerium, in dem von einer Luftstoßwelle die Rede war, brachte aber die Details nicht mehr zusammen. Sie wollte Wilhelm bei Gelegenheit danach fragen. Wilhelm! Hoffentlich ging alles gut!

Mit Ilse auf dem Arm schloss sie sich der Nachbarin an und lief die Treppen hinab in den Keller.

Jeder Wohnung war ein kleiner, abschließbarer Verschlag zugeteilt. An der freien Kellerwand hatte Herr Herrmann anscheinend frühzeitig für Luftschutzfälle vorgesorgt. Dort verbreiteten eine ausrangierte Chaiselongue, ein reichlich verschlissener Sessel, ein verschrammter Schaukelstuhl und ein leeres Holzfass, das nun als Tisch und Ablagefläche diente, fast eine Art Wohnzimmeratmosphäre. Andere Nachbarn hatten hier irgendwann in weiser Voraussicht bereits Kissen, Decken und Kerzen gestapelt, wie Hedwig staunend bemerkte. Dass ihr das bislang entgangen war!

An der Hand ihrer Mütter stolperten die dreijährige Ingeborg und der fünfjährige Reinhard die Treppe hinunter. Ilse war der kleinste Kellergast, Herr Herrmann der einzige Mann.

»Na, dann machen wir es uns mal gemütlich, bis der Spuk vorbei ist. Für die Kinder richten Sie bitte dort drüben eine Schlafstatt«, übernahm er sogleich das Kommando.

»Ilse bleibt bei mir.« Hedwig warf auffordernd den Kopf in den Nacken. Sie würde ihr Kind nicht auf dem Kellerboden ablegen.

»Dann nehmen Sie den Sessel«, mischte sich Frau Herrmann eilfertig ein. Um die Bedeutung seiner Stellung bemüht, dirigierte ihr Mann die beiden anderen Mütter zur Chaiselongue, auf der sie sich dankbar aneinander drängten, und wies seiner Frau den Schaukelstuhl zu. Für sich selbst wollte er schnell einen Stuhl aus der Wohnung holen.

Ingeborg und Reinhard fanden nichts an der zugewiesenen Kellerecke auszusetzen, nachdem man ihnen verraten hatte, dass es sich um eine Art Pfadfinderspiel handelte, für das auch die laute Sirene unbedingt erforderlich war. Abenteuerlustig kichernd vergruben sie sich daher in Kissen und Decken, aus denen bald tiefe, regelmäßige Atemzüge ins verlegene Schweigen der Hausbewohner drangen.

»Man hört gar nichts«, beendete Frau Herrmann die Stille.

»Vielleicht sind sie ja abgedreht«, sagte Hedwig hoffnungsvoll.

»Oben hört man die Einschläge«, teilte Herr Herrmann schnaufend mit, während er einen schweren Stuhl anschleppte. »Und Flak-Geschütze. Die krachen ordentlich laut. Das müssen die Stellungen zwischen Friesenheim und Oppau sein.«

»So nah!« Aufgeregte Unruhe machte sich breit, unterstrichen durch eine leichte Erschütterung und das plötzlich trübe Flackern der Deckenlampe, die sich noch nicht entschieden hatte, ob sie ihren Dienst einstellen würde.

Herr Herrmann strafte sie mit einem grimmigen Blick, griff vorsichtshalber nach Kerzen und Zündhölzern.

»Wir sind hier sicher«, wiegelte er ab. »Und verhungern werden wir erst recht nicht.« Mit verschmitztem Blick deutete er auf die gut gefüllten Einmachgläser in den Verschlägen.

Wenig später waren dumpfe Schläge aus der Ferne zu vernehmen, die die Mauern regelmäßig in leichte Bewegung versetzten. Staubkörner tanzten im Licht der Lampe.

Hier ist nicht ordentlich gefegt worden, kam es Hedwig in den Sinn. Sie wiegte die friedlich ruhende Ilse auf ihrem Schoß, hielt das Köpfchen mit der Rechten schützend umfangen. Eigentlich schrieb die Hausordnung das vor. Ein Schild, das darauf hinwies, dass man für die *Große Woche* zuständig war, wanderte von Familie zu Familie an den Haken neben der jeweiligen Wohnungstür. Fand man es dort vor, mussten neben dem eigenen Treppenabsatz, den man im Wechsel mit dem Etagennachbarn ohnehin wöchentlich reinigte, zusätzlich der Eingangsbereich nass aufgenommen sowie Hof und Keller gekehrt werden. Anscheinend wurde mit Letzterem eher nachlässig umgegangen. Hedwig nahm sich vor, beim nächsten Mal besondere Gründlichkeit walten zu lassen und mit gutem Beispiel voranzugehen.

»Gestern dauerte das nicht so lange«, ertönte eine verzagte Stimme von der Chaiselongue. »Nach ein paar Minuten war alles vorbei.«

»Das war vielleicht ein Test«, mutmaßte Herr Herrmann. »Und es sind diesmal mehr Flugzeuge beteiligt, glaube ich. Machen Sie sich keine Gedanken. Unsere Flak wird das schon richten. Schauen Sie mal, ich habe Mau-Mau-Karten dabei. Wer spielt mit?«

Mit vielsagendem Blick auf ihre Tochter, die sie nach wie vor liebevoll entschlossen vor den ungewohnten, umgebenden Geräuschen abschirmte, lehnte Hedwig dankend ab.

Nach zwei Durchgängen der Vierer-Karten-Runde verkündete der bereits gestern mit Erleichterung vernommene Dauerton das Ende der Gefahr.

Nachdem Hedwig oben alle Fenster, die glücklicherweise unbeschadet geblieben waren, fest verschlossen und Ilse zurück in ihr Bett gebracht hatte, gönnte sie sich, ganz gegen ihre sonstige Gewohnheit, ein Glas Bier in der Küche. Sie betete, dass Wilhelm am Morgen wohlbehalten zu ihr nach Hause käme. Sein Werksteil befand sich weit genug von Oppau entfernt, sodass er vom Angriff eigentlich nicht betroffen gewesen sein sollte. Dennoch wäre sie erst beruhigt, wenn sie ihn wieder in die Arme schließen konnte. Zumindest schien ihre Methode, Ilse zu schützen, zu funktionieren. Keine Schweißperlen, keine Tränen, kein Zappeln oder Erstarren. Während der gesamten Zeit im staubigen Keller war die Kleine entspannt geblieben, offensichtlich beruhigt vom gleichmäßigen Herzschlag ihrer Mutter und den sie umfangenden Armen. Kaum wieder im Bett, räkelte sie sich wohlig und schlief sofort ein. Hedwig war zufrieden. Nichts sehen, nichts hören, es wirkte.

Später erfuhr sie, dass ebenso wie tags zuvor nur leichte Schäden in Oppau entstanden waren und der Terrorangriff aus der Luft, der bedauerlicherweise ein ziviles Todesopfer gefordert hatte, erfolgreich abgewehrt worden war. Gott sei Dank.

* * *

Hedwig räumte das Alltags-Kaffeegeschirr zurück in den Schrank und deckte stattdessen mit dem guten, goldumrandeten Streublümchen-Service ein. Sein duftiges Dekor passte zum Anlass und ihrer fröhlichen Stimmung. Den heutigen ›General-Anzeiger‹ mit seiner wundervollen Nachricht drapierte sie in die Mitte des Tischs. Summend entschied sie sich gegen den üblichen Muckefuck. Zur Feier des Tages würde sie eine Handvoll der kostbaren Kaffeebohnen, die sie wie einen Goldschatz hütete, frisch mahlen. Sie goss etwas frische Vollmilch ins Kännchen. Ausnahmsweise. Ein kleiner Blechkuchen verströmte sein verführerisches, süßfruchtiges Aroma. Ein Ruckzuck-Kuchen, mit dünnem Boden aus Margarine, Mehl und Zucker, den allerdings um knapp die Hälfte der angegebenen Rezeptmenge reduziert. Von den beiden ebenfalls vorgesehenen Eiern hatte sie eines eingespart und durch einen großzügigen Löffel Mais-Kartoffelmehl, eine Mischung, die sie für solche Zwecke stets vorrätig hielt, ersetzt. Diesen kleinen Kniff kannte sie seit ihren Kindertagen im letzten Krieg. Eine gleichmäßige Schicht fein gehobelter Äpfel, gemischt mit ein paar Rosinen und hübsch verziert mit einem akkuraten Gitter, das sie aus den Randabfällen des ausgewalkten Teigs gelegt hatte, bildete den saftigen Gegenpol zum trockenen Untergrund. Heute würden sogar die beiden Kleinen ein Stückchen vom Kuchen bekommen. Fehlte lediglich etwas Unterhaltungsmusik. Doch statt Rudi Schuricke oder Ilse Werner tönten aus dem Volksempfänger Sprecherstimmen, die Propagandameldungen verlasen und einen behaglichen Nachmittag wohl eher störten. Dann lieber keine Radiosendung. Zufrieden schaute sie sich um.

Frieda, deren Ankunft die Türklingel soeben ankündigte, würde staunen!

»Da bist du ja! Genau rechtzeitig. Schau mal, was ich für uns vorbereitet habe.«

Stolz schob sie ihren Gast Richtung Küche, wo sich Ilse in ihrem Laufställchen bereits auf Dorotheas Gesellschaft freute. Die konnte es kaum erwarten, aus ihrer Jacke befreit zu werden und die Cousine quietschend zu begrüßen. Während Hedwig rasch Friedas Sommermantel in der Garderobe verstaute und den Wasserkessel aufstellte, nahm die Schwägerin etwas schwerfällig am bunten Küchentisch Platz.

Sie setzte sich Frieda gegenüber und kurbelte kraftvoll die Kaffeemühle auf ihrem Schoß.

»Fehlt dir etwas?«, wunderte sie sich über die ausbleibende Begeisterung.

»Erwin«, stieß Frieda hervor. Mit rot geränderten Augen und sichtlich um Fassung ringend berichtete sie, dass er seinen Gestellungsbefehl[10] vom Wehrbezirkskommando erhalten hatte: In wenigen Tagen müsse er sich beim Landes-Schützen- und Ausbildungs-Bataillon in Trier einfinden.

Erschreckt hielt Hedwig inne. »In ein paar Tagen schon! Ich dachte, es dauert dann noch längere Zeit! Seit wann weißt du das denn?«

---

[10] Schriftliche Einberufung zum Militärdienst

»Seit gestern Abend. Stell dir vor, Erwin hat mir das erst gestern Abend gebeichtet!« Sie nestelte nach einem Taschentuch. »Und dabei kommt das gar nicht unerwartet. Er wurde nämlich bereits vor Wochen benachrichtigt, vom Wehrmeldeamt Ludwigshafen. Eine Ankündigung, dass mit seiner Einberufung zum Wehrdienst in nächster Zeit zu rechnen sei. Er solle seinen Arbeitgeber darüber in Kenntnis setzen.« Stakkatoartig machte Frieda ihrer Empörung Luft. »Kein Wort hat er mir verraten! Kein Wort! Erst gestern Abend!«

Hedwig war entsetzt. »Ja, wieso macht er denn so was! Das kann man doch nicht verschweigen!«

»Er hat den Kopf in den Sand gesteckt. Hoffte wohl, er könne eine UK-Stellung erreichen. Welch ein Unfug. Als einfacher Postfacharbeiter. Das hätte er wissen müssen. Schließlich werden bei der Reichspost immer mehr Frauen und sogar Ausländer eingesetzt. Eben weil so viele Männer eingezogen werden.« Traurig blickte sie zu den spielenden Kindern. »Er holt uns nachher ab, damit du dich verabschieden kannst.«

Kurz entschlossen gab Hedwig einige weitere Bohnen in die Mühle. Heute durfte es ruhig ein stärkerer Kaffee sein. »Lass den Kopf nicht hängen.« Vielsagend lächelnd deutete sie auf die bislang unbeachtet gebliebene Zeitung. »Ich glaube, das hier ändert alles. Hast du es denn nicht gelesen?«

Friedas bekümmerte Miene hellte sich auf, als sie die großen Lettern las:

Ab 25. Juni 1 Uhr 35![11]
An den Fronten im Westen schweigen seit heute Nacht die Waffen
Aufruf des Führers an die Bevölkerung der geräumten Gebiete

---

[11] Originalzitat aus dem ›General-Anzeiger Ludwigshafen‹ a. Rh. vom 25. Juni 1940.

Am Montag, den 24. Juni, fand um 19.15 Uhr bei Rom die Unterzeichnung des italienisch-französischen Waffenstillstandsvertrages statt.

Um 19.35 Uhr erfolgte die offizielle Mitteilung darüber an die deutsche Reichsregierung – Auf Grund dessen ist der deutsch-französische Waffenstillstandsvertrag in Kraft getreten. Das Oberkommando der Wehrmacht hat die Einstellung der Feindseligkeiten gegen Frankreich angeordnet. Am 25. Juni, 1.35 Uhr deutscher Sommerzeit, tritt auf beiden Seiten Waffenruhe ein.

Der Krieg im Westen ist damit beendet.

»Jetzt wird mir endlich klar, warum gerade die ganze Stadt beflaggt wird und die Glocken läuten«, Frieda strahlte Hedwig an. »Ob nun auch bald in den anderen Gebieten die Waffen schweigen?«

»Bestimmt! Wahrscheinlich ist schon alles vorbei, wenn Erwin seine Waffenausbildung abgeschlossen hat. Vielleicht schicken sie die neuen Soldaten eine Weile zu den Besatzungstruppen nach Frankreich. Oder er wird für die Bearbeitung der Feldpost eingesetzt. Aber Gefahr droht ihm keine mehr.«

Plötzlich legte sich ein Schatten übers Friedas soeben noch zuversichtliches Lächeln. »Also ich weiß nicht. Hast du denn einmal weitergelesen? Das klingt nicht so, als sei das alles überstanden.« Sie deutete auf einen weiter unten stehenden Teil des Artikels.

Der Oberbefehlshaber der Kriegsmarine, Großadmiral Dr. h. c. Raeder besichtigte in der Zeit vom 17. bis 21. Juni die Verbände der Kriegsmarine und die Marine-Anlagen im Bereich der holländischen, belgischen und nordfranzösischen Küste, um sich von ihrer Einsatzbereitschaft gegen England zu überzeugen.

»Ach, das sind nur Sicherheitsvorkehrungen, um diesen Churchill in England im Auge zu behalten. Aber der gibt jetzt bestimmt auf. Immerhin ist die britische Armee erst kürzlich mit Mann und Maus vor der Wehrmacht geflohen. Wilhelm hatte mir das vorgelesen. Der Ort hieß Dünkirchen, das habe ich mir gemerkt. Irgendwo an der französischen Küste. Oder Belgien?« Hedwig überlegte. »Ich bin mir nicht sicher. Soll ich nachschlagen? Wilhelm hat einen Handatlas.«

»Nein, nein, nicht nötig. Gerade, wo du es sagst, fällt es mir auch ein. Die Briten sind Hals über Kopf geflüchtet. Hatten sie es nicht sogar so eilig, dass sie ihre schweren Waffen einfach zurückließen?«

»Stimmt genau. Und jetzt erinnere ich mich wieder! Die Stadt liegt in Frankreich, ganz nahe der belgischen Grenze. Ich wusste doch, dass er Belgien erwähnt hat.«

Frieda begutachtete nun endlich den schön gedeckten Tisch. »Vielleicht hast du recht. Ich sollte mir nicht zu viele Sorgen machen. Wobei sich das leicht sagt. Wenn auch im Westen nun Ruhe einkehren dürfte, schließlich haben Belgien und die Niederlande ja glücklicherweise kapituliert, so wird im Osten nach wie vor erbittert gekämpft. Und wer weiß, was sich diese Briten jetzt einfallen lassen. Ob die einfach so aufgeben?« Frieda atmete tief durch. »Andererseits dauert die Ausbildung an der Waffe wohl eine ganze Weile, nehme ich an. Bis Erwin tatsächlich in den Kampf geschickt werden kann, wird sicherlich noch viel Wasser den Rhein hinabfließen.«

Hedwig strich ihr mitfühlend über den Arm. »Ich verstehe dich. Ich hätte ebensolche Angst um Wilhelm. Lass uns darauf vertrauen, dass alles gut geht.« Aufmunternd lächelte sie ihr zu. »Kaffee?«

»Unbedingt. Und deinen Kuchen möchte ich liebend gerne probieren.«

* * *

»Ilse, hör sofort auf, Dorothea zu ärgern!«, wies Hedwigs scharfe Stimme ihre Tochter zurecht, die gerade zum wiederholten Male den Bauklötzchenturm ihrer Cousine mit einem Handstreich zum Einsturz brachte, was die mit lautem Protest und einem gezielten Schubs in Richtung Ilses eigenem Bauwerk quittierte.

»Diese Racker«, seufzte Frieda mit Blick auf die fast Dreijährigen, »haben mal wieder Ameisen im Hintern. Sie sollten besser draußen herumtoben.«

»Dass sie sich bei dem Wetter erkälten? Besser nicht. Die sollen jetzt hübsch brav einmal drinnen spielen.«

Frieda stimmte ihrer Schwägerin zu.

Ein leichter Nieselregen hatte eingesetzt, und die kalte Oktoberluft ließ den nahenden Winter erahnen. Sie waren damit beschäftigt, ihre reichlichen Gartenerträge rechtzeitig vor dem zu erwartenden Kälteeinbruch zu verarbeiten. Hedwig hobelte gerade den Rest des letzten Kohlkopfs, während Frieda das Weißkraut abwechselnd mit Salz in einen Steintopf stampfte. Beiden klebten wegen der anstrengenden Arbeit die aufgesteckten feuchten Haare an den Schläfen. Jede einzelne Krautlage musste so fest gestampft werden, dass der austretende Saft den Kohl bedeckte. Erst dann konnte Salz darübergestreut und die nächste Schicht obenauf verteilt werden. Zuletzt würden sie den Topf mit einem Tuch bedecken, dann mit Holz und darauf einem Stein beschweren, damit er in der kühlen Speisekammer bis zum Ende des Gärprozesses warten konnte. Einmal die Woche würde Frieda Stein und Holz abnehmen, das Tuch mit kaltem Wasser auswaschen und das Gefäß mit dem Kraut wieder bedecken.

»Puh, geschafft.« Hedwig streckte sich. »Soll ich gleich mit den Bohnen weitermachen?«

»Nein, lass uns bitte erst eine kleine Pause einlegen. Ich muss mich ein paar Minuten hinsetzen«, stöhnte Frieda.

»Dann stelle ich rasch Wasser auf. Ich habe ein Päckchen ›Madra Frucht-Tee‹ mitgebracht. Hat mir die Inhaberin von

Eklöh[12] geschenkt, als Dankeschön für die Änderungen an ihrem Abendkleid.«

»Ein Abendkleid!«, staunte Frieda, die erleichtert aufatmend die letzten Handgriffe am Gärtopf erledigte. Fertig. »Meines liegt eingemottet in der Truhe. Gibt es denn noch Gesellschaften?«

Hedwig zuckte mit den Schultern und gab die getrockneten Fruchtstückchen in das Teesieb. »Vielleicht eine Trauung mit feinem Abendessen? Geheiratet wird ja trotzdem in diesen Tagen. Sollen sie feiern, wir lassen uns den Tee schmecken.« Sie lachte vergnügt, froh, den Gemüsebergen einige Minuten zu entkommen.

Ilse und Dorothea hatten ihren kleinen Zwist beigelegt und errichteten gemeinsam aus den Holzklötzchen, mit denen schon Hedwigs Brüder architektonische Wunderwerke vollbracht hatten, ein nicht näher definierbares Bauwerk, das beachtliche Ausmaße annahm. Während die eine konzentriert stapelte, plapperte die andere praktische Hinweise.

»Hoffentlich haben sie sich nicht zu viel vorgenommen«, sagte Frieda und schmunzelte.

»Wenn das Ding umfällt, ist das Geschrei groß«, unkte Hedwig, sich Ilses Wutausbrüchen lebhaft bewusst, sobald ihre kindliche Ungeschicktheit sie am Erreichen hoher Ziele hinderte. Nach einigen wohltuenden Schlucken vom heißen Getränk erkundigte sie sich nach ihrem Bruder. Leider waren ihre Hoffnungen auf ein baldiges Kriegsende nach dem deutsch-französischen Waffenstillstand im Juni des vergangenen Jahres vergebens geblieben. Mittlerweile war Erwin ins Generalgouvernement[13] abkommandiert.

»Zuletzt war er irgendwo in der Ukraine und stöhnte über Regen und knietiefen Schlamm. Wenn alles klappt, ist er

---

[12] Lebensmittelgeschäfte des Drogisten und Erfinder des Ratio-Systems, dem Vorläufer des Selbstbedienungssystems, Herbert Eklöh.
[13] Bezeichnung für die von der Wehrmacht besetzten polnischen Gebiete

übermorgen zu Hause. Er schrieb mir, man habe ihm Urlaub vom sechzehnten bis neunundzwanzigsten Oktober genehmigt.«

»Dann ist er fast zwei Wochen lang bei dir, das ist ja wunderbar!«

»Ja, ich bin unsagbar froh, das darfst du mir glauben. Jetzt werden wir gemeinsam beraten, wie es hier weitergehen soll. Du weißt schon. Ob ich mit Dorothea hierbleibe oder nach Hauenstein zur Schwiegermutter ziehe.«

Hedwig nickte, sie wusste ja, dass Frieda sehr allein in ihrem Haus war und sich zudem vor weiteren Luftangriffen fürchtete, obwohl seit über einem Jahr keine Bomben mehr gefallen waren. Andererseits standen sich Schwiegermutter und Schwiegertochter wahrlich nicht nahe. Ob diese beiderseitige, kühle Reserviertheit dem Zusammenleben fernab der Stadt förderlich war, bezweifelte sie. Schlimmstenfalls würden Anspannung und Misstrauen Friedas Einsamkeit verstärken.

»Ich bin so unschlüssig. Wenn du nur mitkommen wolltest.«

Seit Ludwigshafen in die erweiterte Kinderlandverschickung einbezogen war, wurden die Reisekosten übernommen, sofern sich Eltern dazu entschlossen, ihre Kinder Verwandten oder Pflegestellen in ländlichen Regionen innerhalb des Gaugebietes anzuvertrauen. Kleine Kinder, die das dritte Lebensjahr noch nicht vollendet hatten, sollten von ihren Müttern begleitet werden. Hedwigs und Erwins Mutter, die bereits seit Kriegsbeginn in Hauenstein lebte, hatte sofort angeboten, sowohl die Tochter als auch die Schwiegertochter samt ihren Kindern bei sich aufzunehmen.

»Und Wilhelm sich selbst überlassen? Würdest du das denn tun, Frieda?«

»Wohl kaum. Du hast recht. Ich weiß nicht, welcher Gedanke mich mehr schreckt. Dass einmal eine Warnung gar nicht oder zu spät erfolgt oder ich mit Dorothea allein im Keller sitze, während das Haus über uns einstürzt.«

In der Vergangenheit waren Klagen laut geworden, dass es gelegentliche Bombenabwürfe ohne entsprechende Vorwarnung gegeben haben soll. Dies lag wohl daran, dass Nacht für Nacht einzelne feindliche Flugzeuge in großer Höhe in den Luftraum eindrangen und im Rundflug das Reichsgebiet erkundeten. In angeblich nur sehr seltenen Fällen kam es dann auf dem Rückflug eben mal zum Abwurf einer Bombe. Nachdem man anfangs sofort bei Sichtung eines Fliegers die Bevölkerung warnte und die Menschen unnötig aus dem Schlaf schreckte oder gar Produktionsabläufe in den Rüstungsbetrieben störte, wurden die Luftschutzorgane letztlich angewiesen, Alarm ausschließlich bei Einflug vieler Flugzeuge oder ganzer Verbände auszulösen.

»Ich glaube nicht, dass dir hier Gefahr droht. Seit den kleinen Angriffen letztes Jahr ist in Ludwigshafen nichts mehr passiert. Natürlich muss man sich vorsehen. Und das tun wir! Schau, wir gehen nicht mehr in den Park, bleiben in der Nähe unserer Häuser oder der Schutzräume. Außerdem bauen sie überall diese großen Bunker. Wir achten auf die Verdunkelung und haben für den Brandfall Eimer mit Sand gerichtet. Mehr können wir nicht tun, außer, auf den Herrgott zu vertrauen.« Und auf die Abwehr, fügte sie in Gedanken hinzu.

»Auf den Friedhof gehst du immer noch.«

»Der guten Luft wegen. Man kann doch nicht nur Häuser und Mauern atmen. Außerdem komme ich auf dem Weg zu dir ohnehin dort vorbei.«

»Du meinst also, ich soll bleiben?«

»Ich kann dir nichts raten, das musst du mit Erwin besprechen. Aber ich würde dich sehr vermissen.«

Frieda seufzte. »Erwin wird wissen, was zu tun ist. Er bekommt das alles ja viel näher mit als wir.« Sie leerte ihre Tasse. »Trotz aller Furcht möchte ich eigentlich lieber in meinen eigenen vier Wänden bleiben. Und was soll denn aus dem Garten werden?«

»Ich würde mich um ihn kümmern, aber ganz allein bewältige ich den bei all der Arbeit schwerlich.«

Unter lautem Poltern, gefolgt von begeistertem Gebrüll, stürzte die kunstvolle Klötzchenanlage in sich zusammen. Mit Feuereifer machten sich Dorothea und Ilse an den Wiederaufbau.

»Wie unermüdlich sie sind«, bemerkte Frieda bewundernd.

»Nehmen wir uns ein Beispiel an ihnen.« Hedwig streckte die Glieder und griff zum Gemüsemesser. »Bohnen und Rote Rüben rufen.«

* * *

Frieda war sichtlich glücklich. Erwin fühlte, wie sehr sie die wenigen Tage mit ihm genoss, sich freute, dass er Dorotheas Fortschritte bestaunte. Und er war froh über Friedas herzlich-enges Verhältnis zu seiner Schwester Hedwig. Er wusste, dass es seine Frau als Norddeutsche nicht leicht hatte mit der Pfälzer Mentalität. Auch Hedwig galt als Außenseiterin. Ihre explosive Mischung aus Temperament, Sturheit und einer Portion Engstirnigkeit, die kaum Abweichungen nach rechts oder links ihres als richtig erachteten Weges zuließ, machte es anderen Menschen schwer, ihren Maßstäben gerecht zu werden. Wie gut, dass sie in der kühleren Frieda und dem nachgiebigen Wilhelm anscheinend genau die Gegenpole gefunden hatte, die sie im Gleichgewicht hielten. Nicht zu vergessen die kleine Ilse, die Hedwig abgöttisch liebte und in der Erwin – trotz ihrer Bravheit – gelegentlich Ansätze der rebellischen Charakterzüge ihrer Mutter aufblitzen sah. Ohne Zweifel, Hedwig hatte sich zu einer tüchtigen, absolut zuverlässigen und redlichen Frau entwickelt, die für die Ihren einstand und stets bestrebt war, jegliche Gefahr von denen, die sie liebte, abzuwenden. Kein Vergleich zur Hedwig der gemeinsamen Kindertage, in denen sie mit ihrem feurig-dominanten Wesen den großen Brüdern das Leben schwer gemacht hatte.

Nun berieten er und Frieda sich eingehend, durchdachten die Vor- und Nachteile von Friedas Optionen. Hauenstein oder Ludwigshafen? Nach gründlicher Überlegung entschieden sie sich für Friedas Verbleib daheim.

Unmittelbar nach Erwins Rückkehr zur Ostfront erfolgte der nächste Luftangriff, den Frieda zitternd allein mit Dorothea im Keller ihres Hauses ertrug. Knapp fünfzig Flugzeuge visierten ein Ziel an: Wilhelms Arbeitsplatz, die I.G. Farben.

* * *

Es war laut und heiß in der Halle, Wilhelm wischte sich den Schweiß von der Stirn. Vor Monaten schon hatten sie die ebenerdigen Tanks mit dicken Mauern gesichert und einen Teil der Produktion in den Keller verlagert. In nächster Nähe beschützten aufmerksame Flak-Schützen das Werk. Der große Bunker, der Bewohnern des angrenzenden Stadtteils ebenfalls offenstand, war fertig und strahlte beeindruckende Stabilität aus.

Hoch konzentriert prüfte Wilhelm die zahlreichen Messinstrumente der großen Anlage, regulierte routiniert den Produktionsvorgang an verschiedenen Rädchen und gab den Arbeitern an den Fässern kurze Anweisungen. Sie verstanden einander bestens in ihrer Schicht und akzeptierten ihn als Führungsperson. Das war nicht selbstverständlich, immerhin waren sie jahrelang gleichgestellt gewesen. Im Juni dieses Jahres jedoch hatte man ihn zum Vorarbeiter befördert und mit der Aufsicht über die ordnungsgemäße Abfüllung betraut.

Wie stolz Hedwig auf ihn war, als er ihr die Ernennung strahlend verkündete. Während sie stets daran geglaubt hatte, hegte er selbst häufige Zweifel. Schließlich war er nur ein einfacher und ungelernter Fabrikarbeiter, der erst 1937, nach langen Jahren als Tagwerker, seine feste Anstellung in der Palatinolfabrik erhalten hatte. Aber dank Fleiß, Zuverlässigkeit und seines ruhigen Wesens wurde der Meister bald aufmerksam und förderte ihn.

Er würde ihn nicht enttäuschen. Zu seiner großen Erleichterung galt er nun definitiv als unabkömmlich, müsste vorerst nicht mit dem gefürchteten Gestellungsbefehl rechnen.

Obwohl draußen die Sirenen feindliche Flieger ankündigten, rührte sich keiner von seinem Platz. Zu wichtig war das gerade fertiggestellte und für die Rüstungsindustrie unverzichtbare Palatinol[14]. Sobald das letzte Fass verschlossen wäre, könnten sie den Schutzraum abseits der Tanks und Rohre mit ihrem ätzenden, leicht entzündlichen Inhalt aufsuchen und dort das nahende Schichtende abwarten. Sofern dies dann überhaupt gefahrlos möglich wäre.

Die Ostarbeiter würden ohnehin größtenteils in der Halle bleiben und aufräumen. Ihnen wurde die Zeit im Schutzraum nicht angerechnet und musste daher nachgearbeitet werden. Die Distanz zu ihnen war in letzter Zeit deutlich größer geworden. Privatunterhaltungen waren ohnehin von Beginn an verboten. Und seit dem Vorfall vergangene Woche, als einer der Arbeiter einem Polen heimlich ein belegtes Brot zusteckte, was dummerweise nicht verborgen blieb und den umgehenden Gestellungsbefehl für den Spender zur Folge hatte, waren jetzt alle besonders zurückhaltend und wachsam. Niemand wollte Ärger.

Der an- und abschwellende Heulton war verklungen, die Zeit drängte. Doch zunächst mussten die Abfüllung beendet und die Fässer für den Abtransport zu den Pulverfabriken verschlossen werden. Hierbei ließ jeder größte Vorsicht walten, um nicht mit den farblosen, so harmlos wirkenden Täfelchen in Berührung zu kommen. Wer schon einmal seine Handschuhe vergessen hatte, musste sich anschließend mit üblen Hautreizungen herumplagen. Und wehe, man rieb

---

[14] Palatinol wurde im 2. Weltkrieg als Plastinierungsmittel für Nitrocellulose (Schießwolle) verwendet und nach seiner Weiterverarbeitung für Raketentriebmittel und Marine-Sprengstoffe benötigt.

sich die tränenden Augen! Die fühlten sich sogleich an, als hätte man Pfeffer hineingestreut.

Sie waren noch mitten in ihrer Arbeit, als Flaksalven knallten, kurz darauf Bomben detonierten und Boden und Wände ins Wanken gerieten.

»Verdammt, das war nahe!«, rief einer der Arbeiter besorgt aus.

»Menschenskind, pass doch auf, das Fass fällt ja gleich um!«, fuhr ihn ein anderer an. »Gegen die über uns können wir nichts tun, also sieh wenigstens zu, dass du uns nicht mit diesem Teufelszeug zuschüttest!«

»Wieso ich? Der Boden schwankt!«

»Du sollst das Ding festhalten, du Anfänger!«

»Sollen wir nicht lieber raus hier?«, schrie es aus einer anderen Ecke.

»Und wohin? Die sind direkt über uns! Mach jetzt!«, giftete es zurück.

»Wollt ihr etwa munter weiter abfüllen? Das ist der reinste Eiertanz hier!«

Weitere krachende Flaksalven, im wütenden Konzert mit dröhnenden Motoren, dem Heulen niedergehender Bomben und trommelnden Einschlägen übertönten nun minutenlang sämtliche Streitereien und Anweisungen, gefolgt von plötzlich eintretender Stille. Während sich alle bis aufs Äußerste gespannt umschauten, ob ja keine Fässer umgefallen und alle Vorrichtungen intakt waren, heulte es schon Entwarnung und der Meister stürzte herein, sich Staub und Mörtel abklopfend.

»Alles in Ordnung hier? Oehler, schau dir gleich mal die Leitungen an. Ich will wissen, ob irgendwo Salpetersäure austritt. Ein Ingenieur ist bereits auf dem Weg. Und ihr da? Nicht rumstehen, die Fässer verschließen. Die Ostarbeiter kommen mit mir, am Bau 532 hat es eingeschlagen. Da müsst ihr ran und ein paar Trümmer beseitigen. Ihr anderen kommt sofort nach, wenn ihr mit den Fässern fertig seid. Los jetzt, Leute, an die Arbeit!«

Wilhelm lief die Rohrleitungen ab, über die Salpetersäure in mit Naphtalin gefüllte Tanks zugeführt wurde. Gewissenhaft befühlte er sämtliche Ventile, nahm jede Schweißnaht und Rohrverbindung sorgfältig in Augenschein, um etwaige Auffälligkeiten notieren zu können. Nicht auszudenken, wenn sich hier irgendwo eine undichte Stelle gebildet hätte. Das Einatmen der Dämpfe war äußerst gefährlich. Auf den ersten Blick jedoch schien alles unbeschädigt. Genauere Prüfungen musste der Ingenieur vornehmen, der dann letztlich zu entscheiden hatte, ob die Zufuhr unterbrochen wurde oder nicht.

»Die Fässer sind fertig, Oehler. Sollen wir dann zu 532?«

Wilhelm hatte seinen Rundgang beendet. »Die nächste Schicht braucht den Platz. Wir schieben erst die Fässer nach vorn zur Ladestelle. Dann gehen wir rüber.«

»Und was ist mit Feierabend?«, maulte einer.

»Den kannst du vergessen. Beschwere dich bei den Engländern.«

»Oder bei der Abwehr, die sie durchgelassen hat«, murrte ein anderer.

Wilhelm warf einen warnenden Blick in die Runde. »Haltet euch besser zurück mit solchen Kommentaren. Das gibt bloß Ärger, wenn es der Falsche hört. Kommt, helft mir mal.«

Kurze Zeit später bescherten ihnen draußen Staub und Qualm kribbelnden Hustenreiz. Zu ihrer Erleichterung erfuhren sie schnell, dass die Flieger außer störenden Bombenkratern auf den Wegen, ein paar eingestürzten Mauern und einem kleineren Brand, der rasch gelöscht werden konnte, keine nennenswerten Schäden hinterlassen hatten. Alle Anlagen waren intakt, die nächste Schicht schon bei der Arbeit, die Produktion lief ungehindert weiter.

Auch auf seinem Heimweg konnte Wilhelm keine größeren Beschädigungen ausmachen. Es war gut ausgegangen.

Nur, es sollte nicht dabei bleiben.

12. Mai 2014

Irritiert blickte Ilse auf den kleinen Quarz-Wecker neben sich. Drei Uhr morgens. Kein Laut war im Haus zu hören, alles schlief. Lediglich ein einsames Dieselfahrzeug entfernte sich tuckernd. Es musste geregnet haben, die Reifen zischten auf feuchtem Asphalt.

Wieso saß sie immer noch hier? Ihre Füße waren so kalt, dass sie sie kaum mehr spürte und daher sogleich wieder vergaß. Ein Frösteln durchschauerte ihren zusammengesunkenen Körper. Sie mühte sich in eine bequemere Position, ließ die Augen suchend schweifen und entdeckte die warme Wollstola, die sie flugs um die schmalen Schultern zog. Anstatt einer Decke, die einfach nicht in Reichweite lag, breitete sie die mollige Weste aus pfirsichfarbenem Fleece über die Beine. Wohlige Wärme vertrieb das Zittern. So war es gut. Vielleicht sollte sie einfach hier sitzen bleiben.

Sie wusste, würde sie jetzt aufstehen, müsste sie den unverzüglich einsetzenden, stechenden Schmerz zuerst in den Unterschenkeln ertragen, unmittelbar gefolgt von unerträglichem Bohren und Pulsieren im Rücken. Atemanhaltend wäre sie für einen viel zu langen Augenblick dazu verdammt, den Moment abzuwarten, der eine kleine Bewegung, einen einzigen Schritt nur, erlaubte. Und es würde unendlich lange dauern, bis der Schmerz dann wieder abklang. Nicht ganz, als wolle er sie strafen. Aber zumindest so weit, dass er ihr gnädig gestattete, ins Bett zu kriechen und wieder einzuschlafen. Im Grunde sehnte sie sich danach, die Glieder auf der alten und noch immer bequemen Matratze vorsichtig auszustrecken, das Kissen unter den Kopf zu knüllen und so lange unter der warmen Decke zu verharren, bis jede Faser ihres Körpers zu glühen begann. Dann würde sie ein Bein und die Arme befreien, die Kühle des Zimmers erspüren und langsam wegdämmern. Unglücklicherweise stand diesem Genuss der schmerzvolle Weg ins Schlafzimmer entgegen.

Nein, sie würde sitzen bleiben. Wenn das ihre Mutter wüsste. Ilse kicherte bei der Vorstellung von Hedwigs Empörung. Ein ordentlicher Mensch ging gewaschen, gekämmt, mit geputzten Zähnen vor Mitternacht ins Bett und saß nicht um diese Zeit noch auf dem Sofa. Und schon gar nicht vor einer halbgeleerten Flasche Weinbrand, in eine Wollstola gewickelt und mit einer Fleece-Jacke über den Beinen. Und erst ihr Vater! Er würde der erbosten Hedwig sofort zur Seite springen, Ilse in barschem Ton auffordern, den Worten der Mutter Folge zu leisten und die bestätigenden Blicke seiner Frau genießen. Eigentlich Grund genug, erst recht hier sitzen zu bleiben. Ganz früher hätte er wohl geschwiegen und das Abflauen der Gewitterwolken abgewartet. Mit seiner Beförderung zum Vorarbeiter und der damit einhergehenden Verantwortung war dann sein Selbstbewusstsein gestiegen. Und in dem Maße, in dem sich seine Kraft entwickelte, wuchs Hedwigs Bewunderung für ihn. Nun konnte sie zu ihm aufschauen, musste nicht mehr für ihn, den zuvor so Weichherzigen, Nachgiebigen, mitdenken und -handeln. Zumindest für eine Weile. Mit Inbrunst widmete sie sich ihr, der braven kleinen Tochter mit den gelegentlichen Trotzanfällen und der großen Lebensfreude, wurde ihre wichtigste und engste Vertraute, beschützte und umsorgte sie. Schenkte ihr erdrückende Liebe. Und verriet sie in ihrer Gnadenlosigkeit. Weil Ilse eigene Wege finden wollte und musste.

Sie hatte den Eltern nie verziehen, dass sie ihr Dorotheas Schicksal vorenthalten wollten – und das 1949 mit der Geburt der neuen Cousine Laurentia am 17. Mai, die alle Laura nannten, letztlich ans Tageslicht kam. Zehn Jahre alt war Ilse, plötzlich unendlich verzweifelt, unverstanden und einsam. Damals entstand der erste Riss zwischen ihr und ihrem Vater. Ein Riss, der sich nie wieder kitten ließ. Ilse rechnete nach. Fünfundsechzig Jahre lag dieser Tag des Entsetzens zurück. Für einen Moment huschte Thea ins Bild. Beim Versteckspiel lugte die riesige weiße Schleife, die wie ein Hahnenkamm mitten auf ihrem Kopf prangte, aus dem hohen Gras hervor. Sie selbst musste diesen fürchterlichen Propeller auch tragen. Den hatte sie ihrer eigenen Tochter erspart.

»Kinder vergessen schnell, aber was sie nicht wissen, müssen sie nicht vergessen«, meinte ihr Vater müde, als sie ihn kurz vor seinem Tod mit dem Schweigen und Verleugnen konfrontierte, die Gründe hierfür verstehen wollte. Sie hatte ihre Thea nicht vergessen, unermüdlich nach ihr gefragt, nie Antworten erhalten. Weil sie dachten, am besten zu wissen, was gut für Ilse war.

So geschehen vor allem mit Udo, ihrem Sohn, zu dem sie nie die Bindung aufbauen konnte, wie sie sie mit Birgit erlebt hatte. Entfremdet hatten sie ihn ihr. Weil sie dachten, am besten zu wissen, was gut für Udo war. Nun war er für immer verloren.

Sogar den Tod ihrer Mutter hatte man ihr verschwiegen. Weil Ilses Vater sie nicht bei der Beerdigung dabeihaben wollte. Weil er nur daran dachte, was seine Hedwig als gut und richtig erachtet hätte. Die, die nichts mehr mit ihr zu tun haben wollte. Sie hatte ihn gehasst dafür und sich jahrelang jeden Gedanken an ihn verboten. Es war ihr dennoch nicht gelungen.

›Was Kinder nicht wissen, müssen sie nicht vergessen‹, lautete das Credo der Eltern und so hatte sie es ebenfalls gehalten.

Wenn auch ehrlicherweise nicht, um Udo und vor allem Birgit, die allzu oft bohrende Fragen stellte, sondern sich selbst vor der Erinnerung zu schützen. Und vor ihren eigenen, nie gestellten Fragen. Betroffen erkannte sie: Die Vergangenheit ließ sich nicht auslöschen, sie holte einen immer ein.

Ilse zündete sich eine Zigarette an und gönnte sich noch ein paar Schlucke von dem angenehm scharfen Weinbrand.

An Schlaf war gerade ohnehin nicht zu denken. Allerdings brauchte sie am Morgen einen klaren Kopf.

Die Ärztin hatte ihr den Termin notiert, sie sollte die Krankenhauseinweisung abholen. Birgit hatte bislang nicht herausgefunden, dass sie längst nicht mehr zu dem Arzt in der Innenstadt ging. Das war gut so, sie musste wirklich nicht alles wissen. Eigentlich hatte sie es ihr erzählen wollen, dann aber Abstand davon genommen. Schließlich hatte sie ihr nicht geglaubt, dass er sie mit dieser Kortisonbehandlung und den Tabletten vor einigen Jahren vergiften wollte.

1943 bis 1945

Das Vorbild[15]

W.P. Die OKW-Berichte der letzten Tage sprechen von der unveränderten Härte der großen Abwehrschlacht im Osten. Der Feind, der sich 20 Jahre lang mit ungeheuren Bemühungen und mit einer Rücksichtslosigkeit gegenüber seiner eigenen Bevölkerung, die in der Geschichte ohne Beispiel ist, auf die Vernichtung des Kontinents vorbereitet hat, hat zu diesem Angriff eine gewaltige Macht aufgeboten. Wir waren über die Kraft des bolschewistischen Kolosses jederzeit ohne Illusionen. Diese Militärmaschine und ihre drohenden Dimensionen waren es ja gerade, die uns die Pflicht auferlegt haben, als Deutsche und als Europäer den Bolschewismus aufs äußerste zu bekämpfen und schließlich zurückzuschlagen, als Stalin schon die Hand am Hebel hatte, um seinerseits den Angriff gegen uns und den ganzen Kontinent zu beginnen. Der ungeheure Widerstand, den die Sowjetarmee in zwei Sommern unsern eigenen siegreichen Aktionen entgegengesetzt haben, und die Macht, mit der sie jetzt den zweiten Winterkrieg in einer Serie von Angriffen gegen uns führen, bei denen ihre Truppen ohne jede Rücksicht auf Hunderttausende von Opfern immer wieder vorangetrieben werden, zeigen, daß wir die Drohung aus dem Osten nicht überschätzt haben, wenn wir den Bolschewismus seit Jahrzehnten als *die* Weltgefahr kennzeichneten.

---

[15] Zitat: Artikel aus ›NSZ Westmark‹ vom Dienstag, 26. Januar 1943

Der Feind hat zugeschlagen, zunächst an der Mittelfront, wo er scheiterte, dann im Süden, wo es ihm gelang, uns einen Rückschlag zu bereiten. Die ernste Sprache unserer militärischen Berichte zeigt, daß wir ihn nicht unterschätzen. Die Weite des Raumes, die wir in den großen Offensiven nach Tausenden von Kilometern ostwärts durchschritten haben, muß im Süden der Front in einer beweglichen Verteidigung, wenn auch in begrenztem Maße, als ein Mittel der eigenen strategischen Planung eingesetzt werden. Frontverkürzungen wurden vorgenommen und Verlagerungen durchgeführt. Und dies alles in einem andauernden und ruhelosen harten Kampf, der über die Unbilden des Winters hinaus die ungeheuersten Leistungen vom Soldaten wie von der Führung fordert. Es gilt, auf einen harten Schlag mit doppelter Härte zu erwidern.

Der Heldenkampf der 6. Armee in Stalingrad, die in einem Einsatz ohnegleichen gewaltige Kräfte des Feindes bindet und ihn an der Reorganisierung seines Transportsystems hindert, wird dabei dem ganzen Ostheer ein leuchtendes Vorbild sein. Nicht weniger dem deutschen Volk in der Heimat, das mit größtem Stolz auf den geschichtlichen Kampf und die übermenschliche Leistung dieser Divisionen blickt und stärker als je zuvor die Verpflichtung fühlt, auch seinerseits alles bis zum letzten in diesem großen Schicksalskampf einzusetzen. Je härter der Kampf ist, desto härter werden auch wir sein. Und darin liegt die Bürgschaft des Sieges.

Frieda blickte traurig von der Zeitung auf. »Ich kann mir nicht helfen, Hedwig. Ermutigend und siegreich klingt das nicht gerade. Und es geht noch weiter. Im nächsten Artikel schreiben sie vom ›heroischen Kampf gegen die Panzerflut‹. Da heißt es, dass ›Stalingrad weiter im schweren Feindfeuer‹ liegt. Von einem ›heldenmütigen Einsatz der Verteidiger gegen die feindliche Übermacht‹ ist die Rede und dass sie

›immer wieder das Unmögliche geschafft‹ haben.«

»Hör auf, Frieda, um Himmels willen. Das ertrage ich nicht länger. Und du auch nicht.«

»Ich bin heilfroh, dass Erwin zumindest nicht bei der 6. Armee ist. Denen geht es ja wirklich an den Kragen. Es reicht mir schon, dass er überhaupt im Osten kämpft. Wohl immer noch in der Ukraine. Was wird erst geschehen, wenn unsere Soldaten bei Stalingrad unterliegen?«

»Ich mag mir das gar nicht vorstellen. Schicksalskampf und leuchtendes Vorbild. Wie viele werden dort ihr Leben lassen?«

»Und die anderen frieren erbärmlich in diesem eisigen Land. Erwin erzählte zwar nicht viel, aber vom Schnee, der dem Matsch und Regen folgte und den für uns unvorstellbaren Temperaturen hat er dann doch gesprochen. Er zitterte ja sogar nachts im Traum vor Kälte. Und kaum etwas auf den Rippen. Ich hatte so sehr gehofft, dass er nicht wieder zurückmuss in den Osten.«

Erwin stand Ende September überraschend vor Friedas Tür. Man hatte ihm einen dreiwöchigen Erholungsurlaub genehmigt. Er war blass und viel dünner als früher, und anscheinend war die Verpflegung nicht so reichlich, wie sie es sein sollte. Von der Zeit im Felde sprach er kaum, präsentierte ihnen lediglich seine Ostmedaille, mit der er für die Teilnahme an der Winterschlacht 1941/42 ausgezeichnet worden war. So richtig glücklich sah er dabei allerdings nicht aus.

»Hast du etwas von ihm gehört?«

»Nichts Neues seit letzter Woche.«

»Ich habe auch nur die Karte, die ich dir kürzlich gezeigt habe. Viel schreibt er ja nicht. Erinnere mich daran, dass ich dir nachher die Socken und den Schal mitgebe. Ich habe alles an der Garderobe gerichtet. Du schickst doch wieder ein Paket?«

»Ja, gleich morgen. Die Sachen kann er bestimmt gut brauchen. Ich packe die getrocknete Speckschwarte mit ein, die mir Wilhelm mitgebracht hat, zwei Dosen Ölsardinen, getrocknete Kräuter für Tee und Kekse. Ich würde ihm gern Brot schicken, aber das verdirbt ja, bevor es ankommt. Und Kaffee habe ich keinen bekommen.«

»Ich frage mich ja allmählich, was die in das Brot hineinbacken. Entweder es schimmelt oder wird sofort trocken. Schrecklich. Wenn das so weitergeht, backe ich es selbst. Das Mehl lässt sich mit Kartoffeln oder Steckrüben strecken, dann braucht man nicht so viel.« Hedwig runzelte nachdenklich die Stirn. »Dörrgemüse kann man übrigens auch gut verschicken. Hast du welches?«

»Nein, nur Eingekochtes in Gläsern. Die packe ich auf keinen Fall ein. Am Ende zerbrechen sie unterwegs.«

»Ich habe gestern Zwieback gemacht. Davon kann ich dir etwas abgeben. Falls der als Trümmerhaufen ankommt, ist es nicht tragisch. Er kann ihn trotzdem essen. Ist zwar nichts Frisches, aber besser als ein knurrender Magen.«

»Ja, davon nehme ich gern. Und die warmen Sachen. Die braucht er wohl besonders dringend. Ich habe neulich den alten Pullover, den er bei der Gartenarbeit getragen hat, aufgetrennt und in Mütze, Pulswärmer, Schal und ein paar Socken umgearbeitet.«

»Das hast du gut gemacht. Wenn er erst wieder da ist, strickst du ihm einen neuen Gartenpullover. Lass uns langsam gehen. Frau Meier wird in einer guten Stunde öffnen. In letzter Zeit bilden sich lange Schlangen vor ihrer Tür, wir sollten besser zeitig dort sein.«

Da Friedas nächstgelegener Laden bei einem Bombenangriff völlig zerstört worden war, hatte sie sich nun ebenfalls bei Frau Meier registrieren lassen und erledigte ihre Einkäufe entweder mit Hedwig gemeinsam oder manchmal im Wechsel mit ihr. Dann blieb eine von ihnen bei den Kindern, die bei gutem Wetter im Hof spielten.

Im Falle eines Fliegeralarms würden sie sich zwischen Laden und Hof treffen und gemeinsam zum Bunker in der Rollesstraße laufen. Das achtstöckige Gebäude war im letzten Jahr fertig geworden und bot zahlreichen Menschen Schutz vor der steigenden Zahl von Luftangriffen. Frieda und Dorothea blieben an diesen Tagen auch zum Essen. Die Schwägerinnen legten dann ihre Lebensmittelkarten zusammen und teilten sich Arbeit und Briketts für den Ofen. Wegen der Gefahr nächtlicher Angriffe und der Verdunkelung, die riskante Stolperfallen auf den teilweise unwegsamen Straßen verbarg, aßen sie früh. Dass sie an diesen Tagen das Mittagessen einsparten, hatte sich praktischerweise so ergeben. Die Kinder waren mit den neuen Essenszeiten zufrieden und ließen sich mittags eine Scheibe Brot schmecken. Da Wurst und Käse selten verfügbar waren, gab es entweder einen süßen Apfel-Grieß-Aufstrich oder einen herzhaften Erbsen-Bohnen-Aufstrich obendrauf.

»Lass uns den Schlitten mitnehmen, dann können wir Ilse und Dorothea ziehen und müssen die Einkäufe nicht schleppen«, schlug Frieda vor.

»Gute Idee. Pack die beiden schon einmal warm ein. Ich richte derweil die Sachen fürs Frauenwerk und die Lebensmittelkarten. Hoffentlich bekommen wir alles. Letztes Mal wollte mir Frau Meier auf die Nährmittelkarten Brühwürfel geben. Was soll ich denn mit Brühwürfeln anfangen, wenn ich Teigwaren brauche? Es ist schwierig genug, mit den reduzierten Zuteilungen überhaupt etwas Vernünftiges auf den Tisch zu bekommen. Brühwürfel. Unglaublich.«

»Oh, da fällt mir ein, ich habe ein Rezept bekommen: Reibekuchen ohne Fett!«

»Ganz ohne Fett? Erzähle mal.«

»Du reibst rohe Kartoffeln, gibst etwas Salz, Mehl oder dicke Milch dazu. Dann musst du Kaffee-Ersatz aufbrühen und ein paar Löffel davon in die heiße Pfanne geben. Darin brätst du den Teig von beiden Seiten. Die Reibekuchen sollen sogar schön braun werden.«

Hedwig überlegte laut: »Weißt du was, das machen wir nachher zum Abendbrot. Dafür nehmen wir die frostgeschädigten Kartoffeln, die ich aussortiert und gestern ins

Wasser gelegt habe. Die werden zwar etwas süß schmecken, aber das macht nichts. Wir schneiden eine Zwiebel mit rein, die sorgt für mehr Geschmack. Die Kinder bekommen Apfelmus dazu, ich habe noch ein paar Gläser, und für uns gibt es den Quark, den du mitgebracht hast, mit einem Löffelchen von der Kräutermischung, die wir im Sommer getrocknet haben. Wilhelm bekommt später seine Portion. Er wird nicht vor zehn Uhr von der Schicht zurück sein.«

»Einverstanden. Ich hole jetzt Ilse und Dorothea.«

Die kleinen Cousinen unterbrachen ihr Puppenspiel ausgesprochen ungern und hatten überdies keine große Lust auf die kratzigen Wollmützen. Doch eine Schlittenfahrt und der versprochene Schneemannbau waren überzeugend genug, dass sie sich bald zu viert in die Kälte aufmachten.

Sie mussten einen Umweg in Kauf nehmen, da einige Häuser in der Nachbarschaft beim letzten Angriff beschädigt oder ganz zerstört worden waren, und Trümmer oder Bombentrichter die Straße blockierten.

»Sind dir die vielen Todesanzeigen in letzter Zeit aufgefallen?«, fragte Frieda mit gesenkter Stimme. »Nicht nur die der Gefallenen. Auch die von Menschen, die hier durch Luftangriffe ums Leben kamen.«

»Ja, ich habe sie gesehen. Glücklicherweise war bis jetzt niemand dabei, den ich kenne.« Hedwig schaute sich um, ob jemand ihr Gespräch hören konnte. »Seltsam, man liest ansonsten gar nichts von den Angriffen. Man könnte meinen, sie finden gar nicht statt. Dabei sieht man jetzt überall die Zerstörungen.«

»Hm …«

Für ein paar Augenblicke war nur das Knirschen des Schnees unter den Schlittenkufen zu hören. Ilse und Dorothea hatten sichtlichen Spaß an der Ausfahrt. Rotbackig strahlten sie um die Wette und hielten sich brav fest – Ilse vorn mit beiden Händen an den Leisten der Sitzfläche, Dorothea, die hinten saß, die Arme um Ilse geschlungen.

»Vielleicht wollen sie uns nicht unnötig beunruhigen.«

Frieda stimmte ihr nachdenklich zu. »Du könntest recht haben. Es würde ja nichts bringen, wenn sie darüber berichten, wo was zu Bruch gegangen ist. Man sieht es ohnehin im Vorbeilaufen. Man muss nicht dauernd schlimme Nachrichten lesen. Die Frontberichte sind beängstigend genug.«

»Genau. Was man nicht weiß, kann einen nicht zusätzlich ängstigen. Das Leben ist auch so schwer genug.« Hedwig stöhnte. »Jetzt schau dir das an. Das wird dauern.« Sie waren fast am Laden angelangt, vor dem sich bereits eine beachtliche Schlange gebildet hatte. »Willst du Schneemann bauen oder soll ich?«

»Geh ruhig mit den Kindern. Gibst du mir die Abschnitte und die Einkaufsliste? Ich stelle mich an.«

»Gut. Ich schaue in einer halben Stunde, wie weit du gekommen bist. Wir sind gleich da drüben links, da haben wir uns alle im Blick.« Hedwig zog die Mädchen zum Goerdelerplatz hinüber, wo schon andere Kinder unter lautem Gejohle im Schnee tobten, während sich Frieda in die Schlange der Wartenden einreihte. Die unzufriedenen Mienen derer, die den Laden mit halb gefüllten Einkaufsnetzen verließen, verhießen nichts Gutes.

Knapp zwanzig Minuten später stieß sie zu Hedwig, die gerade einem verlegen von einem Fuß auf den anderen tretenden Jungen eine Standpauke hielt, während Dorothea und Ilse betroffen vor einem Schneehaufen standen, der unzweifelhaft seine ursprüngliche Kugelform verloren hatte.

»Die haben damit angefangen, Schneebälle nach uns zu werfen«, versuchte er eine Verteidigung.

»Papperlapapp, die können noch gar nicht richtig werfen.«

»Und was ist das?« Aufbegehrend deutete er auf Ilse, die nun sichtlich entschlossen etwas formte, was einem Schneeball nahekam.

»Was soll das sein? Sie versucht, ihren Schneemann zu reparieren, den du gerade zertreten hast. Oder hast du etwa

Angst, ein dreijähriges Mädel könnte dir ein Häufchen Schnee an den Kopf werfen?« Hedwig wandte sich den anderen schadenfroh lachenden Buben zu. »Und ihr wart auch nicht ganz unbeteiligt. Ihr solltet euch schämen! So. Schluss jetzt. Ihr baut auf der Stelle den Schneemann wieder auf. Sonst ziehe ich euch allen die Ohren lang.«

Zunächst noch leicht murrend, dann mit wachsendem Eifer, machten sich die Gemaßregelten ans Werk, während Hedwig den beiden Mädchen erst den Schnee vom Mantel abklopfte und sie dann fest an den Kapuzen zurückhielt, damit sie nicht erneut in Tumulte verwickelt wurden.

»Freche Bengel«, meinte sie zur amüsiert dreinblickenden Frieda. »Erst bewerfen sie die beiden mit knallharten Schneebällen und dann zertrampeln sie bei ihren Raufereien noch den Schneemann.« Kritisch überwachte sie den Fortschritt der Bauarbeiten. »Ich glaube, das wird. Lass uns gehen, die Sachen fürs Frauenwerk abgeben. Hast du alles bekommen?«

Frieda seufzte. »Wir müssen wieder improvisieren. Vollmilch gab es ausschließlich für die Kinder, Erwachsene müssen sich mit Trockenmilch zufriedengeben. Es waren auch nicht genug Eier verfügbar, Frau Meier hat daher Milei[16] mit eingepackt. Und die Wurstzuteilung hat ebenfalls nicht gereicht, dafür habe ich vier Salzheringe und ein Glas Essiggurken.« Sie schaute sich um und fügte leise hinzu: »Frau Meier sagte mir hinter vorgehaltener Hand, heute sollen noch Schweinsfüße und –ohren kommen. Sie schickt Ruth mit einem Packen vorbei. Die Kartenabschnitte sollen wir ihr dann mitgeben.«

»Gut, dann wird es die nächsten Tage Sülze geben. Weißt du was? Wir liefern jetzt schnell die Sachen im Gemeindesaal ab, dann bringen wir die Einkäufe heim und laufen zum Park. Da können die Mädchen ein bisschen herumtoben, die

---

[16] Eiaustauschmittel in Pulverform aus schlag-, back- und kochfähigem Milcheiweiß. 1 EL Milei + 3 EL Wasser ersetzten 1 Ei oder Eigelb.

frische Luft tut ihnen gut.«

Sie verbrachten einen vergnügten Mittag, an dem außer ihnen etliche andere Mütter ihrer Angst vor Fliegerangriffen trotzten und mit ihren Kindern im zumindest noch teilweise erhaltenen Hindenburgpark im Schnee spielten. Unbehelligt von frechen Jungs bauten sie sogar einen neuen Schneemann, den sie mit kleinen Ästen und Steinen schmückten.

Durchfroren und heißhungrig machten sie sich später über die tatsächlich ohne Fett gebräunten Reibekuchen her und störten sich nicht an dem etwas gewöhnungsbedürftigen, nach Ersatzkaffee anmutenden Geschmack. Bis Wilhelm nach Hause kam, wässerten bereits die Salzheringe, während die Schweinsohren und –füße in Essigwasser vor sich hin köchelten, um später in einer Sülze zu landen.

Frieda hatte es mit der vom Spielen und Toben glücklicherschöpften Dorothea vor der Verdunkelung nach Hause geschafft, Erwin einen langen Durchhaltebrief ins Paket gepackt und eine ruhige und traumlose Nacht genossen.

Neun Tage später, am 4. Februar 1943, titelte die ›NSZ Westmark‹: Das Vermächtnis von Stalingrad – Letzter Kampf unter dem Banner des Reiches – Das Opfer der Armee war nicht umsonst.

Die 6. Armee war in ihrer Schicksalsschlacht vernichtet, die leuchtenden Vorbilder geschlagen und Friedas liebevoll gepacktes Paket, das Erwin die Tage an der Ostfront erträglicher machen sollte, irgendwo unterwegs in den Weiten Russlands.

Glücklicherweise verhielten sich Ilse und Dorothea besonders brav, instinktiv bemüht, ihren Müttern in der bangen Zeit der Ungewissheit, deren Ursache sie nicht kannten, keinen unnötigen Kummer zu bereiten. Folgten aufs Wort, spielten still vor sich hin, wenn sie ohne die andere waren, lärmten nicht miteinander, schlossen die Augen, wenn sie Dinge, die sie nicht sehen sollten, erblickten, hielten sich die

Ohren zu, wenn die Sirenen heulten, weinten in Bunker-
nächten nur ganz leise.

* * *

Wohlwollend betrachtete Hedwig das bunte Treiben. Der
Hof hinterm Haus diente den Kindern der gesamten Straße
in diesen ersten Augusttagen 1943 als bevorzugter Spielplatz. Unter den wachsamen Augen sich in der Aufsicht ab-
wechselnder Mütter konnten sie hier unbeschwert toben und
spielen. Alle umliegenden Gebäude waren intakt, sodass
keine Gefahr durch herumliegende Trümmerteile bestand.
Den großen Jungs hätten Klettertouren und Entdeckungs-
reisen durch Häuserruinen wohl besser gefallen.

Der mittlerweile achtjährige Reinhard hatte sich einmal
mit ein paar anderen in Richtung Innenstadt weggeschlichen
und war verbotenerweise auf einer dieser Geröllhalden
herumgeturnt. Zu seinem Pech war der Ausflug nicht unbemerkt geblieben und hatte schmerzhafte Spuren mütterlicher
Zurechtweisung auf seinen Wangen hinterlassen, weswegen
er auf derlei Abenteuer seither verzichtete.

»Kinder, kommt mal alle her und stellt euch in zwei
Reihen auf. Die Großen nach hinten, die Kleinen nach
vorn!« Vier Buben und zehn Mädchen, alle im Alter
zwischen drei und elf Jahren, schauten mäßig interessiert
von ihren Spielen auf. Eine Unterbrechung kam ihnen sehr
ungelegen. Verständlich, immerhin stand Reinhard gerade
kurz vor dem Sieg beim Klickerspiel. Ingeborg, sechs Jahre
alt und stolze Erstklässlerin, unterwies die kleineren Mädchen Ilse, Henriette – Ilses beste Freundin, wenn Dorothea
nicht da war – und Gabriele in der professionellen Kinderpflege, für die Jettes Lieblingspuppe als Anschauungs-
modell diente, und die Großen hatten soeben eine neue
Runde ›Fischer, Fischer, wie tief ist das Wasser‹ eingeläutet:
Rückwärts auf einem Bein hüpfend galt es die sichere,
gegenüberliegende Seite des Spielfelds zu erreichen.

»Nun macht schon, wir wollen ein Erinnerungsfoto aufnehmen. Stellt euch alle auf, danach könnt ihr weiterspielen!«, ertönte erneut die auffordernde Stimme vom Blockwart Herrn Herrmann, den Fotoapparat gezückt.

Nach und nach trödelten alle herbei und nahmen die ihnen zugewiesenen Plätze in Orgelpfeifenanordnung ein. Einige Positionswechsel später war die Aufstellung fast perfekt – bis auf die vordere Reihe. Ilse und die um einen Kopf kleinere Henriette wollten partout nicht zulassen, dass der größenmäßig besser passende Heiner aus den Siedlungshäuschen der anderen Straßenseite den Platz zwischen ihnen einnahm. Um endlich das Foto schießen zu können, ergab sich Herr Herrmann der kindlichen Übermacht und drückte den Auslöser.

»Eine Kompanie Mäuse abzulichten kann nicht schwieriger sein«, brummte es aus seinem nicht vorhandenen Bart. Gern hätte er sicherheitshalber ein weiteres Bild angefertigt, doch löste sich die Runde schon wieder auf und war durch nichts zum Bleiben zu bewegen.

»Das war sehr freundlich von Ihnen, Herr Herrmann«, bedankte sich Henriettes Mutter lächelnd. »Wer weiß, wann alle Kinder wieder zusammenkommen.«

»Wann geht es denn los, Frau Weber?«, fragte Hedwig.

»Morgen früh. Meine Schwester holt Henriette und mich in Eberbach ab, von dort geht es mit dem Bus weiter. Und Sie wollen wirklich bleiben? Fühlen Sie sich denn noch sicher?«

Hedwig seufzte. »Ich muss gestehen, wir haben lange überlegt. Vor allem, nachdem meine Schwägerin beim letzten Angriff ausgebombt wurde. Gott sei Dank ist ihr nichts passiert, sie war mit ihrer Tochter rechtzeitig im Bunker. Aber es war natürlich ein Riesenschreck, als das Haus weg war. Wir haben gerettet, was zu retten war. Sie ist jetzt mit Dorothea in Hauenstein, bei meiner Mutter. An Wilhelms freiem Tag haben wir sie begleitet, weil wir ursprünglich daran dachten, dass ich mit Ilse auch dorthin ziehe. Also wollten wir einmal schauen, ob und wie sich das einrichten ließe. Nun, was soll ich sagen, ich konnte mich nicht dazu überwinden. Ja, wir bleiben erst einmal hier. Einer muss sich schließlich um den Garten kümmern. Der blieb glücklicherweise verschont. Nur das Haus ist unbewohnbar.«

»Ehrlich gesagt, ich gehe selbst nicht gern. Aber mein Schwager ist im Mai in Tunesien gefallen, und meine Schwester kommt damit gar nicht zurecht. Es ist außerdem besser für Jette. Dort haben wir einen großen Garten. Da kann sie spielen, und wir haben ausreichend frisches Gemüse. Hier wird es ja zunehmend schwieriger.«

»Das stimmt allerdings. Wenn wir Friedas Garten nicht hätten, wüsste ich gar nicht mehr, wie ich genug zu essen auf den Tisch bringe. Ständig anstehen und dann doch nicht das bekommen, was auf den Lebensmittelkarten steht. Allerdings können wir einiges sparen, da mein Mann im Werk noch ganz gut verpflegt wird. Dazu halt der Garten. So muss Ilse zumindest keinen Mangel leiden. Für meine Schwägerin war das schwieriger, obwohl wir unsere Marken oft zusammengelegt haben. Mein Bruder ist ja bereits lange im Feld, da konnte sie natürlich nicht auf seine Zuteilungen zurückgreifen. Und Dorothea war schon immer ein sehr zartes Kind, die hätte mehr brauchen können, um etwas auf die Rippen zu bekommen. Frisches Gemüse hin oder her. Na ja, vielleicht wird das jetzt besser, wo sie raus aus der Stadt sind. Meine Mutter wird dafür sorgen, dass sie tüchtig zu essen bekommt.«

»Ich hoffe, mein Mann hat meine Briefe erhalten und schreibt mir recht bald in den Odenwald.«

»Falls zwischenzeitlich Post hier ankommt, könnte ich sie weiterleiten, Frau Weber«, schlug Hedwig hilfsbereit vor.

»Oh, das ist nett von Ihnen. Vielen Dank! Ich bringe Ihnen nachher die Adresse vorbei.«

»Das mache ich gern«, winkte Hedwig ab. »Wo ist denn Ihr Mann zurzeit?«

»In der Ukraine. Wenn ich ihn richtig verstanden habe, ist er zumindest nicht von Frontkämpfen betroffen. Er schrieb etwas von Sicherungsaufgaben im rückwärtigen Heeresgebiet, was immer das bedeutet.«

»Das klingt einigermaßen beruhigend, oder? Mein Bruder ist ebenfalls im Osten. Irgendwo bei Kiew. Sie müssen dort schwere Kämpfe ausfechten. Wir sind in steter Sorge um ihn und beten, dass er wohlbehalten zurückkommt.«

Gedankenversunken schwiegen sie und die Nachbarin eine Weile, dann atmete Hedwig tief durch. »Ich habe Ilse verschwiegen, dass nach Dorothea nun ihre Freundin Jette weggeht. Bitte verraten Sie das nachher nicht. Wir wollen den beiden den Abschied nicht unnötig schwer machen.«

»Sie haben völlig recht, Frau Oehler. Wir sagen nichts. Die Kinder gewöhnen sich in dem Alter außerdem schnell an Veränderungen.«

»Genau. Und hier sind genügend andere Spielkameraden für Ilse. Sie wird rasch eine neue Freundin finden. Hat denn Ihre Schwester auch Kinder?«

»Nein, da ist Jette momentan allein. Aber sie weiß sich zu beschäftigen.« Frau Weber lächelte verschmitzt. »Außerdem schrieb meine Schwester von einem Wurf junger Hunde. Der lässt sie den Abschiedsschmerz garantiert schnell vergessen.«

»Ich will morgen mit Ilse zum Garten und dort nach dem Rechten schauen. Nicht, dass sich die halbe Nachbarschaft über unsere Erbsen und Bohnen hermacht, jetzt, wo Frieda fort ist.« Hedwig überlegte kurz. »Wenn wir zeitig gehen, ersparen wir uns vielleicht unnötige Abschiedsdramen.«

»Eine gute Idee. Wir brechen gegen zehn Uhr auf.«

Hedwig bemerkte Frau Webers leichte Unruhe. »Sie haben sicherlich allerhand zu tun. Gehen Sie nur, ich bleibe bei den Kindern, dann können die noch eine Weile spielen.«

Erleichtert verabschiedete sich die Nachbarin, um fertig zu packen, sichtlich froh, ihrer kleinen Tochter jetzt keine langen

Erklärungen dafür liefern zu müssen. Während sie ihre Reisevorbereitungen traf, Hedwig sich über die Gartenernte Gedanken machte und vierzehn Kinder im Hof herumtollten, braute sich unbemerkt und weit entfernt Bedrohliches zusammen, das ihrer aller Leben bald verändern sollte.

* * *

Der Angriff am 9. August wollte und wollte nicht enden. Die übliche angespannte Ruhe in dem achtstöckigen Bunker, der weit über tausend Menschen Schutz bot, wich zunehmender, geradezu greifbarer Angst. Begonnen hatte alles mit der üblichen Routine. Nächtliche Angriffe waren nicht mehr neu. Daran gewöhnt, ließ sich kaum noch jemand durch das plötzliche Sirenengeheul überraschen. Die Tasche mit dem Nötigsten stand stets gepackt an der Tür, der Bunkerausweis obenauf, Kleidung lag am Bett parat. Mit wenigen Handgriffen war man gerüstet für den Spurt in den Keller, wenn es ganz schnell gehen musste, oder den kurzen Weg in die Rollesstraße.

Hedwig legte Ilse üblicherweise in Unterwäsche und Strümpfen ins Bett, sodass sie ihr nur noch Kleid, Jacke und Schuhe überstreifen musste. Sie selbst hatte in letzter Zeit auf ein Negligé verzichtet und die Nächte stattdessen schweren Herzens halb bekleidet verbracht. Auf diese Weise schafften sie es früh genug zum Bunker, der ihr sicherer schien als der Keller. Ein einziges Mal begleitete sie Wilhelm. Die übrigen Angriffe waren während seiner Schichten erfolgt.

Im Bunker legten sie die Kinder in Stockbetten und nahmen auf unbequemen Stühlen davor Platz, die Tasche sicher zwischen den Füßen geparkt. Nicht immer gab es Licht, manche Angriffe verbrachten sie bei schummrigem Kerzenschein und gemurmelten Unterhaltungen oder in nervösem Schweigen, in das sich oft das Weinen und Schreien der ganz kleinen Kinder mischte. Nach kurzer Zeit war der Spuk vorbei und man eilte erleichtert nach Hause.

Die letzten Schritte von der Sorge begleitet, ob das Haus unversehrt geblieben war. Bisher hatte Hedwigs immer gestanden, wie ein Fels in der Brandung.

In dieser Nacht hingegen war alles anders. Seit einer halben Ewigkeit schien sie ein unaufhörlicher Bombenhagel einzukreisen, in dessen Dröhnen und Pfeifen hinein das Dauertrommeln der nahen Flak in zornigen Salven ihre Machtlosigkeit demonstrierte. Die massiven Wände, die sie tapfer schützten, gerieten bei der wütenden Bombenmacht ins Schwanken, der Boden hob und senkte sich, gleich einem Schiff bei Wellengang. Staub rieselte und reizte Augen und Lunge. Die gedämpften Gespräche waren längst verängstigtem Schweigen gewichen. Nicht nur die Kleinsten weinten. Schluchzen, Stöhnen und spitze Schreie aus den umliegenden Räumen vereinten sich mit dem gewaltigen Grollen und Tosen, das die Mauern durchdrang, zu einer unheilvollen Kakophonie.

Hedwig hatte ihren Platz aufgegeben. Das endlose Stillsitzen zerrte an ihren Nerven. Sie legte sich zu Ilse, die allein in einem der unteren Stockbetten das Ende dieses Alptraums herbeisehnte. »Bloß nicht weinen, bloß nicht weinen«, murmelte Ilse einem kindlichen Mantra gleich, vor sich hin. Und so harrte sie mit schreckgeweiteten Augen aus, froh, Hedwigs Hand in der ihren zu spüren.

»Du machst das ganz wunderbar, mein kleiner Sonnenschein«, flüsterte Hedwig mit leicht zitternder Stimme in Ilses Ohr. »Wir haben es bald überstanden, dann gehen wir heim, und ich koche dir einen Grießbrei. Darüber streue ich dir Butterflöckchen und Zucker. Und ich öffne das Glas Kirschen, das uns Frau Weber geschenkt hat.«

»Angst, Mutti.« Die Kleine schmiegte sich näher an sie an und kämpfte gegen die Tränen, die sich einfach nicht länger zurückhalten lassen wollten.

»Ich weiß. Aber das ist alles draußen, wir lassen es nicht herein. Und es wird gar nicht mehr lange dauern. Nur noch ganz kurze Zeit. Hörst du, das Donnern lässt nach.«

Tatsächlich verlangsamte sich der Rhythmus der Detonationen. Sogar die Flak schien den ermüdenden Kampf allmählich einzustellen. Vereinzelt aufbegehrendes Geknatter, dann kehrte endlich Stille ein, aus der sie kurz darauf die Entwarnung jaulende Sirene erlöste.

Ein spürbares Aufatmen ging durch den engen Raum. Vorsichtig öffnete einer der wenigen Männer die Tür und prüfte die Lage. Rauch war zu riechen.

»Das sieht übel aus, Sie müssen sehr vorsichtig sein«, rief er über die Schulter hinweg den Wartenden zu.

Nach und nach verließen die Menschen ihre Zuflucht. Der Schreck saß tief, eine knappe Stunde lang hatten sie gebangt und gezittert. Hatte der Bunker auch gewankt und gebebt, er hatte sie vor dem Inferno geschützt. Die wenigsten Kellerräume hätten der nächtlichen Bombengewalt standgehalten, wären sie zum Ziel der feindlichen Flieger geworden, wie Hedwig auf dem Heimweg entsetzt feststellen musste.

Menschen rannten umher, suchten, klagten, bahnten sich ihren Weg. Qualm lag in der Luft, zahlreiche Gebäude waren schwer beschädigt oder zu einem Trümmerhaufen zusammengestürzt. Ein wahrer Bombenteppich war auf ihre Stadt herabgehagelt.

»Schau nicht hin, Ilse, schau nicht hin«, forderte sie ihr Töchterchen auf, das sie fest an sich gepresst nach Hause trug. »Gleich sind wir daheim, dann ist alles gut. Schau nicht hin!« Nicht jeder hatte es in den schützenden Bunker geschafft, wie die unter einem Stapel schwerer Steine herauslugenden Beine bezeugten. Bitte Herr, lass es niemanden sein, den wir kennen, schickte Hedwig ein Stoßgebet gen Himmel.

»Püppi!«, rief Ilse aufgeregt und deutete auf eine Stoffpuppe mit blonden Wollzöpfen und ehemals weißer Schürze, die sie mit verrenkten Gliedern aus dem Staub anklagte.

Hedwig drehte leicht den Körper, versperrte Ilse die Sicht auf das Objekt ihrer Begierde und beschleunigte den Schritt.

»Ich sage doch, du sollst nicht hinschauen!«, ermahnte sie nochmals. »Das Mädchen kommt gleich und holt seine Püppi. Die können wir nicht einfach mitnehmen.«

Erleichtert atmete sie auf, als sie um die Ecke bog. Gott sei Dank, ihr Haus stand noch und schien unbeschädigt. Aufgeregt gestikulierende Nachbarn standen beisammen und zählten die Anwesenden durch. »Ah, da kommt Frau Oehler«, rief es aus der Gruppe heraus. »Jetzt sind alle da. Dem Himmel sei Dank!«

Sie hatten wieder Glück gehabt. Eine ganze Kompanie Schutzengel schien sie behütet zu haben. Alle waren unversehrt und kehrten nach einigen aufmunternden Worten in die beruhigende Stille ihrer Wohnungen zurück.

»Puh, Ilse, jetzt ab ins Bett, damit du ausgeschlafen bist, wenn der Vati am Morgen heimkommt.« Hedwig setzte Ilse endlich ab und schob die Tasche zurück an ihren Platz an der Garderobe. Ilse streifte ihre Schuhe von den Füßen und marschierte entschlossen ins Bad, schob die Ärmel ein Stückchen hoch, stieg auf den kleinen Schemel und reckte die Hände erwartungsvoll zum Waschbecken.

»Hände waschen«, forderte das Persönchen mit dem unwiderstehlichen Charme, wie ihn nur Vierjährige besitzen. »Grießbrei, Mutti. Und Kirsche.«

So schrecklich diese Augustnacht auch war, in der 300 britische Bomber zahlreiche Gebäude zerstörten und 1.500 Menschen obdachlos machten, in der 88 Tote und 238 Verletzte zu beklagen waren, sie war lediglich eine weitere Station auf der nach oben hin offenen Bombenkriegskurve.

Die nächste Eskalationsstufe wurde weniger als vier Wochen später erreicht, in der Nacht vom 5. auf den 6. September 1943. Erneut rannten die Menschen in die Bunker und zitterten um ihr Leben. Binnen vierzig Minuten sorgte der Angriff von rund 500 Maschinen der Royal Air Force für ein Bild der Verwüstung. Fast drei Stunden lang dauerte es insgesamt, bis die letzte Sirene ein vorläufiges Ende der Gefahr vermeldete. Erst kurz vor drei Uhr morgens konnten sich die Menschen vor die Tür wagen, um entsetzt festzustellen, dass Ludwigshafen und das benachbarte Mannheim einem flammenden Inferno glichen. Es war einer der schwersten Angriffe, den Ludwigshafen erleben sollte. Im Bombenhagel und anschließenden Feuersturm verloren 55.000 Menschen ihr Zuhause. Den Bunkern war es zu verdanken, dass lediglich 378 Verletzte versorgt werden mussten und ›nur 128 Volksgenossen‹ den ›Terrorangriff aus der Luft‹ mit dem Leben bezahlten.

Hedwig und Wilhelm war das Glück weiterhin hold. Sie blieben unverletzt, und auch ihr Haus hatte auf wundersame Weise keinen Schaden genommen.

Zu Hedwigs großer Erleichterung schien Ilse das Entsetzen dieser Nacht gut überstanden zu haben.

Dennoch ließ sich diesmal das Geschehen nicht einfach übersehen. Jeder musste mit anpacken. Alte und junge Menschen, Männer, Frauen und Zwangsarbeiter löschten Brände, durchforsteten die Trümmer, bargen Opfer. Egal, wohin man den Kopf wandte, man blickte in eine Katastrophe.

Die Lebensmittelknappheit wurde in den kommenden Wochen und Monaten zunehmend bedenklicher, da konnte nicht einmal mehr Frau Meier kleine Wunder vollbringen. Desolate Straßen und Bahnstrecken führten zu Versorgungsengpässen.

Doch Kinderseelen sind gnädig und mildern schlimmste Schrecken mit dem Schleier des Vergessens. Und so zeigten die oft erteilten mütterlichen Ratschläge ihre Wirkung. In dieser Nacht lernte Ilse die wohltuende Macht des Verdrängens kennen, die ihr neuen Raum für Lebensfreude und Glücksgefühle schenkte. Tosende Feuer, Trümmer oder schreiende Verletzte würden eine ebenso vage und unaussprechliche Erinnerung bleiben wie Hunger und Tieffliegerangriffe im Oktober 1943 auf dem Weg nach Hauenstein in die Evakuierung. Dass der Vater 1944 letzten Endes noch eingezogen wurde, in Gefangenschaft geriet und im schrecklichen Rheinwiesenlager Rheingönheim[17] ums Überleben kämpfte, woran er fast zerbrach, blieb nichts als eine flüchtige Erwähnung ihrer Mutter. Nur ihre geliebte Dorothea, die sie in Hauenstein wiederfand und mit der sie bis zur Rückkehr ins zerstörte Ludwigshafen im Sommer 1945 letzte unbeschwerte Kindertage verbrachte, würde sie nie vergessen.

---

[17] Siehe hierzu
http://rheinwiesen-lager.de/einzelne-lager-im-heutigen-rheinland-pfalz/ludwigshafen-rheingoenheim/.

13. Mai 2014

Ilse war mit den Vorbereitungen für ihren Krankenhausaufenthalt beschäftigt. Sie würde ein paar Dinge besorgen
müssen. Eine kleine Reisetasche, einen neuen Schlafanzug,
und der Bademantel hatte einst bessere Tage gesehen.
Suchend schaute sie sich nach einem Notizzettel um, als das
Telefon klingelte. Zweimal, Pause, dann erneut. Birgit. Sie
erkannte das am vor Jahren vereinbarten Klingelzeichen.
Seufzend stolperte sie in den Flur und nahm ab.

»Hallo, Mama«, klang es fröhlich aus dem Hörer. »Ich
wollte nur einmal hören, wie es dir geht.«

»Hallo, Birgit. Es geht mir gut.«

»Ah. Das ist schön. Sind die Schmerzen besser? Hast du
denn mit dem Arzt gesprochen?«

»Jaja, ich war dort. Alles in Ordnung. Hör mal, ich habe
im Moment wenig Zeit.«

»Wolltest du weggehen? Ich dachte, wir könnten vielleicht zusammen Kaffee trinken. Ich muss ohnehin nach
Ludwigshafen zum Steuerberater. Soll ich danach vorbeikommen?«

»Das ist heute ungünstig. Ich habe ein paar Dinge zu erledigen. Da kann ich jetzt gar nicht sagen, wann ich zurück bin.«

»Wie schade.« Birgits Enttäuschung war deutlich zu
hören. »Vielleicht können wir uns in der Stadt treffen, wenn
du ohnehin unterwegs bist?«

»Ein anderes Mal. Heute klappt es wirklich nicht.« Ilse
unterdrückte ein Stöhnen, als ein neuer Schmerzschauer
ihren Rücken hinunterjagte. »Hör mal, ich muss jetzt
Schluss machen«, presste sie hervor.

»Ist wirklich alles in Ordnung? Du hörst dich so seltsam
an.«

»Ich kann nur nicht gut stehen.«

»Warum nimmst du das Telefon nicht mit ins Wohnzimmer? Du musst nicht im Flur stehen! Ach, Mama, mach es dir doch ein bisschen leichter.«

»Im Wohnzimmer ist jetzt gerade kein Platz. Birgit, lass uns ein anderes Mal sprechen. Jetzt passt es einfach nicht.« Ilse konnte sich kaum noch auf den Beinen halten.

»Schon gut, Mama, schon gut. Ich rufe morgen wieder an, einverstanden?«

»Mach das. Bis morgen, Kind.«

Ilse war froh, dass es ihr gelungen war, ihre Tochter so schnell abzuwimmeln. Nach einer längeren Unterhaltung stand ihr nun wirklich nicht der Sinn. Sie musste sich um ihre Erledigungen kümmern und sich auf die Einkaufsliste konzentrieren: Reisetasche, Schlafanzug, Bademantel. Ein paar Zeitschriften. Sie überlegte, was außerdem zu besorgen und zu tun war. Mit krakeliger Schrift notierte sie alles auf der Rückseite eines herumliegenden Briefumschlags. Am Freitag wollte sie ins Krankenhaus.

Na ja, von ›wollen‹ konnte keine Rede sein. Ihre Ärztin hatte sie letztlich überredet. Ihr vertraute sie. Halbwegs. Freitag also. Bis dahin müsste sich alles bewältigen lassen. Jeden Tag ein bisschen, nicht alles auf einmal. Sie überlegte eine Weile, bevor sie sich wieder ihren Notizen zuwandte. Irritiert schaute Ilse auf. Aufräumen stand da. Außerdem Reisetasche, Schlafanzug, Bademantel, Zeitschriften. Wozu eigentlich?

August 1945 bis Juli 1949

Hedwig starrte auf den fahlgrauen Briefbogen, der aus ihren plötzlich kraftlosen Händen zu Boden glitt.

Liebe Hedwig!
Das monatelange Hoffen und Bangen war vergebens. Am Ende hat der Herrgott entschieden, mir meine geliebte Dorothea zu nehmen. Am 9. August um 12 Uhr 15 ist sie von uns gegangen. Seit Du Hauenstein im April verlassen hast, hat meine Kleine unendliches Leid erduldet. Ich mache mir schreckliche Vorwürfe, dass ich nicht wenigstens versucht habe, Antibiotika von den Amerikanern in Mannheim zu besorgen. Hier war doch nichts zu bekommen. Aber ich hatte solche Angst und mich nicht getraut. Der Doktor meinte, damit hätte man ihre Herzerkrankung (eine Herz-klappenentzündung und Vergrößerung, wie sich am Ende herausstellte) sicherlich heilen können. Aber ohne die Medizin war es ein aussichtsloser Kampf. Dorothea wurde immer schwächer, dabei war sie ja ohnehin ein so zartes Kind. Ach, Hedwig, sie musste so sehr leiden, bekam kaum Luft und war all die Zeit bett-lägerig. Dabei hatte sie sich so gefreut, bald ein Schul-mädchen zu werden. Und Ilse fehlte ihr ja auch so sehr. Kurz bevor sie starb, erlitt sie noch einen Schlaganfall und war fortan halbseitig gelähmt. Diese Machtlosig-keit war kaum zu ertragen. Dann ist sie einfach einge-schlafen und nicht wieder erwacht. Der Doktor sprach von einem Herzschlag.

Ich habe sie hier in Hauenstein zur letzten Ruhe gebettet und bin diesen Gang allein mit ihrer Groß-mutter gegangen. Bitte verzeih, dass ich Dich nicht verständigt habe, aber ich konnte niemanden dabei haben. Selbst Deine Mutter war mir fast schon zu viel. Aber sie verstand und schwieg einfach teilnahmsvoll. Hedwig, es gibt nichts Schlimmeres, als dem eigenen Kind ins Grab zu schauen. Achte gut auf Ilse und zögere nie, so wie ich es tat. Erwin will ich diese Nachricht vorerst verschweigen. Er hat in der Ge-fangenschaft genug zu erdulden, da möchte ich ihm wenigstens dieses Leid noch ersparen. Ich werde hier in Hauenstein auf seine Rückkehr warten und ihm das Geschehen von Angesicht zu Angesicht berichten. Ich hoffe, der Herr hat nun Erbarmen und nimmt ihn mir nicht auch noch.

In dem Paket findest Du einen Teil von Dorotheas Kleidung. Sicherlich kannst Du sie für Ilse umarbeiten, Du bist darin ja sehr geschickt. Ich bringe es nicht übers Herz, sie für uns aufzutrennen und zu verwerten. Ihre Schuhe und den Rest bringen Dir Schulzes. Sie wollen zurück ins Rheinland. Zwar steht ihr Haus in Köln nicht mehr, aber es gibt Ver-wandte in der Nähe, die sie aufnehmen können. In den nächsten Tagen werden sie abfahren und ihre Reise in Ludwigshafen unterbrechen, um Dorotheas Sachen bei Dir abzuliefern. Deine Mutter schickt Dir das Mehl, die getrockneten Bohnenkerne und die Tomatensamen. Sie sind schon gut getrocknet, aber Du sollst sie erst im März aussäen. Sie lässt Dich von Herzen grüßen. Wir hoffen, Ihr seid alle wohlauf und die Not ist nicht zu groß.

Deine Frieda

Wie grausam das Schicksal Frieda mitspielte. Ihr Haus in Friesenheim von Bomben gezeichnet, Erwin in Gefangenschaft, Dorothea verstorben. Warum musste ihr der Doktor unnötigerweise einreden, ihr Tod sei vermeidbar gewesen? Herzlos. Und wie hätte sie denn die so dringend benötigte Medizin besorgen sollen? Hauenstein lag inmitten der französischen Besatzungszone, und der Weg zu den Amerikanern war weit. Selbst wenn sie ihn bewältigt hätte, wie sollte sie an die Medizin kommen? Einen Soldaten auf der Straße ansprechen? Absurd. Schwarzmarkt? Unvorstellbar. Bitterkeit erfüllte Hedwig. Warum musste man, um ein Kind zu retten, erst in amerikanisch besetztes Gebiet gelangen? Warum gab es keine Hilfe bei den Franzosen? Ja, sie hassten die Deutschen, wollten sich rächen für erlittenes Unheil. Bis zu einem gewissen Grad konnte sie das sogar verstehen. Aber Dorothea war ein unschuldiges Kind, das wahrlich keine Schuld an Krieg und Verderben trug! Nur, wen kümmerte heute das Schicksal eines Kindes?

Mühsam bückte sie sich, hob den Briefbogen auf, faltete ihn ordentlich zusammen und schob ihn in ihre Schürzentasche. »Ach, Dorothea, armes Kind. Dass du in deinen jungen Jahren solches Leid ertragen musstest. Der Herr erbarme sich deiner Seele«, murmelte sie gedankenverloren.

Hedwig wusste allzu gut, wie beschwerlich und riskant es war, nach Mannheim zu gelangen. Sie selbst hatte sich mit Ilse zusammen im März aufgemacht, ungefähr zu der Zeit, als ihrer Nichte strengste Bettruhe verordnet worden war und noch während der letzten Gefechte. Sie hatte erfahren, dass sich Wilhelm in Gefangenschaft im Rheinwiesenlager in Rheingönheim befand und hielt es nicht länger in der trügerischen Ruhe des Pfälzer Waldes aus. Ihre Mutter war entsetzt über ihr Vorhaben, bezichtigte sie mangelnden Verantwortungsbewusstseins, doch Hedwig ließ sich nicht beirren. Ihre alte Unbeugsamkeit behielt die Oberhand.

Sie erreichte Ludwigshafen unbeschadet und erkannte die Stadt kaum wieder. Mit einem solchen Maß an Zerstörung und Schrecken hatte sie nicht gerechnet. Einen Moment bedauerte sie, Ilse dem ausgesetzt zu haben. Doch hatte sie wirklich eine Wahl? Wilhelm brauchte sie!

Hedwig schauderte beim Gedanken an ihre Ankunft. Kaum ein Stein befand sich auf dem anderen. Tod und Zerstörung, wohin man auch blickte. Einfach entsetzlich. Zu allem Überfluss hatten die Amerikaner mit Flugblättern und Radiomeldungen die endgültige Vernichtung durch Luftbombardements angedroht und dadurch große Panik ausgelöst. Während Menschenmassen die Stadt gerade voller Angst verließen, kämpfte sich Hedwig, Ilse fest an der Hand, entgegen den Strom aus Handkarren und Fahrrädern, die unter der Last aus Hausrat und um ihr Leben fürchtender Kinder, Alter und Versehrter unheilvoll ächzten und schwankten, zu ihrem Haus durch. Es stand noch.

Frau Herrmann, die all die Monate tapfer ausgeharrt und sämtliche leerstehenden Wohnungen gehütet hatte, händigte ihr die während ihrer Abwesenheit eingetroffene Post aus. Darunter die Todesnachricht von Wilhelms Bruder. Georg war bereits am 17. Februar 1944 mit nur einunddreißig Jahren bei den schweren Kämpfen in Italien gefallen. Heroische Sprüche schmückten die Todesanzeige.

Er zog so frisch von dannen
Zu schirmen Hof und Haus
Nun ruht von allen Kämpfen
Im fremden Land er aus.

Auf Italiens Erde schwer und müde
Sank hin Dein Haupt zur ew'gen Ruh'.
Für's Vaterland gabst Du Dein Leben.
Schlaf wohl, Du wackrer Streiter Du.

Hedwig seufzte tief. Die einzige Verbindung Wilhelms zu seiner Familie. Nun waren ihm nur sie und Ilse geblieben.

Sie verstand Friedas Entschluss, Erwin den Verlust seiner einzigen Tochter noch vorzuenthalten, sie selbst hatte Wilhelm ebenfalls erst nach seiner Rückkehr aus der Gefangenschaft über Georgs Tod informiert.

In den letzten Kriegstagen wurden erbitterte Kämpfe in den Straßen ausgefochten, obwohl die Rheinbrücke hinüber nach Mannheim gesprengt, Ludwigshafen eingekreist, die Wehrmacht längst geschlagen war und die amerikanischen Panzer unaufhaltsam heranrollten.

›Volkssturm‹ nannte sich der Haufen realitätsblinder Knaben und alter Männer, die sich gemeinsam mit den letzten verbliebenen Soldaten in aussichtslose Gefechte stürzten, während Mütter und Kinder in den Bunkern ausharrten und das Ende herbeisehnten.

Am 1. April 1945 kehrte endlich Stille ein. Nur die Angst, die blieb. Diesmal nicht vor Luftangriffen, es war die Furcht vor den Franzosen, den Erbfeinden, die ab Mitte Juli die amerikanische Besatzungsmacht ablösten und bereits in anderen Regionen deutlich gemacht hatten, dass sie der deutschen Bevölkerung nicht wohlgesonnen waren.

Hedwig hatte sich dennoch nicht davon abhalten lassen, regelmäßig nach Rheingönheim zu pilgern, wie andere Ehefrauen und Mütter auch. Einen Teil des Wegs konnte sie glücklicherweise mit der Straßenbahn zurücklegen. Diese fuhr unmittelbar am Rheinwiesenlager vorbei, sodass es oft gelang, Lebensmittelpakete und Kleidung über den Zaun zu werfen. Trotz des Verbots der Lagerleitung, die jegliche Hilfe von Familienangehörigen untersagte.

Doch Tausende Gefangene kampierten hinter dem Zaun im Freien unter katastrophalen Bedingungen. Da scherte man sich nicht um Verbote, wenn es galt, die Liebsten zu versorgen. Manchmal schaffte es Hedwig, sich zu Fuß zum Zaun zu schleichen. Dahinter wartete Wilhelm und nahm ihre vom Munde abgesparten Gaben dankbar und beschämt zugleich entgegen. Er sah erbärmlich aus, blass und hungrig. Große müde Augen, die zu viel Elend erblickt hatten, über schorfigen, eingefallenen Wangen. Die teilweise zerrissene und völlig verschmutzte Kleidung schlotterte um seinen spindeldürren Körper wie ein Segel im Wind. Er wollte nicht, dass Ilse ihn in diesem Zustand sah und bat Hedwig eines Tages, seine Tochter, die stets stumm und regungslos neben ihr am Zaun stand, nicht mehr mitzubringen.

Glücklicherweise dauerte seine Gefangenschaft nur bis Ende Juli. Dann wurde das unter amerikanischer Leitung stehende Lager aufgelöst und Wilhelm konnte nach Hause. Endlich war die Familie wieder vereint.

Trotzdem war Hedwig in großer Sorge. Er war nicht mehr derselbe. Gut, er neigte schon immer ein wenig zur Schwermut, war still und sensibel und niemals laut und bestimmend. Doch der Wilhelm, der aus dem Lager zurückkam, sagte kaum noch ein Wort und versank stundenlang in Trübsinn. Über seine Erlebnisse im Krieg und im Lager sprach er nie. Es würde wohl eine ganze Weile dauern, bis er wieder bei Kräften war.

Sie schaute zur Uhr über der Küchentür, die von allem Kriegsgeschehen unbeeindruckt ihren gleichmäßigen Rhythmus tickte. Wilhelm müsste bald von seinem Spaziergang mit Ilse nach Hause kommen. Er war noch nicht arbeitsfähig, sollte sich bis Ende des Monats ausruhen und dann ab September bei den Räumarbeiten auf dem Gelände der stark zerstörten Anilin helfen. Bis dahin päppelte ihn Hedwig auf, so gut es in der schwierigen Lage eben ging. Sie seufzte tief, als sie an die leidige Versorgungssituation dachte.

Rationierungen war man ja seit Kriegsbeginn gewohnt. Auch, dass die Zuteilungen nach und nach abnahmen. Doch mittlerweile gab es nur noch Hungerrationen und nicht einmal die waren verlässlich verfügbar: 1.700 Gramm Brot, 250 Gramm Fleisch, 125 Gramm Fett pro Woche und Person, wobei sich das von Monat zu Monat weiter reduzierte. Kinder erhielten etwas mehr. Zumindest auf dem Papier.

Die Wirklichkeit sah anders aus. Entweder war wieder

nichts im Laden erhältlich oder von schlechtester Qualität. Da nutzten selbst die zahlreichen Bezugsscheine nicht, für die man sogar extra bezahlen musste. Das Brot bestand meist aus Futtergetreide wie Hafer- oder Eichelmehl und schimmelte schon nach ein paar Stunden. Den Muckefuck – Ersatzkaffee – an den man sich im Krieg halbwegs gewöhnt hatte, musste man mittlerweile durch ein noch minderwertigeres Gemisch ersetzen. Hedwig konnte sich mit dem Geschmack der gerösteten und gemahlenen Eicheln oder Kirschkerne nicht anfreunden und verzichtete lieber darauf. Manchmal gab es Malzkaffee aus Gerste und Kastanienmehl, der war einigermaßen erträglich.

Butter war so kostbar, dass man sie mit Margarine, Mehl und Milch – sofern es welche gab – streckte. Frisches Gemüse war in der Stadt so gut wie nie erhältlich. Dafür hatten die Bewohner jeden noch so kleinen Grünstreifen in ein Kartoffel- oder Steckrübenbeet verwandelt. Kräuter sammelte man unterwegs, zum Beispiel Vogelmiere, Brennnesseln, Löwenzahn oder die Meldepflanze, die wie Spinat schmeckte. Aus weißem Gänsefuß konnte man Salat zubereiten, die Blütenknospen schmeckten nach Nüssen.

Neulich hatte Hedwig sogar wilden Majoran gefunden. Der trocknete nun für den Winter vor sich hin. Am Küchenfenster standen Töpfe mit Petersilie, Schnittlauch und Zitronenmelisse. Und im Hof hinterm Haus wuchsen ein paar Kohlköpfe, außerdem Tomaten-, Erbsen- und Bohnenstöcke, die sie mit Frau Herrmann gepflanzt hatte. Die mussten allerdings gut bewacht werden, Diebe gab es überall.

Deswegen bewirtschaftete sie auch Friedas Garten in Friesenheim nicht mehr. Dort hatten sich hungrige Nachbarn ausgebreitet, die sich garantiert an von ihr gepflanztem Gemüse bedienen würden. Da war es in Hauenstein einfacher gewesen. Demnächst wollte Hedwig eigentlich mit Ilse und Wilhelm hinfahren und schauen, ob sie etwas ernten könnte.

Aber jetzt, nach Dorotheas Tod? Was sollte sie Ilse sagen, wenn ihre geliebte Cousine und beste Freundin nicht mehr dort war? Nein, keine gute Idee. Die Kleidungsstücke würde sie vorerst im Schlafzimmerschrank verstauen und nach und nach so umarbeiten, dass Ilse sie nicht mehr erkennen und sich womöglich wundern würde.

Die klappende Wohnungstür riss Hedwig aus ihren Gedanken. Während sie sich kurz sammelte, stürmte Ilse, ihren Vater im Schlepptau, aufgeregt in die Küche.

»Mutti, Jette ist zurück! Schau hier aus dem Fenster, da steht ein Auto! Sie ist mit dem Auto gekommen, stell dir mal vor! Mutti, bekomme ich einen Hund? Der Vati hat gesagt, ich muss dich fragen.«

»Was redest du denn da, Kind, hol erst mal Luft. Was für ein Auto und was soll das mit dem Hund? Wilhelm?«

»Frau Wagner ist mit ihrer Tochter zurück. Sie sind eben angekommen. Irgendjemand hat sie mit dem Auto gebracht. Ich kenne den Mann nicht. Ein Verwandter, nehme ich an. Und Henriette hat Ilse gerade erzählt, dass sie im Odenwald einen Hund hat und …«

»Einen Pudel!«, unterbrach Ilse begeistert. »Einen weißen Pudel!«

»Genau, einen weißen Pudel«, bestätigte Wilhelm müde. »Natürlich will sie jetzt auch einen Hund.«

»Ja, ich will einen Pudel. Wie Jette. Am liebsten einen schwarzen! Mutti, sag ja!«

Hedwig blickte entsetzt von einem zum anderen. »Seid ihr verrückt geworden? Was soll denn ein Hund bei uns?«

»Ein Pudel, Mutti!«

»Von mir aus ein Pudel. Und was soll der fressen? Ein Hund braucht schließlich Fleisch. Woher sollen wir das denn nehmen, wenn wir nicht einmal für uns selbst genug haben?«

»Ich gebe ihm von meinem Essen ab«, bot Ilse großzügig an.

»Ausgeschlossen. Du brauchst dein Essen selbst. Schließlich willst du kräftig genug werden, um zur Schule zu gehen. Außerdem macht ein Hund dauernd Dreck. Kommt gar nicht in Frage.«

»Aber ...«

»Kein Aber. Es kommt kein Pudel oder sonst ein Hund ins Haus. Und jetzt wasch dir die Hände, dann kannst du Henriette besuchen und dir erzählen lassen, was sie im Odenwald erlebt hat.« Energisch strich sich Hedwig eine widerspenstige Locke aus der Stirn. Sie ärgerte sich, dass Wilhelm ihr die Erklärungen überlassen hatte. Dem Kind einfach zu sagen, es solle sie fragen!

Ilse wollte nicht so schnell aufgeben und suchte nach Argumenten, die die Mutter überzeugen konnten. Blitzartig hatte sie eine Idee. »Mutti, jetzt überlege mal. So ein Pudel kann feine Kunststücke lernen. Der kann auf den Hinterbeinen tanzen. Wir könnten Vorführungen geben. Dann bezahlen die Leute Geld und wir kaufen Essen für ihn.«

Hedwig blickte zu Wilhelm, dessen Gesicht ein seltenes, breites Lächeln erhellte. Nein, von ihm war keine Unterstützung zu erwarten, obwohl er Hunde noch nie leiden konnte.

Erneut wandte sie sich ihrer hartnäckigen Tochter zu. »Schau mal, Henriette hat ihren Pudel gar nicht mit nach Ludwigshafen gebracht. Warum wohl?«

Ratlos starrte Ilse sie an.

»Siehst du, das hat sie dir nicht erzählt. Ich weiß es aber. Dem Hund geht es im Odenwald viel besser. Da kann er in seinem Garten herumrennen, ist an der frischen Luft und bekommt genug zu essen. In der Stadt geht das nicht. Da müsste er immer in der Wohnung sein. Das würde ihm gar nicht gefallen. Deshalb haben sie ihn auch dort gelassen.«

Ilse senkte traurig den Blick und blinzelte heftig, als sich eine Träne den Weg durch die Wimpern bahnen wollte.

»Komm mal in meine Arme, mein Schatz«, tröstete Hedwig. »Du willst doch bestimmt, dass es dem Hund gut geht. Hier würde er sich nicht wohlfühlen. Meinst du nicht?«

Ilse nickte fast unmerklich und verbarg ihr Gesicht an Hedwigs Schulter.

»Na, siehst du. Vielleicht besucht der Hund ja Henriette einmal, dann darfst du bestimmt mit ihm spielen. So ist es wirklich besser.«

Ilse trocknete sich heimlich die Augen an Hedwigs Weste. Natürlich hatte ihre Mutter recht.

Hedwig ahnte die Gründe für Ilses Kummer und flüsterte ihr liebevoll zu: »Ich bin immer bei dir, mein Sonnenschein. Ich lasse dich nicht allein.«

Trotzdem wünschte sie sich sehnlichst einen wolligen Pudel, der fröhlich um sie herumhüpfte. Dann hätte sie nicht nur ihre Mutter, sondern stets einen Spielgefährten, mit dem sie ihre Geheimnisse teilen konnte. Denn wer wusste schon, ob Jette nicht bald wieder verschwand. So geschah es ja immer. Mit Jette und mit Dorothea, die in Hauenstein geblieben war und im Herbst, wenn sie wieder gesund war, dort in die Schule käme.

* * *

»Wilhelm, so geht das nicht mehr weiter. Ilse braucht dringend neue Schuhe. Blusen, Jacken und Röcke kann ich irgendwie schneidern, das ist kein großes Problem. Aber feste Schuhe braucht sie. Aus den alten ist sie herausgewachsen. Da kann man nichts reparieren oder abändern. Sie passen nicht mehr und Ilse macht sich die Füße kaputt.« Während Wilhelm an diesem Maiabend 1947 mit Bastelarbeiten für Ilses Geburtstagsgeschenk beschäftigt war, betrachtete Hedwig sorgenvoll die abgestoßenen, von der größeren Ingeborg geerbten Schnürschuhe, die zwar dank regelmäßiger Pflege noch recht ansehnlich, für Ilses Füße jedoch zu klein geworden waren.

Nicht zum ersten Mal verfluchte sie insgeheim die französische Besatzung, unter der die Bevölkerung weitaus mehr litt als unter der amerikanischen im benachbarten Mannheim.

Erst dieser schrecklich kalte Winter ohne ausreichende Brennstoffzuteilungen, in dem nicht wenige Menschen sogar in ihren Wohnungen erfroren waren, dazu der ständige Mangel an Lebensmitteln. Glücklicherweise konnte Ilse, die im Mai 1946 eingeschult worden war, die tägliche Schulspeisung nutzen. Das wenige, das sie selbst auf den Tisch bringen konnte, reichte bei Weitem nicht aus, um ein Kind satt zu bekommen. Mehrfach hatte sie wegen Schuhen nachgefragt und nur Schulterzucken geerntet. Einer der Beamten hatte sogar die Frechheit besessen, sie auf die ja nun wärmere Jahreszeit hinzuweisen, in der Ilse Sandalen tragen oder barfuß laufen und ihre Zehen frei bewegen könne.

»Ich gehe morgen zu dieser Quäkerbaracke und bitte dort um Hilfe.«

Wilhelm runzelte nachdenklich die Stirn. »Vielleicht solltest du damit etwas warten.«

»Und worauf? Dass sich unser Kind die Füße blutig läuft und die Zehen verkümmern?«, empörte sich Hedwig.

»Natürlich nicht. Aber selbst, wenn der Beamte neulich sehr unverschämt war, so hat er trotzdem recht. Lass sie in Sandalen laufen. Und zum Herbst besorgst du ihr warme Schuhe. Was ist denn, wenn sie jetzt neue erhält und wächst bis zum Winter wieder heraus?«

»Und wenn sie kalte Füße bekommt und krank wird?« Hedwig überlegte. »Ich müsste ihr noch ein Paar dickere Strumpfhosen stricken. Die anderen sind bei offenen Schuhen nicht warm genug. Vielleicht sollte ich den grauen Pullover auftrennen, der wird ihr im nächsten Winter ohnehin nicht mehr passen. Ja, das könnte gehen. Aber wie sieht das denn aus?« Eigentlich widerstrebte es ihr, ihre Tochter in dicken grauen Strumpfhosen zu luftigen Sandalen herumlaufen zu lassen. Hedwig legte großen Wert auf ein adrettes Erscheinungsbild der gesamten Familie. In diesem Falle hatte sie jedoch kaum eine Wahl. Mit einem hübschen Zopf oder aufgestickten Blüten ließe sich da vielleicht etwas machen. In Gedanken entwarf sie bereits ein ansprechendes Strickmuster.

»Fertig.« Zufrieden betrachtete Wilhelm sein Werk.

»Das ist ja wunderschön geworden!« Hedwig räumte die auf Hochglanz gewienerten Schuhe beiseite und bestaunte das zierliche Puppenhäuschen mit Wohnstube und Küche. Bislang hatte sie immer nur die Rückseite zu Gesicht bekommen, wenn Wilhelm am Küchentisch ihr gegenüber daran bastelte. Aus dem Holz alter Zigarrenkisten hatte er Rückseite, Zimmerwände, Tischplatte und einen Stuben-schrank gefertigt, dessen Tür man sogar öffnen konnte. Die Tischbeine bestanden aus zusammengefügten Zündhölzern, drei leere Zündholzschachteln hatten sich in eine Kommode mit Schubladen verwandelt. Vier Stühle, ein hübsches Sofa und der niedliche Herd, alles aus festem Karton geschnitten und fein säuberlich zusammengeklebt, warteten auf die Puppengesellschaft. Die beiden aufgemalten Fenster mit weißem Rahmen zierten bereits winzige Vorhänge in Filethäkelei, die Hedwig beigesteuert hatte.

»Ich nähe kleine Stuhl- und Sofakissen. Außerdem muss ein bunter Teppich unter den Tisch, den häkele ich rasch. Eine Tischdecke fehlt auch. Und die Wände kann man so nicht lassen. Kannst du sie anmalen oder tapezieren?«

»Die Möbel male ich an. Und wenn du etwas Stoff übrig hast, verwende ich den als Tapete. Was meinst du?«

»Das ist eine gute Idee, Wilhelm. So machen wir das.« Hedwig stöberte in ihrem Nähkorb nach den benötigten Utensilien. »Alles da. Komm, das schaffen wir heute noch.«

»Wir brauchen etwas Kochgeschirr und ein paar Kleinig-keiten, die Ilse in den Schrank räumen kann«, überlegte Wilhelm.

»Da finden wir etwas. Ich habe die Schachtel mit meinen Puppenstuben-Spielsachen aufbewahrt. Oh, wie wird Ilse staunen!«

»Das hat sie sich verdient. Ich hätte nicht gedacht, dass

sie ein so gutes Zeugnis nach Hause bringt. Da darf das Geburtstagsgeschenk durchaus etwas großzügiger ausfallen.« Ilse feierte am kommenden Sonntag, dem 11. Mai 1947, ihren achten Geburtstag.

»Ja, Fräulein Preininger ist sehr zufrieden mit ihr. Nur das Schreiben muss sie besser üben. Da kleckst und kritzelt sie zu sehr. Aber das wird sich legen. Sobald sie geduldiger wird, klappt das sicherlich.«

»Und die Drei in Rechnen?«

»Eine Drei ist gut genug, denke ich. Da mache ich mir keine Sorgen. Wenn das so bleibt, wird sie gut durchs Leben kommen. Hauptsache, sie wird ordentlicher. Ich fürchte, sie ist ziemlich schlampig, räumt nicht von allein auf. Und ermahne ich sie, stopft sie ihre Spielsachen einfach achtlos in den Schrank. Das wird durch den Religionsunterricht bestimmt rasch besser, da erzählt man den Kindern etwas über Tugenden. Außerdem bin ich zuversichtlich, dass das Gemeindeleben bald wieder funktioniert und die Jugend gut eingebunden wird. Der neue Pfarrer Wensch tut ja alles für den Wiederaufbau von Pfarrhaus und Kirche.«

»Wenn du findest, dass sie schlampig ist, dann soll sie dir eben im Haushalt helfen. Da lernt sie schnell, Ordnung zu halten.«

»Sie tut ja, was sie kann. Vergiss nicht, dass sie bisher keine leichte Zeit hatte. Die Bomben, die Evakuierung, die Zerstörungen hier überall, die Freunde weg, nie richtig satt sein. Mit hungrigem Bauch für die Schule lernen müssen. Und das ist wirklich wichtig, damit später etwas aus ihr wird.«

»Jaja, aber dann beklage dich nicht über ihre Unordnung, wenn du ihr alles durchgehen lässt«, mahnte Wilhelm, obgleich er stolz wirkte, als er weitersprach: »Auf jeden Fall ist sie brav und anständig. Nicht wie diese frechen Rotzlöffel, die hier dauernd auf der Straße herumlungern und nur Unfug im Sinn haben.«

»Das stimmt. Ilse grüßt die Leute artig und knickst, wie es sich gehört. Außerdem macht sie sich nicht schmutzig und achtet darauf, ihre Kleider nicht zu zerreißen. Nur das Auf-räumen … aber das lernt sie auch noch.«

Wilhelm lächelte. »Du bist nachsichtig geworden, Hedwig. Früher warst du viel strenger.«

»Papperlapapp.«

Still gingen die beiden ihren Puppenstuben-Bauarbeiten nach und lauschten den zarten Klängen eines Radiostreich-orchesters, begleitet vom friedlichen Ticken der Küchenuhr und dem gelegentlichen Ploppen einzelner Wassertropfen, die leise vom Wasserhahn in den Spülstein fielen. Eine auf-geschreckte Amsel beschimpfte den unsichtbaren Stören-fried ihrer Nachtruhe und ein verhalten zärtliches Kichern auf der Straße verriet die späte Heimkehr eines Liebespaars. Ohne das dumpfe Knurren ihres hungrigen Magens hätte sich Hedwig beinahe in einen Wonne-Mai der Vorkriegs-jahre versetzt gefühlt. Wie gern würde sie zu Ilses Geburts-tag eine richtige Torte mit viel Schokolade, Buttercreme und Sahne backen. Allerdings würde es in diesem Jahr leider wieder nur einen Tortenboden aus wenig Fett und Zucker, Mehl, Backpulver und Muckefuck und einer Füllung, zusammengemischt aus verdünnter Marmelade, ein paar geriebenen Nüssen und Eichelmehl geben.

* * *

»Schmeckt es dir nicht?« Hedwig betrachtete ihr Töchter-chen sorgenvoll. Lustlos stocherte Ilse im Gemüse herum, verrührte gelangweilt das Dottergelb vom Spiegelei und schob seit einer Ewigkeit ein Salzkartoffelbröckchen von einer Backentasche in die andere. Dabei mochte sie sonst so gern durch den Wolf gedrehtes, zartes Brennnesselgemüse. Vor allem, seit man es endlich wieder etwas gehaltvoller zu-bereiten konnte.

Die schlimmen Notzeiten schienen überstanden, was sich mittlerweile auf dem Mittags- und Abendbrottisch bemerk-bar machte. Brennnesseln zum Beispiel verfeinerte Hedwig in diesem Sommer 1949 nach dem Weichkochen mit einer kräftigen Speck-Zwiebel-Mehl-Schmelze, so wie in früheren Tagen, als noch niemand an Krieg dachte. Kartoffeln musste man nicht mehr abzählen und selbst das in Butter gebratene Spiegelei gehörte langsam wieder zur Normalität. Fast unwirklich, wagte man gerade mal ein oder zwei Jahre zuvor von solchen Schlemmereien kaum zu träumen. Nach der Währungsreform im vergangenen Jahr 1948 ging es glücklicherweise spürbar aufwärts.

Mit Hilfe der Quäkerspeisungen und einem Erholungsaufenthalt in Westerland hatte sich Ilse allmählich wieder vom kümmerlichen Pflänzchen in das stämmige Mädchen zurückverwandelt, das sie ursprünglich gewesen war. In letzter Zeit verlor sie aber deutlich an Appetit, ihre angeborene Fröhlichkeit schien zu schwinden. Irgendetwas bedrückte sie.

»Doch, doch.« Ein weiteres Kartoffelbröckchen mit Ei-Gemüse-Stippe wanderte in den Mund.

»Du hast doch was.«

Ilse rollte innerlich die Augen. Was sollte sie schon sagen. Ihre Mutter würde sie sowieso nicht verstehen. Sie schien den schlimmen Abend im Mai, ihre Verzweiflung und die strengen Worte des Vaters ganz vergessen zu haben. »Nein, nichts.«

»Wie du meinst. Iss jetzt auf, dann mach deine Schularbeiten. Wenn du damit fertig bist, darfst du in die Kindergruppe im Gemeindesaal.«

Am liebsten wäre Ilse sofort aufgesprungen, aber sie wusste, diese Diskussion war sinnlos. Der Teller musste leer gegessen werden. Mit großer Anstrengung würgte sie ihr Mittagessen hinunter, räumte Teller und Besteck in den Spülstein, pfefferte missmutig die Schulhefte auf den Küchentisch. Ausgerechnet mit Rechnen und Heimatkunde musste sie sich nun abmühen. Stöhnend überflog sie die ungeliebten Aufgaben und erntete prompt einen strafenden Blick ihrer Mutter.

»Kein Theater jetzt. Du hast es versprochen.«

»Ich weiß. Aber die Aufgaben sind so schwer.«

»Ohne Fleiß kein Preis. Du musst dich mehr anstrengen. Ein solches Zeugnis will der Vati nicht noch einmal unterschreiben.«

»Ich strenge mich ja an«, murrte Ilse. Sie war heilfroh, dass die Mutter sich ohne ihr Beisein mit Wilhelm auseinandergesetzt hatte und die väterliche Strafpredigt aufgrund ihrer Schulleistungen entsprechend milder ausgefallen war. Seiner Empörung hatte er Hedwig gegenüber, die ihn glücklicherweise wieder beschwichtigen konnte, bereits ausreichend Luft gemacht.

»Anscheinend nicht genug. Noten können durchaus mal schlechter sein, wenn man nicht alles verstanden hat oder eine Klassenarbeit verhaut. Aber für eine Zwei minus in ›Fleiß‹ gibt es nur einen einzigen Grund. Dass man nicht wirklich fleißig ist. Und das sieht man erst recht daran, dass da gleich dreimal eine Vier im Zeugnis steht.« Hedwig schüttelte tadelnd den Kopf. »Ich weiß wirklich nicht, was mit dir los ist. Da du kein Wort sagst, kann ich dir nicht helfen.«

Schweigend quälte sich Ilse durch die Schularbeiten und atmete befreit auf, als das letzte Rechenergebnis unterstrichen werden konnte. »Fertig.«

»Alles?«

»Ja.«

»Hast du denn sauber geschrieben?«

Zum Beweis schob Ilse ihrer Mutter die Hefte hinüber.

»Gut«, stimmte Hedwig nach einem prüfenden Blick zu. »Nun richte deine Schultasche für morgen, dann können wir gehen.«

Erleichtert flitzte Ilse in ihr Zimmer und packte alles für den nächsten Tag zusammen. Sie freute sich auf die Kindergruppe, wo gespielt, gesungen und gebastelt wurde und niemand sie ausfragte oder maßregelte. Schade, dass Jette nicht mitkam. Aber die war leider katholisch. Anfangs wollte Ilse nicht allein in die Kirchengruppe. Sie tat sich etwas schwer ohne vertraute Gesichter an ihrer Seite. Glücklicherweise blieb die Mutti stets in Sichtweite, und ein paar Mädchen aus ihrer Schulklasse, die sie mochte, waren seit einiger Zeit auch dabei. So gelang es ihr, nach und nach neue Freundschaften zu schließen. Das empfand sie mittlerweile als Glücksfall. Denn sollte wieder einmal eine Freundin einfach verschwinden, so blieben ihr noch andere. Außer ihrer Mutter. Die selbstverständlich immer ihre beste Freundin sein würde.

* * *

»Ach, ist das schön, dass wir endlich wieder solche Köstlichkeiten genießen können«, freute sich Frieda an einem Sonntagnachmittag wenige Wochen später. »Hedwig, da hast du dich wieder einmal selbst übertroffen.« Sie legte die Kuchengabel aus der Hand und lehnte sich mit schwärmerischem Blick zurück.

Selbst Wilhelm, sonst eher ein Freund herzhafter Speisen, hatte sich zu einem zweiten Stück hinreißen lassen und rieb sich zufrieden seinen Bauch.

Erwin sammelte die letzten Krümel zusammen und hinterließ einen nahezu blitzblanken Teller. »Ja, sie ist eine wahre Backkünstlerin. Das hat sie von unserer Großmutter, der ist sie schon als kleines Mädel nicht von der Seite gewichen, bis sie sämtliche Geheimnisse kannte. Und die Prinzregententorte war die Krönung der Kaffeetafel. Die kam nur zu ganz besonderen Gelegenheiten auf den Tisch.«

»Nun lasst es gut sein«, winkte Hedwig ab. »Wer will noch ein Stück?«

Ilse überlegte einen Augenblick, musste aber ebenso wie die übrige Kaffeerunde bedauernd ablehnen. Sie hatte ja nicht nur das großzügig bemessene Kuchenstück gegessen, sondern darüber hinaus die Creme aus der Schüssel schlecken dürfen. Ihre Mutter hatte einen extra großen Rest der köstlichen Tortenfüllung aus Schokoladenpudding,

Zucker, Milch und Butter übrig gelassen. Dennoch trennten ausreichend dicke Cremeschichten die acht feinen Biskuitböden voneinander, rundherum zusammengehalten von einer glänzenden Puderzucker-Schokoladen-Glasur. Den Rand zierten kunstvolle Cremetupfen, die Hedwig mit einer Spritztülle exakt platziert hatte. Natürlich waren solch opulente Torten die große Ausnahme, aber gelegentliche Care-Pakete machten sie mittlerweile möglich.

»Es ist schön, dich wieder glücklich zu sehen, Frieda«, meinte Wilhelm. »Und wir sind sehr froh, dass ihr zurück nach Friesenheim gezogen seid.«

»Ja, im eigenen Haus ist es besser. Trotz der vielen Arbeit, die noch daran zu machen ist«, stimmte Erwin zu. »In Hauenstein war es halt sehr beengt. Und bei aller Liebe zu meiner Mutter, wir waren Gäste. Ich bin ihr sehr dankbar für ihre Fürsorge während des Krieges, der Gefangenschaft und meiner Aufräumarbeiten am Haus, aber jetzt kümmere ich mich wieder selbst um meine Familie.« Er schaute liebevoll von Frieda zur erst wenige Monate alten Laura, die friedlich in ihrem Körbchen schlief. »Endlich sind wir wieder alle vereint.«

Ilse zuckte zusammen. Fast hätte sie sich zu einer unbedachten Äußerung hinreißen lassen. Gerade rechtzeitig registrierte sie den warnenden Blick ihrer Mutter und senkte schuldbewusst den Kopf. Beinahe. Nein, kein Wort würde sie über die fehlende Dorothea verlieren. Sie hatte es den Eltern versprochen. Das war die Bedingung für ihre Teilnahme an der Kaffeegesellschaft. Andernfalls hätte sie den Nachmittag in ihrem Zimmer bei Schularbeiten verbringen müssen. Ihr Vater hatte keinen Zweifel daran gelassen, dass er sie sofort der Küche verweisen würde, sollte sie sich nicht ordentlich benehmen. Keinesfalls würde er neuerliche Tränen und Geschrei dulden. Dabei trug er selbst die Schuld an ihrem Ausbruch Ende Mai. Schließlich hatte er sie jahrelang belogen und diese Tatsache einfach ignoriert. Das sollte sie sich einmal erlauben. Ertappte man sie beim geringsten

Flunkern, musste sie sofort mit Vorwürfen und Strafen rechnen. Bitterkeit verdrängte die Süße der Prinzregententorte. Tja, für Erwachsene galten eben andere Maßstäbe.

Frieda schienen weder der Blickwechsel zwischen Mutter und Tochter noch der innere Zwist ihrer Nichte entgangen zu sein. Unter dem Vorwand, unbedingt die in der Kindergruppe gebastelten Steinfiguren betrachten zu wollen, lockte sie sie in ihr Zimmer. Zunächst etwas zurückhaltend, dann immer eifriger erzählte Ilse ihr von der akribischen Suche nach geeigneten Rheinkieseln und der großen Herausforderung, bereits bei der Auslese die späteren Tiere in den flachen oder runden, weißen, grauen oder marmorierten Steinen zu erkennen.

»Diese Figur ist dir ganz besonders gut gelungen«, bewunderte die Tante eine kleine Maus mit flachem, fast herzförmigem Kieselkörper, sorgsam aufgeklebten Ohren und Augen aus dunklem Filz, Schnurrhaaren aus Besenborsten sowie einem lustigen Schwänzchen aus rosafarbener Wolle. »Die ist ja entzückend!«

Zögernd reichte ihr Ilse das kleine Kunstwerk. »Wenn du willst, kannst du sie haben und Laura schenken.«

Frieda zog Ilse auf ihren Schoß. »Laura ist noch zu klein dafür«, erklärte sie ihr. »Was hältst du davon, wenn ich sie Dorothea bringe und auf ihr Grab lege? Sie würde sich bestimmt darüber freuen.«

Ilses Augen füllten sich mit Entsetzen. Hin- und hergerissen zwischen der strikten elterlichen Anweisung, Dorothea nicht zu erwähnen und der Notwendigkeit, ihrer Tante zu antworten, suchte sie nach geeigneten Worten.

Offensichtlich erkannte Frieda Ilses Pein und drückte sie an sich. »Weißt du, ich habe Dorothea nicht vergessen. Der liebe Gott hat zwar entschieden, sie zu sich zu holen, aber sie wird für alle Zeit in meinem Herzen sein.« Leicht tippte sie an Ilses Brust. »Da drinnen ist genug Platz für beide. Für Dorothea und für Laura. Die eine nimmt der anderen nichts weg. Das verstehst du schon, nicht wahr?«

Ilse nickte.

»Das ist schön. Wenn Laura ein bisschen größer ist, wird sie glücklich sein, eine große Cousine wie dich zu haben. Meinst du, du kannst ihr dann eine ebenso gute Freundin sein, wie du es für Dorothea warst?«

»Ich kann es ja versuchen, oder?«, flüsterte Ilse.

»Das ist lieb von dir. Ich bin sehr erleichtert.« Die Tante drückte Ilse erneut an sich. »Oh, was ist das denn? Ein Poesiealbum? Darf ich da etwas für dich hereinschreiben?« Sie deutete auf das längliche Buch mit festen, braun-marmorierten Kartondeckeln in Schlangenleder-Optik und holzgemasertem Folienrücken.

Verlegen nahm Ilse es an sich, bevor ihre Tante darin blättern konnte. »Äh, nein, das gehört Jette. Ich muss es ihr zurückgeben.« Sie rutschte von Friedas Knien herunter und stopfte es schleunigst in die Schultasche. »Nimm die Maus ruhig mit und bring sie Dorothea.«

Lächelnd stand Frieda auf, nahm behutsam das Geschenk, zupfte verschmitzt an Ilses Zöpfen und ging zurück zu den anderen.

Ilse verharrte einen Augenblick, dann holte sie das Poesiealbum wieder aus der Tasche. Gedankenverloren blätterte sie den Eintrag ihres Vaters auf.

Meinem lieben Töchterchen!
Dein Herz soll immer fröhlich sein,
dafür zu sorgen, wird mein ganzes Streben sein.
Du sollst vergessen Kummer, Schmerzen und Leid,
Für Dich muß kummen eine schöne, frohe Zeit.

Von der Widmung *Dein Dich immer liebender Vater* war nur das letzte Wort erkennbar. Der Rest war der Zerstörung ihres wütend darauf herumkratzenden Füllfederhalters und der schwarzen Tinte zum Opfer gefallen.

Schaudernd erinnerte sie sich an den schrecklichen Abend. Beim Abendessen hatte ihr die Mutter erzählt, dass die Tante einer kleinen Laura das Leben geschenkt habe. Zwischen zwei Löffeln Suppe merkte ihr Vater erfreut an, dass ihr das sicher über Dorotheas Tod hinweghelfen würde. Nach vier Jahren Trauer hätte ihr Elend nun bestimmt ein Ende gefunden.

Vor lauter Entsetzen war Ilse der Löffel in den frisch gefüllten Teller gerutscht. Dunkle Suppenspritzer sprenkelten Tischdecke und Bluse. Sie zitterte und schluchzte und konnte sich nicht beruhigen. Seit vier Jahren war Thea tot? Wie oft hatte sie auf ihre Fragen, warum sie sie nie sehen durfte, die ausweichende Antwort erhalten, die Cousine sei krank, könne nicht weg aus Hauenstein und solle keinen Besuch bekommen. Alles gelogen! Die tröstenden Worte ihrer Mutter erreichten sie nicht.

Schließlich verlor ihr Vater die Geduld, verbat sich jedes weitere Geschrei und schickte sie zu Bett. In ihrer Wut und Verzweiflung war sie über das Poesiealbum hergefallen. Behutsam versteckte sie es nun ganz hinten in der Schublade ihrer Kommode. Niemand sollte es je wieder zu Gesicht bekommen und sein Geheimnis lüften. Niemals.

14. Mai 2014

Erschöpft sank Ilse in ihre Sitzkuhle. Die Einkaufstasche von Witt Weiden deponierte sie neben sich. Einen Moment ausruhen, der Weg war wieder sehr beschwerlich gewesen.

Obwohl sie sich ein Taxi genommen hatte, den Fahrer kannte sie, er war vertrauenswürdig. Sie bestellte stets denselben. Zu einem Unbekannten würde sie keinesfalls ins Auto steigen. Wer wusste denn, an wen man da geriet. Kürzlich erst war wieder einmal zu lesen, dass ein Jugendlicher im Vorbeigehen einer älteren Dame die Halskette mit Gewalt heruntergerissen hatte und samt seiner Beute weggerannt war. Die Frau war mit dem Schrecken und ein paar blauen Flecken davongekommen, das geliebte Schmuckstück allerdings auf Nimmerwiedersehen verschwunden. Natürlich einer dieser Ausländer, schließlich war er als ›dunkelhäutig‹ beschrieben worden. Nicht einmal bei den Taxifahrern konnte man sicher sein. Die schienen mittlerweile aus aller Herren Länder zu kommen. Nein, denen war nicht zu trauen. Ihr Fahrer war zwar Türke, aber schon lange in Deutschland. Sein Vater hatte zu den ersten Gastarbeitern gehört, war aber bald wieder in die Türkei zurückgekehrt. Er selbst war dann irgendwann in den achtziger Jahren nach Deutschland gekommen, hatte seine heutige Frau bei Verwandten kennengelernt und sich zum Bleiben entschieden. Er sprach sogar völlig normal und war sehr nett. Mit keinem anderen fuhr sie. Hatte er frei, verschob sie eben ihre Einkaufstouren.

Etwas zu essen, Zeitschriften und Zigaretten besorgte sie ohnehin an der Ecke. Sie musste lediglich die Straße überqueren. Das war zu schaffen. Nur die Getränke kaufte sie dort nicht. Und natürlich brauchte sie gelegentlich ein neues

Kleidungsstück oder musste zur Bank. Früher hatte sie den Bus in die Innenstadt genommen, doch inzwischen war ihr der Weg zur Haltestelle zu weit.

Sie schaute auf ihre Notizen. Schlafanzug und Bademantel konnte sie streichen, diese Teile hatte sie gerade bei Witt Weiden erstanden, ihre üblichen Zeitschriften im Schreibwarenladen an der Ecke. Morgen würde sie die Reisetasche besorgen. Mit dem Taxifahrer hatte sie sich fest verabredet. Für heute war es erst mal genug. Sie musste ohnehin überlegen, was sie sonst noch brauchte. Toilettenartikel vermutlich. Die hatten Zeit bis Freitag. Ins Krankenhaus wollte sie erst am Montag gehen, hatte sie entschieden. Übers Wochenende erfolgten ohnehin keine Untersuchungen, was sollte sie also dort. Nein, Montag war früh genug.

Ilse zog eine Zeitschrift aus dem Stapel und blätterte zum ersten Kreuzworträtsel. Sie liebte Kreuzworträtsel, konnte sich stundenlang damit beschäftigen. Kaum hatte sie sich in die kniffligen Fragen vertieft, läutete das Telefon. Zweimal, Pause, erneutes Klingeln. Birgit.

Nein, sie wollte jetzt nicht mit ihr sprechen, nicht schon wieder aufstehen müssen, wo gerade der Schmerz in Beinen und Rücken nachließ. Ihre hartnäckige Tochter rief später bestimmt noch einmal an. Gedankenverloren drehte sie den Verschluss der kleinen Weinbrandflasche auf und fischte eine Zigarette aus der Schachtel. Hunderasse mit fünf Buchstaben. Sie überlegte. Mops war zu kurz, Dackel und Collie zu lang. Ein Husky vielleicht? Dann wäre das Y der zweite Buchstabe des senkrecht gesuchten Begriffs mit sieben Buchstaben. Ein Glasbehälter für Flüssigkeiten. Bestimmt eine Flasche. Der Husky konnte also nicht stimmen. Hunderasse mit fünf Buchstaben, der letzte ein L, wenn sie für den gesuchten Glasbehälter die Flasche wählte. Natürlich, ein Pudel! Somit passte der zweite Buchstabe zur Tonart mit drei Buchstaben senkrecht. Dur. Sie trug alles ein. Flasche, Dur, Pudel. Sie nahm einen Schluck.

Ein Pudel! Wie liebte sie diese wolligen, quietschfidelen Vierbeiner. Als Kind hatte sie sich so sehr einen gewünscht. Mit ihrer Freundin Jette malte sie sich damals aus, wie sie, die eine in schwarz, die andere in weiß gekleidet, Arm in Arm mit einem weißen und einem schwarzen Pudel durch die Straßen flanierten und Kunststücke vorführten. Jette lebte während des Kriegs eine Weile im Odenwald und hatte dort einen kleinen, weißen Pudel. Als sie mit ihrer Mutter nach Ludwigshafen zurückkehrte, durfte der Hund nicht mit. Wie hieß der gleich? Witzigerweise hegte ihre Cousine Laura anscheinend Jahre später den gleichen Wunsch, hatte ihn sich aber im Gegensatz zu ihr erfüllt.

Vielleicht sollte sie wieder einmal mit ihr telefonieren. In gewisser Weise ähnelten sie einander. Genau wie sie hatte Laura früh rebelliert und beschlossen, ihr eigenes Leben zu leben. Darin war sie noch konsequenter als sie selbst. Denn Ilse, nicht einmal volljährig, hatte sich der Notwendigkeit einer Muss-Ehe ausgesetzt gesehen, die nicht halten konnte, nur um einige Jahre später aus Überlegungen purer Vernunft eine zweite Ehe einzugehen, die letztlich auch scheitern musste. Die Cousine hingegen war als junge Frau selbstbewusst genug gewesen, dem Ruf der Liebe zu folgen und nach Österreich ausgewandert, wo sie aus freien Stücken heiratete und mit ihrem Mann, einem Musiker, fröhlich durch die Lande tingelte. Nach der Scheidung eröffnete sie einen eigenen Pudelsalon, den sie fortan mit großem Geschick und nie nachlassender Begeisterung führte.

Hatte sie Laura eigentlich je von ihrem Traum aus Kindertagen erzählt? Sie nahm einen weiteren Schluck. Es gab eine ganze Reihe an Gemeinsamkeiten. Bei den seltenen Treffen tauschten sie gern ihre Reiseerinnerungen aus. Schon als Teenager sparte Ilse jeden Pfennig, um kleine Reisen und Wochenendausflüge zu genießen. Oft steuerten die Eltern etwas bei. Westerland, Wangerooge, Langeoog, die Besuche bei Brieffreunden in Groningen, dann Brügge. Es ging in den Schwarzwald, in den Bayerischen Wald und natürlich in die Pfalz. Viel später Südtirol, Kenia, Tunesien, Jugoslawien, Mallorca, Griechenland, Zypern. Auch Laura war oft unterwegs, ihren Pudel immer dabei.

Sie sollte sie wirklich anrufen. Auf einem der Zettel war die Telefonnummer notiert. Andererseits, was sollte sie ihr erzählen? Auf Reisen ging sie seit Jahren nicht mehr, und ihre Alltagserlebnisse waren kaum berichtenswert.

Sie schob die Flasche zur Seite. Dabei fiel ihr Blick auf den Styroporbehälter, den sie vorhin achtlos auf den Tisch gestellt hatte. Ach ja, fiel es ihr wieder ein. Etwas zu essen aus dem italienischen Imbiss neben dem Schreibwarengeschäft. Mit der beiliegenden Plastikgabel stocherte sie in den zwischenzeitlich kalt gewordenen Nudeln herum. Eigentlich verspürte sie keinen Hunger. Appetit oder gar Hungergefühle waren längst passé. Manchmal aß sie den ganzen Tag nichts, zwang sich aber zumindest am nächsten Mittag zu ein paar Happen. Die Ärztin hatte darauf bestanden, und Ilse tat ihr den Gefallen. Zum Kochen hatte sie seit Ewigkeiten keine Lust mehr, und die Vorratshaltung gehörte der Vergangenheit an. Sie wusste nicht, wann sie zuletzt in den Kühlschrank geschaut hatte. Wozu auch.

Was sie brauchte, besorgte sie sich beim italienischen Imbiss. Mal Nudeln, dann Pommes Frites, selten einmal ein Schnitzel mit Beilagen. Im Grunde war es hinausgeworfenes Geld, sie konnte die Portionen ohnehin nie aufessen. Aber die neapolitanische Inhaberin war sehr nett und wechselte gern ein paar Worte mit ihr. Das genoss sie. Ebenso wie die Unterhaltungen mit der Dame vom Schreibwarengeschäft. Ansonsten pflegte sie nur zu ihrem Taxifahrer einen persönlichen Umgang. Wobei sie streng auf Distanz achtete. Sie pickte zwei weitere Nudeln auf, dann schob sie den Behälter zur Seite, verschnürte ihn in seiner Plastiktüte, trank einen Schluck Weinbrand, zündete eine weitere Zigarette an und versuchte, sich an den Namen von Jettes Pudel zu erinnern.

Das vertraute Klingelzeichen ertönte. Ilse ignorierte es.

1953

»Hurra, Sommerferien!«, jubelte Ilse, nachdem sie die Schultasche schwungvoll in ihr Zimmer befördert hatte.

Mit einem Augenzwinkern zur fünfjährigen Laura, die mit verkniffenem Mund und verschränkten Armen am Küchentisch saß, verdächtige Tränen- und Rotzspuren im Gesicht, küsste sie ihre missmutig dreinblickende Mutter auf die Wange. Einen tänzelnden Hofknicks andeutend, präsentierte sie strahlend das Zeugnisheft. »Dicke Luft? Ich wette, das hebt die Stimmung!«

Unwirsch brummte Hedwig nach einem Blick auf die Eintragungen: »Ich frage mich, wie lange die uns wohl dieses französische Punktesystem noch aufzwingen wollen. Das versteht ja kein Mensch. Ist es gut?«

»Ach, Mutti, das kennst du doch jetzt seit der sechsten Klasse. Schau einfach auf den Stempel vorn, der übersetzt es. Also Betragen, Fleiß und Aufmerksamkeit ist eine Zwei. Religion, Heimatkunde, Schrift und Turnen mit sechzehn Punkten eine Zwei. Eigentlich fast eine Eins, die fängt bei siebzehn Punkten an. Musik sind achtzehn Punkte, also eine Eins. Deutsche Sprache mit fünfzehn und Naturkunde mit vierzehn Punkten sind eine Zwei. Das ist doch toll!«

»Und die zehn Punkte hier? Bei Zeichnen und Handarbeit?«

»Na ja, das ist eine Vier. Aber eine sehr gute! Guck mal, die Drei beginnt bei elf Punkten. Also ist das eigentlich fast eine Drei. Und hast du gesehen? In Rechnen habe ich fünfzehn Punkte bekommen, das ist eine richtig gute Zwei!«

»Hm. In Rechnen hattest du im letzten Zeugnis mehr Punkte.«

»Nur zwei Punkte Unterschied. Dieses Schuljahr haben

wir viel schwerere Aufgaben. Jetzt komm, du musst zugeben, dass das ein wirklich gutes Zeugnis ist.«

Hedwig schaute sich alles noch einmal genau an. »Das Lernen zahlt sich aus, wie du hoffentlich begriffen hast. Ja, da wird dein Vater sehr zufrieden sein«, stimmte sie zu. »Himmel, eine Vier in Handarbeit«, folgte der Tadel. »Das kommt davon, wenn man so schlampig arbeitet. Habe ich dir schon hundertmal gesagt.«

»In Handarbeit komme ich nun mal nicht an dich ran«, schmeichelte Ilse. »Das schafft niemand.«

»Hör auf, mir Honig ums Maul zu schmieren. Deck lieber den Tisch, das Mittagessen ist fertig.«

Während Ilse Teller, Besteck und Servietten zurechtlegte, warf sie einen prüfenden Blick auf die kleine Cousine, die unverändert stocksteif an ihrem Platz saß. »Was ist denn mit dir los? Hast du etwas ausgefressen?« Sie stupste sie mit dem Ellenbogen, erhielt zur Antwort aber nur ein verächtliches Schnauben.

»Laurentia hat gestohlen, ich habe sie deswegen zurechtgewiesen. Das ist sie anscheinend nicht gewohnt«, erklärte Hedwig stattdessen und füllte die Teller mit einem herzhaft duftenden Kartoffelgericht.

»Habe ich nicht. Die Tante spinnt«, begehrte Laura wütend auf.

»Du bist still. Iss deine Suppe. Ich will kein Wort mehr von dir hören, freches Ding«, entgegnete Hedwig in scharfem Ton.

»Gestohlen?« Ilse schaute verblüfft von einer zur anderen. »Was hat sie denn gestohlen?«

»Nix.«

»Laurentia!« Hedwig hob warnend den Finger. »Sie hat Rabattmarken gestohlen. Da schaut man einmal nicht hin und –schwupp – steckt sie die ein. Unerhört.«

»Rabattmarken? Warum sollte sie die denn stehlen?«

»Was weiß ich, sie hat sie jedenfalls eingesteckt. Vielleicht für ihre Mutter. Keine Ahnung. Auf jeden Fall dulde ich solches Benehmen nicht. Ich habe sie schon einmal gewarnt. Diesmal muss ich mit Tante Frieda sprechen. Unter diesen Umständen kann Laurentia nicht mehr hierherkommen.«

Frieda hatte vor einiger Zeit Arbeit in einem Filialbetrieb des Lebensmittel-Großhandels ›Johann Schreiber & Co‹ gefunden. An einem Tag pro Woche saß sie dort an der Kasse, währenddessen Hedwig die kleine Laura beaufsichtigte.

»Tante Frieda braucht doch deine Rabattmarken gar nicht. Die bekommt schließlich selbst welche.« Ilse wandte sich der bockig dreinschauenden Cousine zu. »Komm, erzähle es mir. Was hast du denn gemacht?«

»Nix.«

»Wegen nix wird Tante Hedwig nicht so wütend.«

»Doch. Sie ist böse.«

»Laurentia!«

»Jetzt lass sie mal erzählen, Mutti«, beschwichtigte Ilse. »Wieso ist Tante Hedwig so böse geworden? Hast du etwas eingesteckt? Vielleicht aus Versehen?«

»Nein. Ich habe nur gespielt.«

»Und was?«

»Kaufladen.«

»Was hast du denn gekauft?«

»Ich war die Verkäuferin. Knöpfe und Garn habe ich verkauft. Der Gerda.« Vage deutete Laura auf die große Puppe, die in der Ecke saß.

»Und dann?«

»Ich habe das Geld genommen, dann ist die Tante gekommen und hat mich ausgeschimpft. Sie ist böse.«

Wie sich nach und nach herausstellte, hatte Laura, ganz tüchtige Verkäuferin, die auf dem Tisch liegenden Rabattmarken als Zahlungsmittel erkannt, mit dem ihre Kundin, Puppe Gerda, offensichtlich Knöpfe und Garnrollen begleichen wollte. Sie nahm die Rabattmarken an sich und steckte sie mangels Kassenlade in die Schürze – just in dem Moment, in dem Hedwig ins Zimmer kam und die vermeintliche Diebin auf frischer Tat ertappte.

»Hahaha, siehst du, Mutti, sie wollte gar nicht stehlen. Sie war nur tüchtig. Na komm Laura, die Tante hat es gar nicht so gemeint.«

»So leicht kommt sie mir nicht davon. Rabattmarken sind kein Spielzeug. Und das ist heute nicht zum ersten Mal passiert. Neulich haben auch welche gefehlt. Ich muss mit ihrer Mutter sprechen. So geht das nicht. Esst jetzt auf.«

Ilse warf Laura einen verschwörerischen Blick zu und gab ihr zu verstehen, dass sie jetzt besser still ihren Teller auslöffeln sollte. Himmel, die Mutter konnte wirklich streng sein! Nun, sie würde Laura nach dem Essen mit zum Spielplatz nehmen. Da käme die Kleine auf andere Gedanken und wäre ihrer verärgerten Tante aus den Füßen. Außerdem hatte sie sich dort mit Jette und anderen Mädchen verabredet, um das Ende der Volksschule zu feiern. Im September begann die einjährige Vollhandelsklasse. Bis dahin wollte sie den Sommer und die Ferien genießen.

Dass sich neben dem Spielplatz die Jungs zum Korbballspiel trafen, musste sie ihrer Mutter ja nicht auf die Nase binden. Immerhin war sie schon vierzehn, quasi fast erwachsen.

1954

Konzentriert betätigte Ilse den Trittschalter der Näh-maschine und führte die Stoffbahn mit ruhiger Hand unter dem Füßchen entlang. In gleichmäßigem Auf und Ab heftete die Nadel mit sauberer Naht zwei sorgfältig zusammenge-steckte, vorab im Zickzackstich versäuberte Teile in langer Gerade aneinander. Fröhliche weiße Tupfen tanzten auf geduldigem Dunkelblau.

»Das machst du richtig gut«, lobte Hedwig lächelnd. »Du hättest dir das mit der Schneiderlehre wirklich noch einmal überlegen sollen.« Bedauern schwang in ihrer Stimme.

Ilse wusste, die Mutter war traurig, dass sie nichts aus ihrer Begabung zum Schneidern machen wollte und statt-dessen ein Leben als Tippmamsell anstrebte. Am 1. August würde sie eine kaufmännische Lehre beim Großhandel ›Johann Schreiber & Co.‹ beginnen.

»Nein, Mutti, das wäre dauerhaft nichts für mich. So gern schneidere ich halt nicht. Außerdem kaufen immer mehr Leute Konfektionsware. Wer lässt denn heute noch nähen?«

»Dieses Können wäre dir immer von Nutzen. Im Gegen-satz zu diesem ganzen Handelszeug. Was willst du denn mit Wirtschaftsgeographie oder Plakatschrift anfangen, wenn du erst verheiratet bist und Kinder hast? Hauswirtschaftslehre, ja, das hätte ich verstanden. Aber darauf hat man großzügig verzichtet.«

Ilse ärgerte sich, dass ihre Mutter so gar nicht begreifen wollte. Dieser Moment Ablenkung genügte, und der Faden rutschte aus der Nadel, von Ilses leisem Fluchen kommen-tiert. »Schon wieder. Siehst du? Da hast du mein vielbe-sungenes Geschick.«

»Das passiert halt mal«, winkte Hedwig ab. »Beim

Maschineschreiben machst du ja schließlich auch Fehler. Überragend waren deine Zeugnisnoten in der Handelsschule nicht gerade.«

»Wegen der Aufregung bei den Prüfungen. Das weißt du ganz genau. Ansonsten hat das immer gut geklappt. Und beim Mannschaftsstaffelkampf vom Stenografenverband habe ich sogar einhundertsechzig Silben geschafft. Vergiss das nicht.«

»Jaja, schon gut«, brummte Hedwig und fädelte das Garn nach Ilses vergeblichem Bemühen wieder ins winzige Nadelöhr. »Kannst weiternähen. Eine halbe Stunde Zeit ist noch, dann müssen wir Platz machen. Dein Vater will nachher bestimmt in Ruhe ein bisschen Zeitung lesen.«

Wilhelm hatte 1951 ins Werk Oppau zur Hochdrucktechnik gewechselt. Die Arbeit im Schichtbetrieb war ihm vertraut und, obwohl anstrengend, weitaus weniger belastend als seine frühere Beschäftigung in der Palatinolfabrik, was seiner angegriffenen Gesundheit zugutekam. Zwar war er nun kein Vorarbeiter mehr, dafür lastete weniger Verantwortung auf seinen Schultern. Insgeheim vermutete Hedwig, dass er dieser nervlich ohnehin nicht mehr gewachsen war. Der Krieg hatte ihm schwerer zugesetzt, als er es sich selbst jemals eingestehen würde. Noch immer versank er in stundenlangem Schweigen, verspürte nur selten Hunger, schlief schlecht.

Anscheinend hatte Ilse sich von seinen Essgewohnheiten anstecken lassen, zeigte sie meist gerade mal Appetit wie ein Spatz. Die Pausbäckchen waren gänzlich verschwunden, ihre Figur ähnelte der dieser dünnen amerikanischen Schauspielerinnen, für die sie so schwärmte.

»Dann lass uns spazieren gehen. Du kommst an die frische Luft und er ist ungestört«, schlug Ilse bereitwillig vor. »Den Rock kann ich genauso gut morgen weiternähen.«

»Meinetwegen«, willigte Hedwig ein. »Wenn du mir dann beim Abendessen hilfst.«

Schnell waren die Nähutensilien weggeräumt, der Tisch von sämtlichen Fädchen und Stoffresten befreit. Die ordentlich gefaltete Zeitung samt Lesebrille und einem kleinen Teller Kekse nebst sauberem Aschenbecher und Zigarettendose erwarteten Wilhelm an seinem Lieblingsplatz. Ilse übersah geflissentlich Hedwigs erstaunten Blick, als sie den sonst verhassten Hut auf ihrem auf Kinnlänge gekürzten Schopf drapierte und sogar die Handschuhe nicht vergaß.

Arm in Arm promenierten Mutter und Tochter in Richtung Friedhof, Hedwigs Lieblingsstrecke. Der guten Luft wegen, wie sie nie müde wurde zu betonen. Ilse beglückwünschte sich zu ihrem Vorschlag. Nun würde sie den richtigen Moment finden, um ihre Mutter von ihren Plänen zu überzeugen. Die Lehre begann erst in vier Wochen. Zeit genug, um der Einladung ihrer holländischen Brieffreundin Betje nach Groningen zu folgen.

* * *

»Guten Morgen, Tante Frieda«, begrüßte Ilse strahlend ihre Tante. »Na, da staunst du!«

»Da bist du ja! Ich habe schon gehört, dass ich dich ein bisschen unter meine Fittiche nehmen darf. Wie erwachsen du aussiehst!« Frieda herzte ihre fünfzehnjährige Nichte in der schmucken, silbergrauen Schreiberuniform mit gestärktem weißen Kragen und Häubchen.

»Ich freue mich auch. Vier Wochen bin ich hier eingeteilt«, erwiderte sie stolz. »Herr Kraus legt Wert darauf, dass die kaufmännischen Lehrlinge nicht nur in der Zentrale arbeiten, sondern gleichermaßen den Filialbetrieb von der Pike auf erlernen. Bevor es ins Büro geht, müssen wir alle wissen, wie man die Regale bestückt, auszeichnet, Plakate schreibt, Warenbestände prüft, verkauft und kassiert.«

»Sehr vernünftig. Gefällt es dir denn bei Schreiber?«

»Doch, ja. Na gut, ich habe erst vor einer Woche

angefangen und noch nicht viel gemacht. Bisher hieß es zuschauen und zuhören. Wir mussten uns um unsere Ausstattung kümmern, haben die Zentrale kennengelernt, ein paar Botengänge übernommen. Eigentlich geht es jetzt erst richtig los. Ich bin ziemlich aufgeregt.«

»Das ist alles halb so wild. Du musst pünktlich, reinlich und freundlich sein, tun, was man dir sagt und zupacken, wo es nötig ist. Alles nichts Neues für dich, das hat dir deine Mutter bestimmt beigebracht, wie ich sie kenne.« Frieda zwinkerte verschmitzt. »Ich zeige dir alles, wenn Frau Hartlieb es erlaubt. Sie ist die Filialleiterin. Da kommt sie gerade.«

»Ah, da ist ja unser Neuzugang. Guten Morgen, junges Fräulein. Du musst Ilse Oehler sein. Herzlich willkommen.« Mit kräftigem Händedruck begrüßte die Filialleiterin ihr neues Lehrmädchen und registrierte mit anerkennendem Lächeln Ilses Anstandsknicks. »Frau Wagner kennst du, ich habe gehört, sie ist deine Tante. Sie ist immer montags hier«, plauderte sie munter drauflos. »Dann gibt es noch Frau Bauer. Da die vorerst in einer anderen Filiale aushilft, arbeitet dich Frau Wagner diese Woche ein, damit du rasch eigenständig Aufgaben übernehmen kannst. Jetzt komm erst einmal mit, ich zeige dir, wo du ablegen kannst.«

Ilse wurde es bei Frau Hartliebs Worten leicht mulmig zumute. Da kam einiges auf sie zu.

»Keine Sorge. Ich bin ja auch noch da«, raunte ihr Frieda zu, als sich die Filialleiterin schwungvoll umwandte und energischen Schritts zum Büro vorausging. »Außerdem ist Frau Hartlieb durchaus verständnisvoll, wenn einmal etwas nicht sofort funktioniert. Bei Frau Bauer muss man aufpassen, aber die ist ja glücklicherweise woanders.«

»So, Ilse. Hier bewahren wir unsere Jacken und Taschen auf und das ist gleichzeitig das Filialbüro für alle Verwaltungsarbeiten.« Frau Hartlieb zeigte ihr Garderobe, Waschraum und die Arbeitsecke mit Schreibtisch, Tresor und Aktenschrank. »Dort drüben geht es zu unserem kleinen Warenlager. Das und die Arbeit im Büro erkläre ich dir, wenn du im Laden vorn gut zurechtkommst. Eins nach dem anderen. Da wir jeden Tag durchgehend von sieben bis neunzehn Uhr für unsere Kunden geöffnet haben, arbeiten wir nach einem Schichtplan. Außer an Samstagen, da schließen wir um sechzehn Uhr. Wir werden jetzt schauen, wie du dich diese Woche anstellst und wie schnell du ohne Frau Wagner zurechtkommst. Dann erst mache ich den Schichtplan fertig. So lange fängst du um sieben Uhr an. Von zwölf bis fünfzehn Uhr hast du Pause. An diesem Samstag musst du nur drei Stunden arbeiten, und zwar von zehn bis dreizehn Uhr. Soweit alles verstanden?«

Ilse nickte eifrig.

»Prima, dann lauf jetzt vor zu Frau Wagner. Sie sagt dir, was heute alles zu tun ist.«

Dank der Unterstützung ihrer Tante Frieda verlor Ilse bald ihre Scheu. Mit Ausnahme der Plakatgestaltung, die trotz verwendeter Schablonen nicht ohne Makel gelingen wollte, bewältigte sie alle anfallenden Aufgaben tadellos. Nach kurzer Zeit wurde sie in den regulären Schichtplan integriert und sogar frühmorgens mit der alleinigen Aufsicht über den Laden betraut, während sich Frau Hartlieb den Warenbestellungen widmete. Machte diese dann ihren täglichen Kontrollgang, waren alle Regale ordentlich aufgefüllt und abgestaubt, der Boden gefegt, die Scheiben blitzblank und ihr ein Lob gewiss.

Klare Strukturen und fest definierte Abläufe gaben Ilse Sicherheit. Gelegentliche Angstzustände überwand sie mit eiserner Disziplin, so wie sie es von frühester Kindheit gewohnt war, lernte sie zu ignorieren und sich ganz auf ihre Arbeit und die Anerkennung, die sie hierfür erhielt, zu konzentrieren. Die Mittagspause verbrachte sie zuhause, wo ihre Mutter stets pünktlich das Essen für sie bereithielt und fürsorglich darauf achtete, dass Ilse sich ein wenig ausruhte.

»Fühlst du dich nicht wohl?«, fragte Frieda an einem Montag besorgt. »Du bist ein wenig blass um die Nase.«

»Alles in Ordnung«, entgegnete Ilse überrascht. »Vielleicht geht die Ferienbräune allmählich verloren.«

»Stimmt ja, du warst ja in Holland! Ich habe mich gar nicht für die Karte bedankt. Hattest du eine schöne Zeit bei deiner Brieffreundin?«

»Es war toll! Wir hatten so viel Spaß! Betje hat mir die Stadt gezeigt. Zwar ist im Krieg dort einiges kaputtgegangen, aber längst nicht so viel wie hier bei uns. Es gibt schöne Kanäle und bis zur See ist es gerade ein Katzensprung. Wir haben einen Tagesausflug mit dem Fahrrad gemacht. Haha, danach hatte ich Muskelkater!«

»Und Betjes Familie? Hast du die kennengelernt?«

»Ja, klar, ich habe dort gewohnt. Betje wohnt in einem kleinen Haus mit Garten bei ihren Eltern und den Großeltern. Sie sind alle sehr nett und haben mich eingeladen, wiederzukommen.«

»Das freut mich für dich. Ich war erstaunt, dass dich deine Eltern gelassen haben. Sie sind doch sonst so streng.«

»Es war nicht ganz einfach«, gab Ilse zu. »Am Ende hat der Pfarrer bei Mutti ein gutes Wort für mich eingelegt. Er kennt Betjes Familie, über ihn kamen ursprünglich die Brieffreundschaften der Evangelischen Jugend zustande.« Ilse zwinkerte. »Und wenn selbst der Pfarrer nichts gegen eine solche Reise einzuwenden hat, wie kann dann die Mutti dagegen sein! Allerdings muss ich die Kosten von meinem Lohn zurückzahlen, sonst hätte es der Vati nicht erlaubt.«

»Das ist nur recht und billig. Schließlich verdienst du jetzt eigenes Geld, da kannst du ruhig etwas für solche Vergnügungen beisteuern.«

»Ja, das sehe ich ein. Ich spare jetzt übrigens für den Motorroller-Führerschein. Aber das verrate mal lieber nicht.«

Frieda seufzte. »Die Gefahr besteht wohl kaum. Schließlich sehe ich deine Mutter ja so gut wie nie.«

Ilse nickte. Seit dem vermeintlichen Rabattmarken-Diebstahl im letzten Sommer hatte sich das Verhältnis zwischen den Schwägerinnen merklich abgekühlt. Da Laura sich vehement weigerte, Friedas Arbeitstage je wieder bei ihrer Tante Hedwig zu verbringen, und sogar gedroht hatte auszureißen, kümmerte sich nun eine Nachbarin montags um sie. Hedwig hingegen zeigte sich empört, dass das Vergehen ihrer Nichte ohne Konsequenzen blieb, sie sogar als Dreikäsehoch ihren Willen durchsetzen durfte und beschränkte fortan den Kontakt zu Frieda auf das gerade noch anstandsgebotene Mindestmaß in Form von Kaffeekränzchen an Geburtstagen, Ostern und Weihnachten. Friedas Grüße, die Ilse regelmäßig ausrichtete, quittierte sie mit einem kurzen Nicken, ließ sie aber ansonsten unerwidert.

»Es tut mir sehr leid, Tante Frieda«, meinte Ilse bedrückt.

Frieda umarmte ihre Nichte kurz. »Zerbrich dir deswegen nicht den Kopf. Das müssen deine Mutter und ich untereinander ausmachen und hat dich nicht zu belasten.« Und mit einem Augenzwinkern: »Überlege du lieber, wie du das Geld für deine Reisen und den Motorroller-Führerschein zusammenbekommst. So, genug geplaudert. Nun schauen wir, dass wir vorankommen, bevor Frau Hartlieb Anlass zur Rüge findet. Die Konservendosen dort drüben müssen neu gestapelt werden. Das könntest du erledigen. Ich nehme mir die Kartons auf dieser Seite vor.«

Während Ilse die Konservendosen ordnete und zählte, brauste sie in Gedanken auf dem Motorroller durch die Stadt. Ganz wie Audrey Hepburn, die sie neulich gemeinsam mit Jette in ›Ein Herz und eine Krone‹ im Kino bewundert hatte.

1956

Ilse lag bäuchlings auf ihrem Bett und blätterte in der neuen ›Brigitte‹[18].

Das weitschwingende Sommerkleid mit den angeschnittenen Schultern wäre die perfekte Urlaubsgarderobe, dem Schnittmuster nach schien es nicht einmal zu kompliziert zu schneidern. Und die Caprihose musste mit! Hier durfte sie sie nie tragen, sich zumindest nicht darin erwischen lassen. Als ›skandalös‹ von ihrer Mutter verurteilt, wurde sie vom Vater natürlich sofort verboten. Egal, wie viele andere Mädchen man darin sah. Seine Tochter würde keinesfalls derart unschicklich herumlaufen.

Ilse fügte sich. Manchmal jedoch kleidete sie sich heimlich bei Jette um, wenn deren Mutter nicht daheim war. Ihre Freundin eilte dann die Treppen voraus und achtete darauf, dass Ilse unentdeckt mit ihr das Haus verlassen konnte. Hinterher bekam sie Magenkrämpfe vor Aufregung. Aber die waren es wert, wenn sie gertenschlank mit wippendem Pferdeschwanz bewundernde Blicke auf sich zog. Vor allem von Fred, dem gutaussehenden sportlichen Schlosser, für den alle Mädchen der Evangelischen Jugend schwärmten, und der seit ihrem siebzehnten Geburtstag in diesem Mai nur Augen für sie hatte.

Nach langem Bitten und Betteln hatten sich ihre Eltern endlich einverstanden erklärt und die Reise zu ihrer Brieffreundin Betje nach Groningen erlaubt. Zwei Jahre waren seit ihrem letzten Besuch vergangen. Vergangenen Sommer wanderte sie mit der Jugendgruppe durch den Bayerischen Wald, doch dieses Jahr wollte sie unbedingt wieder nach Holland. Es hatte sie viel Überzeugungsarbeit gekostet,

---

[18] Die erste ›Brigitte‹ erschien im Mai 1954.

schließlich war das Berufsschulzeugnis eher mittelmäßig ausgefallen und verdiente keine Belohnung. Allerdings konnte sie sehr gute Beurteilungen ihrer praktischen Leistungen in der Schreiber-Zentrale vorweisen. Die waren wohl ausschlaggebend, sodass ihr Vater sein Einverständnis gab und sogar die Übernahme der Reisekosten zusagte. Selbst Hedwig staunte über solche Großzügigkeit.

Ilse vermutete einen Zusammenhang mit der am 1. Juli diesen Jahres erfolgten Beförderung ihres Vaters zum chemischen Fachwerker und der damit einhergegangenen Lohnerhöhung.

Ein heftiger Hustenanfall aus der Küche unterbrach ihre Urlaubsträume. Rasch holte sie den Zerstäuber aus dem Bad und eilte zu ihrer Mutter.

»Hier Mutti, die Medizin zum Inhalieren.«

»Es geht schon wieder«, keuchte Hedwig, drückte aber fest den Gummiball, pumpte eine Dosis des theophyllinhaltigen Medikaments in den Mund und atmete tief ein. Kurz darauf legte sich das Japsen, das pfeifende Atemgeräusch ließ nach, und ihre Züge entspannten sich.

»Soll ich dir einen Brustwickel vorbereiten?«, fragte Ilse besorgt. Bei akuten Anfällen hatte der Arzt heiße Wickel mit schwarzem Senfmehl empfohlen, die um den Brustkorb gelegt wurden.

»Nein, lass mal.« Hedwig strich sich erschöpft die Haare von der feuchten Stirn. »Das neue Mittel wirkt sehr gut. Viel besser als das Zeug, das ich die ganze Zeit inhalieren musste.«

Mit leichtem Grausen erinnerte sich Ilse an die bisherige Mixtur, die in der Apotheke angerührt wurde. Ihre Mutter, die seit einiger Zeit unter Asthma litt, musste einen Teelöffel davon anzünden und den beißenden Qualm, der durch die halbe Wohnung drang, inhalieren.[19]

---

[19] In den 50er Jahren wurde Asthma mit Theophyllin, häufig aber auch mit einer zu inhalierenden Mischung aus Stechapfelblättern, Salbeiblättern, Kampfer-Benzoe-Tinktur und Salpeter behandelt.

»Geht das wieder weg?«

Hedwig hob resigniert die Schultern. »Eher nicht. Der Arzt meint, das bleibt jetzt.«

»Kann man denn gar nichts dagegen tun?«

»Doch, die Medizin nehmen und ab und zu ein paar Tage Seeluft oder in die Berge.« Und mit einem mahnenden Blick zu Ilse, »außerdem Aufregung und Kummer vermeiden.«

Ilse zuckte zusammen. Hoffentlich hatte ihre Mutter nicht von den gestohlenen Stunden mit Fred oder den heimlich gerauchten Zigaretten erfahren. Sie nahm sich vor, künftig noch vorsichtiger und verschwiegener zu sein. Keinesfalls wollte sie der Grund für Hedwigs Leiden sein oder sie enttäuschen. Wie immer, wenn sie sich im Zwiespalt befand, ängstigte oder große Aufregung verspürte, zog sich ihr Magen schmerzhaft zusammen. Herrje, was tat sie denn Schlimmes, außer ein bisschen Freiheit zu schnuppern und damit die gelegentlich in ihrer Erinnerung aufblitzenden Schreckensfetzen an Not und Dunkelheit aus Kindertagen ins Vergessen zu schicken, so wie man es ihr geraten hatte.

Hedwig spürte das Unbehagen ihrer Tochter. Sie ahnte schon länger, dass ihr dieser junge Bursche mit den feurigen Augen und der albernen dunklen Tolle nicht gleichgültig war und hatte sich diskret über ihn erkundigt. Fleißig und zielstrebig sei er, so hieß es. Gewitzt und charmant. Ein Aniliner. Hatte eine Schlosserlehre in der BASF[20] absolviert und war seit April dort fest angestellt.

Allerdings stammte er nicht aus guter Familie. Er war wohl mit seiner Tante und einem jüngeren Bruder vor den Russen aus Schlesien geflüchtet. Über die Eltern wusste man nichts, nur, dass sie tot waren. Der Bruder lebte in einem Heim in Bayern, war behindert, die Tante kürzlich auch verstorben. Mit seinen achtzehn Jahren war dieser Fred ganz

---

[20] Ab Neugründung 1952 trug der Ludwigshafener Standort der I.G. Farben wieder den Namen BASF AG (heute BASF SE).

auf sich gestellt. Man sagte ihm nach, dass er bei aller Tüchtigkeit vor allem den Sport und die Mädchen im Kopf habe. Kein Wunder, so ganz ohne elterlichen Halt. Ihre Tochter hatte ihn wohl über die Evangelische Jugend kennengelernt.

Obwohl er anscheinend einen ordentlichen Beruf ausübte, war er schlichtweg kein passender Umgang für Ilse. Diese Ansicht teilte auch Wilhelm. Deshalb hatten sie ihr die Reise nach Groningen gestattet. Nach eingehender Überlegung waren sie zu dem Schluss gekommen, dass etwas Abstand von dem jungen Mann angeraten sei und ihre Tochter durch diesen kleinen Schachzug auf andere Gedanken käme.

Ein Irrtum.

* * *

»Du stocherst im Essen!« Hedwig betrachtete missbilligend das fast unberührte Häufchen Geflügelleber mit Zwiebeln und Äpfeln auf Ilses Teller.

»Ich kann nicht mehr«, stöhnte Ilse, aus ihren Urlaubserinnerungen herausgerissen. Wie hatte sie die Tage mit Betje und ihren Freunden am Meer genossen. Zarte Sonnenbräune und freche Sommersprossen zeugten von ausgelassenen Stunden am Strand. Ein paar Tage Freiheit blieben, dann begann ihr letztes Lehrjahr.

»Die Bratkartoffeln habe ich aufgegessen. Willst du meine Reste?«, fragte sie hoffnungsvoll ihren Vater, der kopfschüttelnd abwehrte.

»Ich habe genug. Iss selbst auf.«

»Na, gib schon her«, erbarmte sich Hedwig. »Probiere wenigstens vom Nachtisch. Ich habe eine ›Kalte Schnauze‹ im Kühlschrank.«

Erleichtert überließ Ilse den Teller ihrer Mutter. Sie hasste Geflügelleber. Da halfen weder Äpfel noch Zwiebeln. Dann lieber eine Portion ›Kalte Schnauze‹, für die abwechselnd Kekse und eine Creme aus geschmolzenem Kokosfett, Eiern, Kakao, Puderzucker und Rum in eine ausgelegte

Kuchenform geschichtet und nach ausreichender Kühlzeit auf eine Platte gestürzt und in Scheiben geschnitten wurden.

Hedwig zeigte sich erst zufrieden, als Ilse zwei Stückchen gegessen hatte. Mit frisch gewaschenen Händen betrachteten sie anschließend die Urlaubsbilder, die Ilse ihnen stolz präsentierte.

»Das ist Betje, und hier seht ihr sie mit ihrer besten Freundin Anika. Wir haben viel Zeit miteinander verbracht. Das Haus im Hintergrund ist ihr Elternhaus. Es hat einen wunderschönen Garten mit vielen Blumen und Obstbäumen.«

»Wo sind denn die Eltern?«

Ilse blätterte durch den Fotostapel. »Schade, von denen habe ich kein Bild. Aber ich war ja auch meistens mit Betje unterwegs.«

»Und dieser junge Mann hier?«

»Das ist Betjes Freund Albert. Die beiden werden bald heiraten.«

»Heiraten? Sind die nicht ein bisschen jung dafür?« Die Eltern betrachteten das junge Paar genauer. »Hm. Er hat das Zeug zu einem Herzensbrecher«, stellte Wilhelm fest.

»Aber nein! Sie kennen sich schon seit Kindertagen.«

»Trotzdem.« Hedwig wiegte ungläubig den Kopf. »Wovon will er denn in diesem Alter eine Familie ernähren?«

»Ich glaube, das schaffen die zwei leicht. Albert ist Mechaniker und arbeitet in einer Autowerkstatt, Betje legt nächstes Jahr ihr Examen als Krankenschwester ab. Sie werden im Haus von Alberts Eltern leben, da ist viel Platz.« Sie holte ein weiteres Bild hervor. »Schaut mal, hier spielt er Trompete. Das ist bei einem Konzert, bei einer Jazzparade.« Ilse deutete auf eine Fotografie, die den dunkelhaarigen jungen Mann mit seinen freundlichen Grübchen im Lausbubenlächeln, zuvor in ordentlich gebügeltem karierten Hemd und Freizeithosen, nun in wilder Positur mit zerzauster Frisur, offensichtlich in unbändigem Spiel versunken, zeigte. »Er fährt einen Käfer, mit dem haben wir einen Ausflug nach

Wangerooge gemacht. Da müssen wir unbedingt einmal hin, Mutti, das wird dir guttun«, fuhr Ilse eifrig fort und übersah geflissentlich die zweifelnden Blicke, die sich Hedwig und Wilhelm angesichts des Jazztrompeters zuwarfen.

»War das nicht sehr weit?«

»Eigentlich nicht. Wir haben ungefähr zwei Stunden bis zur Fähre gebraucht. Die Überfahrt dauerte nicht einmal eine halbe Stunde. Anschließend ging es mit einer kleinen Bahn zum Inseldorf. Dort haben wir übernachtet und sind am nächsten Tag nach Groningen zurückgekehrt. Betje hatte das alles im Vorfeld organisiert.«

»Und wer war da alles dabei?«, fragte Wilhelm hellhörig.

»Betje, Albert, Anika und ich. Jetzt schau nicht so besorgt, Vati. Das ist dort ganz ähnlich wie in Westerland. Du kennst das doch. Ein Schlafraum für Mädchen, ein anderer für Jungen. Geleitet wird das Haus von Herbergseltern der Kirchengemeinde.«

Dass diese, gleichzeitig mit Betje verwandt, während ihres Aufenthalts gar nicht dort waren und Betje vertrauensvoll den Schlüssel überlassen hatten, mussten ihre misstrauischen Eltern nicht wissen.

»Schaut mal, hier bin ich mit Anika am Strand. Betje hat uns fotografiert. Ist das nicht lustig?« Die Aufnahme zeigte Anika im schwarzen und Ilse im weißen Badeanzug. Geradezu synchron hatten beide das linke Bein elegant leicht seitlich positioniert und die Köpfe im gleichen Winkel gesenkt, um konzentriert in eine Kamera zu blicken, die sie unterhalb des Brustkorbs hielten.

»Was schaut ihr denn so angestrengt?«

»Wir schauen auf die Mattscheibe. Da muss man aufpassen, damit man den richtigen Winkel erwischt und das Bild nicht verwackelt.« Ilse geriet ins Schwärmen. »Die Kamera, die ich halte, gehört Albert. Es ist eine Rolleicord. Man kann richtig gute Bilder damit machen. Die ganzen Aufnahmen, die ich euch gezeigt habe, stammen von ihr. Toll, nicht wahr?«

»Beeindruckend, das muss man sagen«, stimmte Wilhelm zu. »Erstaunlich scharf, wenn man die mit unseren Bildern von früher vergleicht.«

Hedwig nickte. »Man kann tatsächlich alle Details erkennen. Sogar die einzelnen Grashalme da hinten. Das scheint dort wirklich hübsch zu sein. Was meinst du, Wilhelm?«

»Hmm.« Die Qualität der Aufnahmen faszinierte ihn. »Ganz schön. Aber für mich sehen diese Inseln alle gleich aus. Sand, Gras und Wasser. Wenn ihr unbedingt ans Meer wollt, fahren wir nächstes Jahr wieder nach Westerland.«

»Wir werden sehen«, wiegelte Hedwig ab. »Schließlich haben wir keinen Goldesel. Im Winter geht es erst einmal nach Breitnau. Die gute Luft dort wird uns allen guttun. Vielleicht bekommst du dann endlich wieder ordentlich Appetit. In diesem Badeanzug siehst du rappeldürr aus.«

Im Jahr zuvor hatte die BASF ein neues Erholungsheim eröffnet, damit gesundheitlich angeschlagene Mitarbeiter in den Genuss heilsamer Spaziergänge in der sauberen Luft des Hochschwarzwalds, Kneipp-Anwendungen und gesunden Essens kämen[21]. Ilse hoffte, dass die Luftveränderung sowohl ihres Vaters anhaltende Schwermut als auch das Asthma ihrer Mutter erleichterte.

»Ja, das wird bestimmt schön. Wobei ich mir Schnee gerade gar nicht vorstellen kann.« Ilse ignorierte Hedwigs missbilligende Anspielung auf ihre sorgsam gepflegte Audrey Hepburn-Figur und lachte. »Ich ziehe mich schnell um, Jette wird sicher gleich kommen. Wir wollen ein bisschen in den Ebertpark, dort ist heute Tanz an der Konzertmuschel.«

»Ach, finden da wieder Veranstaltungen statt? Wie schön. Kommen denn noch andere mit?«, fragte Hedwig beiläufig.

»Nein, wir gehen allein. Haben uns viel von unseren Ferien zu erzählen. Zum Abendbrot bin ich zurück.«

---

[21] Das ›Haus Breitnau‹ wird auch heute noch als Erholungshotel für Aniliner genutzt.

Einige Minuten später betrachteten Hedwig und Wilhelm ein zweites Mal die Bilder. »Diese Kamera scheint wirklich gut zu sein«, bemerkte Wilhelm erneut beeindruckt.

»Ilse ist jedenfalls ganz begeistert davon«, stellte Hedwig fest. »Wir sollten uns erkundigen, was solch ein Apparat kostet[22]. Wäre das nicht eine schöne Überraschung für sie zum Abschluss ihrer Lehre nächstes Jahr?«

»Da müssen wir ziemlich sparen. Keine Extrawürste zwischendurch. Wenn Ilse sich wieder irgendwelche Wochenendreisen in den Kopf setzt, muss sie sie selbst zahlen.«

»Hmm.« Hedwig verweilte einen Augenblick bei den Fotos von Betje und ihrem Freund Albert. »Hoffentlich kommt Ilse nicht plötzlich auf die Idee, demnächst heiraten zu wollen.«

»Wie kommst du denn auf solche Gedanken?«, fragte Wilhelm erstaunt.

»Na, wegen ihrer holländischen Freundin. Die scheint bereits sehr erwachsen zu sein. Findest du nicht?«

»Jetzt mach mal die Pferde nicht scheu. Ilse denkt doch nicht ans Heiraten! Die hat Tanzvergnügen und Reisen im Kopf, die will noch lange keine Familie gründen. Außerdem haben wir da auch ein Wörtchen mitzureden, schließlich ist sie gerade mal siebzehn!«

»Dein Wort in Gottes Ohr. Ich bete, dass sie keine Dummheiten macht.«

Tatsächlich dachte Ilse nicht einmal im Traum an Ehemann und Kinder. Sie wollte Geld verdienen, die Welt sehen, das Leben genießen. Mit der Evangelischen Jugend der Apostelkirche verbrachte sie heitere Stunden, liebte die Ausflüge in den Pfälzer Wald, die Tanzveranstaltungen, die Ausgelassenheit. Sie erfuhr Anerkennung in ihrer Lehre, wurde selbstständiger und war stolz, dass man sie häufig für ihre

---

[22] Damals kostete eine Rolleicord 338 DM, der Durchschnittslohn eines Arbeiters lag bei 380 DM im Monat.

Arbeit lobte. Das wollte sie keinesfalls gegen eine Ehe eintauschen, wie Betje dies plante.

Schon gar nicht mit Fred, der selbst nur sein eigenes Vergnügen im Sinn hatte und sie dazu mit seiner Eifersucht plagte. Vor einigen Wochen hatten sie heftig gestritten. Er wollte ihr allen Ernstes die Reise nach Groningen untersagen. Das fehlte noch, dass sie sich daheim kleine Freiräume erkämpfte, um sich anschließend von ihm einengen zu lassen.

Seit dem Streit hatte sie ihn nicht mehr gesehen, in den Ferien kaum an ihn gedacht. Ob er heute wohl in den Park käme? Im Grunde schmeichelte ihr die Eifersucht des gutaussehenden und vor Energie strotzenden Burschen, um den sie so manches Mädchen beneidete. Und tanzen konnte er. Das musste man ihm lassen.

Teil 3

Brautglocken sind der Freundschaft Sterbeglocken.

Paul Johann Ludwig von Heyse,
deutscher Romanist,
Novellist und Übersetzer,
Nobelpreisträger für Literatur 1910

März und April 1959

Auf bleischweren Beinen schleppte sich Ilse nach Hause. Wieso strengte sie die neue Arbeit derart an? Sie mochte sie sehr, fühlte sich ernst genommen, sogar wichtig. Genau das, wonach sie strebte. Im Büro war sie nicht das junge Mädchen, das Ermahnungen, Aufsicht, Schutz benötigte, hier wirkte sie eigenständig im ihr zugewiesenen Verantwortungsbereich.

Nach Abschluss ihrer Lehre im Juli 1957 hatte man sie als Kontoristin übernommen. Doch die Arbeit war eintönig und Ilse schnell gelangweilt. Tagaus, tagein Telefonzentrale, Portobuch und Postverteilung. Welch ein Glück, dass sie zufällig von der freien Position einer Verwaltungsangestellten erfuhr.

Und so verließ sie die ›Johann Schreiber & Co.‹ und wechselte am 1. Februar 1959 zum Evangelischen Gemeindedienst. Momentan kümmerte sie sich vor allem um den Schriftwechsel des Evangelischen Hilfswerks und arbeitete sich mit Unterstützung ihrer erfahrenen Kollegin in Abrechnung und Karteiführung ein. Geplant war außerdem, dass sie später bei Bedarf als Betreuerin in der Erholungsfürsorge mitwirkte und Kindergruppen zu Aufenthalten in die verschiedenen Erholungsheime begleitete. Nicht zuletzt die Aussicht auf diese gelegentlichen Reisen, unter anderem nach Westerland, lockte sie, obschon der Stellenwechsel einige Überzeugungsarbeit bei den Eltern gekostet hatte. Die wollten, bei allen Bedenken, ihrem Glück letztlich nicht im Wege stehen und stimmten zu.

Gähnend schloss sie die Tür auf und schreckte entsetzt zurück. Kohlgeruch kroch unter der geschlossenen Küchentür hindurch, waberte den Flur entlang und eroberte in unsichtbaren Schwaden die Wohnung.

Prompt rebellierte ihr Magen gegen die unangenehme Geruchsattacke, krampfte protestierend und löste einen Würgereflex aus. Indem sie ganz langsam ausatmete, gelang es ihr mühsam, die Übelkeit zu besänftigen. Murmelnde Stimmen und gedämpftes Besteckgeklapper verrieten ihr, dass die Eltern die Mahlzeit bereits begonnen, sie aber anscheinend noch nicht gehört hatten.

Einen Moment überlegte sie, ob ihr unbemerkt die Flucht gelingen könne, als plötzlich Hedwigs Kopf in der Tür erschien.

»Da bist du ja! Was stehst du denn herum? Komm rein, das Essen wartet auf dem Tisch. Dein Vater hat schon angefangen, er muss gleich los zur Schicht.«

Ilse gab sich einen Ruck, küsste ihre Mutter auf die Wange und drehte sich rasch wieder um. »Tut mir leid Mutti, ich wollte nur kurz Bescheid geben, damit du nicht auf mich wartest. Ich muss wieder zurück ins Büro, bin mit den Abrechnungen nicht fertig geworden.«

»Kind, dass dir das alles mal nicht zu viel wird.« Hedwig seufzte. »Na dann lauf. Die Arbeit geht vor. Ich stelle dir das Essen warm. Und komm nicht so spät.«

Hedwig nahm kopfschüttelnd wieder Platz. »Jetzt hat sie nicht einmal mehr Zeit zum Abendessen. Ganz blass ist sie.«

»Du könntest um ein Gespräch mit dem Dekan bitten, wenn du glaubst, dass sie Ilse zu viel Arbeit auftragen«, schlug Wilhelm zwischen zwei Bissen vor. »Andererseits ist sie halt neu und muss sich erst einmal beweisen.«

Hedwig rührte in ihrem Teller und dachte nach. »Vielleicht ist das einfach nichts für sie. Sie muss da sehr selbstständig sein, wenn ich es richtig verstanden habe. Und Ilse ist nun einmal ein junges Ding, das gründliche Anleitung braucht. Du siehst ja, wohin so etwas führt. Sie hat ihre Arbeit von heute nicht geschafft und muss nun wer weiß wie lange dortbleiben.«

»Dann rede mit ihr. Wenn sie der Arbeit nicht gewachsen ist, dann soll sie eine andere machen. In den Schreiber-Läden hatte sie sich meines Wissens gut angestellt. So etwas lässt sich bestimmt finden. Ist noch etwas von der Wurst im Topf?«

»Sie wollte unbedingt ins Büro, vergiss das nicht«, wandte Hedwig ein und schöpfte ein paar Stückchen der herzhaften Mettwurst auf Wilhelms Teller.

»Mag sein. Aber was man will und was man kann, ist zweierlei. Außerdem: Hast du denn immer nur getan, was du wolltest?«

Erstaunt schaute Hedwig auf. »Was ist denn das für eine komische Frage? Über solchen Unfug habe ich in meinem ganzen Leben nicht nachgedacht. Man tut, was zu tun ist und fertig.«

Eine Weile war jeder mit seinem Essen beschäftigt. Schließlich erklärte Hedwig: »Also gut, du redest mit Ilse. Sag ihr, dass das so nicht geht. Man muss seine Arbeit in der vorgeschriebenen Zeit erledigen. Wenn sie das nicht kann, dann soll sie etwas anderes machen. Ist ja schließlich keine Schande. Und ich erkundige mich anschließend bei Frau Meier, ob sie jemanden in ihrem Laden braucht. Sie kennt Ilse von klein auf und weiß, dass sie anständig ist und sich benehmen kann.«

»Meinetwegen. Am Sonntag habe ich frei. Da rede ich mit ihr.«

Hedwig war erleichtert. »Weißt du, Wilhelm, wir sind einfache Leute. Du, ich und Ilse. Dafür braucht man sich nicht zu schämen. Vielleicht hat ihr bei diesen ganzen Reisen und Brieffreundschaften jemand den Floh ins Ohr gesetzt, sie müsse etwas Besseres sein. Das tut ihr gar nicht gut. Wenn sie diese ganze Verantwortung erst einmal los ist, wird sie sich bestimmt wohler fühlen und froh darüber sein.«

Ilse ahnte nichts von den Überlegungen ihrer Eltern. Nachdem sie so überstürzt weggelaufen war, verharrte sie einen Moment im Hof.

Sie hatte ein schlechtes Gewissen. Was war in sie gefahren? Natürlich gab es immer etwas zu tun und nie war alles erledigt. Aus jedem Schriftstück, das sie schrieb, ergaben sich weitere Arbeitsschritte. Kam die Unterschriftenmappe zurück, dann mussten die Briefe kuvertiert und verschickt, Durchschläge in die Terminvorlage einsortiert oder als ›erledigt‹ abgelegt werden. Auf Telefonnotizen folgten Anweisungen, zu manchen Abrechnungen gab es Rückfragen, Karteikarten waren zu aktualisieren und vieles mehr. Sofern man Termine und Fristen im Blick behielt, ließ sich das im Grunde gut bewältigen.

Ihre Mutter konnte das nicht wissen, weswegen sie ihr zweifellos die Behauptung abgenommen hatte, sie müsse noch einiges an diesem Abend fertigstellen. Was nichts daran änderte, dass es sich um eine Lüge handelte, derer Ilse sich schämte. Wohin nun? Ihrem ersten Impuls, schnurstracks zu Fred zu laufen, der in der Nähe ein recht behagliches Zimmer bewohnte, widerstand sie. Sie musste nachdenken und entschied sich fürs Büro. Dort würde sie um diese Zeit Ruhe finden.

Kaum hatte sie aufgeschlossen, stellte sie überrascht fest, dass aus dem Zimmer der Fürsorgerin Licht drang. Neugierig schaute die ins Vorzimmer. »Fräulein Oehler, Sie sind es! Haben Sie mich erschreckt. Was treibt Sie denn nach Ihrem wohlverdienten Feierabend hierher?«

»Frau Rasche! Oh je, das tut mir leid, ich wollte Sie nicht erschrecken.« Geistesgegenwärtig blickte sich Ilse suchend um. »Ja, ich bin noch einmal zurückgekommen. Ich war mir nicht sicher, ob hier noch ein Brief liegt, den ich einwerfen muss. Aber alles in Ordnung, hier ist nichts. Dann gehe ich mal wieder.« Ilse strahlte die Fürsorgerin scheinbar erleichtert an. »Bis morgen!«

»Wie aufmerksam von Ihnen, Fräulein Oehler. Sie sind wirklich ein Glücksgriff für uns. Jetzt schnell nach Hause, bestimmt wartet Ihre Mutter mit dem Essen. Schönen Abend!«

Freundlich winkend eilte Ilse davon. Nun müsste sie doch nach Hause und dort zu allem Überfluss die völlig unberechtigte Sorge ihrer Mutter ertragen. Sicherlich würde die darauf bestehen, dass sie von dem Eintopf aß und über Ilses viel zu lange Arbeitstage lamentieren. Gewiss wunderte sie sich, dass Ilse trotz der angeblich dringenden Erledigungen so schnell wieder zurückkehrte, was eine weitere Lüge erforderte. Sie wappnete sich innerlich gegen ein garantiert erneut auftretendes Unwohlsein, das sich bereits beim Gedanken an den Kohlgeruch ankündigte. Mit den Tränen kämpfend erreichte sie ihr Zuhause und winkte Wilhelm zu, der gerade um die Ecke bog, auf seinem Weg zum Spätdienst. Nachdenklich sah sie ihm hinterher. Sie konnte sich nicht erinnern, dass er jemals geklagt oder gejammert hatte. Ging es ihm schlecht, schwieg er einfach und wurde taktvoll in Ruhe gelassen. Zuverlässig, ähnlich einer regelmäßig gewarteten Maschine, schien er zu funktionieren. Wie ihre Mutter, die, von einem unsichtbaren Räderwerk angetrieben, in stets gleichbleibender Gründlichkeit ihr Tagwerk erledigte. Kümmerte sich um Mann und Tochter, um den Haushalt, um die Näharbeiten. Behielt stets die Übersicht, war wunschlos, energisch und geradeaus, nahm sich selbst nicht wichtig.

Und sie? Zweifelte an allem und jedem, insbesondere an sich selbst, war unruhig, träumte von Freiheit und befolgte dabei stets, was man von ihr erwartete. Ergriff planlos die Flucht, weil es nach Kohl roch, kehrte reumütig zurück, weil sie nicht wusste, was sie sonst tun sollte. Wie konnte man sich derart kindisch benehmen? Wenn wenigstens diese ständige Übelkeit nicht wäre. Sie schluckte den Kloß hinunter.

»Hallo, Mutti! Ich bin wieder da!«

Inmitten der Morgentoilette schüttelte sie sich vor plötzlichem Ekel. Der Augenbrauenstift rutschte ab, hinterließ eine gezackte Linie zur Schläfe. Mit beiden Händen suchte Ilse Halt am Waschbeckenrand, da bahnte sich schon der

Kohleintopf vom Vorabend seinen Weg nach oben, durch die Kehle hinaus ins Freie. Sie fühlte sich hundeelend, beseitigte die hässlichen Spuren ihres Würgeanfalls, gurgelte mit Mundwasser, korrigierte die verunstaltete Augenbraue, verzichtete auf Wimperntusche und bemühte sich um eine aufrechte Haltung.

In der Küche erwartete sie Hedwig mit prüfendem Blick und einer großen Tasse dampfenden Kamillentees. Beim Anblick der Scheibe Brot, großzügig mit Butter und Marmelade bestrichen, stieg die Übelkeit ein zweites Mal in ihr auf.

Sie eilte erneut ins Bad, entledigte sich umgehend des letzten Restes ihres Mageninhalts und schleppte sich zurück zu ihrer Mutter, die wie versteinert am selben Fleck stand.

»Geht wieder«, kam Ilse der Frage nach ihrem Befinden zuvor. »Da habe ich wohl etwas Falsches gegessen.« Mit leichtem Widerwillen schob sie den Teller von sich und nippte am Tee.

Hedwig nahm schweigend gegenüber Platz, betrachtete sie mit ernstem Gesicht.

Diesen Gesichtsausdruck kannte Ilse und wappnete sich innerlich gegen die nun folgenden Vorhaltungen. Sie kannte sie alle: Sie aß zu wenig, schlief zu wenig, rauchte zu viel. Statt mit ihren Freunden in schlecht belüfteten Räumen zu tanzen solle sie besser mit den Eltern an der frischen Luft spazieren gehen. Und so weiter. Doch die Predigt blieb aus. Es kam weitaus schlimmer.

»Hast du mir etwas zu sagen?«, fragte die Mutter mit leiser Stimme.

»Nein, alles in Ordnung. Mir war nur ein bisschen schlecht.« Ilse schob den Teller endgültig von sich und wollte aufstehen. »Ich mache mich mal fertig.«

»Du bleibst sitzen.« Die Stimme ihrer Mutter nahm einen scharfen Unterton an. »Meinst du, ich kenne diese Anzeichen nicht?«

Ilse schaute entgeistert. »Welche Anzeichen? Meine

Güte, man kann sich doch einmal unwohl fühlen!«

»Jeden Morgen?«

»Nein, nicht jeden Morgen, nur manchmal. Außerdem war mir schon gestern Abend übel. Ich gehe nachher zur Apotheke und besorge etwas Magnesium. Dann geht das bestimmt schnell vorbei. Mutti, ich muss jetzt wirklich los.«

»Ich glaube nicht, dass das so schnell vorbei geht. Das wird dich die nächsten Monate begleiten. So, du machst dich jetzt fertig und kommst mit mir! Wir gehen zu Doktor Breuer. Auf dem Weg dahin geben wir deiner Kollegin Bescheid, dass du heute nicht arbeiten kannst.« Sie schaute zur Küchenuhr. »Dein Vater kommt bald von der Nachtschicht. Wenn er sich ausgeruht hat, setzen wir uns alle zusammen. Ihn wird der Schlag treffen.«

»Was redest du denn da?!«

»Also Ilse, jetzt ist wirklich Schluss.« Hedwig wurde hörbar ungehalten. »Hör auf, mir hier länger Theater vorzuspielen. Entweder wird der Herr Doktor eine Blinddarmentzündung feststellen, was ich nicht glaube, oder er wird uns sagen, wann mit dem Kind zu rechnen ist. Los jetzt, wir haben keine Zeit zu verlieren!«

»Mutti!« Ilse war entsetzt. »Das kann nicht dein Ernst sein. Ich … äh … ich … habe nichts getan!« Unmöglich. Fred hatte versprochen aufzupassen. Nein, es konnte, es durfte nicht sein.

»Das wird sich zeigen. Von nichts kommt ja bekanntlich nichts.« Hedwig verlor endgültig die Geduld und zog ihre widerstrebende Tochter vom Stuhl. »Ich bin nicht blind. Oder dachtest du, deine regelmäßige frühmorgendliche Qual bleibt mir verborgen? Seit Tagen diese Übelkeit, die Blässe, die dunklen Augenringe, die ausbleibenden Monatshöschen im Wäschekorb, der unveränderte Camelia-Zellstoffbinden-Bestand. Ich habe vorhin extra nachgezählt. Nein, kein Zweifel. Über deine Leichtfertigkeit reden wir später. Zunächst verschaffen wir uns Klarheit darüber, wie viel Zeit zum Handeln bleibt.«

Ilse brachte kein Wort heraus, sie fügte sich bestürzt.

Einige Stunden später stand Ilse vor Freds Tür. Dahinter tönte unverkennbar sein Lieblingslied. Auf ihr Läuten hin hüllte sie Sekunden später Fred Bertelmanns kicherndes Säuseln ›Meine Welt ist bunt! Ha-Ha-Ha-Ha-Ha‹ ein. Wie sie diesen lachenden Vagabunden[23] hasste.

»Billy! Was machst du denn hier? Waren wir verabredet und ich habe es vergessen?« Verdutzt musterte Fred Ilses verquollenes Gesicht. »Na, komm, das war bestimmt keine böse Absicht. Hast du etwa geweint?« Sein Erstaunen wuchs, als er durch die matte Scheibe der Haustür, drei Treppenstufen unterhalb seiner kleinen Wohnung, Hedwigs Statur erkannte. »Träume ich oder steht da draußen deine Mutter?«

»Nicht nur meine Mutter«, flüsterte Ilse mit gesenktem Kopf. »Mein Vater ist auch dabei.« Sie straffte sich. »Ich muss mit dir reden. Die beiden kommen in ein paar Minuten rauf. Mach bitte diese fürchterliche Musik aus. Und nenne mich nachher bloß nicht Billy!«

»Um Himmels willen, das klingt ja nach einer regelrechten Katastrophe.« Fred wechselte die Schallplatte und ließ Freddy Quinns Seemannslied von der Gitarre und dem Meer erklingen. Seit einem gemeinsamen Kinobesuch vor einigen Wochen schwärmte Billy von dem rührseligen Stück im Beguine-Rhythmus und träumte sich in ferne Länder. Eigentlich wollte er sie erst in knapp zwei Monaten, an ihrem zwanzigsten Geburtstag, mit der Platte überraschen, doch anscheinend brauchte sie gerade jetzt eine kleine Aufmunterung. Er näherte sich ihr in langsam wiegenden Rumba-Schritten und zog sie an sich. »Nichts wird so heiß gegessen, wie es gekocht wird. Komm, Billy, erzähle mal. Warum stehen deine Eltern vor der Tür?«

Ilse entwand sich seinen Armen und schaute sich um. Das Bett ungemacht, Kleidungsstücke achtlos im Raum verteilt, schmutzige Tassen und Gläser im Spülstein. Hektisch

---

[23]   ›Der   lachende   Vagabund‹,   Lied   von   Fred Bertelmann aus dem Jahr 1957.

sammelte sie die Wäsche zusammen und drückte sie Fred in die Hände. »Ins Bad damit, rasch.«

Das Bettzeug verschwand unter der Tagesdecke. Besser. Für das Geschirr blieb keine Zeit mehr, wenigstens konnten die Stühle ordentlich um den Tisch platziert werden. Schnell noch die Krümelreste vom Tisch fegen.

Fred, zurück aus dem Bad, lehnte am Türrahmen, beobachtete ihr geschäftiges Treiben mit misstrauisch zusammengekniffenen Augen und vor der Brust verschränkten Armen. Schließlich wurde es ihm zu bunt.

»Hör auf damit! Sag endlich, was eigentlich los ist!«

Ilse hielt inne, räusperte sich. »Fred, es ist etwas passiert. Heute Morgen …« Ehe sie ihren Satz beenden und Fred vorwarnen konnte, klopfte es. »Oh Gott, da sind sie schon.« Sie stürzte zur Tür und überließ Fred seiner verwirrten Ahnungslosigkeit.

»Hast du es ihm gesagt?« Hedwig schaute sich prüfend um, dicht gefolgt von Wilhelm, der seinen Hut abnahm und ihn verlegen knetete.

»Wann denn, ihr habt mir ja kaum fünf Minuten Zeit gelassen!«, rief Ilse verzweifelt und entwendete ihrem Vater die malträtierte Kopfbedeckung.

Der brummte: »Du bist selbst schuld an dieser unsäglichen Situation. Ganz unglaublich ist das.«

Fred löste sich aus seiner Erstarrung und erinnerte sich seiner Manieren. »Bitte nehmen Sie erst einmal Platz. Schön, dass wir uns kennenlernen. Obgleich ich zugegebenermaßen etwas überrascht bin.« Er rückte Hedwig den Stuhl zurecht. Mit fragendem Blick zu Ilse, dem Häufchen Elend neben ihrer Mutter, unterbrach er schließlich das laute Schweigen. »Ja?«

»Nun, nachdem unsere Tochter Sie anscheinend noch nicht ins Bild gesetzt hat, müssen wir das wohl tun«, übernahm Hedwig die Führung. »Wilhelm?«

Der suchte nach den richtigen Worten. Dass Ilse ihn in eine solche Situation gebracht hatte, empörte ihn selbst jetzt,

Stunden nach der heftigen Diskussion, aufs Äußerste. Sie hatten alles genau besprochen. Dennoch fühlte er sich hilflos. »Nun ja, es ist so, dass … Ilse hat uns vorhin gestanden, dass …«

»Gestanden? Ich habe gar nichts ›gestanden‹, Vati.«

»Lass diese Haarspalterei«, griff Hedwig energisch ein. »Herr Marquardt, es ist uns bekannt, dass Sie und unsere Tochter seit Längerem ein Paar sind. Allerdings haben wir erst heute erfahren, wie schändlich Sie beide sich verhalten haben. Ich hoffe, dass Sie sich Ihrer Verantwortung bewusst sind.«

Fred schaute unbehaglich in die Runde. Es war ihm nicht klar, worauf das Ganze hinauslief. Von Ilse war anscheinend keine Hilfe zu erwarten, also antwortete er vorsichtig: »Ich habe – offen gestanden – keine Ahnung, was Sie mir Schlimmes vorwerfen. Ja, Bil… Ilse und ich kennen uns schon ziemlich lange. Das wissen Sie doch, Frau Oehler. Wir sind uns ja mehrfach bei Festen der Gemeinde begegnet.«

»Ich spreche nicht von Festen und Tanzveranstaltungen. Ich spreche davon, dass Sie unsere Tochter verführt haben.«

Fred suchte den Augenkontakt zu Ilse, die wie in Trance ins Leere blickte. »Es tut mir leid, wenn wir Ihr Missfallen erregt haben. Wir sind uns sehr nahe, das stimmt. Aber Frau Oehler, Sie waren schließlich auch einmal jung und verliebt. Bitte seien Sie nicht so streng mit uns.«

»Wir haben bei aller Verliebtheit stets den Anstand gewahrt«, echauffierte sich nun Wilhelm. »Waren nicht so liederlich wie Sie. Haben Ihnen denn Ihre Eltern nie erklärt, wo die Grenze zu ziehen ist?«

»Vati!« Ilse erwachte aus ihrer Versunkenheit.

Um Fassung bemüht, entgegnete Fred ruhig: »Mein Vater war Stadtoberinspektor und sehr angesehen, Herr Oehler. Er und meine Mutter sind bereits in den ersten Kriegsjahren verstorben. Sie sind in Liegnitz, meiner alten Heimat, begraben. Ich erinnere mich kaum an sie, bin bei meiner Tante aufgewachsen. Und die hat wahrlich alles für mich getan, was Sie konnte. Die Flucht von Schlesien hierher hat sie viel Kraft gekostet. Dennoch ist es ihr gelungen, meinen Bruder in Bayern unterzubringen und sich bis zum Ende meiner Lehrzeit überaus fürsorglich um mich zu kümmern. Letztes Jahr ist sie gestorben.«

Hedwig entschuldigte sich nach kurzem Schweigen. »Unsere Nerven sind etwas angespannt, das müssen Sie verstehen.«

»Ich verstehe leider überhaupt nichts. Sie scheinen etwas gegen die Verbindung zwischen Ilse und mir zu haben. Das ist bedauerlich.«

»Ob wir Ihre Verbindung gutheißen, spielt keine Rolle mehr. Wir müssen mit Ihnen über Ihre Zukunft sprechen.«

»Über ›meine‹ Zukunft?«

Ilse griff nach Freds Hand. »Ich wollte dir das vorhin sagen. Aber wie denn – in der kurzen Zeit?« Verzweiflung und Zorn mischten sich in ihre Stimme. »Seit heute früh werde ich herumgezerrt. Zum Arzt, zum Pfarrer, zu dir. Den ganzen Tag reden alle auf mich ein. Es tut mir leid, wie das hier läuft.«

Fred war am Ende seiner Geduld. »Alle reden auf dich ein? Jetzt rede endlich einmal mit mir!«

Doch ehe Ilse zu einer Erklärung ansetzen konnte, eröffnete ihm Hedwig mit einem Paukenschlag: »Sie haben meine Tochter verführt, und nun müssen Sie beide die Konsequenzen dieser unglücklichen Begegnung tragen. Ilse wird Ende November oder Anfang Dezember Mutter. Und ich erwarte von Ihnen, dass Sie den Anstand besitzen, sie nicht der Schande zu überlassen.«

Eine Spur Mitgefühl schlich sich in Wilhelm Mimik. Besänftigend legte er seine Hand auf Hedwigs gestikulierende Finger, zwang sie zur Ruhe. Sogleich straffte sie die Schultern, sammelte sich, fuhr dann beherrscht und weniger erregt fort.

Fred saß da wie vom Donner gerührt. Kein weiteres Wort durchdrang den Nebel, der ihn so plötzlich umfing. Lautlos schienen sich ihre Lippen zu bewegen. Kälte rann durch seine Glieder. Billy schwanger. Nach einigen Augenblicken stieß er ruckartig den Stuhl zurück, brachte Hedwig dadurch zum Verstummen, erhob sich mühsam, ließ etwas Wasser in ein Glas laufen, das er im Spülstein fand. Seine ungebetenen Gäste beobachteten ihn argwöhnisch.

»Ich werde Ilse nicht im Stich lassen. Aber ich muss das erst einmal verdauen. Bitte gehen Sie jetzt.«

»Wir haben viel zu besprechen«, begehrte Hedwig auf.

Wilhelm erhob sich, zog Hedwig am Ärmel. »Komm, Hedwig. Lass ihn jetzt erst einmal.« Er nahm seinen Hut, schaute fragend zu Ilse, die wieder zusammengesunken vor sich hin starrte.

Fred legte die Hand auf ihre Schulter. »Ich bringe sie nachher nach Hause. Zunächst müssen wir beide einmal miteinander reden.«

Nur widerwillig ließ Hedwig ihre Tochter zurück. Fred wandte sich zum leise leiernden Plattenspieler, ließ Freddy Quinn nochmals von Liebe und Sehnsucht singen und nahm Ilse in den Arm. »Oh Billy, welch ein Tag!«

* * *

Hektische Betriebsamkeit füllte die nächsten Wochen und ließ dem jungen Paar kaum Zeit zum Träumen, Nachdenken, Zukunftspläne schmieden, obwohl sich Ilse genau danach sehnte. Die Trauung war auf den 29. Mai 1959 festgesetzt, eine Zeremonie in kleinem Kreis in der Apostelkirche. Ohne Geläut, Chor oder Solisten, dafür mit Orgelspiel, darauf bestand Hedwig. Die Auswahl der Stücke blieb dem Organisten vorbehalten.

In Anbetracht der Umstände verbot sich ein weißes Brautkleid von selbst. Ilse würde ein dezent schimmerndes, graues Kleid tragen, hochgeschlossen, mit dreiviertellangen Ärmeln und weit schwingendem, knielangen Rock. Gemeinsam mit Hedwig hatte sie das Modell ausgewählt, ihre

Mutter war bereits mit dem Zuschnitt beschäftigt. Die Hochzeitsgesellschaft, bestehend aus Trauzeugen, Ilses mütterlicher Kollegin im Gemeindedienst und einigen Freunden der Evangelischen Jugend, wollte man daheim mit Kaffee und Kuchen bewirten. Tante Frieda und Onkel Erwin würden dem Gottesdienst beiwohnen, konnten aber zu Hedwigs Erleichterung nicht an der Kaffeegesellschaft teilnehmen. Allerdings hatte Tante Frieda eine Schwarzwälder Kirschtorte, Freds Lieblingskuchen, zugesagt.

Zu erledigen waren dazu etliche Formalitäten, unter anderem musste Ilse vorzeitig als volljährig erklärt werden. Von dauerhafter Übelkeit geplagt, unterstützte sie Hedwig nach Dienstschluss, so gut es ging. Jedoch musste sie schnell feststellen, dass es vernünftiger und weniger kraftraubend war, sich hierbei auf die Ausführung mütterlicher Anweisungen zu beschränken. Hedwig, ganz in ihrem Element, kümmerte sich ohnehin von früh bis spät um sämtliche Details. Ilses Vorschläge kamen demnach meist zu spät oder passten nicht mehr ins Gesamtgefüge. Wilhelm hielt sich aus allem heraus und ertrug den ungewohnten Trubel zähneknirschend, wie Ilse bemerkte. Es tat ihr leid, dass er auf seine lieb gewonnenen Gepflogenheiten verzichten musste. Betrübt und resigniert blickte er auf seinen angestammten Platz, der immer öfter als Ablagefläche für Stoffe oder irgendwelche Dokumente zweckentfremdet wurde. Ilse tröstete ihn, dass er in der Küche bald wieder in Ruhe seine Zeitung lesen könne. »Die ganze Aufregung legt sich, sobald die Hochzeit hinter uns liegt, Vati.«

»Wenn du dich da mal nicht täuschst.«

* * *

Fred musste ebenfalls seine Gewohnheiten ändern: Statt Korbball, Tanzvergnügen oder einem Bier mit Freunden opferte er nahezu seine gesamte Freizeit der Wohnungssuche. Die gestaltete sich schwierig. Auch das Verhältnis zu den Schwiegereltern in spe belastete ihn. In bester Absicht hatte er sie eine Woche nach dem denkwürdigen Abend besucht, um nun offiziell um Ilses Hand anzuhalten und bei einer mitgebrachten Flasche Wein Verlobung zu feiern.

Leider war sein Bestreben nach Versöhnung vergebens. Statt in entspannter Atmosphäre verlief der Abend kühl und distanziert. Zwar ersparte man ihm weitere Vorwürfe, doch spürte er deutlich die Ablehnung seiner Person. Er bedauerte den missglückten Start ins Familienleben und hoffte nun darauf, die Anerkennung und Zuneigung seiner künftigen Schwiegereltern im Lauf der Zeit zu gewinnen.

Die Suche nach einer passenden Unterkunft für seine kleine Familie bereitete ihm ebenfalls Kopfzerbrechen. Als Mitarbeiter der BASF hatte er sich um eine Werkswohnung beworben, leider würde noch lange Zeit vergehen, bis man ihn bei der Vergabe berücksichtigte. Eine bezahlbare private oder gar städtische Wohnung zu ergattern, glich einem Lotteriespiel. Trotz größter Anstrengungen der Stadtverwaltung herrschte angesichts der verheerenden Kriegsschäden allerorten Wohnungsmangel.

Vermutlich müssten sie sich die ersten Monate sein Zimmer teilen. Sein Hausrat war überschaubar, Platz für Ilse und das Baby ließ sich schaffen. Und immerhin verfügte es über eine Küchenzeile und ein eigenes Bad. Die Hauswirtin war einverstanden.

Ilse war zwar nicht begeistert, doch die Zeit drängte, in knapp vier Wochen wären sie verheiratet. Vielleicht fanden sie ja noch vor der Geburt eine andere Unterkunft.

»Das kann nicht dein Ernst sein.« Fred schlug die Hände vors Gesicht. »Deine Eltern können mich nicht ausstehen. Wie soll das funktionieren?«

»Das stimmt doch gar nicht.« Ilse umarmte ihn begütigend. »Es war nur der erste Schreck.«

»Und den Verlobungsabend vor drei Wochen hast du vergessen? Wenn Blicke töten könnten, ich wäre längst begraben!«

»Pure Unsicherheit. Mutti wusste nicht, wie sie mit der Situation umgehen soll. Aber es ist schon viel besser. Sie ist halt in Sorge.«

»Und dein Vater? Der hatte ebenso mörderische Augen wie deine Mutter.«

»Von dem stammt diese Idee sogar. Er will nur das Beste.«

»Jede Wette, der Vorschlag stammt von deiner Mutter. Sie hat deinen Vater vorgeschickt«, stöhnte Fred.

»Und wenn schon. Ist doch egal. Lass uns vernünftig darüber sprechen.«

»Vernünftig? Vernünftig wäre es, diesen Vorschlag sofort abzulehnen. Dass du das überhaupt in Erwägung ziehst! Ausgerechnet du! Hast du mir nicht erst gestern erzählt, wie schwer es für dich jetzt ist bei deinen Eltern? Dass sie dir nicht mehr vertrauen, dir nicht verzeihen können? Mir nicht verzeihen? Wie froh du darüber bist, bald ein eigenes Leben mit eigener Familie zu haben? Ohne deine Mutti, die immer alles weiß und bestimmt, und dies jetzt mehr denn je?«

»Das will ich immer noch!«

»Und warum sollen wir dann bei deinen Eltern leben? Bald zu dritt in einem winzigen Zimmer?«

»Wir leben doch nicht in meinem Zimmer. Dort schlafen wir nur.«

»Eine wunderbare Vorstellung. Kopf an Kopf mit deinen Eltern.«

»Es wäre nicht auf Dauer. Nur, bis wir eine passende Wohnung gefunden haben. Und solange können wir viel Geld sparen.«

»Billy, wir werden auch bei deinen Eltern keine freie Kost und Logis genießen. Warum die Miete nicht meiner Hauswirtin zahlen? Hier wären wir wenigstens ungestört und hätten die Chance auf einen gemeinsamen Start ins Leben. Eine größere Wohnung suchen wir weiterhin.«

»Bei meinen Eltern können wir sehr viel mehr sparen. Ich könnte nämlich meine Arbeit behalten und Mutti würde auf das Baby aufpassen.«

Fred starrte sie einen Moment sprachlos an. »Hast du eben gesagt, du würdest arbeiten?«

»Genau.« Ilse warf herausfordernd den Kopf in den Nacken. »Ich will die Arbeit nicht aufgeben und immer daheim sein.«

»Und warum nicht?«

»Weil ich genau wie du Geld verdienen will. Umso schneller können wir uns etwas gemeinsam aufbauen. Außerdem kann ich nicht einfach eine Hausfrau sein. Ich würde mich langweilen.«

»Zugegeben, ich habe von kleinen Kindern keine Ahnung. Aber soweit ich weiß, haben deren Mütter alle Hände voll zu tun. Ich glaube kaum, dass man sich da langweilt.«

»Aha. Und wie willst du das beurteilen, wenn du dich noch nie tagaus, tagein um Haushalt und Kinderpflege gekümmert hast?«

»Ach, und du weißt es? Das ist ja für dich genauso neu, oder nicht?«

»Ich weiß es eben. Mal ehrlich. Würde dich das denn nicht langweilen?«

»Doch«, gab Fred zu. »Wahrscheinlich ändert sich das mit der Zeit. Herrje, Billy, alle Frauen haben irgendwann Kinder und kümmern sich um das Zuhause. Das ist einfach so.«

»Vielleicht. Aber immerhin sind die nicht alle aus Versehen mit neunzehn Jahren schwanger geworden und müssen ein paar Wochen später überstürzt heiraten. Ich habe gerade erst eine Arbeit gefunden, die mir wirklich Spaß macht, wo man mich braucht. Ich verdiene Geld, kann sparen und mir ab und zu etwas gönnen. Und das soll ich sofort wieder aufgeben? Warum muss eigentlich ich allein alles ausbaden?«

Fred betrachtete Ilse nachdenklich. Ihr leidenschaftlicher Ausbruch überraschte ihn. Doch im Grunde verstand er sie. Er fuhr sich mit der Rechten durchs Haar, drückte mit der

Linken ihren Arm, schnaufte.

»Was spricht dagegen, dass wir hier leben, du bringst das Kind auf dem Weg zur Arbeit deiner Mutter und holst es am Abend wieder ab? Es wäre kein großer Umweg. Wie es dann wird, wenn wir eine größere Wohnung finden, müssen wir sehen. Das wäre ja bestimmt nicht anders, wenn wir bei deinen Eltern wohnten.«

Er registrierte, wie Ilse über seine Erlaubnis zu arbeiten jubilierte[24].

Gegen seine Überzeugung hatte er letztlich nachgegeben und widerwillig dem vorläufigen Zusammenleben mit Wilhelm und Hedwig zugestimmt. Immerhin konnte Ilse dort mit einem nachts schreienden Kind das Zimmer verlassen. In seiner kleinen Wohnung wäre das nicht möglich. Ein schlagendes Argument, schließlich brauchte er seinen Schlaf, um ausgeruht die anstrengende Schichtarbeit zu bewältigen. Trotzdem ahnte er Schwierigkeiten. Er hatte keineswegs die Absicht, sich fortan in alles hineinreden zu lassen. Und Hedwigs dominantes Wesen führte garantiert zu Problemen.

»Du musst mir eines versprechen, Billy. Wenn es nicht funktioniert, ziehen wir sofort aus. Egal, wohin. Und sage hinterher nicht, ich hätte dich nicht gewarnt.«

Fred blieb noch lange allein am Tisch sitzen. Er wusste, es war ein Fehler nachzugeben. Andererseits wollte er keinen Keil zwischen Ilse und Hedwig treiben. Die enge Bindung der beiden gab Ilse Halt. Zu gern hätte er seine eigene Mutter um Rat gefragt. Oder seinen Vater. Einen Vertrauten mit mehr Lebenserfahrung. Immerhin war er selbst noch keine einundzwanzig Jahre alt. Aber er war auf sich gestellt. Wie immer.

---

[24] Tatsächlich mussten Frauen noch bis 1977 ihre Ehemänner um Erlaubnis bitten, sollten sie einer Berufstätigkeit nachgehen wollen. Die sog. ›Hausfrauen-Ehe‹ wurde erst mit der Eherechtsreform zum 01.07.1977 außer Kraft gesetzt.

Schließlich holte er Papier und Füllfederhalter und begann zu schreiben.

Ludwigshafen, den 29.4.59

Liebe Frau Oehler, lieber Herr Oehler!

Nun glaube ich wird es langsam Zeit, daß ich einmal etwas von mir hören lasse. Entschuldigen Sie bitte, daß dieser Brief nicht eher kommt, aber ich brachte den Mut nicht auf um Ihnen ein paar Zeilen zu schreiben. Verzeihen Sie mir bitte!!!

Ich weiß es war nicht recht was ich getan habe. Ich sehe auch ein, daß Sie sehr sehr zornig auf mich sind. Versuchen Sie doch bitte uns zu verstehen und uns zu verzeihen. Versuchen Sie doch bitte uns zu vertrauen, ja besonders mir zu vertrauen. Glauben Sie mir ich war doch dem Verzweifeln nahe, als ich es erfuhr. Aber ich bin über den Berg. Ich nehme es jetzt wie es ist, und ich weiß, daß ich damit fertig werde, mit Ihrer und Gottes Hilfe.

Ich habe eine gesicherte Existenz und verspreche Ihnen, Ilse sehr, sehr glücklich zu machen. Ihr ein schönes und glückliches Leben zu bereiten und ihr nie Kummer zu machen. Alles das geht nur mit Ihrer Hilfe und Ihrer Liebe. Denn ich weiß genau wie sehr Ilse an Ihnen und ihrem Elternhaus hängt und das sie es nie verkraften könnte wenn sie mit Krach von Ihnen ging.

Für uns beginnt jetzt der Ernst des Lebens und wir müssen ihn meistern. Ich darf Sie daher nochmals bitten uns dabei zu unterstützen.

Darf ich wieder zu Ihnen kommen?? Es wäre noch soviel zwischen uns zu besprechen. Man kann nicht alles schreiben.

Ich freue mich schon sehr darauf bald wieder eine Mutti und einen Papa zu haben die ich lieben darf und die mich auch wirklich gern haben.

Mit den besten Grüßen
Ihr Fred

»Er scheint seinen Fehler einzusehen.« Hedwig und Wilhelm studierten zum wiederholten Male Freds Zeilen.

Hedwig schaute auf, atmete tief, schüttelte zögerlich den Kopf. »Ich kann ihm nicht verzeihen, Wilhelm. Er hat solches Unglück über uns gebracht.«

Auch Wilhelm fiel es schwer, sich mit der Situation abzufinden. Das Unheil hatte sich angekündigt. Seit langem schon. Viel zu jung hatte Ilse ihr Herz an den charmanten Jungen mit dem spitzbübischen Lächeln verloren und alle elterlichen Warnungen ignoriert. Dass die beiden jedoch so leichtfertig die Grenzen des Anstands überschreiten, hätte er von seiner behüteten Tochter nicht erwartet. Er seufzte. »Es ist nun einmal geschehen, und ohne Hilfe können sie die kommende Zeit kaum bewältigen. Wir können froh sein, dass er Ilse nicht im Stich lässt.«

»Soll ich ihm etwa dankbar sein?«

»Natürlich nicht. Aber es hätte weitaus schlimmer kommen können. Wenigstens scheint er ein strebsamer junger Mann zu sein. Kein Faulpelz oder Rumtreiber.«

Hedwig schwieg.

»Es hilft nichts. Wir müssen das Beste daraus machen. Du selbst wolltest, dass wir künftig alle unter einem Dach leben.«

»Wie sonst sollen wir denn ein Auge darauf haben, Wilhelm, dass das Kind ordentlich versorgt wird? Ilse hat gar keine Ahnung, was es bedeutet, Ehefrau und Mutter zu sein.«

»Du wirst das schon machen. Da habe ich keine Zweifel. Nun komm, er bemüht sich wirklich. Wir laden die beiden am Sonntag ins Restaurant ein und stoßen auf ein gemeinsames Leben an.«

Wilhelm beobachtete Hedwigs inneren Kampf. Er wusste, es kostete sie viel Überwindung. Doch schließlich versprach sie, Fred eine wohlwollende Schwiegermutter zu sein, dem Kind Fürsorge und Zuneigung zu schenken und Ilse auf dem Weg in ihr neues Leben zu begleiten.

Es sollte in einer Katastrophe enden.

14. Mai 2014

Fünfzehn Uhr und noch immer kein Lebenszeichen von Ilse. Seit dem Vormittag versuchte sie, ihre Mutter zu erreichen. Hatten sie nicht gestern ausdrücklich vereinbart, heute zu telefonieren? Seltsam. Üblicherweise war Ilse spätestens gegen dreizehn Uhr daheim, sollte sie das Haus wegen irgendwelcher Besorgungen verlassen. Und von einem Nachmittagstermin hatte sie gestern nichts erwähnt. Beunruhigt stellte Birgit das Telefon in die Ladestation zurück. Sie würde es gegen Abend wieder versuchen. Und sich bis dahin überlegen, was zu tun sei, würde Ilse erneut nicht reagieren.

Was war los mit ihrer Mutter? Ihr Erscheinungsbild am Geburtstag, ihre absurden Äußerungen, ihre brüske Ablehnung jeglicher Hilfe. Die hartnäckige Verteidigung ihrer Unabhängigkeit war nicht neu. Aber angesichts des beängstigenden körperlichen Verfalls und ihrer unbegreiflichen Stimmung besorgniserregend. Wie könnte sie ihr helfen, ohne sich wieder des Vorwurfs der Bevormundung ausgesetzt zu sehen?

Vor einem knappen Jahr hatte sie Ilse vorgeschlagen, einmal über den Umzug in ein Haus für betreutes Wohnen nachzudenken. Eine entsprechende Einrichtung lag in unmittelbarer Nachbarschaft. Sie müsste ihre gewohnte Umgebung nicht aufgeben, könnte leben wie bisher und sich bei Bedarf Unterstützung sichern. Ihre Mutter hatte postwendend abgelehnt. Natürlich. Ebenso wie eine Haushaltshilfe, Einkaufsangebote, die Einladung zum regelmäßigen oder wenigstens gelegentlichen Essen bei Birgit und Markus, Verabredungen zu gemeinsamen Unternehmungen, die Aufforderung zu spontanen Besuchen.

Ilse brauchte weder Unterhaltung noch Hilfe. Nie. Telefoniert wurde sonntags, immer um die gleiche Zeit, Besuche bei Tochter und Schwiegersohn erforderten eine ausdrückliche, vorherige Einladung mit ausreichendem Planungsvorlauf.

Wann hatte dieser Starrsinn eigentlich begonnen? Birgit konnte sich nicht erinnern. Mit Udos Tod? Es war das einzige Mal, dass sie Ilse weinend erlebt hatte. Für einen Moment schienen tatsächlich alle Schutzmauern gefallen zu sein, um nach kürzester Zeit, höher als je zuvor, ein neues Bollwerk zu bilden. Das Bild, das Udos Lebensgefährtin extra für sie gerahmt hatte, überließ sie Birgit, da sie selbst angeblich keinen Platz dafür hatte. Nicht einmal sein Grab wollte sie besuchen. So viele Fragen standen im Raum, hatte Udo doch Jahre zuvor den Kontakt abgebrochen, war verschwunden. Grundlos? Ilse erklärte ihrer verzweifelt nach Antwort suchenden Tochter, das hinge alles mit der Vergangenheit, mit Ilses Großeltern, zusammen und dieses Kapitel sei abgeschlossen. Sie wolle nicht mehr über Udo sprechen. Birgit war die verletzenden Zurückweisungen leid. Aber Ilse war nun einmal ihre Mutter, sie konnte sie nicht einfach im Stich lassen.

Markus hatte recht, sie musste etwas unternehmen.

* * *

Zwecklos. Der Name von Jettes Pudel fiel ihr einfach nicht ein. Im Grunde war das egal. Sie wollte ohnehin nicht an die alten Geschichten denken. Jahrzehnte zuvor hatte sie konsequent sämtliche unliebsamen Erinnerungen in einem unerreichbaren Verlies eingekerkert und jede noch so kleine Maueröffnung penibel verschlossen und verputzt. Ihr akribisches Werk belohnte sie mit der ersehnten Ruhe.

Doch seit ein paar Jahren, ungefähr zum Renteneintritt, drängten sie aus den Tiefen der Zeit hervor, schienen sich auszugraben, Fluchtwege zu finden. Zunächst nur einige, dann mehr und mehr. Plötzlich flackerten Erinnerungen auf, die sie nie gehabt hatte. Fragmente nicht existenter Begebenheiten. Eine Weile gelang es ihr, sie erneut zurückzudrängen in das ihnen zugewiesene Gefängnis. Aber entweder erlahmte ihr Widerstand oder deren Macht wuchs. In zunehmendem Maße fühlte sie sich bedrängt und suchte nach Wegen, sich zu schützen. Vor den Geschichten, den irritierenden Erinnerungen, die es nicht geben konnte, vor Fragen und unerwünschter Nähe. Der Weinbrand half dabei.

Ein unangenehmer Juckreiz hemmte ihre Konzentration beim gerade begonnenen Rätsel. Im gitterförmig angeordneten Buchstabengewirr verbargen sich senkrecht, waagerecht und diagonal insgesamt zwölf Begriffe. ›Hubschrauber‹ und ›Medizin‹ stachen sofort hervor. ›Konjunktur‹ hingegen versteckte sich äußerst geschickt.

Verärgert legte Ilse den Kugelschreiber zur Seite und untersuchte die störende Stelle. Die Innenseite ihres linken Unterarms wies trockene Flächen auf und färbte sich abendrot. Suchend wanderten ihre Augen über den Tisch und entdeckten schließlich die abgegriffene Schachtel mit der fast leeren Tube. Wie immer studierte sie den Beipackzettel und vergewisserte sich, dass die Rezeptur keine unliebsamen Bestandteile enthielt, bevor sie die kühlende Salbe behutsam auftrug.

Niemals wieder wollte sie mit Kortison in Berührung kommen. Anfang der neunziger Jahre hatte ihr Hausarzt sie damit behandelt. Neurodermitis lautete seine damalige Diagnose. Hervorgerufen durch eine Kontaktallergie. Gebracht hatte seine giftige Salbentherapie nichts. Die Flecken verschwanden wohl zeitweise, kehrten aber regelmäßig zurück, begleitet von brennendem Juckreiz. Mit jedem neuen Schub reagierte ihre Haut empfindlicher. Jeglicher Druck, durch versehentliches Anstoßen beispielsweise, hatte einen sofortigen Bluterguss zur Folge. Seit Jahren musste sie lange Ärmel tragen, wollte sie unangenehme Blicke und lästige Fragen vermeiden. Schuld daran war dieser

Quacksalber mit seinem elenden Kortison. Früher hatte sie ja auch Salben benutzt, ohne solch verheerende Begleiterscheinungen.

Bereits in den sechziger Jahren hatte sie unter regelmäßig wiederkehrenden, allergischen Reaktionen und Magenschmerzen gelitten. Kein Wunder bei all den Sorgen, die sie damals belasteten, so ihre spätere Erkenntnis. Die Probleme hatte sie hinter sich gelassen, ebenso wie sämtliche lästigen Allergien. Doch die kamen wieder. Jahrzehnte später, als sich ihr Leben endlich zum Guten gewendet hatte. Wie ungerecht.

Allmählich ließ das Brennen nach. Der Heilpraktiker, den sie vor einiger Zeit konsultiert hatte, vermutete eine große nervliche Belastung. Lächerlich. Mit ihren Nerven war alles in Ordnung. Sie gab die Suche nach ›Konjunktur‹ auf und widmete sich dem nächsten Begriff: ›Verlobung‹. Binnen Sekunden hatte sie ihn entdeckt und sogleich mit wackeliger Linie umrahmt.

Noch ehe sie Ausschau nach einem weiteren Suchwort halten konnte, schob sich die Schwarz-Weiß-Fotografie eines denkwürdigen Restaurantbesuchs anlässlich ihrer Verlobung an einem Sonntagabend Anfang Mai 1959 vor das Buchstabengitter. In feiner Robe konnte man sie am festlich gedeckten Tisch bewundern. Fred prostete ihr und ihrem lächelnden Vater zu, während ihre Mutter mit auf dem Tisch verschränkten Armen griesgrämig in die Kamera schaute und statt Herzenswärme Eiseskälte ausstrahlte. Doch dieser Blick war nichts im Vergleich zu dem, der jeden Betrachter des Hochzeitsfotos erstarren ließ. Die Eltern, tiefschwarz gekleidet und mit Leichenbittermiene, hielten auf den Stufen der Apostelkirche einen meterweiten Abstand zum Brautpaar, das sich angesichts der spürbaren Trauerstimmung kein Lächeln abringen konnte.

Zorn loderte in ihr auf. Sie hätte auf Fred hören sollen. Stattdessen hatte sie zugelassen, dass Hedwig ihrer aller Leben zerstörte.

Fred. Dieser lebensbejahende, gutaussehende, charmante Mann, mit dem ein gemeinsames Leben nicht möglich war. Seit sechsundzwanzig Jahren war er tot. Herzinfarkt mit nicht einmal fünfzig. Alle waren sie tot. Tot und vergessen. Schluss damit! Ein Weberknecht huschte über die Zeitschrift und verschwand zwischen leeren Zigarettenschachteln und zerknüllten Taschentüchern.

Juni bis Dezember 1959

»Da wären wir. Und du bist dir wirklich sicher?« Fred schaute zweifelnd von Ilse zum Hauseingang.

Eine unbeschwerte Woche lag hinter ihnen. Entgegen Hedwigs Bedenken hatte sich das frisch vermählte Paar die Hochzeitsreise in den Schwarzwald gegönnt und eine sorgenfreie Zeit mit Freunden bei erholsamen Spaziergängen und gemütlichen Kaminabenden verbracht. Direkt nach der Feier waren sie aufgebrochen. Trotz ständiger Übelkeit genoss Ilse die behaglichen Stunden zu zweit und die in fröhlicher Gesellschaft.

»Nein, bin ich nicht, Fred. Aber es wird schon schiefgehen.« Sie ergriff seine Hand und zog ihn mit sich zur Haustür.

Ilse an der linken Hand, den Koffer in der rechten, trottete er schicksalsergeben die knarrende Treppe hinauf. Was sonst hätten sie tun können. Die winzige möblierte Wohnung in der Margarethenstraße hatte Fred gekündigt und mit seinen wenigen Habseligkeiten verlassen. Das leise Quietschen einer sich im ersten Stockwerk öffnenden Tür begrüßte die beiden. Sie wurden bereits erwartet.

Der Abend verlief in angestrengter Stimmung. Nach dem weitgehend schweigend eingenommenen Essen zogen sich Hedwig und Wilhelm bald zurück.

Davor nahm Hedwig Ilse kurz beiseite. »Lass dich nicht von ihm bedrängen. Du bist guter Hoffnung, da kann er keine ehelichen Forderungen stellen.«

»Mutti, bitte.« Ilse war verlegen.

»Du musst jetzt nichts sagen. Wenn er dich nicht in Ruhe

lässt, klopfst du an die Wand. Ich bin ja gleich nebenan.«

Hedwigs Sorge war überflüssig. Fred, sich der fortwährenden Nähe seiner Schwiegereltern bewusst, kam gar nicht auf die Idee, Ilses Wärme zu suchen. Nicht in dieser Nacht und nur selten danach.

Rasch kehrte der Alltag ein. Ilse eilte morgens zum Gemeindedienst und Fred in die Anilin. Dank seiner Versetzung zur Betriebskontrolle waren die wechselnden Schichtdienste glücklicherweise vorbei. Bald begann seine Meisterausbildung, anschließend konnte er es bis zum Ingenieur bringen, was Ilse mit großem Stolz erfüllte. Weniger begeistert war sie darüber, dass er sich abends wieder regelmäßig mit Freunden zum Korbballspiel oder auf ein Feierabendbier in geselliger Runde traf, während sie ihrer Mutter im Haushalt zur Hand ging, seine Wäsche ausbesserte und sich um die Erstausstattung ihres Kindes kümmerte. Gern hätte auch sie sich verabredet, vor allem mit der lebenslustigen Jette. Doch Hedwig wachte mit Argusaugen über sie und achtete darauf, dass sie den Anforderungen einer ehrbaren Ehefrau Genüge tat.

Es dauerte nicht lange und die schwelende Unzufriedenheit der jungen Eheleute entfachte Zank und Zorn. Räumliche Enge, enttäuschte Erwartungen, Seitenhiebe und Spitzfindigkeiten, gepaart mit der permanent misstrauischen Präsenz von Ilses Eltern, waren eine explosive Mischung, die nur eines kleinen Funken bedurfte, um sich mit voller Wucht zu entladen. Die zunächst flüsternd ausgetragene Auseinandersetzung endete in Tränen und Gebrüll.

Eines Abends stürmte Fred türenknallend davon, während Ilse wütend ins Kissen heulte. Wilhelm hielt Hedwig, die anfangs angestrengt gelauscht hatte und deren Entrüstung im gleichen Maße wie die ansteigende Lautstärke der Streithähne wuchs, fest, bevor sie sich empört einmischen konnte.

»Hast du nicht gehört, was dieser Kerl da von sich gegeben hat?«

»Ich bin ja nicht taub.«

»Und das soll ich auf mir sitzen lassen? Er hat mich als Intrigantin bezeichnet!«

»Er ist weg, Hedwig. Du kannst also nichts tun.«

»Und Ilse?«

»Die will dich jetzt ganz bestimmt nicht sehen. Wie du hörst, weint sie.«

»Sie hat ihm nicht widersprochen!«

»Sie hat das wahrscheinlich gar nicht mitbekommen. War viel zu sehr damit beschäftigt, ihm selbst Unverschämtheiten an den Kopf zu werfen.«

»Das geht genauso wenig. So benimmt man sich nicht.« Hedwig machte erneut Anstalten aufzustehen.

»Bleib liegen, Hedwig! Rede morgen mit ihr. Jetzt führt das nur zu neuem Streit. Und ich knöpfe mir diesen Herrn vor. Derartiges Geschrei will ich hier nicht noch einmal hören. Nun schlaf endlich.«

Hedwig fügte sich zähneknirschend. Wilhelm hatte recht, im Augenblick konnte sie nichts ausrichten. Außerdem musste sie sich entspannen, es drohte ein neuerlicher Asthma-Anfall. Sie spürte, wie sich ihre Bronchien gegen die Aufregung wehrten.

Auch Wilhelm kämpfte merklich um Gelassenheit, lag mit zusammengekniffenen Lippen neben ihr. Irgendwann gab er auf und ließ seinem Groll freien Lauf. »Rücksichtslos und undankbar sind die jungen Leute. Wo stünden sie denn heute ohne uns? Halbe Kinder sind sie, unfähig, allein das Leben zu bewältigen. Ilses Benehmen vorhin, unentschuldbar. Selbst wenn sie sich über Fred geärgert hat, so springt man nicht mit seinem Ehemann um. Hedwig, du musst wirklich ein ernstes Wort mit ihr reden.« Er schnaufte ärgerlich. »Und ich mache dem Burschen klar, wie Verantwortung aussieht. Die Kneipenbesuche und Ballspiele müssen aufhören. Immerhin wird er bald Vater.« Erschöpft drehte er sich zur Seite.

Hedwig sorgte sich um Wilhelm. Er hatte wahrlich genug Nöte. Die schweren Jahre forderten ihren Tribut. Gerade mal zweiundfünfzig, wirkte er meistens wie ein gebrechlicher alter Mann, der sich nach Ruhe sehnte. Sie drehte sich um, strich ihm sanft über die Schulter und versuchte zu schlafen.

Nebenan wälzte sich Ilse schlaflos im Bett hin und her. Es war ihr nicht entgangen, dass Fred ihre Mutter als Intrigantin bezeichnet hatte. Schlimmer war aber, dass er sie selbst als Duckmäuserin beschimpfte, die beim geringsten mütterlichen Gegenwind unverzüglich Deckung suchte. Nie stünde sie hinter ihm, Fred, ganz gleich, welchen Gemeinheiten und Ungerechtigkeiten er ausgesetzt sei. Da brauche sie sich nicht zu wundern, wenn er Sport oder ein Bier mit Kollegen den allabendlichen Sticheleien vorzog.

Wie bequem von ihm. Während er seinem Vergnügen frönte, erntete sie die Kritik für sein Verhalten. Wollte sie nicht ständig die Vorträge ihrer Eltern ertragen, blieb ihr nur der Rückzug in ihr Zimmer. Und da saß sie dann. Strickte Babyjäckchen, nähte Strampelhosen, stopfte seine Socken. Abend für Abend. Allein. Er könnte ja einmal etwas mit ihr unternehmen. Aber nein, da war ihm die Gesellschaft seiner Freunde wichtiger. Herumtreiber, Saufkumpan! Was war falsch daran, sich den Eltern gegenüber etwas dankbarer zu erweisen? Sie hatten sie schließlich aufgenommen, mussten nun ebenso wie Fred und sie auf ihren Komfort verzichten. Wenn ihm das nicht gefiel, könnte er ja seine Freizeit zur Wohnungssuche nutzen. Aber dazu hatte er anscheinend überhaupt keine Lust. Und was sollte der Vorwurf, sie sei so liebreizend wie ein Eisblock? Er musste ja diese Schwangerschaft nicht ertragen, die ihr bislang nur Ärger und Dauerübelkeit bescherte. Das Ergebnis ihres Liebreizes. Wie stellte er sich ihr künftiges Leben vor, wenn erst das Kind auf der Welt war? Müsste sie dann weiterhin ständig daheim sitzen, während er sich mit anderen Menschen vergnügte? Auf keinen Fall!

Fred blieb stehen und zündete sich eine Zigarette an. Nach dem Streit war er eine halbe Stunde lang ziellos durch die

Gegend gelaufen, bis endlich der Zorn verraucht war. So ging es nicht weiter.

Er war sich von Anfang an darüber im Klaren gewesen, dass das Zusammenleben mit Billy und ihren Eltern nicht einfach werden würde. Vergeblich hatte er gehofft, er könne sich daran gewöhnen. Mit Freundlichkeit und Respekt wollte er Wilhelm und Hedwig begegnen, ihre Anerkennung gewinnen, sich einen Platz in ihren Herzen erobern. Billy wollte er ein liebevoller und umsichtiger Ehemann sein, sich mit ihr auf eine gemeinsame Zukunft vorbereiten.

Sein Vorhaben war auf ganzer Linie gescheitert. Wilhelm sprach fast kein Wort mit ihm, Hedwig stichelte fortwährend. Billy schwieg oder stellte sich hinter ihre Mutter. Mal kam er zu spät, dann hatte er seine Wäsche im Bad liegen lassen, die Schuhe nicht ausgezogen oder zu viel Butter aufs Brot gestrichen. Er verabscheute Linsensuppe, was Hedwig wusste, aber nicht daran hinderte, sie ihm regelmäßig vorzusetzen. Und wehe, er lehnte seine Portion ab! Dann folgten endlose Ermahnungen und Vorträge darüber, wie glücklich man sich schätzen müsse, jeden Tag ausreichend zu essen zu haben. Als ob er nie Hunger gelitten hätte. Genau aus diesem Grund hasste er Linsensuppe, war die doch lange Zeit das Einzige, das seiner Tante und ihm überhaupt zur Verfügung stand.

Die Abende daheim waren eine einzige Qual. Also kürzte er sie ab, so gut es eben ging, traf sich mit Kollegen zum Feierabendbier oder Freunden zum Sport. Dort akzeptierte und mochte man ihn. Nur die Aussicht auf etwas fröhliche Geselligkeit ließen ihn Distanz und Misstrauen seines Schwiegervaters, das Nörgeln Hedwigs und Billys Unterwürfigkeit im Umgang mit ihren Eltern ertragen. Heute war ihm der Kragen geplatzt. Er war es leid, auf jedermann Rücksicht nehmen und sich ständig entschuldigen zu müssen. Gut, vielleicht war es nicht richtig gewesen, Billy einen Eisblock zu nennen. Aber wie sonst sollte er ihre ewige Zurückweisung deuten? Er wagte ja kaum noch einen Annäherungsversuch! Und ihm im Gegenzug Herumtreiberei vorzuwerfen, war eine Frechheit. Sie war es, die ihn mit ihrem gemeinen Verhalten aus dem Haus trieb! Am liebsten würde er gar nicht mehr heimgehen.

Er rauchte eine weitere Zigarette und kehrte dann seufzend um. Diesmal entschuldigte er sich nicht. Nein, diesmal nicht. Dafür würde er von Billy Klarheit verlangen. Das ließ sich nicht mehr aufschieben. Schließlich wären sie selbst bald Eltern. Sie musste sich überlegen, wie sie eigentlich zu ihm stand. Die Rolle des gerade so geduldeten Gastes konnte er jedenfalls nicht länger akzeptieren. Außerdem, so schwor er sich, würde er nie wieder Linsensuppe essen.

Am Morgen danach, Ilse war mit ihrer Morgentoilette fast fertig, gesellte sich Hedwig zu ihr. Ilse seufzte ergeben, wirkte nicht überrascht. Es schien als hätte sie ihre Mutter bereits erwartet.

»Spar dir deine Worte, Mutti. Es tut mir leid, dass wir heute Nacht so laut waren. Kommt nicht wieder vor.« Mit einem sichtlich gezwungenen Lächeln versuchte sie sich aus dem engen Bad herauszuschlängeln.

»Moment, so leicht kommst du mir nicht davon.« Hedwig hielt ihre Tochter am Ärmel zurück. »Außerdem spricht dein Vater gerade mit deinem Mann. Du kannst jetzt nicht in die Küche.«

Ilse musterte ihre Mutter kühl. »Was soll denn das, Mutti? Wollt ihr uns etwa getrennt voneinander die Leviten lesen? Ich habe mich soeben bei dir entschuldigt, nun lass es gut sein.«

»Nein, Ilse. Damit ist es nicht getan. Das war sehr hässlich, was mir heute Nacht zu Ohren kam.«

»Du hast gelauscht?«

»Das war nicht nötig. Du hast ja jegliche Zurückhaltung vergessen.«

»Das hätte ich mir denken können.«

»Was?«

»Dass ich mich wieder einmal falsch verhalten habe. Das

wirfst du mir doch gerade vor.« Sie zuckte resigniert mit den Schultern. »Na ja, wie üblich.«

»Wie bitte?«

»Jetzt tu nicht so. Ich mache in deinen Augen ohnehin alles falsch. Ich kleide mich falsch, ich benehme mich falsch, dass ich arbeite, ist falsch, ich kann dies nicht und jenes nicht, ich habe mir den falschen Mann ausgesucht. Immer das Gleiche. Und letzte Nacht? Dir ist egal, warum wir wütend aufeinander waren. Für dich zählt nur meine mangelnde Zurückhaltung. Jawohl! Du kritisierst, dass ich laut wurde. Denn laut werden, das gehört sich nicht. Stimmt's?« Energisch wischte sie die Hand ihrer Mutter weg. »Lass mich vorbei, ich muss los.«

Hedwig trat überrumpelt zur Seite und schaute ihrer Tochter nach, die sich ohne ein weiteres Wort Handtasche und Schlüssel schnappte und zur Tür hinauseilte. Einen Augenblick nach Luft ringend wandte sie sich zur Küche. Das hässliche Poltern eines ruckartig zurückgeschobenen Stuhls unterbrach die kurze Stille. Mit grimmigem Gesichtsausdruck kam ihr Fred entgegen und verließ grußlos die Wohnung.

Wilhelm saß einsam über seine Tasse gebeugt am Tisch. Hedwig füllte ihm etwas heißen Tee nach, gab einen Löffel Zucker hinein, bestrich schweigend zwei Scheiben Brot, goss sich selbst eine Tasse ein und setzte sich ihm gegenüber. Sie schnitt die Brotscheiben in Streifen und stellte den Teller in die Mitte.

»Iss mal. Die Marmelade habe ich ganz frisch gekocht.«

Wie aus einem tiefen Traum erwachend, blickte er sie an. »Da bist du ja. Ist Ilse weg?«

»Gerade zur Tür raus.« Sie biss ins Brot und schob den Teller näher zu Wilhelm. »Schmeckt gut.«

Lächelnd nahm er ein Stück, schnupperte an der süß duftenden Marmelade und kaute andächtig. »Erdbeere.«

»Fred ist mir entgegengekommen. Er hat nicht einmal ›Guten Morgen‹ gesagt.«

Wilhelm winkte ab.

»Hast du mit ihm geredet?«, hakte Hedwig nach.

»Ich habe es versucht. Sinnlos.«

»Ja, was hast du denn gesagt?«

»Na, ich habe ihm ins Gewissen geredet. Dass er nicht dauernd ausgehen soll, sich um Ilse kümmern muss, dass er bald eine noch größere Verantwortung trägt, dass er nicht so herumschreien kann. All dies eben.«

»Und er?«

»Er meinte, dass ich mich aus seinen Angelegenheiten heraushalten soll. Dann ist er aufgestanden und hat irgendwas von Linsensuppe gebrabbelt, die er auf keinen Fall mehr essen wird. Nie wieder.«

»Linsensuppe?«, fragte Hedwig verständnislos.

»Linsensuppe.« Wilhelm seufzte. »Da versucht man ernsthaft, mit dem Jungen zu reden, und er erzählt von Linsensuppe.«

Hedwig löffelte sich Zucker in ihren Tee und rührte heftig. »Mit Ilse lief es leider nicht besser. Ich bin überhaupt nicht zu Wort gekommen. Sie hat mir unterstellt, ich würde lauschen und behaupten, sie könne nie etwas richtig machen. Wie kommt sie nur auf solchen Unsinn? Ich habe sie nie zuvor so schnippisch erlebt, Wilhelm.«

»Pah, das ist der schlechte Einfluss von diesem Fred. Ich sage dir, das nimmt ein böses Ende.«

»Was machen wir denn jetzt?« Hedwig rührte weiter.

»Am liebsten würde ich den Kerl vor die Tür setzen. Oder beide. Aber das geht ja schlecht.«

»Nein, das kannst du nicht tun. Was wird dann aus Ilse?«

»Und wie soll das werden, wenn das Kind kommt? Jetzt lass bitte dieses Rühren!«

Sie zog den Löffel aus der Tasse und malte mit der Kante kleine Zackenlinien auf die Wachsdecke.

»Ich glaube, Ilse freut sich gar nicht auf das Kind«, meinte sie gedehnt.

»Na ja, es hat sie halt überrascht. Sie wird sich daran gewöhnen.«

»Sicher? Denke mal an letzte Nacht. Sie hat sich lautstark

darüber beklagt, dass sie keine Lust hat, daheim zu sein. Dass sie wieder einmal ausgehen und etwas erleben will.«

»Ja, weil dieser Fred sich dauernd herumtreibt und sie alleinlässt.«

»Stimmt. Aber das war ja nicht alles.« Sie schwieg bedeutungsvoll.

»Ich verstehe nicht, worauf du hinauswillst.«

»Sie hat ihm nachgebrüllt, er solle sich nicht einbilden, sie würde später mit dem Kind daheim herumsitzen, während er sich einen flotten Lenz macht. Was er kann, könne sie auch.«

»Du meinst, sie würde ihr Kind alleinlassen?«, rief Wilhelm erbost.

Hedwig hob vielsagend die Schultern. »So, wie sie sich gerade aufführt, traue ich ihr das zu.«

Ein paar Minuten hing jeder seinen Gedanken nach, bis Wilhelm schließlich mit Blick auf die Küchenuhr aufstand.

»Ich muss gehen.« Als sie ihm folgen wollte, legte er ihr die Hand auf die Schulter. »Bleib sitzen und frühstücke in aller Ruhe. Das war viel zu viel Aufregung für dich.« Er schaute ihr fest in die Augen. »Keine Angst. Ich werfe die beiden nicht raus. Und sollte Ilse später tatsächlich ihre Pflichten vernachlässigen, schreiten wir ein.«

Fred wartete auf der anderen Straßenseite. Sobald Billy aus dem Haus stürmte, lief er hinter ihr her. Er erwischte sie gerade noch, bevor sie um die letzte Ecke und in den Büroeingang verschwinden konnte.

»Billy!«, rief er. »Jetzt bleib doch mal stehen!«

Ilse hatte ihn bislang anscheinend nicht bemerkt. Sie war vermutlich viel zu sehr damit beschäftigt, die unangenehme Begegnung mit ihrer Mutter abzuschütteln. Als sie seine Stimme hörte, drehte sie sich um.

Unwillig blickte sie ihn an. »Musst Du mich jetzt unbedingt abpassen? Eigentlich ist mein Bedarf an Vorwürfen für heute gedeckt.«

Fred musste ungewollt grinsen. »Ich durfte mir auch schon einen Vortrag anhören.«

Etwas unschlüssig standen sie sich gegenüber, dann nahm Fred Ilse in den Arm. Als sie sich voneinander lösten, strich er ihr mit dem Zeigefinger leicht über die Wange. »Billy, wir müssen reden.«

Ilse schluckte, nickte dann.

Als Fred vergangene Nacht zurückgekehrt war, hatte sie sich schlafend gestellt, was er an ihrem unregelmäßigen Atem erkennen konnte, in der Frühe war sie ihm ausgewichen. Er fühlte, dass Scham und verletzte Gefühle bei ihr ebenso schwelten, wie bei ihm.

»Nicht hier und jetzt, Fred. Wir müssen zur Arbeit.« Und mit flehendem Unterton: »Und bitte nicht daheim.«

»Nein, bloß das nicht.« Er überlegte kurz. »Weißt du was? Ich hole dich um achtzehn Uhr am Büro ab. Dann gehen wir zum ›Maffenbeier[25]‹. Wir essen, trinken und reden.«

Ilse lächelte zaghaft. »Gute Idee. Das machen wir.«

Fred nahm sie noch einmal kurz in den Arm, küsste sie erleichtert und spurtete leichtfüßig los.

* * *

Die anfängliche Verlegenheit war schnell überwunden, ihr Streit auf der Ernsthaftigkeitsskala weit herabgestuft, die Verliebtheit kam in kleinen Schritten zurück.

»Ich fühle mich wie bei einem Rendezvous«, verkündete Fred und seine Augen leuchteten befreit.

Von seiner Stimmung angesteckt, näherte sich Ilse einem Zustand der Glückseligkeit. Froh schaute sie sich um. Geborgen an der Seite ihres gutaussehenden Begleiters, endlich wieder unter Menschen, die den Sommerabend genossen,

---

[25] ›Der Maffenbeier‹ ist eines der ältesten Gasthäuser Ludwigshafens. Gegen Ende des 19. Jahrhunderts als ›Gaststätte zur Jägerlust‹ bekannt, trägt das Lokal seit 1905 den Namen der damaligen Inhaberfamilie Maffenbeier. Serviert wurde und wird traditionell Pfälzer Hausmannskost.

lachten, sich ungezwungen unterhielten. In der Mittagspause war sie kurz nach Hause gelaufen, hatte eine Tasse Kräutertee getrunken und ein paar Happen Sülze mit Bratkartoffeln gegessen. Ihre Mutter hatte sich weitere Bemerkungen verkniffen und Ilses Hinweis, sie solle nicht mit dem Abendessen auf sie und Fred warten, kommentarlos hingenommen.

»Ich habe einen Bärenhunger.« Fred studierte die handgeschriebene Karte. »Worauf hast du Appetit?«

»Ich nehme die Hühnersuppe, eine süße Weinschorle und eine Portion Essiggurken.«

»Grauenhaft. Aber wie du meinst.«

Er winkte dem Kellner und gab Ilses Wunsch augenzwinkernd weiter. »Für mich das Leberwurstbrot und ein großes Bier.«

Fred nahm Ilses Hände, küsste ihre Fingerspitzen. Mittags hatte er erneut das Wohnungsbüro aufgesucht und auf seine dringliche Lage als werdender Vater hingewiesen. Bedauerlicherweise konnte man ihm kaum Hoffnung machen. Die Liste der Wohnungssuchenden schien endlos. Die Zeitungsannoncen prüfte er ohnehin täglich. Erfolglos. Unbezahlbar. Es blieb ihnen keine andere Möglichkeit. Sie mussten ausharren und dabei einen Weg des Erträglichen finden.

Inmitten seiner Wohnungsstatusmeldung wirbelte ein lachender blonder Lockenkopf im hellblauen Kleid mit schmaler Taille und mutig hervorblitzendem Petticoat herbei.

»Menschenskind, Ilse!« Jette umarmte ihre Freundin stürmisch. »Das wurde höchste Zeit, dass du deine Tugendwächter mal daheim lässt und dich mit diesem Prachtexemplar von Ehemann unters Volk mischst!« Sie zwängte sich neben Ilse, die bereitwillig ein Stück rückte. »Hallo, Fred, mein Guter. Schön, euch zu sehen!« Winkend machte sie weitere Neuankömmlinge auf sich aufmerksam. »Schaut mal, da kommt unsere Wandertruppe. Ob wir hier Platz finden?«

Mit großem Hallo kamen die übrigen Freunde herbei. Nach einigem Hin und Her saßen alle bei kühlen Getränken und herzhaft belegten Broten beisammen, frotzelten miteinander, lachten, planten das nächste Wochenende. Sie wollten in die Pfalz fahren, bei Neustadt durch die Weinberge wandern und in einer Hütte einkehren.

»Was ist mit euch, seid Ihr dabei?«

»Ich hätte Lust. Was meinst du?« Fred schaute hoffnungsvoll zu Ilse.

»Ich auch!«, rief Ilse begeistert.

Die Übelkeit ließ nun, im fünften Monat, endlich nach. Der Bauch begann sich zu runden, sodass sie ihre Kleidung etwas auslassen musste, störte aber ansonsten nicht in ihrer Beweglichkeit.

»Wunderbar!«, rief Jette. »Darauf trinken wir!«

Als sich Fred und Ilse später beschwingt auf den Heimweg machten, waren sie sich darin einig, fortan zusammenzuhalten und nicht mehr zu streiten. Fred versprach, Ilse nun öfter mitzunehmen, und Ilse zeigte Verständnis, dass er es in der Enge daheim nicht gut aushielt. Mit etwas gutem Willen würden sie es schaffen!

Tatsächlich blieben sie ihrem Vorsatz treu. Mit ihren Freunden unternahmen sie während der restlichen Sommerwochen Ausflüge, trafen sich abends am Sportplatz oder beim ›Maffenbeier‹.

Als der Herbst Einzug hielt, wurde Ilse schwerfälliger. Bald fühlte sie sich den gemeinsamen Unternehmungen nicht mehr gewachsen. Mit zunehmender Unbeweglichkeit wuchsen Unzufriedenheit und Langeweile. Erneut blieb sie abends allein, Fred ging aus. Dennoch ersparte sie ihm Vorwürfe und hoffte auf Besserung, wenn das Kind erst einmal geboren war. Bis dahin müssten sie endlich eine eigene Wohnung finden. Mittlerweile hatte Ilse begriffen, dass das Zusammenleben auf solch engem Raum nicht dauerhaft funktionieren konnte. Wobei sie andererseits auf die Erfahrung ihrer Mutter zählte. Was wusste sie denn von Kinderpflege!

Hedwig und Wilhelm, die in den vergangenen Wochen Abstand gewahrt hatten, waren sichtlich erfreut, dass Ilse nun wieder häufiger bei ihnen in der Küche saß. Vorsichtig näherten sie sich einander an.

Und so begleiteten sie beide Ilse beim Einsetzen der Wehen am 30. November 1959 ins Krankenhaus. Fred war ja nicht daheim.

Der 1. Dezember, ein Dienstag, neigte sich dem Ende zu. Draußen schimmerten einzelne Sterne hinter zarten Wolkenschleiern und eine Ahnung von Schnee lag in der Luft. Ilse bemerkte in dem kühlgefliesten Raum nichts davon. Sie war schweißgebadet und am Ende ihrer Kräfte. Die Wehen quälten sie bereits seit letzter Nacht. Die Fruchtblase war geplatzt, doch das Kind wollte nicht kommen. Eine weitere Schmerzwelle erfasste sie. Mitfühlend trocknete eine Krankenschwester ihre Stirn. Das leise Murmeln von Hebamme und Arzt an der Tür endete jäh.

Der junge Gynäkologe wandte sich ihr zu, tastete sie ab, prüfte den Puls, setzte sich an ihre Seite.

»Es tut mir leid, Frau Marquardt, das dauert jetzt wirklich zu lange. Anscheinend braucht der neue Erdenbürger«, er tippte lächelnd auf ihren Bauch, »etwas mehr Unterstützung bei seiner Reise ins Tageslicht.«

Ilse stöhnte. »Ich tue bereits alles, was man mir sagt. Ich presse, ich atme, ich hechele. Was denn noch? Ich kann nicht mehr.«

»Sie haben alles richtig gemacht«, beruhigte er sie. »Aber es ist leider so, dass der Rücken Ihres Kindes nach vorn gerichtet ist und nicht zur Seite. Man nennt das einen ›hohen Geradstand‹, eine sehr ungünstige Lage. Das Köpfchen passt dann ganz schwer durch das enge Becken.«

»Und jetzt? Es kann doch nicht ewig drin bleiben!«, krächzte sie angstvoll.

»Das wird es keineswegs. Wir holen Ihr Kind per Kaiserschnitt. Ihre Mutter ist einverstanden. Sie ist draußen, seit heute Nacht. Eine hartnäckige Frau. Sie ließ sich nicht heimschicken. Wir hätten das natürlich gern von Ihrem Mann gehört, aber der muss schließlich arbeiten und ist nicht erreichbar. Länger warten sollten wir nicht. Das sehen Sie sicherlich auch so?«

Ilse war alles recht, solange der unerträgliche Schmerz ein baldiges Ende fand. Sie nickte müde.

»Gut. Dann bekommen Sie jetzt eine Narkose. Sie werden gar nichts spüren. Wenn Sie aufwachen, haben Sie alles überstanden.« Er drückte aufmunternd Ilses Hand, instruierte die Schwester und informierte Hedwig, die nervös vor dem Kreißsaal saß.

Eine knappe Stunde später eilte Fred herbei, dicht gefolgt von Wilhelm, und nahm freudig die Nachricht über die Geburt seines Sohnes entgegen. Das Kind sei gesund und würde nun versorgt, die Mutter habe den Eingriff gut überstanden und brauche vorerst viel Ruhe. Er könne seinen Sohn am nächsten Morgen durch das Fenster des Säuglingszimmers bewundern und vielleicht sogar seine Frau besuchen. Glücklich umarmte er seine verdutzten Schwiegereltern und bat die Schwester, Ilse Grüße auszurichten.

Gemeinsam machten sich der junge Vater und die miteinander tuschelnden Großeltern auf den Heimweg.

Daheim holte Hedwig die guten Gläser aus der Vitrine, und Wilhelm öffnete eine Flasche Sekt. »Die hatte ich zu eurer Verlobung besorgt«, erklärte er verlegen. »Jetzt ist aber ein weitaus besserer Zeitpunkt anzustoßen.«

Fred strahlte. »Prosit! Auf euren Enkel. Auf Udo! Auf uns!«

Hedwig schaute zum Fenster. Leichter Nieselregen hatte eingesetzt. Sie fröstelte.

Teil 4

Wir Neugeborenen weinen,
zu betreten
die große Narrenbühne.

William Shakespeare

Januar und Februar 1960

Ratlos betrachtete Ilse ihren schreienden Sohn. Vor einer knappen Stunde erst hatte er in der Küche sein Fläschchen getrunken, danach mit dem Köpfchen an ihrer Schulter versunken die Welt betrachtet und so lange sanftes Rückentätscheln genossen, bis ein kleines Rülpsen ihr Ohr erreichte. Nachdem anschließend die Windel gewechselt und er fast eingeschlafen war, schlich sie mit ihm zurück ins Schlafzimmer, bettete ihn in seine Wiege, schaukelte ihn ein Weilchen hin und her. Kaum hörte sie damit auf, um sich selbst endlich hinzulegen, erwachten seine Lebensgeister aufs Neue. Sie stand wieder auf, schaukelte ihn, nahm ihn auf den Arm und wanderte im dunklen Zimmer umher. All dies war dem kleinen Udo egal, er schrie zum Steinerweichen.

»Meine Güte, Billy, kannst du nichts tun?«, stöhnte Fred müde. »Es ist mitten in der Nacht.«

»So spät? Das hätte ich fast nicht bemerkt«, antwortete sie spitz.

Fred tastete nach dem Schalter der kleinen Tütenlampe neben seinem Kissen, gähnte. »Was ist denn mit ihm?«

»Woher soll ich das wissen? Er sagt ja nichts.«

Fred überhörte Ilses gereizten Tonfall. »Vielleicht hat er Hunger.«

»Er hatte gerade eben seine Flasche. Und falls es dich interessiert, die Windel ist frisch und sein Bäuerchen hat er gemacht.« Ilse war erschöpft und fühlte sich hilflos. »Ich weiß nicht, was ich tun soll. Ich habe ihn gefüttert, gewickelt, geschaukelt und herumgetragen. Du siehst ja selbst, es nützt nichts.«

Ungeduldig wollte Fred das weinende Bündel nehmen, doch Ilse wandte sich abwehrend zur Seite. Enttäuscht lehnte er sich ins Kissen zurück.

»Dann geh mit ihm in die Küche, Billy. Ich muss in aller Frühe aufstehen. Lass mich bitte, bitte schlafen.«

Wortlos verließ Ilse mit Udo das Zimmer. In der Küche klapperte es leise, Licht schien durch den Türspalt.

»Na, da seid ihr ja. Komm mal her, du armes Würmchen.« Hedwig streckte die Arme aus.

»Entschuldige Mutti, haben wir dich geweckt? Ich weiß nicht, was ich machen soll. Er hört nicht auf zu schreien«, klagte Ilse, den Tränen nahe.

»Bestimmt hat er Blähungen.«

Ihre Mutter drehte Udo auf den Bauch, legte ihn auf ihren linken Unterarm und ließ seine Beine baumeln. Sein Köpfchen lag bequem in ihrer rechten Armbeuge. »Siehst du? Probiere das mal. Ich mache derweil ein Kirschkernkissen warm.«

Ilse hielt Udo vorsichtig, wie Hedwig es ihr gezeigt hatte, und wiegte ihn zaghaft hin und her. »Ich glaube, es gefällt ihm«, flüsterte sie. »Er schläft ein. Woher weißt du das?«

»Das macht man halt so«, brummte Hedwig. »Eigentlich soll man die Kinder nicht verzärteln und ruhig auch mal schreien lassen. Aber wenn sie gar nicht mehr aufhören, tut meistens der Bauch weh.« Sie gab Ilse das Kirschkernkissen. »Wenn du ihn wieder ins Bett legst, dann schieb das unter sein Hemdchen.« Sie betrachtete ihre Tochter prüfend. »Willst du noch einen Tee?«

Ilse nickte dankbar. Eine Träne kullerte aus ihrem Augenwinkel. »Ja, bitte. Bleibst du ein bisschen bei mir? Ich will nicht zurück ins Bett.«

»Dann mach es dir hier in Vatis Lehnstuhl bequem. Ich bringe dir eine Decke und ein Kissen. Aber lass es nicht zur Gewohnheit werden.« Hedwig reichte ihr ein Taschentuch. »Ich mache uns Melissentee. Der ist gut für die Nerven.«

Kurz darauf saßen sie beisammen, dampfender Kräutertee verbreitete aromatische Duftwölkchen auf dem Tisch. Ilse beobachtete ihren zufrieden schlummernden Sohn, Hedwig ihre Tochter. Nur Udos leises Schnaufen war zu vernehmen, im Gleichklang mit der seit jeher verlässlich tickenden Küchenuhr über der Tür.

»War das bei dir auch so?«, fragte Ilse leise.

»Was meinst du?«

»Als du mich bekommen hast. Wie war das?«

»Wie soll das denn gewesen sein? Wie bei allen Frauen eben.«

»Wer hat dir denn in der ersten Zeit geholfen?«

»Geholfen? Wobei?« Hedwigs Erstaunen wuchs.

»Na, mit mir!«

»Ach, Ilse. Wer hätte denn helfen sollen? Es war Krieg. Da musste jeder sehen, wie er klarkommt. Es wurde auch nicht lange gegrübelt. Dein Vater musste hart arbeiten, ich habe mich um dich gekümmert und zugesehen, dass wir anständig zu essen bekommen. Wie jeder eben. Wir können dem Herrn danken, dass wir alles gut überstanden haben.«

»Das waren schlimme Jahre, oder? Komisch, ich kann mich kaum an die Zeit erinnern, als ich klein war.«

»Dann ist das Gottes Wille. Diese Jahre sind vorbei und vergessen. Schau nach vorne.«

Ilse schwieg nachdenklich. »Meine Hand schläft ein.«

Hedwig nahm ihr das schlafende Kind ab, das sich sofort wohlig seufzend in ihren Schoß schmiegte.

»Wann hattest du eigentlich das Gefühl, dass das Kind in deinen Armen dein Kind ist, dass es zu dir gehört?«

Hedwig schaute verständnislos. »Fehlt dir was? Was sind denn das für Hirngespinste? Das war halt so.«

Ilse nestelte nach dem Taschentuch. »Ich glaube, bei mir ist das nicht so, Mutti. Ich meine, ich habe den Udo natürlich lieb, aber irgendwie ist er einfach ein kleines Kind. Gar nicht meins, verstehst du?«

Hedwig starrte ihre Tochter an. »Ich verstehe kein Wort.«

»Ich kann es nicht erklären. Er ist mir fremd. Und ich bin

es für ihn. Wenn er weint, kann ich ihn kaum beruhigen. Nimmst du ihn, fühlt er sich viel wohler.«

»Das bildest du dir ein.«

»Nein, tu ich nicht.« Nun flossen die Tränen in Strömen. »Ich weiß gar nicht, was ich machen soll«, flüsterte Ilse verzweifelt.

Eine Weile bestimmte Ilses Schluchzen die nächtliche Stille.

Schließlich meinte Hedwig: »Das ist wohl, weil dein Kind auf diese Weise zur Welt kam. Das war einfach nicht normal. Man hat es dir aus dem Bauch geholt, während du tief geschlafen hast. Anstatt es dir gleich zu geben, hat man es weggebracht. Du hast lange gebraucht, bis du wieder bei dir warst. Und dann hattest du keine Milch, also mussten es die Schwestern füttern. Ihr werdet euch bald aneinander gewöhnen.«

»Meinst du?«

»Ja.«

»Und Fred?«

»Was ist mit ihm?«

»Er nörgelt ständig.«

Hedwig musterte Ilse, räusperte sich. »Du weißt sehr gut, dass wir dich immer gewarnt haben. Nun ist es zu spät, du hast dich trotzdem mit ihm eingelassen. Es ist jetzt deine Aufgabe, für deinen Mann da zu sein. Wenn er abends müde nach Hause kommt, darfst du ihn nicht sofort mit irgendwelchen Belanglosigkeiten und Forderungen überfallen. Frage ihn nach seinem Tag, kümmere dich um sein Essen, halte seine Sachen in Ordnung. Das habe ich dir schon hundertmal gesagt.«

Ilse senkte traurig den Kopf. »Ich weiß. Ich kann das einfach nicht.«

Hedwig zuckte mit den Schultern. »Es bleibt dir nichts anderes übrig.« Sie beugte sich zu Ilse. »Nicht so viel nachdenken. Das wird sich fügen.«

* * *

Es fügte sich nicht.

Ilse und Fred begannen wieder zu streiten. Vergessen schienen die guten Vorsätze des Sommers. Es knisterte und knackte, auf unbedachte Äußerungen folgten Spitzfindigkeiten, Zynismus, Häme, Empörung. Wilhelm schwieg, Hedwig mahnte, Udo schrie, Ilse weinte, Fred ging aus. Fred kam heim, Ilse schimpfte, Fred polterte, Udo heulte.

Wilhelm platzte der Kragen. Er war es leid, andauernd Ohrenzeuge von Streit, Enttäuschung und Verbitterung zu sein, und schlug eines Nachts mit den Fäusten an die Wand. »Schluss jetzt!«, brüllte er. »Wenn ihr euch nicht sofort wie anständige Menschen benehmt, fliegt ihr raus! Ich habe es satt, mir ständig dieses Gezeter anzuhören! Ruhe! Auf der Stelle!«

»Das hast du jetzt davon. Immer machst du Ärger«, schnappte Ilse im Flüsterton.

»Aha, jetzt bin ich wieder schuld. Na klar«, flüsterte er wütend zurück.

»Wer hat denn angefangen? Dauernd meckerst du an mir herum.«

»Hör doch auf. Es kann ja wohl nicht zu viel verlangt sein, dass du meine Klamotten ausbesserst. Seit über einer Woche schon ist der Saum ausgerissen. Da wird wohl die Frage erlaubt sein, was du den ganzen Tag treibst.«

Ilse schwieg beleidigt. Sie lehnte im Schneidersitz an der Wand, schmollte, haderte mit sich und ihrem Leben. Wie ungerecht Fred war. Gut, sie hatte diese Hose vergessen. Unbeachtet harrte sie im verhassten Ausbesserungskorb. Dafür wartete seine übrige Kleidung frisch gewaschen, sauber gebügelt und ordentlich gestapelt im Schrank darauf, dass er sie achtlos herauszerrte. Außerdem hatte sie extra für ihn ›Toast Hawaii‹[26] zubereitet und sich damit den Unwillen

---

[26] Clemens Wilmenrod soll den ›Toast Hawaii‹ Mitte der fünfziger Jahre erfunden haben. Seine Fernsehküche war ein Straßenfeger, sie wurde regelmäßig von 1953 bis 1964 zur besten Sendezeit ausgestrahlt.

ihres Vaters zugezogen, der solche Kreationen verachtete, sie als neumodischen Kram bezeichnete. Das zählte natürlich nicht, stattdessen regte er sich wegen dieser albernen Hose auf.

Fred seufzte und wollte sie an sich ziehen. »Na, komm. Sei wieder lieb.«

Unwillig schob sie ihn von sich. »Lass das.«

»Vergiss die Hose. Komm lieber zu mir.«

»Jetzt hör auf, mich zu bedrängen. Außerdem riechst du nach Bier.«

»Soso, ich bedränge dich. Also allmählich frage ich mich, wie du damals so liebevoll sein konntest, wenn du mich doch anscheinend gar nicht erträgst. Wolltest du etwas vertuschen?« Aufgebracht stützte er sich auf den Ellbogen.

»Du spinnst wohl. Was unterstellst du mir da?«

»Denk mal drüber nach. Und vielleicht kümmerst du dich bei der Gelegenheit um dein weinendes Kind. Oder ist das auch zu viel verlangt?« Fred drehte sich weg.

Entsetzt starrte Ilse auf den ihr zugekehrten Rücken. Nahm er etwa an, sie hätte ihm Udo untergeschoben? Welch ungeheuerliche Anschuldigung! Immerhin hatte er sie an jenem Sonntagnachmittag nach allen Regeln der Kunst verführt.

Behutsam schaukelte sie die Wiege an ihrer rechten Seite. Erstaunlicherweise hatte sich Udo nahezu von allein beruhigt, quengelte nur ganz leise beim Einschlummern. Es stimmte also. Man musste nicht bei jedem Wehklagen sofort ans Kinderbett stürzen.

Den gleichmäßigen Atemzügen neben sich nach folgerte sie, dass auch Fred mittlerweile schlief. Leise schob sie die Decke von sich, tastete nach den Pantoffeln, griff nach ihrem Wollumhang sowie der auszubessernden Hose und schlich in die Küche. An Schlaf war ohnehin nicht zu denken.

Ohne allzu große Überraschung fand sie Hedwig dort. Vor sich eine Tasse Kakao, eine zweite neben dem bequemen Lehnstuhl ihres Vaters.

»Was war es diesmal?«

Ilse deutete auf die Hose. Hedwig griff sie sich wortlos, prüfte den zu behebenden Schaden, setzte die Brille auf, holte Nadel und passendes Garn hervor und fädelte ein. »Jetzt steh nicht rum. Setz dich und trinke deinen Kakao, bevor er kalt wird.«

»Mutti, ich …«, setzte Ilse zu einer Erklärung an.

Hedwig schnitt ihr mit einer Handbewegung das Wort ab. »Ich habe genug gehört.« Sie schaute ihre Tochter ernst an. »Das geht so nicht weiter. Dein Vater braucht seine Nachtruhe. Ich erwarte, dass du das respektierst.«

Ilse nickte. »Ich habe nicht angefangen, das musst du mir glauben.«

»Spielt keine Rolle. Sorge dafür, dass es nicht wieder vorkommt.« Mit wenigen Stichen war der nächtliche Zankapfel repariert. Sie schnitt das Garnende mit einer kleinen Schere ab. »Fertig. Gib sie dem Herrn morgen früh. Ist da noch mehr in deinem Korb, worüber er sich aufregen könnte?«

Ilse verneinte.

»Dann gehe ich jetzt wieder schlafen. Das solltest du auch tun.«

»Gute Nacht, Mutti. Danke«, murmelte sie.

Ilse blieb in der friedlichen Küche zurück. Sie machte es sich im bequem gepolsterten Lehnstuhl ihres Vaters gemütlich, wickelte sich in den warmen Wollumhang, trank den Kakao und dachte nach. Nein, es konnte so nicht weitergehen.

Als der Morgen graute und leises Rumoren im Bad ertönte, schlüpfte sie rasch aus der Küche zurück ins Zimmer und unter die Decke. Ihrem Vater wollte sie heute früh nicht begegnen. Erstaunt blickte sie auf das kleine Bündel in der Bettmitte. Udo schlief selig in Freds Armen.

Einige Tage später war eine Entscheidung in ihr gereift. Das Familienleben gestaltete sich dank höflich gewahrter Distanz etwas entspannter. Freds Entschuldigung wegen der nächtlichen Ruhestörung hatten ihre Eltern kühl akzeptiert, ihnen beiden dafür das Versprechen abgenommen, künftig respektvoller miteinander umzugehen.

Sie gaben sich Mühe, wenngleich Ilse ahnte, der Friede würde nicht von Dauer sein. Sie glaubte jedoch, eine Lösung zur Stabilisierung der fragilen Stimmung gefunden zu haben.

Draußen war es trocken, um die drei Grad und dicht bewölkt. Vermutlich schneite es bald. Ilse räumte den letzten der frisch gespülten Teller in den Schrank. Alles erledigt. Hedwig wischte den Tisch ab und holte ihren Handarbeitskorb hervor.

»Willst du nicht lieber mit mir spazieren gehen, Mutti? Einkaufen müssen wir auch noch, oder?« Sie deutete auf ein Häufchen bereitliegender Rabattmarken neben dem Einkaufszettel.

Hedwig schaute stirnrunzelnd zur Uhr, die Mittagszeit war gerade vorüber. »Ich nähe erst den Kragen an die Jacke, dann kann ich sie heute abliefern. Lass es uns mit Spaziergang und Einkauf verbinden.«

»Na gut«, Ilse seufzte, »dann schäle ich inzwischen die Kartoffeln.« Am Abend sollte es Kartoffelsalat und Würstchen geben. Die gegarten Kartoffeln warteten im Sieb darauf, gepellt und in Scheiben geschnitten zu werden. Ilse hasste diese Arbeit. Ständig hafteten Schalenreste an Messer und Fingern und ließen sich kaum abstreifen. »Brauchen wir alle Kartoffeln oder wolltest du welche zurückbehalten?«

»Nimm alle. Was nachher übrigbleibt, bekommen die Männer morgen mit.«

Sie setzte sich Hedwig gegenüber und machte sich ans Werk. Bei flotter Schlagermusik im Radio ließen die Kartoffeln schnell die Hüllen fallen. Jan & Kjeld trällerten vom ›Banjo Boy‹, Ilse wippte im Takt dazu. Beim ›Muli Song‹ von Ivo Robić war das klebrige Werk vollbracht, nun hüpften feine Scheiben in die Schüssel. Und als Rocco Granata seine ›Marina‹ besang, summte auch Hedwig mit, angesteckt von Ilses guter Laune. Nur Udo zeigte sich unbeeindruckt von den Foxtrott-Rhythmen, belohnte Ilse aber mit einem fröhlichen Grinsen, sobald sie sich lachend über ihn beugte. Den Kartoffeln folgten gehackte Gewürzgurken und Zwiebeln in den Salat. Ilse streute etwas Salz und Pfeffer darüber und vermischte alles mit reichlich Mayonnaise.

»Fehlen noch Eier, die müssen wir erst besorgen.«

»Und Würstchen. Die dürfen wir nicht vergessen«, erinnerte Hedwig.

Ilse ergänzte die Liste, stellte die Schüssel in den Kühlschrank, warf den Abfall weg, säuberte Messer und Brettchen, holte Udo aus seinem Körbchen und tanzte mit ihm zu Dalidas ›Am Tag, als der Regen kam‹.

»Pass auf den Kopf auf! Den kann er noch nicht allein halten«, mahnte Hedwig. »Und nicht so wild herumwirbeln, sonst wird ihm schwindelig.« Sie hatte ihre Näharbeit beendet, schlug die Jacke ordentlich in Papier ein und verstaute sie im Einkaufskorb.

»Jaja. Ich passe auf. Du tanzt doch gern, mein Kleiner, oder?« Udos Begeisterung hielt sich in Grenzen. Sein eben noch zufriedenes Gesicht verzog sich verdächtig. »Na gut, bevor du dich beschwerst, hören wir auf.«

»Am Sonntag ist Tanz im Gemeindesaal. Du könntest mit deinem Mann hingehen«, schlug Hedwig vor.

Ilse schaute sie überrascht an. »Und Udo?«

»Um den kümmere ich mich. Unternehmt ihr beide ruhig mal wieder etwas zusammen.« Sie holte die Mäntel.

»Was ist? Willst du etwa nicht tanzen gehen?«

»Und ob ich will! Ich frage Fred nachher.« Ilse bemühte sich, Udo warm anzuziehen. »Nun halte mal still, sonst bekommen wir deine Hände nicht durch die Ärmel.«

»Lass mich das machen.« Hedwig schob ihre Tochter zur Seite. »Holst du seine Mütze?«

Erleichtert überließ Ilse ihrer Mutter, das Kind zu verpacken. Wenige Minuten später waren sie unterwegs.

»Nun rück schon raus mit der Sprache«, meinte Hedwig, nachdem sie die Jacke einige Straßen weiter abgeliefert hatten.

Udo, dick eingemummelt, war bereits nach wenigen Schritten in seinem ruckelfrei rollenden Kinderwagen eingeschlafen.

»Woher weißt du …«, stotterte Ilse.

»Ich kenne dich. Also?«

Ilse räusperte sich. »Ich war gestern noch einmal zur Nachkontrolle.«

Hedwig blieb erschrocken stehen. »Stimmt etwas nicht?«

»Nein, nein, alles gut«, versicherte Ilse eilig. »Ich soll mich in äh … also in ehelicher Hinsicht … da soll ich … ich meine Fred … er muss sich in nächster Zeit zurückhalten. Ansonsten ist alles in Ordnung.« Ilse holte tief Luft. »Ich habe den Doktor gefragt, ob etwas dagegen spricht, dass ich wieder arbeite.«

»So früh schon? Udo ist gerade mal sechs Wochen alt. Bist du denn kräftig genug?«

Ilse nickte eifrig. »Der Doktor sagt, ich könnte jederzeit wieder anfangen. Natürlich keine körperliche Anstrengung. Das nicht. Aber gegen Büroarbeit hat er keine Einwände.«

Hedwig schwieg.

»Mutti, wir hatten das lange vor Udos Geburt besprochen. Du kümmerst dich doch um ihn, wenn ich arbeite, oder?«

»Natürlich tue ich das«, antwortete sie langsam. »Was sagt denn dein Mann dazu?«

»Ich habe es ihm noch nicht gesagt. Wollte erst einmal mit dir reden, damit das mit Udo ganz bestimmt geklärt ist.«

»Das Bübchen ist ganz bestimmt nicht das Problem. Du musst erst deinen Mann fragen, ob er einverstanden ist.«

»Was heißt denn hier, ich muss ihn fragen?«, erkundigte sich Ilse konsterniert. »Hauptsache, Udo ist versorgt. Oder nicht?«

Hedwig schüttelte den Kopf. »Ohne seine Erlaubnis geht es nicht. Kläre das mit ihm. Wenn er nichts dagegen hat, geh meinetwegen arbeiten. Allerdings finde ich, dass es reichlich früh dafür ist. Aber da mische ich mich nicht ein. Was Udo betrifft, bekommst du von deinem Vater und mir alle Unterstützung, die du brauchst.«

»Fred um Erlaubnis bitten! Das darf doch nicht wahr sein«, murrte Ilse.

»Du bist verheiratet, schon vergessen?« Hedwig stupste sie in die Seite. »Jetzt stell dich so nicht an. Am Sonntag gehst du mit ihm tanzen, und wenn ihr danach gut gelaunt heimkommt, fragst du ihn. Er wird es dir schon nicht abschlagen.«

So lange wollte Ilse nicht warten und fasste am Abend allen Mut zusammen. Fred war von ihren Plänen zunächst alles andere als begeistert. Die immer enger werdende Bindung seiner Schwiegermutter zu seinem Sohn missfiel ihm.

»Ich finde, Erziehung ist unsere Angelegenheit, Billy. Das sollten wir nicht deiner Mutter überlassen.«

»Sei nicht albern Fred, Udo ist ein Baby. Von Erziehung kann also gar keine Rede sein. Außerdem hatten wir das bereits vor der Hochzeit vereinbart. Deswegen leben wir schließlich hier. Damit ich arbeite und wir sparen können.«

»Warte lieber noch eine Weile.«

»Ich kann nicht warten, Fred. Ich halte es nicht aus. Den ganzen Tag daheim zu sein, das ist nichts für mich.«

Fred schwieg.

»Je eher ich arbeite, umso schneller haben wir das Geld für eine eigene Wohnung zusammen. Du beklagst dich immer, dass wir uns die privat angebotenen Wohnungen mit deinem Lohn allein nicht leisten können. Und bis uns das Wohnungsbüro etwas zuteilt, wird es noch ewig dauern. Willst du das etwa?«

»Natürlich nicht. Je eher ich hier rauskomme, desto besser. Andererseits …«

»Was?«

»Deine Eltern reiben mir ständig unter die Nase, wie dankbar wir ihnen sein müssen. Ich wage gar nicht, daran zu denken, wie viel Dankbarkeit sie erst erwarten, wenn deine Mutter tagsüber für Udo sorgt.«

»Diese Bedenken kann ich dir nehmen. Das tut Mutti gern.« Sie umarmte ihn, lehnte den Kopf an seine Schulter. »Sie hat vorgeschlagen, dass wir beide am Sonntag tanzen gehen. Das hätte sie wohl kaum getan, wenn sie sich nicht um Udo kümmern wollte.«

Fred schob Ilse auf Armlänge von sich und schaute sie erstaunt an. »Wir beide sollen tanzen gehen?«

»Willst du etwa nicht?«

»Und wie ich will!« Er zog sie zurück in seine Arme, verfiel in einen Tangoschritt und sang ihr ins Ohr: »Und sie tanzen einen Tango, Jacky Brown und Baby Miller …«[27]

Ilse fiel lachend mit ein, bis Fred innehielt.

»Du, ich habe schon etwas ausgemacht für Sonntagnachmittag. Ein paar der Jungs spielen Fußball. Ich habe versprochen zu kommen.«

Ilse löste sich verletzt von ihm. »Du verabredest dich ohne mich an einem Sonntag?«

»Jetzt sei nicht gleich sauer. Ich konnte ja nicht wissen, dass du etwas geplant hast.« Er überlegte fieberhaft. »Wir machen beides. Ich gehe nach dem Mittagessen zum Spiel und hole dich später zum Tanz ab.«

»Dann ist das Fest bestimmt bald vorbei.« Sie warf den Kopf zurück. »Nein, geh du meinetwegen zum Fußball, ich gehe in den Gemeindesaal. Vielleicht hat Jette Lust, mich zu begleiten. Und wenn nicht, sind dort andere Leute, die ich kenne. Du kannst ja abends nachkommen.«

»Also ich weiß nicht.«

»Aber ich.« Sie zog ihn zur Tür. »So, nun komm mit rüber, Abendessen.«

Beim Einschlafen kam sie ins Grübeln. Bald Mitternacht und Fred bis jetzt noch nicht daheim. Nach dem Abendessen war

---

[27] Liedzeile zitiert aus ›Kriminal-Tango‹ u.a. interpretiert vom Hazy Osterwald-Sextett (erschienen 1959 bei Polydor). Songwriter: Aldo Locatelli / Piero Trombetta / Kurt Feltz. Songtext von Kriminal-Tango © GEMA, S.I.A.E. Direzione Generale, Suvini Zerboni Ed. Spa., COPYRIGHT CONTROL (NON-HFA), SUGAR MELODI, INC

er losgezogen, wie so oft. Sie wälzte sich unruhig auf die andere Seite. Seine Verabredungen mit Freunden und Kollegen gehörten mittlerweile zur Normalität. Aber dass er sich an einem Sonntag ohne sie verabredete, war neu. Enttäuschend, ja ungehörig. Hedwigs Worte kamen ihr in den Sinn. Nicht so viel nachdenken, sondern nach vorn schauen. Sie atmete tief durch. Nun gut. Dann würde sie sich ohne Fred vergnügen. Was er konnte, das konnte sie schon lange.

März bis Mai 1960

Ludwigshafen/Rh. den 29.3.1960

An das Landgericht in Frankenthal
Die Klägerin begehrt Scheidung der Ehe mit folgen-
der Begründung:
Der Ehemann vernachlässigt seit längerer Zeit völlig
die Ehefrau, geht morgens fort und kommt abends
spät nach Hause. Er gibt ihr völlig unzureichendes
Haushaltsgeld, vierzehntäglich DM 75,-- und hat ihr
auf ihre Vorstellung, daß es so nicht weitergehen
könne, wiederholt erklärt „wenn es dir nicht paßt,
kannst du dich ja scheiden lassen".
<u>Beweis</u>: sachverantwortliche Vernehmung der
Parteien.
Die Ehescheidung wird gestützt auf § 43 des Ehe-
gesetzes.
Zum <u>Beweis</u> dafür, daß der Beklagte fast jede Nacht,
mindestens nach Mitternacht nach Hause kommt,
<u>beantrage</u> ich, Frau Hedwig Oehler, geb. Wagner als
Zeugin zu hören.
Dem Beklagten wurde sowohl durch die Schwieger-
mutter als auch dem Schwiegervater und ebenso
durch den Vikar, Herrn Ebel ins Gewissen geredet.
Der Beklagte erklärte den Eltern, er lasse sich nicht
hineinreden, er mache, was er wolle.
Ich <u>beantrage</u>, die beiden Eltern als Zeugen darüber
zu vernehmen, daß der Beklagte fast jeden Tag nach
Mitternacht, manchmal erst gegen 2 Uhr nach Hause
kommt, und daß er auch auf gütliches Zureden
erklärt, er mache, was er wolle.

Der Beklagte ist sogar so, daß er der Klägerin gegen-
über erklärt hat, er zweifle sogar daran, ob das Kind
Udo von ihm erzeugt sei.
Beweis: Parteivernehmung.
Das gesamte Verhalten gilt als ehewidrig, daß ein Zu-
sammenleben nicht mehr zugemutet werden kann.
Der Beklagte hat der Klägerin auch öfters gesagt, sie
ist „blöd" und „spinnt".
Beweis: Wilhelm Oehler und Frau Hedwig Oehler als
Zeugen.
Für die Klägerin: gez. Dr. Zang, Rechtsanwalt

* * *

Ludwigshafen/Rh. den 14.4.1960
An das Landgericht in Frankenthal
In Sachen
Marquardt, Udo, vertreten durch seine Mutter Ilse
Marquardt, Antragsteller,
Prozeßbevollmächtigter: Rechtsanwalt Dr. Zang
gegen
Marquardt, Fred, Schlosser, Antragsgegner
richte ich zum Landgericht Frankenthal folgenden
Antrag:
Der Antragsgegner wird verurteilt, an den minder-
jährigen Antragsteller zu Händen seiner Mutter eine
monatlich vorauszahlbare Unterhaltsrente von DM
75,-- zu bezahlen.
Der Antragsgegner trägt die Kosten des Rechtsstreits.
Begründung:
Frau Ilse Marquardt und der Antragsgegner sind
Eheleute. Der Antragsteller ist aus der Ehe als ehe-
liches Kind hervorgegangen und ist heute 4 Monate
alt. Wie sich aus der eidesstattlichen Versicherung
ergibt, die ich in Anlage beifüge, zahlte der Antrags-
gegner ursprünglich nur DM 50,-- und jetzt nur auf

Anforderung täglich. Es ist ein völlig unmöglicher Zustand, daß die Mutter des Antragstellers nicht die notwendige Unterhaltsrente für den Antragsteller monatlich im voraus erhält.

Der Antragsgegner arbeitet in der BASF und verdient monatlich netto durchschnittlich DM 440,--.

Da die Mutter des Antragstellers berufstätig ist, ist der Betrag von DM 75,-- für den Antragsteller gerechtfertigt. Das Kind befindet sich in Pflege der Mutter und seiner Großmutter mütterlicherseits.

Ich bitte um umgehende Verbescheidung meines heutigen Antrags.

Für den Antragsteller: : gez. Dr. Zang, Rechtsanwalt

* * *

Ludwigshafen a.Rh., den 22.4.1960
Sehr geehrte Frau Marquardt!
Ich bestätige den Empfang Ihres Briefes vom 19.4.1960 und teile Ihnen mit, daß ich Ihrem Wunsch entsprechend die Klage sowie den Antrag zurückgenommen habe.

Ich bitte höflichst um Begleichung beigefügter Kostenabrechnung.

Hochachtungsvoll Dr. Zang, Rechtsanwalt

»Wenn das mal kein Fehler war«, bemerkte Hedwig zweifelnd, nachdem Ilse ihr den Brief des Rechtsanwalts gezeigt hatte. Und mit einem Blick auf die Kostenabrechnung: »Hunderteinundzwanzig Mark für nichts. Die muss er dir zurückgeben. Schließlich hat er den ganzen Schlamassel angerichtet mit seiner Herumtreiberei und all den Frechheiten.« Sie gab Ilse den Brief zurück. »Wo steckt er denn schon wieder?«

Ilse zuckte mit den Achseln. Fred war zum Abendessen nicht erschienen.

»Und was meinst du dazu?«, wandte Hedwig sich an Wilhelm.

Der entflammte bedächtig ein Streichholz, zündete eine Stuyvesant an, nahm einen tiefen Zug und pustete das Streichholz beim Ausatmen einer mächtigen Rauchwolke aus. Er schob Ilse die Schachtel zu. »Meinetwegen nimm dir eine. Rauchst ja sowieso, wenn ich nicht da bin.«

Ilse fingerte nervös eine Zigarette aus der Packung, Wilhelm gab ihr Feuer.

»Sie muss wissen, was sie tut«, antwortete er dann und bedachte seine Tochter mit ernstem Blick.

»Fred hat mich so sehr gebeten, die Scheidungsklage zurückzuziehen. Er hat versprochen, sich zu ändern.«

»Und wann will er damit anfangen?«, fragte Hedwig mit hochgezogenen Brauen. »Bislang merkt man nichts davon. Kaum hast du alles rückgängig gemacht, ist er schon wieder auf und davon. Haushaltsgeld habe ich auch keines gesehen. Du etwa?«

Ilse schüttelte verzagt den Kopf.

Hedwig musterte ihre unentschlossene Tochter. Würde sie wieder umfallen, wenn Fred ihr schöne Versprechungen machte? Bis zu Udos Geburt hatten die beiden freie Kost und Logis genossen. Lediglich an den Ausgaben für Fleisch und Wurst mussten sie sich beteiligen. Hedwig und Wilhelm wollten das junge Paar unterstützen, ein eigenes Leben aufzubauen, ein wenig zu sparen. Seit Dezember verlangten sie nun Miete und einen Beitrag für Lebensmittel, Gas, Wasser und Licht. Aufgrund Freds oft ungebührlichen Benehmens ihnen gegenüber waren sie nicht mehr bereit, deren Leben zu finanzieren. Udo bildete eine Ausnahme, dem sollte es an nichts fehlen. Er wuchs schnell, und Hedwig steuerte stillschweigend das eine oder andere Ausstattungsstück bei, nachdem sie einem belauschten Streit entnommen hatte, dass Fred Anschaffungen für das Kind regelmäßig ablehnte und Ilse, wenn sie ihn um Geld für Kinderkleidung bat, stattdessen gehässig aufforderte, diese selbst anzufertigen.

Ilse schreckte zusammen, als Wilhelms Faust unvermittelt auf den Tisch donnerte. »Zum Ausgehen hat er Geld genug, aber seinen Verpflichtungen uns gegenüber kann er nicht nachkommen? Na, der soll mal nach Hause kommen, das Bürschchen knöpfe ich mir vor.«

»Bitte Vati, tu das nicht. Bitte keinen Streit. Ich lege das Geld aus«, bettelte sie.

»Ilse, überleg dir das gut. Wenn du einmal damit anfängst, nimmt dein Mann das als selbstverständlich hin«, gab Hedwig zu bedenken.

»Nein, ich will jetzt keinen Streit. Wir müssen das irgendwie hinbekommen. Schon wegen Udo. Ich hole dir das Geld.« Sie stand auf und eilte aus der Küche.

»Du wirst das nicht annehmen, Wilhelm. Auf keinen Fall.« Hedwig bedachte ihn mit strengem Blick.

»Doch, ich nehme es. Aber ich fordere es von diesem Kerl zurück. Er wird sich nicht aus der Verantwortung stehlen.«

* * *

So sehr Ilse auch hoffte, ihre Ehe retten zu können, so bedrohlich schien ihr die Gefahr einer weiteren Schwangerschaft, sollte sie Freds Nähe wieder zulassen. Es war nicht allein das gesundheitliche Risiko, vor dem der Arzt nach der Entbindung gewarnt und daher Zurückhaltung für längere Zeit empfohlen hatte.

Sie traute Fred die Ernsthaftigkeit eines fürsorglichen Ehemannes und Vaters nicht mehr zu, da hatte ihre Mutter sicherlich recht, und wollte keinesfalls in eine noch größere, vermeidbare Abhängigkeit geraten. Da er selten vor Mitternacht nach Hause kam, konnte sie sein Begehren meist erfolgreich abwehren. Sie stellte sich schlafend. Nicht immer gelangen ihre Ausweichmanöver, was dann zu unangenehmen Diskussionen führte. Denn zumindest, wenn Schutzmittel im Haus waren, gab es keinen ersichtlichen Grund, ihn abzuweisen. Sie tat es dennoch, suchte nach

Ausflüchten und konnte sich ihren Widerwillen vor körperlicher Nähe dabei selbst kaum erklären.

War es der ständige Streit wegen des Geldes? Dauernd musste sie ihn an seine finanziellen Verpflichtungen erinnern. Wie eine Bettlerin fühlte sie sich. Lag es an seinem Egoismus? Abend für Abend ging er aus, kam spät nachts heim, meist mit deutlicher Bierfahne. Oder an seinem nachlässigen Umgang mit Udo? Entweder beachtete er ihn gar nicht oder nahm ihn so ungeschickt, dass sie oder Mutti einschreiten musste. Erklärte man ihm dann, wie ein kleines Kind gehalten und gestützt werden sollte, drehte er sich beleidigt weg. Sonntagsspaziergänge mit dem Kinderwagen waren ihm peinlich. Und so ging sie entweder allein oder in Begleitung ihrer Eltern. Schließlich arbeiteten sie beide die ganze Woche, da blieb nur der Sonntag für ihr Kind. Doch er, er vermied diese gemeinsamen Ausflüge weitmöglichst. Sein ruppiger und respektloser Ton, der ihren Vater zur Weißglut trieb, war zärtlichem Empfinden eher abträglich, beschämte sie sein Verhalten schließlich regelmäßig.

Sie fragte sich, was sie eigentlich als Sechzehnjährige so sehr an Fred bewundert hatte, und wohin all diese Bewunderung verschwunden war.

Kürzlich hatte ihr Jette gestanden, sie wolle nie heiraten. Dieser Wunsch nach Verbundenheit auf immer und ewig, er fehle ihr. Dafür verspüre sie einen unbändigen Hunger nach Leben und Freiheit. Sie bewundere Ilse und Fred, die sich ihrer Gefühle für- und der Zusammengehörigkeit zueinander derart sicher waren, dass sie so jung schon eine Familie gegründet hatten.

Natürlich konnte Jette nicht wissen, dass ihre Eheschließung weniger einem Herzenswunsch denn dringender Notwendigkeit geschuldet war. Insgeheim stimmte Ilse diese seltene Offenheit nachdenklich. Verbundenheit und Zusammengehörigkeit. Sie vermutete, ihre Eltern empfanden dies füreinander. Wie es sich wohl anfühlte? Hunger nach Leben und Freiheit. Nachvollziehbar.

* * *

Nicht nur Ilse kämpfte mit widersprüchlichen Gefühlen. Als Fred die Scheidungsklage erhielt, traute er seinen Augen nicht. Nie und nimmer hätte er einen solchen Schritt Ilses für möglich gehalten.

Erstmals beschlich ihn ein schlechtes Gewissen. Schwarz auf weiß waren da die hässlichen Vorwürfe zu lesen, die er bei jedem Streit weit von sich gewiesen hatte. War es wirklich verwerflich, dass er sich abends lieber mit Freunden traf, anstatt Ilses Gleichgültigkeit und den Griesgram seiner Schwiegereltern zu ertragen? Trieb ihn nicht gerade diese ernüchternde Stimmung aus dem Haus? Dabei sehnte er sich nach einer Familie. Oder suchte er nur jene vage Erinnerung an das verlorene Elternhaus?

Manchmal, wenn er seinen Sohn betrachtete, überflutete ihn ungehemmte Zärtlichkeit und Freude. Doch kaum schloss er ihn in seine Arme, stürzten sofort Ilse oder Hedwig herbei und entwanden ihm den kleinen Kerl. Als sei er ein Außenstehender, dem dieses Recht nicht zustand. Lediglich an Sonntagen, da erwartete man von ihm den ›liebenden Vater‹, der mit seiner Frau an der Seite, den Kinderwagen schiebend, durch die Straßen flanierte und das Wohlwollen der Nachbarn erregte, während Hedwig Lob für den ordentlichen Schwiegersohn einheimste.

Hedwig. Sie war die Wurzel allen Übels. Die Herrscherin über Ilse und Wilhelm, die sich von ihrem wohldosierten Gifthauch einnebeln ließen. Oh ja, sie kümmerte sich hingebungsvoll um Udo. Und säte Zwietracht. Was hatte sie eigentlich an ihm auszusetzen? Er war jung, tüchtig und zielstrebig. Arbeitete hart, lernte fleißig für seine Meisterprüfung, war beliebt und anerkannt. Beim Meister, den Kollegen und den Freunden beim Sport. Nicht jedoch bei Hedwig und Wilhelm, die stets nichts als Tadel für ihn übrig hatten und Ilse gegen ihn aufbrachten. Die ständige Einmischung in seine

Angelegenheiten hatte er sich aufs Energischste verbeten, ebenso wie die des Vikars, den sie tatsächlich für ihre Zwecke einzuspannen versuchten.

›Ehewidriges Verhalten‹ hatte man ihm vorgeworfen. Weil er Ilse knapp hielt? Es stimmte, er achtete auf ihre Ausgaben. Schließlich wollten sie sparen. Für eine Wohnung, für eine kleine Reise. Kaum überließ er ihr seinen monatlichen Anteil, gab sie ihn sogleich aus für Schnickschnack und Kinderkleidung, die sie ohne Weiteres selbst schneidern könnte. War es verwunderlich, dass er daher Rechenschaft verlangte?

Ilse hatte die Scheidungsklage zurückgezogen. Er hatte sie inständig darum gebeten, versucht, ihr seine Sicht zu erklären. Er war nicht wirklich zu ihr durchgedrungen, seine Argumente berührten sie kaum. Trotzdem hatte sie eingewilligt, ihnen beiden eine weitere Chance zu geben. Schließlich strebte sie nach mehr Selbstständigkeit, die sie nur mit ihm und ohne ihre Eltern erlangen konnte.

Für kurze Zeit war die einstige Nähe zwischen ihnen erneut wahrnehmbar. Doch dieses zaghafte Flämmchen drohte bereits wieder zu erlöschen.

* * *

Hedwig und Wilhelm saßen gemütlich beisammen und machten Pläne für das baldige Pfingstwochenende.

Ilse und Fred würden mit ihren Freunden in die Pfalz fahren und nahe der Burg Stauf zelten. Udo sollte in dieser Zeit bei seinen Großeltern bleiben. Durch die offene Küchentür hatten sie ihren schlafenden Enkel in der Stube gegenüber im Blick, dem Zimmer der jungen Eltern. Gerade war Hedwig noch einmal hinübergehuscht, um das gekippte Fenster zu schließen. Der Mai verwöhnte sie zwar bereits mit viel Sonne und angenehmen Temperaturen, doch nun, am späteren Abend, war es empfindlich kühl.

Der Radiosprecher begrüßte die Zuhörer zu den Neun

Uhr-Abendnachrichten des 20. Mai 1960:[28] »Der Berliner Bürgermeister Brandt wird am kommenden Dienstag in Bonn mit Bundeskanzler Adenauer zu einem Gespräch über die politische Lage zusammenkommen. Brandt erklärte gestern vor dem Berliner Abgeordnetenhaus, er glaube nicht, dass sich in absehbarer Zeit die Berliner Situation verschärfen werde.«

»Soll ich ausschalten?«, fragte Hedwig.

»Nein, lass laufen. Ist ja gleich vorbei, dann kommt Musik.«

»Seit gestern Nachmittag führen der sowjetische Ministerpräsident Chruschtschow, der SED-Chef Ulbricht und Zonenministerpräsident Grotewohl in Ost-Berlin politische Gespräche. Über den Inhalt ist bisher nichts bekanntgeworden. Es verlautet lediglich, der Kreml werde jetzt nach einer Überprüfung der Lage den Westen ultimativ auffordern, in einiger Zeit an einer von den Sowjets vorgeschlagenen Konferenz über die Vorbereitung eines Friedensvertrags mit beiden deutschen Staaten teilzunehmen. Im Falle einer Weigerung des Westens werde Moskau den bereits ausgearbeiteten Separatfriedensvertrag unterzeichnen. Die Stimmung in Ost-Berlin ist überaus nervös. Außer der Volkspolizei wurden auch Einheiten der Volksarmee zu Sicherheitsmaßnahmen herangezogen. Zwei westdeutsche Jugendliche und ein West-Berliner Autoschlosser, die gestern vor dem Haus der Ministerien fotografieren wollten, wurden vom Staatssicherheitsdienst festgenommen. Der West-Berliner ist bis zur Stunde nicht in seine Wohnung zurückgekehrt.«

Hedwig raschelte gelangweilt in ihren Schnittmustern. Politik interessierte sie nicht. Und die aktuellen Meldungen zur Lage in Berlin wollte sie am liebsten gar nicht hören, sie wirkten stets bedrohlich.

»Der Presseoffizier der Luftwaffengruppe Süd in

---

[28] Originalpressemeldungen vom 20.05.1960

Karlsruhe, Major Bruno Winzer, ist spurlos verschwunden. Die Karlsruher Staatsanwaltschaft hat eine Großfahndung in der Bundesrepublik eingeleitet. Von Frau Winzer und ihrem einjährigen Kind fehlt ebenfalls jede Spur. Winzer ist ohne Angabe einer Ferienadresse am 27. April auf Urlaub gegangen. Der Major hatte seiner Dienststelle versprochen, den endgültigen Ferienort mitzuteilen. Das war nicht geschehen. Der Urlaub lief am vergangenen Mittwoch ab. Während Winzers Abwesenheit traf in den ersten Maitagen ein Möbelwagen vor dessen Wohnung ein. Ein Unbekannter erklärte den Nachbarn, er habe von Winzer den Auftrag erhalten, die Möbel nach Hamburg zu bringen. Der Major sei überraschend in die Hansestadt versetzt worden. Sein Eigentum werde zunächst bei den Schwiegereltern untergestellt. Winzer soll angeblich hoch verschuldet gewesen sein.«[29]

Hedwig raschelte ungerührt weiter.

»Mehr als zehntausend Studenten westdeutscher Universitäten und Hochschulen protestierten in Schweigemärschen gegen das Scheitern der Gipfelkonferenz. Sie führten teilweise Plakate und Transparente mit, auf denen Frieden und die Einheit Deutschlands gefordert wurde.«

»Willst du das wirklich alles hören?«

Wilhelm seufzte ergeben. »Dann schalte meinetwegen

---

[29] Wie sich später herausstellen sollte, war der Major Bruno Winzer (* 15. Oktober 1912 in Berlin) desertiert und in der DDR untergetaucht, für die er bereits seit Ende 1957 spioniert hatte. Im November 1987 wurde sein Antrag auf eine Besuchsreise in den Westen vom Ministerium für Staatssicherheit genehmigt, obwohl dort bekannt war, dass er nicht in die DDR zurückkehren wollte. Nach seiner Ankunft in der Bundesrepublik Deutschland erläuterte er die Beweggründe seiner Flucht in mehreren Presseinterviews und kündigte die Veröffentlichung eines Lebensberichts mit dem Titel ›Prost Neujahr – Genosse Oberst‹ an. Seither gab es keine weiteren Lebenszeichen von ihm, das Buch ist nie erschienen.

aus. Du gibst ja ohnehin keine Ruhe.«

Hedwig reduzierte die Lautstärke, sodass lediglich ein Murmeln des Sprechers vernehmbar war. »So ist es besser. Wenn die Musik einsetzt, drehe ich wieder lauter.« Sie lächelte zufrieden. »Ilse sagte vorhin, Fred wird am dritten Juni, also freitagabends, aufbrechen. Sie kommt erst samstags im Lauf des Tages nach.«

»Warum fahren sie denn nicht zusammen?«

»Keine Ahnung.«

»Hm«, brummte Wilhelm.

»Wie auch immer. Wir sollten ebenfalls einen schönen Ausflug machen. Du musst an die frische Luft und das Bübchen sowieso.«

»Und woran hast du gedacht?«

»Eine Fahrradtour vielleicht?«

»Ach, hör auf. Das ist nichts für mich.«

»Odenwald?«

»Und dann mit dem Kinderwagen über Stock und Stein stolpern?«

»Schon gut, schon gut«, knurrte Hedwig.

»Lass uns einfach einen Spaziergang durch den Park machen. Wir können etwas zum Vespern mitnehmen. Oder wir gehen schön Kaffee trinken im Parkrestaurant.«

»Den Kuchen backe ich selbst. Der ist dort viel zu teuer.«

Das Pläneschmieden wurde von Fred unterbrochen, der zur Wohnungstür hereinstolperte und grußlos an ihnen vorbei in die Stube trottete, umkehrte, in die Küche kam und – sie keines Blickes würdigend – eine Flasche Bier aus seinem Kühlschrankfach griff.

Schließlich wandte er sich ihnen zu. »Wo ist Ilse?«

»Wo warst du?«, fragte Wilhelm kühl.

»Was geht es dich an? Ich fragte, wo meine Frau ist.«

»Wenn du dort gewesen wärst, wo du behauptet hattest zu sein, dann müsstest du nicht fragen«, erwiderte Hedwig spitz.

»Was soll das denn jetzt?«, brauste Fred auf.

»Wo warst du, Fred?«, fragte Wilhelm erneut.

»Das geht dich nichts an. Es genügt, wenn meine Frau Bescheid weiß. Zum wiederholten Mal: Wo ist Ilse?!«

»Das solltest du am besten wissen. Sie ist vor über einer halben Stunde losgegangen, um dich abzuholen.« Hedwig musterte Fred kalt. »Wie kommt es, dass du ohne sie erscheinst? Wo warst du?«

Wortlos wollte Fred die Küche verlassen.

»Wage es nicht, die Tür zuzuschlagen. Dein Sohn schläft.«

Zwanzig Minuten später erschien Ilse. Noch bevor sie die Wohnungstür hinter sich geschlossen hatte, stürmte Fred in den Flur. »Wo kommst du jetzt her? Es ist schon nach zehn Uhr.«

Hedwig wollte aufstehen, doch Wilhelm hielt sie warnend zurück.

»Wo warst du denn? Ich habe dich gesucht«, erklang Ilses Stimme.

»Du spionierst mir nach?«

»Sei nicht albern. Egon war hier und wollte etwas mit dir besprechen. Als ich ihm sagte, du seist bei einem Vortrag im Kulturhaus, wollte er dich dort treffen. Ich habe ihn begleitet.«

»Das war vor einer Stunde. Erzähl also keine Märchen. Deine Mutter hat mir gesagt, wann du hier weggegangen bist!«

Ilse drängte sich an ihm vorbei, lief in die Küche und prüfte die Temperatur des Wasserkessels. »Möchtest du auch Tee, Mutti?«

Hedwig nickte.

»Vati?«

Wilhelm winkte ab.

Ilse füllte getrocknete Pfefferminzblätter in die Kanne und drehte das Gasflämmchen unter dem Wasserkessel auf.

»Ich rede mit dir!«, erboste sich Fred.

»Wo warst du eigentlich? Im Kulturhaus jedenfalls nicht. Da fand nämlich kein Vortrag statt.«

»In Rheingönheim. Wieso brauchst du eine ganze Stunde, bis du wieder hier bist?«

»Soso, Rheingönheim. Da habe ich auch nach dir gesucht. Egon hat mich mitgenommen. Wir dachten uns nämlich, dass du möglicherweise dort bist. Bei deinem Busenfreund Klaus. Da warst du aber nicht. Und auch nicht in deiner Stammkneipe. Und da niemand dort etwas von dir gehört hatte, hat mich Egon wieder nach Hause gefahren.« Sie starrten einander an. »Also, wo warst du?«, fragte sie leise.

»In Rheingönheim. Der Vortrag hat dort stattgefunden. Wurde kurzfristig verlegt. Was wollte Egon von mir?«

Ilse zuckte mit den Schultern. »Warum fragst du ihn nicht selbst?«

Fred musterte sie kurz, drehte sich um und rauschte aus der Wohnung.

Das schrille Pfeifen des Wasserkessels riss sie aus ihrer Erstarrung. Sie goss den Tee auf, setzte sich zu ihren Eltern und legte die Hände sichtlich ratlos in den Schoß. Stirnrunzelnd erklärte sie nach einigen Momenten betretenen Schweigens: »Ich rufe im Kulturhaus an.«

Am nächsten Morgen konfrontierte Ilse Fred mit dem Ergebnis ihrer Nachfrage, dass das Kulturhaus am vergangenen Abend weder dort einen Vortrag angeboten noch ihn an einen anderen Veranstaltungsort verlegt hatte.

Daraufhin wurde Fred erst wütend, dann kleinlaut. Zähneknirschend gab er zu, sie beschwindelt zu haben.

»Ich weiß, wie das jetzt aussieht. Glaub mir, du irrst dich!«

»Keine Ausreden, Fred!«

»Ich wollte tatsächlich zu dem Vortrag. Aber ich hatte mich im Tag vertan. Das ist alles.«

»Aha. Und wo warst du wirklich?«

»Auf einer Party bei Heinz. Er hatte mich neulich dazu eingeladen, aber ich wollte ja zum Vortrag. Und als der nicht stattfand, bin ich, ohne lange nachzudenken, zu Heinz gegangen«, gestand er beschämt.

»Seit wann bist du vor Mitternacht zurück, wenn du zu einer Party gehst? Du lügst schon wieder!«

»Na, ich bin so früh dort weg, weil du dachtest, ich sei bei einem Vortrag. Meine Güte, ich wollte halt nicht schon wieder Ärger.«

Ilse räumte schweigend die gebügelte Wäsche in den Schrank.

Fred nahm sie zaghaft in den Arm. Der Abend hatte sich exakt so zugetragen, wie er soeben erklärt hatte. Dass er allerdings auf der Party auch der feschen Lotte, einer Faschingsbekanntschaft, wiederbegegnet war, verschwieg er.

»Und was war mit Egon?«, flüsterte er.

Ilse riss sich unwirsch los. »Fängst du wieder damit an? Da war nichts! Er hat mich begleitet!«

Fred versuchte sie erneut zu umfangen. »Jetzt lauf nicht wieder weg vor mir. Er himmelt dich an. Das sieht ein Blinder.«

»Blödsinn.«

»Gefällt er dir?«, fragte er eifersüchtig.

»Jetzt reicht es wirklich.« Ilse versuchte, sich aus Freds Armen zu winden, doch der hielt sie fest umschlungen.

»Das ist keine Antwort.«

»Fred!« Angesichts Ilses ernster Miene gab er sie frei. »Du musst mir schon glauben.«

Er nickte zögernd. »Du mir dann aber auch.«

Sie bemühten sich aufrichtig, kämpften um verlorenes Vertrauen. Und tatsächlich, die trennende Wand aus Kälte und Skepsis wich. Ganz allmählich wandelte sie sich in durchlässige Wolken, waberte in Schwaden davon. Hinterließ dabei kleine Pfützen voller Misstrauen.

Juni und Juli 1960

Still betrachtete Ilse das heitere Miteinander, ließ die kleine Reisetasche fallen und plumpste erschöpft auf den nächstgelegenen Stuhl.

»Ilse! Schon wieder zurück? Wolltet ihr nicht erst morgen Abend kommen?« Hedwig warf ihr einen überraschten Blick zu. Sie prüfte gerade die Temperatur von Udos Fläschchen, während Wilhelm seinen Enkel mit einer Rassel bespaßte, die der quietschend und brabbelnd zu greifen versuchte.

»Ich wollte lieber heim. Fred ist dortgeblieben.«

Bevor Hedwig weiterfragen konnte, kramte sie eine verschrumpelte Kastanie hervor und hielt sie ihrem Sohn hin, der begeistert danach angelte. »Schau mal, Udo, was ich dir mitgebracht habe«, erzählte sie mit erstickter Stimme. »Die lag anscheinend ganz vergessen seit dem Herbst unterm Baum und hat extra auf dich gewartet.«

Hedwig nahm ihr die Kastanie rasch weg, spülte sie unter fließendem Wasser und polierte sie sorgfältig, bevor sie sie Udo weiterreichte. Sie tupfte etwas Milch auf ihr Handgelenk. »Noch zu warm.« Zärtlich betrachtete sie Wilhelms Spiel mit Udo, dessen Aufmerksamkeit jetzt zwischen Rassel und Kastanie hin- und her wanderte. »Er bekommt Zähne, hast du das gesehen? Wir sollten ihm allmählich Brei geben. Versuchen wir es mal heute Abend«, schlug sie vor, ehe sie sich ihrer Tochter zuwandte. »Nun? Was war wieder los?«

Ilse schluckte schwer am Kloß in ihrer Kehle. »Wir haben uns gezankt. Er hat sich fürchterlich aufgeregt, mir eine Ohrfeige verpasst, dann habe ich meinen Kram genommen und bin gegangen. Egon hat mich heimgefahren.«

»Eine Ohrfeige!«, brauste Hedwig auf.

»Egon?«, wiederholte Wilhelm mit hochgezogener Braue.

»Jetzt fang du nicht auch noch damit an!«, jammerte Ilse. Nach und nach ließ sie sich von ihren Eltern die ganze Geschichte entlockten.

Wie verabredet, war sie am Samstag zur Freizeitgruppe gestoßen, ohne jedoch Fred anzutreffen. Er war bereits mit anderen Wandervögeln unterwegs und kam erst abends zurück.

Bis auf eine knappe Begrüßung blieb er ihr fern, feierte die ganze Zeit mit seinen Kameraden. Ilse übernachtete mit ein paar Freundinnen in der Jugendherberge, Fred im Zelt. Zum Frühstück gesellte er sich zu seinen ›Saufkumpanen‹, wie Ilse sie verächtlich titulierte, beachtete seine Ehefrau weiterhin kaum.

Daraufhin entschloss sie sich, gemeinsam mit Egon das Ferienlager zu verlassen und nach Rheingönheim zu fahren. Ein Pfarrer ihrer ehemaligen Jugendgruppe heiratete an diesem Sonntag, und sie wollten ihm ihre Glückwünsche übermitteln.

Zurück in Stauf erwartete sie ein wutschnaubender Fred. Er bezichtigte sie der Untreue und beschimpfte sie in übelster Weise. Als er sie am Arm packte, schubste sie ihn heftig von sich und erhielt dafür eine schallende Ohrfeige. Nach einem reflexartigen Tritt an sein Schienbein lief sie ins Haus und packte ihre Sachen. Keine Minute länger wollte sie bleiben! Die Freunde hatten den tobenden Fred zwischenzeitlich etwas besänftigt und überredet, sie ziehen zu lassen. Egon fuhr sie daraufhin mit dem Motorroller heim.

»Es wird immer schlimmer mit ihm. Erst beachtet er mich nicht, dann ist er grundlos eifersüchtig und wird sogar grob. Dabei bin ich ihm völlig egal«, klagte sie, nun von Weinkrämpfen geschüttelt.

»Wie konntest du denn einfach mit diesem Egon wegfahren? Das gehört sich nicht«, tadelte Hedwig streng. »Und dann in aller Öffentlichkeit herumstreiten! Was sollen denn die Leute von uns denken? Als ob es nicht schlimm genug ist, wie ihr daheim miteinander umgeht.«

Wilhelm war bestürzt. Ungeheuerlich, dass Ilse mit einem anderen Ausfahrten unternahm und den eigenen Mann in Unkenntnis ließ. Es hätte ihr klar sein müssen, dass ein solches Verhalten Konsequenzen nach sich zog. Und was sollte diese Rangelei! Zwar hatte er selbst sich nie veranlasst gesehen, seine Frau zu züchtigen, aber so ungewöhnlich war es nun wieder nicht, dass einem Mann einmal die Hand ausrutschte. Ilses Reaktion war völlig unangemessen und würde nun gar das Gerede der Leute befeuern. Schließlich wurde bereits getuschelt, wie Hedwig kürzlich beklagte.

»Hör auf zu heulen, Ilse«, forderte er sie missmutig auf. »Du wirst dich bei deinem Mann für dein Benehmen entschuldigen.« Hedwig nickte bekräftigend.

»Mich entschuldigen?« Ilse war entsetzt. Fielen ihr die Eltern etwa in den Rücken? »Auf keinen Fall! Ich habe mir nichts vorzuwerfen! Gar nichts.« Energisch stand sie auf. »Und wegen der Leute«, blaffte sie in Hedwigs Richtung, »macht euch keine Gedanken. Es waren keine ›Leute‹ dabei. Nur Freunde. Und die haben Besseres zu tun, als dummes Gerede zu verbreiten.« Sprach's, nahm ihre Tasche und stolzierte in ihr Zimmer.

»So ein uneinsichtiger Sturkopf!«, machte Hedwig ihrer Empörung Luft, »woher hat sie das nur!?«

Wilhelm musterte sie beredt schweigend, griff nach seiner Packung Stuyvesant und tätschelte Udo, der nun zu weinen begann und mit den Armen ruderte. Eine schrumpelige Kastanie war unbemerkt unter das Küchenbuffet gekullert.

* * *

Ilse entschuldigte sich nicht. Ebenso wenig wie Fred. Der Pfingstvorfall blieb über Wochen hinweg unerwähnt. Lauerndes Schweigen und ein ansonsten gezwungen-höflicher Umgangston kaschierten die knisternde Spannung, die beim geringsten Funken zu explodieren drohte.

Um Fred, der seine häufige Abwesenheit mit der Notwendigkeit zu lernen begründete, mehr Ruhe und Platz für seine Lehrbücher zu verschaffen, wurde auf Hedwigs Initiative die Küche umgestellt und Udos Kinderbett in die Ecke zwischen Lehnstuhl und Radio geschoben.

Einzig Wilhelm schien ihr geschäftiges Räumen zu durchschauen. »Es geht dir weniger um Freds Arbeitsatmosphäre als vielmehr um Udos Wohlbefinden, richtig?«

»Der Kleine ist seit einiger Zeit unruhig, blass und appetitlos, er quengelt und weint viel«, ereiferte sich Hedwig. »Der Kinderarzt konnte nichts feststellen, wie du weißt, riet zur Beobachtung und einem kontrollierten Schlaf- und Wachrhythmus. Bei dem unregelmäßigen Kommen und Gehen seiner Eltern und den viel zu häufigen nächtlichen Streitereien ein Ding der Unmöglichkeit. Zudem muss sich ein Kind in seinem Alter – er ist jetzt immerhin sechs Monate alt – ans Alleinschlafen gewöhnen.«

Nach diesem Wortschwall schwieg Wilhelm.

Ilse fügte sich Hedwigs Anweisungen und Fred war es egal. Die neue Arbeitsecke nutzte er praktischerweise, um dort seine Mahlzeiten einzunehmen und dabei gelegentlich in den Lehrbüchern zu blättern. Da man nie wusste, wann er nach Hause kam, wartete niemand mit dem Essen auf ihn, Ilse richtete ihm lediglich seine Portion vor.

Zum echten Lernen suchte Fred ungerührt weiterhin die Gesellschaft seines Freundes und Kollegen Klaus in Rheingönheim, woraus er zu Hause kein Geheimnis machte. Gemeinsam bereiteten sie sich in dessen Junggesellenbude auf ihre Prüfungen vor und erholten sich bei unverkrampften Stunden im benachbarten Stammlokal. Gelegentlich besuchten sie auch die Eltern eines früheren Freundes, der Ludwigshafen verlassen und sein Glück in Norddeutschland gefunden hatte. Bei Kaffee und Streuselkuchen wurden dann im Stockwerk über Klaus' Wohnung Neuigkeiten und Grüße ausgetauscht. Und hin und wieder traf er auf die fesche

Lotte, seine stets gut gelaunte Faschingsbekanntschaft, die rein zufällig das kleine Appartement neben seinem Freund bewohnte.

Ilse kam mit dem Arrangement der familiären Distanz einigermaßen zurecht. Zwar hatte sie stark abgenommen, doch war sie nicht unglücklich darüber, ihre schmale Gestalt wiedergewonnen und die Spuren der Schwangerschaft verloren zu haben; mit Ausnahme einer langen Kaiserschnittnarbe.

Ihre Nervosität linderte sie mit Kaffee und Zigaretten, und unbeschwerte Momente erlebte sie mit Jette bei einem Spaziergang nach Dienstschluss oder einer Samstagabend-Weinschorle beim ›Maffenbeier‹. Sonntags unternahm sie Ausflüge mit Hedwig, Wilhelm und Udo. Tagsüber vergaß sie ihre betrübliche Ehe, stürzte sich in Arbeit und genoss das kollegiale Miteinander im Büro. Insgeheim war ihr bewusst, dass dieser Zustand nicht von Dauer war, ähnelte er in gewisser Weise der viel beschriebenen ›Ruhe vor dem Sturm‹.

Und der entlud sich am 2. Juli 1960, einem sommerlichen Samstag, aus dessen lauem Lüftchen ein furchterregendes Tosen und Brausen entstehen und eine Spur der Verwüstung hinterlassen sollte.

Beim abendlichen Schlagerwunschkonzert ließen Hedwig, Wilhelm und Ilse den sonnig-harmonischen Tag ausklingen.

Ilse kämpfte stirnrunzelnd mit einem komplizierten Häkelmuster und war kurz davor, die Geduld zu verlieren. Dieser in der ›Brigitte‹ abgebildete Sommerpullover würde ihr zwar sicherlich gut stehen, trieb sie aber mit den unterschiedlichen Rapports zur Verzweiflung. Der eine erstreckte sich über zwölf Reihen, ein anderer wiederholte sich bereits nach sieben. Und durch die gleichmäßige Maschenzunahme über etliche Reihen hinweg variierte natürlich die Breite der beiden Muster, was die Zählarbeit zusätzlich erschwerte. Nachdem ein weiteres, fehlerhaft gearbeitetes Stück aufgezogen werden musste, war die Versuchung groß, sich auf simple Stäbchenmaschen zu beschränken. Muster hin oder her.

Udo schlief selig in seinem Bettchen, abgeschirmt durch ein luftig leichtes, über die Gitterstäbe drapiertes Musselintuch und hinter dem neuen ausziehbaren Sessel, der Wilhelms geliebten Lehnstuhl seit Kurzem ersetzte. Sein Protest war angesichts der weiblichen Übermacht verhallt.

Hedwig wollte das in die Jahre gekommene Stück ursprünglich entsorgen, zeigte letztlich aber Erbarmen und platzierte es im Schlafzimmer. Da stand es nun weitestgehend ungenutzt, weil Wilhelm das Rauchen dort untersagt war. Denn was nutzte der schönste Lehnstuhl, wenn er seine Bequemlichkeit nicht mit einer Zigarette genießen durfte. Und so begnügte er sich mit seinem Platz am Küchentisch, der durchaus seine Vorteile hatte, wie er schließlich zugab. Hier konnte er die Zeitung mühelos ausbreiten, ohne sie platzsparend über die Knie falten zu müssen, und in aller Ruhe die Sportnachrichten studieren.

In vier Tagen begann in Frankreich die Endrunde um den ›Europapokal der Nationen‹, die er mit Spannung erwartete, wenngleich die Presse dem Ereignis eher wenig Beachtung schenkte. »Wie schade«, murrte er, »dass Deutschland nicht an den Meisterschaften teilnimmt. Obwohl ich den Bundestrainer Sepp Herberger sehr schätze, bin ich mit dessen Absage ganz und gar nicht einverstanden. Es heißt da, er will die Zeit zwischen den Weltmeisterschaften nicht verschwenden«, Wilhelm zündete sich eine weitere Zigarette an, »dabei wird die nächste erst in zwei Jahren ausgetragen! Ein Europapokal hätte die Enttäuschung über den schmachvollen vierten Platz bei der Weltmeisterschaft 1958 sicherlich gelindert.«

Weder Ilse, beschäftigt mit der Häkelarbeit, noch Hedwig antworteten ihm.

Hedwig studierte die Sonderangebote, als ihr eine großflächige Anzeige auffiel. »Schau mal, Wilhelm. Ein Fernsehgerät.«

»Hm.«

»Frau Meier hat sich jetzt auch eins zugelegt. Sie erinnert sich, dass die Dinger früher ›Ferntonkino‹ hießen. Klingt lustig, oder? Ist mir völlig entfallen.«

Wilhelm schenkte dem beworbenen Gerät und Frau Meiers Erinnerungen keine Beachtung.

»Meine Güte, sind die teuer. Dabei sind das Sonderpreise. Achthundertsiebzig Mark muss man dafür bezahlen!« Hedwig staunte.

Ilse legte ihre Häkelarbeit zur Seite und beugte sich interessiert über die Werbung. »Ui, das sieht ja schick aus. Ein ›Weitblick-Luxus-Schrankgerät‹, Vati. Schau mal.«

Unwillig unterbrach Wilhelm seine Lektüre. »Dann fangt mal an zu sparen, wenn ihr so ein Ding braucht. Achthundertsiebzig Mark. Da bleibe ich lieber bei Zeitung und Hörfunk.«

»Jaja, hast ja recht«, gab Hedwig zu. »Und Platz dafür haben wir auch nicht.«

Seufzend griff Ilse wieder zu Wolle und Häkelnadel, als Gelächter und Getrappel aus dem Treppenhaus ertönten. Unmittelbar darauf erstürmten Fred, Klaus und Lotte gut gelaunt die Küche.

»Ha, da seid ihr ja alle einträchtig vereint«, lachte Fred. »Darf ich vorstellen, meine Schwiegereltern, Lotte, Klaus. Ilse kennt ihr ja. Und dort hinten, gut versteckt, ruht mein Sohn.«

»Einen schönen guten Abend, Frau Oehler, Herr Oehler«, grüßte Lotte und strich sich durchs Haar. »Hallo Ilse, wie schön, dich wiederzusehen.«

»Guten Abend allerseits.« Klaus lächelte mit angedeuteter Verbeugung in die Runde.

»Guten Abend«, antwortete Hedwig erstaunt.

»Was treibt euch denn um diese Zeit hierher?«, wunderte sich Ilse.

Fred grinste seine Frau an. »Lotte und Klaus hatten Lust auf den ›Maffenbeier‹ und daher vorgeschlagen, dich abzuholen!«

»Jetzt? Es ist bereits nach neun«, zögerte Ilse.

»Na und, es ist schließlich Samstag. Morgen kannst du ausschlafen. Und etwas zusätzliche weibliche Gesellschaft wäre wirklich nett«, zwinkerte Klaus.

»Wir wollen dich natürlich nicht drängen«, warf Lotte mit vielsagendem Blick auf das abgedeckte Kinderbett ein, in dem leichte Bewegung entstand.

»Geh ruhig mit«, meinte Hedwig und musterte die auffällig geschminkte Lotte missbilligend.

Die Häkelei gegen einen geselligen Abend beim ›Maffenbeier‹ abwägend, warf Ilse ihre halbherzigen Bedenken über Bord. »Überredet. Ich hole meine Jacke.«

Polternd machte sich das Quartett auf den Weg zur Gartenwirtschaft. Lottes helles Lachen drang noch von der Straße her in Hedwigs Ohren.

»Lotte«, brummte Wilhelm und blätterte die Zeitungsseite um. »Ist das die Freundin von diesem Klaus?«

»Glaube ich nicht«, erwiderte Hedwig. »Hast du nicht gesehen, wie sie Fred anhimmelt?« Sie nahm die Schere zur Hand und widmete sich den Sonderangeboten. Ein Kilo Kabeljau war nächste Woche für 2,30 Mark erhältlich. Davor vielleicht ein Teller Schildkrötensuppe? Von Schreiber hatte sie hierfür Rabattmarken. »Ilse sollte sie im Auge behalten.«

»Hm.«

Auch Ilse war das Knistern zwischen Fred und Lotte nicht entgangen. Nach der ersten geleerten Flasche Wein flirteten die beiden unverhohlen miteinander, lachten lauthals und warfen einander glühende Blicke zu. Klaus, um Ablenkung bemüht, erkundigte sich nach Ilses Arbeit, nach Udo, nach ihren Eltern. Nach der zweiten Flasche Wein verstummte er schließlich, derweil Ilse das Schäkern und Kichern hilflos beobachtete.

Abrupt stand sie auf.

»Fred, ich möchte jetzt gern nach Hause.«

»Sei kein Spielverderber, Ilse. Es ist gerade so lustig«, antwortete Lotte statt seiner.

»Du kannst gern bleiben, Lotte. Mein Mann und ich gehen jetzt.«

»Komm, Billy, jetzt setz dich hin und trink noch ein Glas. Sonst klagst du immer, ich würde dich nie mitnehmen. Und jetzt, wo wir endlich einmal zusammen Spaß haben, benimmst du dich so miesepetrig.«

Ehe Ilse aufbrausen konnte, sprang ihr Klaus zur Seite und zupfte Lotte am Arm. »Freunde, Ilse hat recht. Man soll aufhören, wenn es am schönsten ist. Komm, Lottchen, du willst mich doch den weiten Weg nicht allein gehen lassen.« Er bedachte Fred mit einem warnenden Blick und wandte sich Ilse zu. »Bring du mal deinen Gatten nach Hause. Danke für den schönen Abend mit dir.«

Widerwillig und ohne Ilse weiter zu beachten, ließ sich Lotte hochziehen. »Nun lass gefälligst meinen Ärmel los, ich komme ja«, murrte sie.

Fred erhob sich missmutig, verabschiedete sich von seinen Freunden und folgte Ilse mit schwerem Schritt. Unterwegs griff er nach ihrer Hand, die sie sogleich wie ein lästiges Insekt wegwedelte. Sie kochte innerlich. Wie konnte er es wagen, sich in ihrer Gegenwart derart schamlos aufzuführen!

In gespielter Abwehr hob Fred beide Hände. »Huuuu, dicke Luft. Ich ergebe mich.« Da Ilse nicht auf sein Geplänkel einging, trottete er den Rest des Weges vor sich hin brummelnd hinterher.

Daheim schob sie ihn energisch ins Bad und schlich auf Zehenspitzen in die Küche. Hedwig hatte das schützende Musselintuch vom Bettgestell entfernt und sauber über die Sessellehne gefaltet. Im Schlaf hatte sich Udo freigestrampelt. Behutsam deckte sie ihn wieder zu und streichelte ihm übers Köpfchen.

Als Fred in die Küche kam, drängte sie ihn hinaus. »Pssst. Weck ihn nicht auf.« Geschickt entschlüpfte sie seinem Umarmungsversuch. »Geh ins Bett. Ich komme gleich.«

Wortlos wandte er sich ab.

Im Bad trödelte sie. Fred hatte viel getrunken, vermutlich würde er bereits selig schnarchen.

Stattdessen erwartete er sie zu ihrem größten Unmut mit schelmischem Lachen. »Ich warte seit einer halben Ewigkeit. Hast du dich für mich schön gemacht?«

Ilse rollte wortlos mit den Augen. Sie streckte sich an der äußersten Bettkante aus, zog die Bettdecke über sich und löschte ihr Nachtlicht.

Fred rückte näher, stupste sie. »He, ich rede mit dir.«

Sie schob ihn von sich. »Aber ich nicht mit dir. Es ist zwei Uhr. Lass mich in Ruhe.«

»Vorhin war es dir sehr wichtig, mit mir allein zu sein. Und jetzt ignorierst du mich einfach.« Seine Stimme nahm einen wehleidigen Klang an. Da Ilse nicht darauf reagierte, stupste er sie erneut.

»Nimm deine Hände von mir«, fauchte sie. »Schlaf deinen Rausch aus.«

»Was bist du denn so kratzbürstig?«, fragte er beleidigt.

Ilse schwieg.

»Herrgott nochmal, das ist ja nicht zum Aushalten mit dir«, schnauzte er wütend. »Das hätte ein so schöner Abend sein können, und du blöde Kuh machst wieder alles kaputt!«

»Blöde Kuh? Hast du mich eben eine ›blöde Kuh‹ genannt?« Ilse fuhr herum. Ihre sonst wässrig-grauen Augen verdunkelten sich im Schein von Freds Nachttischlampe und feuerten lodernde Blitze, während ihre Stimme bedrohlich leise blieb. »Du bist derjenige, der alles kaputt macht. Du allein.«

»Wieso ich? Du bist einfach unerträglich zickig!«

»Interessant. Es ist also zickig, wenn ich mich darüber ärgere, dass du in aller Öffentlichkeit mit irgendwelchen Weibsbildern herumpoussierst. Noch dazu in meiner Gegenwart!«

»Ich habe nicht herumpoussiert. Und bezeichne Lotte gefälligst nicht als Weibsbild.«

»Ach, du nimmst sie in Schutz! Alles klar. Und jetzt rück endlich auf deine eigene Seite. Für heute habe ich wahrlich genug von dir.«

»Nur für heute? Dass du genug von mir hast, zeigst du mir beinahe täglich. Da habe ich einen echten Eisblock geheiratet.«

»Zum Eisblock hast einzig du mich gemacht. Und wenn dir jetzt zu kalt ist, dann geh zu deiner Lotterlotte oder in die Neunzehnte[30]. Geld genug hast du ja. Zumindest für dein Vergnügen.«

»Du spinnst wohl. Was fällt dir eigentlich ein?« Fred hob die Hand.

»Wage nicht, mich anzufassen!« Entschlossen glitt Ilse aus dem Bett, schnappte sich Kissen und Decke und rauschte hinaus.

Im dunklen Flur holte sie tief Luft, tappte in die Küche und bereitete leise im Schein der schummrigen Herdbeleuchtung ihr Nachtlager. Der neue Sessel klappte nahezu geräuschlos in eine Schlafposition. Sie lauschte Udos friedlichen Atemzügen. Sollte Fred sich doch mit seinem Liebchen vergnügen.

Dieser Abend hatte ihr die Sinnlosigkeit ihrer Beziehung allzu deutlich vor Augen geführt.

* * *

Ludwigshafen / Rh., den 4.7.1960 S/M

Sehr geehrte Frau Marquardt!
Ihr Ehemann Fred Marquardt hat mich mit der Wahrnehmung seiner Interessen beauftragt.

---

[30] Im Volksmund als ›Neunzehnte‹ genannte Bordellstraße (bis 1961 Gutemannstraße, seither Lupinenstraße) in Mannheim. Es handelt sich um die neunzehnte Querstraße der Mittelstraße im Mannheimer Stadtteil Neckarstadt-West.

Er hat mir berichtet, dass Sie in der Nacht von Samstag auf Sonntag, 2/3. Juli 1960, ihn grundlos verlassen haben, nachdem Sie in den letzten Wochen in einem gespannten Verhältnis mit ihm leben. Sie leben seit Sonntag innerhalb der ehelichen Wohnung getrennt.

Ich fordere Sie auf, die eheliche Lebensgemeinschaft mit Ihrem Ehemann wieder herzustellen. Ich mache Sie darauf aufmerksam, dass ich Auftrag habe die Scheidungsklage einzureichen, falls Sie dieser Aufforderung keine Folge leisten.

gez. Dr. Scharfenberger

* * *

Herrn Rechtsanwalt Dr. K. Scharfenberger 18. Juli 1960
B.

Sehr geehrter Herr Kollege !
Frau Ilse Marquardt hat mir Ihren Brief vom 4.7.1960 zur Beantwortung überlassen. Frau Marquardt bestreitet, daß sie ihren Mann grundlos verlassen habe. Bezüglich der Formalitäten und der Möglichkeiten einer Scheidung der Ehe wäre es vielleicht zweckmäßig, wenn Sie die Sache mit mir besprechen würden.

Mit kollegialer Hochachtung
gez. Dr. Strehl, Rechtsanwalt

* * *

»Nehmen Sie bitte Platz, Frau Marquardt. Kann ich Ihnen etwas anbieten? Kaffee oder Tee vielleicht?«

»Nein, vielen Dank.«

Der Rechtsanwalt blätterte in einem Stapel Unterlagen und griff zur Zigarettendose. »Möchten Sie …?«

Ilse nahm dankend die angebotene Ernte 23 an. Vermutlich sollte sie nicht so viel rauchen, zumindest war ihre Mutter dieser Ansicht. Doch Nikotin besänftigte ihre ständige Nervosität. Und die störte sie weitaus mehr als Zigarettenrauch und Appetitlosigkeit.

»Nun gut, kommen wir zur Sache. Meine Korrespondenz mit dem gegnerischen Anwalt wurde Ihnen zur Kenntnis gebracht. Ich fasse den Sachverhalt kurz zusammen: Wie vereinbart, habe ich vorgeschlagen, eine Scheidung aus dem Verschulden Ihres Gatten auszusprechen, damit Sie es als schuldlos geschiedene Frau später leichter haben. Im Gegenzug bieten wir an, die Kosten des Rechtsstreitverfahrens, unbeschadet des Urteils, als Ausgleich gegeneinander aufzuheben. Weiterhin habe ich Ihre Bereitschaft erklärt, auf eigenen Unterhalt während der Dauer des Ehescheidungsverfahrens zu verzichten.«

Ilse nickte.

»Das Sorgerecht für Ihren gemeinsamen Sohn soll Ihnen vorbehalten bleiben, wobei Sie einer ausreichenden Regelung des Verkehrsrechts zustimmen.«

Ilse nickte erneut. »Mein Mann hat ohnehin kein Interesse an Udo.«

»Hinsichtlich des Hausrats muss eine Vereinbarung getroffen werden«, schloss Herr Dr. Strehl sein Resümee.

»Genau. Wir leben bei meinen Eltern und haben dort mein ehemaliges Mädchenzimmer als Schlafzimmer eingerichtet. Unsere Möbel habe ich bezahlt. Die Wäsche bekam ich als Aussteuer. Im Lauf der Zeit habe ich zwei weitere Garnituren gekauft. Und die Ausgaben für Udo habe ich zum Großteil von meinem Lohn bestritten. Kinderbett, Kleidung und solche Dinge. Später habe ich dann einen kleinen Wohnzimmertisch gekauft und das Essbesteck ergänzt. Das kann er sicherlich nicht für sich beanspruchen, oder?«

»Das werden wir alles im Detail klären, Frau Marquardt. Haben Sie Quittungen aufbewahrt? Das macht es ein bisschen leichter.«

»Die Rechnung für die Schlafzimmerausstattung habe ich abgeheftet. Das weiß ich genau. Aber alles andere? Wer bewahrt denn jeden Beleg auf? Man denkt doch nicht, dass man das alles einmal beweisen muss!«

»Das regeln wir schon. Machen Sie sich darüber nicht zu große Sorgen. Schauen Sie in aller Ruhe zu Hause nach, was sich noch finden lässt. Wir werden auf jeden Fall eine Aufstellung Ihrer Ausgaben machen und notfalls den Betrag schätzen. Sofern Ihr Gatte keine eigenen Quittungen vorlegen kann, wird sich eine Übereinkunft finden.«

»Sie haben mich aber nicht deswegen um ein Gespräch gebeten. Stimmt's?«

Der Anwalt räusperte sich. »Sie haben recht. Der Kollege teilte mir mit, dass unser Vorschlag bedauerlicherweise abgelehnt wurde. Sein Mandant sei nicht einmal bereit, wenigstens darüber zu diskutieren. Mir liegt stattdessen die Abschrift der Klageschrift vor, die bei Gericht nun eingereicht wurde.«

Ilse schluckte. »Und was bedeutet das?«

»Der gegnerische Anwalt, Herr Doktor Scharfenberger, beantragt zu erkennen, dass die Ehe aus Ihrem Verschulden geschieden wird und Sie die Kosten des Rechtsstreits zu tragen haben.«

»Das kann einfach nicht wahr sein! Immerhin bin nicht ich schuld an diesem ganzen Schlamassel!«

»Das sieht Ihr Ehemann erwartungsgemäß anders.« Dr. Strehl räusperte sich erneut und fuhr mit dem Zeigefinger das Dokument entlang. »Da haben wir es ja. Er wirft Ihnen schuldhaftes Verhalten vor, das die Ehe völlig zerrüttet und eine Wiederherstellung der ehelichen Gemeinschaft unmöglich gemacht hat.«

»Schuldhaftes Verhalten! Das ist ja die Höhe! Er treibt sich herum, kommt seinen finanziellen Verpflichtungen nicht nach und wirft mir schuldhaftes Verhalten vor?« Ilse zog ihre Schachtel Stuyvesant hervor und zündete mit zitternden Händen eine weitere Zigarette an. »Damit kommt er nicht durch, Herr Doktor. Oder? Ich habe mir schließlich nichts vorzuwerfen.«

»Wir werden darauf reagieren müssen, Frau Marquardt. Ihr Mann erhebt schwere Vorwürfe. Sie sollen ihn grundlos verlassen zu haben, nachdem Sie in der Nacht vom zweiten auf den dritten Juli Ihr Bett aus dem gemeinsamen Schlafzimmer entfernt haben und seither in einem anderen Wohnraum schlafen. Weiterhin verweigerten Sie ihm nicht nur in dieser Nacht, sondern bereits geraume Zeit zuvor den ehelichen Verkehr, kochen weder für ihn noch halten Sie seine Kleidung in Ordnung. Seinen wiederholten Aufforderungen, die eheliche Lebensgemeinschaft wieder aufzunehmen, sollen Sie sich widersetzt haben.«

»Das stimmt doch so gar nicht. Es ist richtig, ich bin in dieser Nacht aus dem Schlafzimmer geflohen. Aber ganz bestimmt nicht grundlos. Außerdem ist er kurz darauf selbst weggegangen. Ich habe ihn seit Tagen nicht gesehen. Er hat sich zwischendurch frische Wäsche geholt, da war ich aber nicht daheim.«

»Dann ist in Wirklichkeit er ausgezogen?«

»Nicht ganz. Er schläft wohl bei seinem Freund Klaus Münch in Rheingönheim. Zumindest vermute ich das. Mein Vater hat ihm nahegelegt, endlich seine Miete zu bezahlen, es fehlt nach wie vor das Geld für Juni und für diesen Monat, und dann entweder ab August eine Mieterhöhung zu akzeptieren oder sich etwas anderes zu suchen. Fred hat daraufhin angekündigt, dass er auszieht, sobald er etwas Passendes gefunden hat.«

»Das hat er Ihrem Vater gegenüber geäußert?«

»Er hat es ihm geschrieben. Meine Eltern und er sprechen nicht mehr miteinander. Sie verkehren nur noch schriftlich.«

Der Anwalt machte sich eine Notiz. »Sind Sie zwischenzeitlich ins gemeinsame Zimmer zurückgekehrt?«

»Nein, ich schlafe in der Küche bei meinem Sohn.« Ilse senkte den Kopf. »Ich habe Angst. Er könnte ja jederzeit wieder auftauchen. Und ich will auf keinen Fall mit ihm allein sein. Er kann ziemlich grob werden, wenn wir in Streit geraten.«

»Das klingt sehr ernst. War er denn von Anfang an grob zu Ihnen?«

»Erst seit wir zusammenleben. Das fing während meiner Schwangerschaft an. Er hat mich einmal sogar getreten. Und geohrfeigt. Von seinen Beschimpfungen einmal ganz abgesehen. Außerdem hat er mit schöner Regelmäßigkeit bezweifelt, dass Udo sein Sohn ist.«

»Dann bestehen die Spannungen nicht erst seit März dieses Jahres? So ist es in der Klage nämlich vermerkt.«

»Ich weiß nicht, wie er Derartiges behaupten kann. Unsere Probleme begannen bereits vor Udos Geburt und sind seither immer schlimmer geworden.«

Der Stift des Anwalts, ein edler ›Montblanc‹-Füllfederhalter, flog über den Schreibblock. Ilse bestaunte die saubere Schrift, die trotz enormen Tempos gleichmäßige Buchstaben erzeugte, welche sich in exakten Höhen und Abständen aneinanderfügten und Wort für Wort das Papier in ansehnlicher Weise bekleideten. Gern hätte sie ihn gefragt, ob er schon immer so ordentlich schrieb. Die Zeit des Klecksens und Kritzelns hatte sie zwar hinter sich gelassen, doch eines solch feinen Schriftbilds konnte sie sich nicht rühmen. Wobei ihre Fingerfertigkeit im Stenografieren auch nicht zu verachten war.

»Frau Marquardt?«

»Verzeihung. Ich war in Gedanken.«

»Wir müssen noch einmal über den Vorwurf Ihrer Verweigerung des ehelichen Verkehrs sprechen. Ich weiß, das ist unangenehm, aber ich kann es Ihnen nicht ersparen. Dies wird sicherlich vor Gericht thematisiert werden.«

Ilse knetete peinlich berührt ihre Hände.

»Laut Gesetz gehört die Gewährung des Beischlafs in ehelicher Zuneigung und Opferbereitschaft zu den Pflichten einer Ehefrau. Natürlich kann es Gründe geben, die gegen diese Pflichterfüllung sprechen. Gab es denn Gründe?«

Ilse spürte, wie sich ihr blasser Teint rosarot färbte. Hilflos rutschte sie auf ihrem Stuhl hin und her, rang um eine Antwort.

»Also, ich hätte jetzt gern einen Kaffee, Frau Marquardt. Denken Sie in Ruhe nach, ich lasse uns rasch einen aufbrühen. Sie trinken bestimmt eine Tasse mit mir?« Rücksichtsvoll ließ er sie allein und ging ins Vorzimmer.

Einige Minuten später kam er in Begleitung seiner Sekretärin, die ein Tablett mit zwei Tassen Kaffee, einer Schale Würfelzucker und einem Kännchen Sahne balancierte, zurück. Dankbar nahm Ilse ihre Tasse, der ein belebendes Aroma entströmte, entgegen. Der Augenblick des Alleinseins hatte ihr geholfen, die Gedanken zu sortieren.

Sie straffte sich und erklärte: »Als ich meinen Mann kennenlernte, war ich gerade mal sechzehn Jahre alt. Mit neunzehn wurde ich schwanger. Wir waren bis dahin nur dieses eine Mal zusammen gewesen. Ich habe mich einfach hinreißen lassen. Es war unverzeihlich, aber es ist nun einmal passiert. Wie Sie wissen, hatten wir seit Beginn unseres Zusammenlebens Probleme miteinander. Und nicht nur das. Selbst meine Eltern hatten unter dem Benehmen meines Mannes zu leiden. Das hat sich übrigens bis heute nicht geändert. Die Geburt war dann sehr schwer, mein Sohn kam per Kaiserschnitt zur Welt. Der Arzt hat uns erklärt, dass wir in den nächsten fünf Jahren kein weiteres Kind mehr haben sollten. Das könne für mich sogar lebensgefährlich sein. Meinen Mann hat der Arzt darauf hingewiesen, dass in geschlechtlichen Dingen Enthaltsamkeit angeraten sei. Es ging mir ohnehin lange Zeit nicht gut. Ich hatte mit allen möglichen Nebenwirkungen der Operation zu kämpfen und sollte mich dringend schonen. Trotzdem hat mein Mann keine Rücksicht darauf genommen und mich ständig bedrängt. Das hat natürlich wieder und wieder zu Streit geführt. Ich wollte keinesfalls riskieren, erneut schwanger zu werden.« Ilse brach in Tränen aus. »Ich verstehe nicht, warum nur ich eheliche Pflichten zu erfüllen haben soll. Ich meine, wenn der Arzt erklärt, dass Zurückhaltung erforderlich ist, gehört die dann nicht auch zu den ehelichen Pflichten des Mannes? Stattdessen forderte er sein angebliches Recht ein, warf mir alle möglichen Beschimpfungen an den Kopf und behauptete mehrfach, ich hätte ihm Udo untergeschoben. Sogar ein Verhältnis mit einem anderen Mann wurde mir unterstellt, nur weil ich mit ihm nicht körperlich zusammen sein wollte.«

»Und dieser ganze Streit ist dann in der Nacht vom zweiten auf den dritten Juli eskaliert?«, erkundigte sich der Anwalt teilnahmsvoll.

»Genau. Da wurde mir endgültig klar, dass das mit uns nicht mehr in Ordnung kommen kann«, schluchzte sie. »In meiner Wut warf ich ihm in dieser Nacht an den Kopf, er könne ja nach Mannheim gehen, wenn er … Sie wissen schon. Für seine Privatvergnügen hat er ja Geld genug.«

»Geld hatte bei Ihren Problemen regelmäßig eine Rolle gespielt, nicht wahr?«

»Richtig.« Ilse war froh, dass sich das Gespräch nun weniger intimen Details zuwandte. »Fred verdient im Schnitt vierhundertvierzig Mark pro Monat. Für den Haushalt und Udo gibt er maximal zweihundert Mark ab. Und nicht einmal das macht er regelmäßig. Wie oft habe ich seinen Anteil ausgelegt, um Streit zwischen ihm und meinem Vater zu umgehen. Das meiste Geld gibt er für sich und seine Freunde aus: in der Kneipe oder beim Sport. Dafür hat er auch immer Zeit. Abend für Abend ist er ausgegangen, von Anfang an. Ich saß allein daheim. Nicht einmal sonntags wollte er mit uns zusammen sein, da bin ich mit Udo entweder allein oder gemeinsam mit meinen Eltern spazieren gegangen. Ihm war das peinlich. Anstatt mit mir für eine Wohnung oder eine Reise zu sparen, hat er alles für sich ausgegeben. Ohne meinen eigenen Lohn würde ich ganz schön dumm dastehen.«

Dr. Strehl überflog seine Notizen. »Gut, Frau Marquardt. Wir machen nun Folgendes: Ich werde eine Klagebeantwortung schreiben und damit einhergehend eine Widerklage verfassen. Es scheint mir am klügsten, darauf zu verweisen, dass Ihre Ehe durch das Verschulden Ihres Gatten so stark zerrüttet ist, und Sie berechtigterweise die Scheidung nach Paragraf dreiundvierzig verlangen.«

»Hat nicht schon Fred diesen Paragrafen genannt?«

»Korrekt. Aber das Gesetz besagt, dass niemand, der eine Eheverfehlung begangen hat, eine Scheidung wegen Eheverfehlungen des anderen verlangen kann. Die Verweigerung Ihrer ehelichen Pflichten kann man natürlich als schuldhaft, also als Eheverfehlung, betrachten. Allerdings wiegen die Verfehlungen Ihres Gatten nicht minder schwer. Zudem lässt sich belegen, dass Ihr Verhalten medizinisch begründet werden kann. Wird Ihr Arzt bestätigen, was Sie mir soeben erläutert haben?«

Ilse nickte. »Ich kann ihn morgen um ein Attest bitten. Das stellt er mir bestimmt aus.«

»Gut, dann wäre das geklärt.«

»Dann werden wir danach geschieden?«

»Ich fürchte, ganz so einfach wird das nicht werden, Frau Marquardt. Sie müssen davon ausgehen, dass der gegnerische Anwalt nun seinerseits in Absprache mit Ihrem Gatten eine Stellungnahme ausarbeitet, wenn ihm unsere Erwiderung zugeht. Und vermutlich wird er beantragen, die Widerklage abzuweisen.«

»Und dann?«

»Es hängt vom Inhalt seiner Stellungnahme ab. Vermutlich werden wir dann erneut darauf reagieren müssen. Derlei kann sich eine ganze Weile hinziehen. Möglicherweise wird zuerst ein Sühnetermin anberaumt, bevor es zur Verhandlung kommt, das warten wir jetzt erst einmal ab.«

»Und was soll ich jetzt tun?«

»Besorgen Sie uns das ärztliche Attest und prüfen Sie nach, ob sich Belege Ihrer Ausgaben für die Einrichtung und Säuglingsausstattung finden lassen. Und dann machen Sie bitte eine Aufstellung etwaiger ausstehender Zahlungen Ihres

Gatten bis Ende des Monats. Ich habe Sie so verstanden, dass er nicht allen finanziellen Verpflichtungen ordnungsgemäß nachgekommen ist. Informieren Sie mich unbedingt, wenn Ihr Gatte endgültig ausgezogen ist oder sich an Ihrer eigenen Adresse etwas ändern sollte. Und vor allem, bewahren Sie Ruhe. Lassen Sie sich nicht provozieren und vermeiden Sie weitere Auseinandersetzungen. Bereiten Sie bitte auch Ihre Eltern darauf vor, dass sie sich gegebenenfalls für eine Parteivernehmung zur Verfügung halten müssen.«

August 1960 bis April 1961

Ilses Hoffnungen auf eine rasche Scheidung waren vergebens. Ihr Anwalt sollte recht behalten. Auf seine Widerklage reagierte die Gegenpartei postwendend mit einem Antrag auf Abweisung inklusive zusätzlicher Vorwürfe, gefolgt von der Gegendarstellung Dr. Strehls samt weiterer Verfehlungen ihres Ehemannes. Die Fronten waren verhärtet, eine einvernehmliche Lösung schien unerreichbar.

Ilses Eltern zeigten sich entsetzt über immer neue gegenseitige Beschuldigungen, die sich im Laufe der anwaltlichen Korrespondenz mal über Fred, mal über Ilse ergossen. Wilhelm verkroch sich hinter Sportmeldungen, Hedwig erbat, asthmageplagt, Rat und Trost im Gottesdienst und kümmerte sich ansonsten hingebungsvoll um Udo, für den der Vater gar keine und die Mutter zu wenig Zeit fand.

Ilse zog sich zurück, suchte und fand Ablenkung in ihrer Arbeit, Fred blieb unsichtbar bis zu seinem endgültigen Auszug am 15. August. Der gelegentlich notwendige Austausch von Informationen erfolgte mittels handschriftlicher Notizen, in denen Ilse auf ausstehende Zahlungen und Fred auf deren fehlenden Gegenwert aufmerksam machte.

Erwartungsgemäß nahmen die Nachbarn regen Anteil am Geschehen. Wie in eingeschworenen Blockgemeinschaften nun einmal üblich, plauderten die gut Informierten bereitwillig über den Ereignisverlauf und sorgten für die kontinuierliche Weitergabe ihrer gewonnenen Erkenntnisse über das Fehlverhalten des zerstrittenen Paares. Während die einen die Schuld in den Eskapaden des charmanten jungen Vaters vermuteten und die von ihm gering geschätzte

Ehefrau bedauerten, rügten die anderen deren Pflichtverletzungen ihm gegenüber. Schließlich hatte man Fred mehrfach mit ungebügeltem Hemd oder schadhaftem Hosensaum angetroffen. Gut, dass sich Hedwig um das sicherlich ansonsten vernachlässigte Kind kümmerte. Sie litt besonders unter dem Gerede, hatte sie doch stets größten Wert auf Anstand, Rechtschaffenheit und Tugend gelegt. Dass ausgerechnet ihre wohlbehütete Tochter der Auslöser von Klatsch und Tratsch war, erschütterte sie sehr.

Ilse konnte wohl die brodelnden Gerüchte ausblenden, nicht jedoch die Missbilligung und Distanzierung ihrer Mutter. Zwar hatte sie mehrfach versucht, die unangenehmen Schreiben, die tief in ihre Privat- und Intimsphäre drangen, vor den Eltern zu verbergen und den Anwalt um Zusendung an ihre Büroadresse beim Evangelischen Gemeindedienst gebeten, allerdings war dieses Bemühen vergebens, da Hedwig sie früher oder später in ihrem Zimmer fand. Nichts blieb unentdeckt, außer dem Poesiealbum, das sie seit Kindertagen erfolgreich vor neugierigen Blicken verborgen hielt. Die Geheimhaltungsversuche ihrer Tochter kränkten Hedwig ebenso sehr wie der Inhalt jener Briefe sie schockierte. Gern hätte Ilse zumindest dem lästigen Gemunkel Einhalt geboten, das ihrer festen Überzeugung nach von Fred immer wieder angeheizt wurde, doch kam dies einem Kampf gegen Windmühlen gleich. Einmal geäußert, verbreiteten sich Neuigkeiten gleich dem alljährlichen Pollenflug und ließen sich nie wieder einfangen. Man konnte nur ausharren und auf das Ende der Pollenzeit hoffen …

Am vierten Adventssonntag 1960 schob Ilse den kleinen Udo in seinem Sportwagen durch den Ebertpark. Beide dick eingemummelt trotzten sie der Kälte, kasperten miteinander und genossen die klare Winterluft. Nahe dem Ausgang hörte sie eine vertraute Stimme nach ihr rufen.

»Tante Frieda! Das ist ja eine Überraschung! Bist du

allein unterwegs?« Ilse schaute sich suchend nach ihrer elfjährigen Cousine um.

»Hallo, mein Kind. Ja, ich wurde weggeschickt.« Frieda lachte. »Laura plant eine Überraschung. Dein bedauernswerter Onkel hat angedeutet, dass sie mit seiner Hilfe Plätzchen backen und mir zum Kaffee servieren möchte. Vermutlich darf ich nachher die Küche aufräumen. Wie ich sehe, leistet dir ein kleiner Eisbär Gesellschaft.« Sie beugte sich über den Sportwagen und lächelte ihrem Neffen zu, der sie mit großen Augen kritisch beäugte.

»Hahaha, der Schein trügt. In der Verpackung steckt tatsächlich ein Kind. Schau mal, Udo, das ist Tante Frieda!«

»Meine Güte, wie die Zeit vergeht. Als ich ihn zuletzt sah, war er ein winziger Säugling. Und jetzt schaut mich da ein kleiner Junge an.«

»Er ist mittlerweile ein Jahr alt, Tante Frieda. Am liebsten sitzt er aufrecht und betrachtet die Welt, kann aber auch stehen und an Tischdecken ziehen. Nur zum Laufen ist er zu bequem.« Udo verzog keine Miene. »Er ist etwas schüchtern, wenn er jemanden nicht gut kennt«, erklärte Ilse.

»Das ist ganz normal in diesem Alter. Du wirst sehen, das legt sich bald. Wie geht es dir denn?« Frieda betrachtete ihre Nichte mitfühlend. »Blass bist du. Und so schmal!«

»Nun ja, es ist gerade nicht so schön. Ich bin froh, wenn die Scheidung endlich besiegelt ist.«

»Das ist bestimmt sehr schwer für euch alle. Ist denn wenigstens ein Ende absehbar?«

»Ich hoffe es. Am Mittwoch wurden wir vor Gericht vernommen. Es war einfach schrecklich. Alles, einfach alles, was in den letzten Monaten über die Anwälte ausgetauscht wurde, kam erneut zur Sprache. Jedes Detail, jeder Vorwurf, jede Beschimpfung. Da Fred mir zuletzt ein Verhältnis mit Egon, einem gemeinsamen Freund, unterstellt hatte, musste der sich extra einen Tag frei nehmen und aussagen. Man hat ihn sogar vereidigt! Mein Anwalt meint, dass nun bald der Termin für die mündliche Verhandlung folgt. Danach wird das Urteil gesprochen. Wenn es nur schon vorbei wäre!«

»Du Armes. Ich fühle mit dir.« Sie deutete auf Udo. »Und der Kleine? Ist da wenigstens alles geregelt?«

Ilse schüttelte traurig den Kopf. »Schön wäre es. Herr Doktor Strehl hat letzte Woche um eine einstweilige Anordnung ersucht, nachdem Fred seit Oktober keinen Unterhalt mehr für Udo zahlt. Dafür hat er die Frechheit besessen, mir über seinen Anwalt mitzuteilen, dass er seinen Sohn am zweiten Weihnachtstag bei sich haben will. Ohne mich natürlich. Das kommt überhaupt nicht in Frage. Er kann Udo sehen, aber bitte in meinem Beisein. Und wenn es nach mir geht, dann auch nur, wenn er seinen Unterhaltspflichten nachgekommen ist.«

Udo schien sich zu langweilen und versuchte vergeblich, sich aus seinem Gefährt zu befreien. Ilse verfolgte nachdenklich seine Bemühungen.

»Ich glaube, diese plötzliche Sehnsucht nach seinem Sohn hängt nur mit seiner Sorge vor dem Urteil zusammen, Tante Frieda. Zuerst bestand er auf einem Gerichtstermin, bei dem uns ein Richter ins Gewissen redete. Natürlich hat das nichts genützt. Dann musste ich mich mit ihm allein treffen, da er sich mit mir aussprechen wollte. Völlig unnötig! Das alles war pure Berechnung, so hat es auch mein Anwalt gesehen. Auf diese Weise wollte er deutlich machen, dass er alles Erdenkliche unternommen hat, um unsere Ehe zu retten, und mir die alleinige Schuld zuschieben kann.«

»Armes Kind, das tut mir alles so unendlich leid.« Frieda umarmte Ilse innig. »Wie geht es den Eltern? Sind sie wohlauf?«

»Es nimmt sie ziemlich mit. Zumindest Mutti. Wobei sie wohl am meisten das Gerede der Leute stört.«

Frieda hob erstaunt die Augenbraue.

»Das ist so, Tante Frieda. Sie haben mir nicht verziehen, dass ich mich mit Fred eingelassen habe. Zwar sagen sie es nicht so deutlich, doch sind sie der festen Überzeugung, dass ich mir das alles selbst eingebrockt habe, und sie nun darunter leiden müssen.«

»Wie kannst du so etwas denken. Sie waren damals sofort bereit, euch aufzunehmen. Und deine Mutter tut alles für den Kleinen. Bei allem Unglück darfst du nicht ungerecht sein.«

»Ich bin nicht ungerecht, Tante Frieda. Sie tun das nicht für mich. Das ist nur wegen der Leute. Und weil sie sich um Udo sorgen. Weil sie nicht glauben, dass ich ohne sie zurechtkomme. Sie vertrauen mir nicht.«

Frieda schwieg einen Moment. Dann strich sie Ilse zärtlich über die Schulter. »Deine Mutter hat sehr strenge Grundsätze. Das wissen wir beide. Wenn du willst, dass sie dir wieder vertraut, musst du ihr zeigen, dass du dir deiner Verantwortung bewusst bist und dein Leben meisterst. Schau nach vorne!«

* * *

9. Februar 1961

Im Namen des Volkes!

In dem Rechtsstreit

des Fred Marquardt, Maschinenbautechniker, wohnhaft in Ludwigshafen-Gartenstadt, Hochfeldstr. 89

Kläger und Widerbeklagter,

Prozeßbevollmächtigter Rechtsanwalt

Dr. Scharfenberger, Ludwigshafen am Rhein,

gegen

Ilse Marquardt, geb. Oehler, wohnhaft in Ludwigshafen am Rhein, Bürgerstraße 3

Beklagte und Widerklägerin,

Prozeßbevollmächtigter Rechtsanwalt Dr. Strehl, Ludwigshafen am Rhein

wegen Ehescheidung

hat die 3. Zivilkammer des Landgerichts Frankenthal aufgrund der mündlichen Verhandlung vom 9. Februar 1961 durch Landgerichtsdirektor Müller, Landgerichtsrat Thumm und Gerichtsassessor Windel für Recht erkannt:

*Die am 29. Mai 1959 vor dem Standesbeamten in
Ludwigshafen/Rhein geschlossene Ehe der Parteien
wird auf Klage und Widerklage geschieden.
Beide Parteien sind schuld an der Scheidung.
Die Kosten des Rechtsstreits werden gegeneinander
aufgehoben.*

*Infolge des von einem erheblichen Mangel an rechter
ehelicher Gesinnung zeugenden grob ehewidrigen
Verhaltens beider Parteien ist die Ehe der Parteien
nunmehr so tief zerrüttet, daß die Wiederherstellung
einer dem Wesen der Ehe entsprechenden Lebensgemeinschaft nicht mehr zu erwarten ist, wie die Vernehmung und Anhörung der Parteien ergeben hat.
Die Ehe der Parteien ist daher auf Klage und
Widerklage wegen beiderseitigen Verschuldens zu
scheiden. Daß die Schuld einer Partei erheblich
schwerer sei als die der anderen, läßt sich nicht feststellen (§ 52 Abs. 2 EheG).*

»Dann bin ich jetzt geschieden?«, fragte Ilse hoffnungsvoll. Sie
saß ihrem Anwalt gegenüber, der sie am Morgen im Büro angerufen und über die Zustellung des Urteils informiert hatte.

»Nicht ganz. Mit dem heutigen Tag der Zustellung hat
die Berufungsfrist begonnen. Sie endet einen Monat später,
also am zwanzigsten März. Erst nach Ablauf dieser Frist und
ohne Rechtsmittel einzulegen, ist das Urteil rechtskräftig«,
erklärte Dr. Strehl.

»Rechtsmittel?«

»Jede Partei hat nach Zugang des Urteils einen Monat
lang Zeit, Rechtsmittel einzulegen, wenn ihr das Urteil inak-
zeptabel scheint. Auf diese Weise verliert es seine Gültigkeit
und wird überprüft, eventuell neu verhandelt.«

Ilse dachte nach. »Mir wäre es lieber gewesen, wenn man
mir keine Schuld gegeben hätte. Aber ich will, dass das jetzt
ein Ende hat.«

»Das ist vernünftig. Ich gehe davon aus, dass der Herr Kollege seinerseits Ihrem Mann empfiehlt, das Urteil anzuerkennen. Schauen Sie nach vorne, Frau Marquardt. Für Sie beginnt ein neuer Lebensabschnitt.«

* * *

Allen Mut zusammenfassend gesellte sich Ilse an einem Aprilabend zu ihren Eltern.

Die Worte Tante Friedas und ihres Anwalts hatten sie in ihrem Entschluss bestärkt. Ja, es begann ein neuer Lebensabschnitt, ja, sie musste vorausschauen. Sie würde ihren Eltern beweisen, dass sie in der Lage war, ihr Leben zu meistern und sich ihr Vertrauen und ihre Anerkennung erarbeiten. Sie würde auf eigenen Füßen stehen.

Nervös strich sie den unterzeichneten Mietvertrag für eine kleine Wohnung in Mundenheim glatt.

14. Mai 2014

Stirnrunzelnd schob Birgit den Hörer zurück in seine Station. Besetzt. Zumindest schien Ilse jetzt zu Hause zu sein. Wo hatte sie eigentlich den ganzen Tag gesteckt? Seit Stunden versuchte Birgit vergeblich, sie zu erreichen.

»Toll. Entweder bekomme ich sie gar nicht ans Telefon oder werde binnen fünf Minuten abgefertigt – wie gestern. Mit anderen kann sie anscheinend endlos plaudern. Es ist besetzt. Seit einer Stunde!«, beschwerte sie sich bei Markus.

»Sei froh, wenn deine Mutter überhaupt mit jemandem redet«, gab der zurück. »Du kannst sie ja später wieder anrufen. Wann gibt es Abendessen?«

»Klar, Hauptsache Abendessen«, murmelte Birgit und betrachtete strafend den Salatkopf. Ein einziges Mal noch wollte sie es probieren, dann sollte es genug sein, schwor sie sich. Mit einem Ruck entfernte sie Strunk und dunkle Blätter, warf die übrigen ins Becken und wusch sie unter fließendem Wasser. Was sich ihre Mutter nur dachte. Sie selbst wäre auch in größter Sorge, wenn sich ihre Tochter in einer solchen körperlichen Verfassung befände. Zweifellos würde sie auf eine eingehende Untersuchung dringen und sich regelmäßig nach ihrem Wohlbefinden erkundigen. Zornig rupfte Birgit die gesäuberten Salatblätter auf passable Größe und warf sie vom Waschbecken zum Abtropfen ins Sieb. Oder wäre es ihr egal?

Sie riss den Schrank auf, suchte Olivenöl und Balsamico heraus und schloss ihn schwungvoll. Das empörte Knallen der unschuldigen Tür trieb ihre zwei neugierigen Katzen, die sich in der Hoffnung auf Leckerchen angeschlichen hatten, in die Flucht.

Nein, es wäre ihr nicht egal. Ilse würde nichts unversucht

lassen, sie vermutlich sogar ins Krankenhaus oder zum Arzt begleiten, wäre dies Birgits Wunsch. Energisch den Schneebesen schwingend rührte sie aus Olivenöl, Balsamico, Dijon-Senf und einem Spritzer Worcestershiresauce die Vinaigrette, bevor sie sich den Küchenkräutern zuwandte.

Was würde ihre Mutter tun, wenn Birgit alle Hilfe ablehnte und sich in ablehnendes Schweigen hüllte? Rosmarinnadeln, Thymianblätter, Minze, Petersilie und Zitronenmelisse verwandelten sich unter ihren Messerhieben in stecknadelkopfkleines Grün und landeten in der Salatsoße. Wahrscheinlich würde sie tödlich beleidigt den Rückzug antreten und Funkstille wahren.

Riefe Birgit dann wieder an, verhielte sie sich kühl und wortkarg in Erwartung einer Entschuldigung. Salz und Pfeffer gesellten sich zum Kräuterhäufchen, das sich unter weiteren kräftigen Schneebesenschlägen eilends verteilte und mit winzigen grünen Pünktchen die samtige Vinaigrette verzierte. Sie würde die Entschuldigung akzeptieren, aber nicht sofort. Kleingewürfelte Paprika, Tomaten und Radieschen flogen in die Schüssel. Zunächst gäbe es mahnende Worte für die kleinlaute Tochter.

»Willst du den Salat auf italienische Art? Mit Oliven, Käse, Peperoni und hartgekochten Eiern?« rief sie barsch ins Wohnzimmer.

»Mit Mais!« schallte es zurück.

»Habe ich etwa nach Mais gefragt?« motzte Birgit leise, kramte eine kleine Dose aus dem Schrank und kippte die gelben Körner zu den übrigen Zutaten. »Du kannst den Tisch decken, ich bin hier gleich fertig!«

Sie gab die abgetropften Salatblätter in die Schüssel, vermengte alles gründlich und schnitt Brot auf.

Da Markus sich nicht von seinem Platz bewegte, deckte sie selbst geräuschvoll den Tisch und füllte die leeren Katzennäpfchen.

»Alles erledigt, du kannst also kommen«, forderte sie mit scharfem Unterton.

»Ist ja gut, ich bin ja schon da.« Markus taxierte die Tafel. »Salat? Sonst nichts?«

»Das ist eine Riesenportion. Iss die erst mal«, antwortete Birgit schnippisch.

»Wo sind denn die Eier?«

»Du wolltest keine. Du hast lediglich nach Mais gerufen.«

Markus warf Birgit einen stummen Blick zu und schaltete die ›Tagesschau‹ ein.

In der Türkei bangte man um das Leben zahlreicher Bergleute nach einem schweren Grubenunglück, in Kiew rang man am Runden Tisch um einen Ausweg aus dem Ukraine-Konflikt, die Große Koalition suchte Kompromisse bei der abschlagsfreien Rente mit 63, während das Kabinett die Verlängerung von Bundeswehreinsätzen beschloss.

Birgit drückte die Wahlwiederholung. Besetzt.

* * *

Die Erinnerung an Fred, ausgelöst durch ihr Buchstabenrätsel, ließ Ilse nicht mehr los. Trug er den Scheitel damals rechts oder links?

Vor ihren Augen entstand das Bild der tristen Verlobungsfeier, gefolgt vom ebenso trostlosen Hochzeitsfoto auf den Stufen der Apostelkirche. Sie in mattschimmerndes Grau gekleidet, den frisch gebackenen Ehemann an ihrer linken Seite. Aber Freds Scheitel?

Mühsam erhob sie sich, innerlich gewappnet gegen die zu erwartende, scharf protestierende Schmerzattacke. In der unteren Kommodenschublade schlummerten einige Bilder. Unwahrscheinlich, dass sie dort fündig wurde, schließlich entstammten diese Fotos dem Nachlass ihrer Eltern. Und die hatten sämtliche Erinnerungen an die Tochter getilgt. Nein, dann wohl eher in der kleinen Kiste im Schlafzimmer. Um dorthin zu gelangen, müsste sie den dunklen Flur mit der Taschenlampe beleuchten. Der Lichtkegel war klein, es bestand Stolpergefahr. Unschlüssig verharrte sie einen Moment und entschied sich, den Weg zu wagen. Freds Scheitel ließe ihr keine Ruhe. Bevor diese Frage nicht beantwortet wäre, könnte sie sich ohnehin nicht mehr auf ihr Buchstabenrätsel konzentrieren.

Vorsichtig tastete sie sich im Schein der schwachen Lampe die Wand entlang. Der Schlüssel steckte an der Wohnungstür. Routinemäßig prüfte Ilse, ob zweifach abgeschlossen war. Die leere PET-Flasche stand am gewohnten Platz. Alles in Ordnung. Ihr Blick traf den Telefonapparat. Auf dem Rückweg wollte sie den Hörer wieder auflegen. Sie hatte ihn vor Stunden abgenommen, um nicht von lästigem Klingeln gestört zu werden.

Am Durchgang zum Schlafzimmer achtete sie darauf, den Zeitungsstapel nicht umzustoßen. Sie nahm sich vor, morgen nach der Altpapiertonne zu schauen. Vielleicht war sie ausnahmsweise einmal nicht voll. Dann könnte sie endlich ein paar Zeitungen entsorgen.

Die kleine Kiste stand im Weidenregal am Kopfende ihres Bettes. Ilse zog sie heraus und machte sich auf den Rückweg ins Wohnzimmer. Der Schlüssel an der Wohnungstür steckte, es war abgeschlossen. Gut.

Aufatmend setzte sie sich in ihre Sitzkuhle und betrachtete die Fotos. Schließlich fand sie das gesuchte Bild. Der Scheitel saß links. Rasch schob sie die Aufnahme zurück und legte die kleine Kiste auf den Stapel neben sich.

Wie jung sie beide damals waren. Und wie zornig aufeinander. Nie hatte Fred Zeit für sie. Sogar während ihres nicht enden wollenden Krankenhausaufenthalts nach Udos Geburt glänzte er durch Abwesenheit. Ein oder zwei Mal nur schaute er nach ihr. Diesmal würde sie niemand besuchen. Weil sie niemanden informierte. Sie wollte nicht noch einmal vergeblich warten müssen. Ilse trank einen Schluck Weinbrand und griff zur Zigarettenschachtel.

Der Hörer lag vergessen neben dem Telefonapparat.

Oktober 1963

Verträumt betrachtete Ilse ihr kleines Reich. Die Kissen-
bezüge der beiden Korbstühle hatte sie aus dem gleichen
sonnengelben Stoff genäht wie die hübsche Auflage des runden Sofatischs, an dem sie meistens auch ihre spartanischen
Mahlzeiten einnahm. Nur wenn Udo bei ihr war, aßen sie
gemeinsam am Küchentisch. Die gemütliche Couch fügte
sich harmonisch in das Ensemble, der weiche meergrüne
Teppich hielt die Kälte des Fußbodens ab und bildete einen
angenehmen Kontrast zur Wand, deren Orangeton ein zwei-
flügeliges Fenster mit weißem Holzrahmen und dezenter
Scheibengardine warm leuchtend umfloss. Die anderen
Wände schmückte eine weißgeprägte Tapete. Dem Sofa
gegenüber befanden sich der dunkelbraune Schrank mit
seinem Barfach und das dazugehörige niedrige Regal, das
außer wenigen Büchern und der Zeitschriftensammlung ihr
Radio und einen Plattenspieler beherbergte. Den passenden
Teewagen neben der Stehlampe mit ihrem verchromten Fuß
und dem Schirm aus braunem und opakweißem Kunststoff
zierte eine Vase mit stets frischen Schnittblumen.

Heimelig, wenn auch selten aufgeräumt, war es in ihrer
Wohnung, die zudem über eine winzige Küche und ein fast
ebenso winziges Schlafzimmer verfügte. Durch das Wohnzimmer, von einer knarzenden Holzschiebetür getrennt, gelangte man in einen weiteren kleinen, fensterlosen Bereich,
der als Wirtschaftsraum vorgesehen, von Ilse jedoch zum
Kinderzimmer umfunktioniert worden war. Dort standen
Udos Reisebett, ein schmaler Wäscheschrank und ein Korb
mit Spielsachen. Das Bad befand sich im Flur vor der
Wohnungstür, wurde aber ausschließlich von ihr benutzt, da
es dort keine anderen Wohneinheiten gab. Neugierige Zaun-

gäste brauchte sie in ihrem Dachgeschoss glücklicherweise nicht zu befürchten.

Zwei Jahre lebte sie nun hier und fühlte sich von Monat zu Monat wohler. Anfangs ein Zufluchtsort, hatte sich die Wohnung nach und nach zu ihrem Heim entwickelt, das sie regelrecht aufblühen ließ. Endlich konnte sie zufrieden auf sich und ihr Leben blicken. Endlich, mit vierundzwanzig. Zumindest, wenn sie nicht an ihre Eltern dachte.

Als sie sie damals in ihre Pläne einweihte und stolz den Mietvertrag präsentierte, hatte sie zwar mit Zurückhaltung, nicht jedoch mit solch massiver Ablehnung und Empörung gerechnet. Statt froh zu sein, auf diese Weise dem Getuschel der Nachbarn ein Ende zu bereiten und endlich Raum und Ruhe zu finden, reagierten sie mit Vorwürfen und Unverständnis. Undankbarkeit warfen sie ihr vor, ebenso Lebensuntüchtigkeit und Egoismus. Am liebsten wäre Ilse sofort und ohne ein weiteres Wort gegangen, doch verbot sich dies von selbst. Als alleinstehende, berufstätige Frau mit Kind war sie auf Unterstützung angewiesen. Ohne die Bereitschaft ihrer Eltern, sich um Udo zu kümmern, hätte sie ihn ins Kinderheim geben müssen. Denn Fred war nur zum Kindesunterhalt und nicht zu ihrem verpflichtet.

Der Start in ihr selbstbestimmtes Leben verlief holprig und schmerzhaft. Fanden sich die Eltern letztlich zwar mit ihrer Entscheidung ab, gestaltete sich die Umsetzung ihrer Pläne schwieriger als gedacht. Mangels Erspartem hatte Wilhelm, nach langem Zureden Hedwigs, eingewilligt, Ilse bei der Anschaffung der Wohnungseinrichtung unter die Arme zu greifen. Allerdings bestand er darauf, dass Ilse einen Schuldschein über vierhundert Mark unterschrieb und darüber hinaus schriftlich bestätigte, dass ihr Korbtisch und -stühle, Radio, Wasserbank[31] und Udos Reisebett nur als Leihgabe zur Verfügung standen.

Natürlich könnte sie ihren Eltern diese Gegenstände nach

---

[31] Kleines Regal für Putzeimer und -utensilien

und nach abkaufen, doch das hatte sie rasch verdrängt. Das Wirtschaften fiel ihr schwer. Oft war der Zahltag noch weit und ihr schmales Gehalt bereits aufgebraucht. Mit der deutlich höher dotierten Stelle als Sekretärin des Verkaufsleiters der Pharmazeutischen Abteilung bei Giulini, die sie am 1. November 1961 antrat, besserte sich ihre finanzielle Situation zwar deutlich, dafür fraßen regelmäßige Tanzvergnügen wie der Cola-Ball[32], gelegentliche Kurzreisen oder unbedachte Ausgaben für modische Accessoires unvorhersehbare Löcher in ihr Budget.

Half Wilhelm aus, musste sie pünktlich am Monatsersten die gelegentlichen Finanzspritzen zurückzahlen.

Nach und nach kam sie besser zurecht, was sie mit großem Stolz erfüllte. Leider nur sie. Denn ihre zunehmende Selbstständigkeit blieb nicht ohne Konsequenzen. Eilte sie anfangs allabendlich nach Dienstschluss vom Gemeindedienst ins Elternhaus, um ihren Sohn zu baden und zu Bett zu bringen, war dies mit ihrer neuen Arbeit nicht mehr zu vereinbaren. Bis sie abends das Büro verließ und mit Bus und Bahn von Rheingönheim in den Hemshof gelangte, war es für ein Zusammensein mit dem kleinen Jungen viel zu spät. Und so sah sie Udo seither nur am Wochenende.

Bei schlechtem Wetter blieb sie mit ihm in ihrem ehemaligen Zimmer – Wilhelm sprach ohnehin nicht mehr mit ihr – an schönen Tagen spazierten sie durch den Park, meist in Begleitung von Hedwig. Selten nahm Ilse ihn mit zu sich, dann übernachtete er in seinem Reisebett, und noch seltener begleitete er sie auf ihre geliebten Wochenendausflüge mit Freunden. Denn jedes Mal, wenn sie ihn anschließend zurückbrachte, hagelte es Vorwürfe. Entweder war sie mit seiner Kleidung zu sorglos umgegangen, dann hatte er sich den Magen verdorben und ihre Eltern anschließend mit Übelkeit und Bauchkrämpfen auf Trab gehalten oder sich

---

[32] Legendäre Mannheimer Tanzveranstaltung in den 50er und 60er Jahren

eine schlimme Erkältung zugezogen. Verreiste sie ohne ihn und versäumte dadurch ihre Besuchszeiten, sah sie sich dem Vorwurf der Vernachlässigung ausgesetzt. Und trafen Freds Zahlungen zu spät ein, also eigentlich fast immer, stand neuer Ärger ins Haus.

Mehrfach hatte Wilhelm, der seit seinem Renteneintritt am 28. November 1962 strenger über Udos Wohl wachte als je zuvor, mit Jugendamt und Vormundschaftsgericht gedroht. Das Verhalten seines Enkels bestärkte ihn. Denn immer öfter zeigte Udo, dass er die Gesellschaft seiner Großeltern vorzog. Wollte Ilse mit ihm spielen oder ihn gar mitnehmen, erwartete der kleine Junge mittlerweile Bestechungsgeschenke.

Ilse seufzte. Es tat weh, dass Udo sich mehr und mehr von ihr entfernte. Die Schuld sah sie bei ihren Eltern, die zwischen ihnen standen. Darüber zu reden war nicht möglich. Ihr Vater verkehrte ausschließlich schriftlich mit ihr, Hedwig, stets loyal, hielt natürlich zu ihm. Die distanzierte Haltung ihrer Mutter schmerzte am meisten.

Und so stürzte sie sich ins Vergnügen, um Ablenkung zu finden, und fand – Bodo.

Bodo Kormann, Versicherungsangestellter, groß, gutaussehend, selbstbewusst, mit seinen schwarzen Haaren und der schlanken Statur ein kleines bisschen ›Typ Fred‹, tanzte mit der gleichen Begeisterung wie sie, wobei ihm erschreckenderweise jegliches Gefühl für Rhythmus fehlte. Sein mangelndes musikalisches Talent machte er durch Charisma und Witz wett. Mit Bodo konnte man sich wunderbar unterhalten. Er erschloss ihr völlig neue Welten bei gemeinsamen Ausstellungsbesuchen und durch sein nie ermüdendes Interesse an Kunst und Geschichte.

Sie schätzte seine Fürsorglichkeit und Vorurteilsfreiheit. Ihren Makel ›geschieden, Mutter, berufstätig‹ nahm er als solchen nicht wahr. Dass Udo jedoch bei Wilhelm und Hedwig lebte, empfand er als widernatürlich. Aufgewachsen mit zwei Brüdern in einem großen Haus mit Garten, liebevoll umsorgt von einer stets anwesenden Mutter und mit strenger, dabei gerechter Hand angeleitet vom gebildeten Vater, gehörte ein Kind seiner Ansicht nach ausschließlich in die Obhut der Eltern.

Doch nun fügte sich alles. Ganz bestimmt.

Sie zündete sich eine Zigarette an und wiegte sich zu den Klängen von Manuelas ›Schuld war nur der Bossa Nova‹. In wenigen Wochen, am 13. Dezember 1963, heiratete sie. Dann würde Udo bei ihr und Bodo leben, und all das Gezerre hätte ein Ende. Ihre Arbeitszeit wollte sie auf halbtags reduzieren, Udo auf dem Weg zum Büro im Kindergarten abliefern und mittags wieder abholen. Perfekt.

Erneut schaute sie sich um. Die Entscheidung, ihr Leben künftig wieder mit einem Mann zu teilen, war ihr nicht leichtgefallen, trotz Bodos Charme und Intellekt. Die Furcht, mühsam erkämpfte Selbstständigkeit und Entscheidungsfreiheit erneut zu verlieren, stand im Widerstreit zu ihrer Bewunderung für Bodo. Sie genoss sein Werben, doch war es Liebe?

Bodo hatte sich sehr bemüht, ihre Zweifel zu zerstreuen und versprochen, keine nachträglichen Einwände gegen ihre Berufstätigkeit zu erheben. Vor allem ihre Bedingung, auf ein zweites Kind zu verzichten, akzeptierte er. Die Vorstellung eines harmonischen Familienlebens zu dritt bei gesicherten Einkünften hatte sie letztlich überzeugt.

Sie musste es nur noch ihren Eltern beibringen.

Leise Nervosität brachte sie aus dem Bossa Nova-Takt. Die beiden würden aus allen Wolken fallen. Andererseits wären sie sicherlich froh, die Verantwortung für Udo wieder abgeben zu können. Bodo war schließlich ein vernünftiger und gutsituierter Mann aus ordentlichem Elternhaus. Genau das, was man sich für die eigene Tochter wünschte.

* * *

»Ja, bist du denn von allen guten Geistern verlassen?« Hedwig schlug die Hände vors Gesicht. »Das kann nicht dein Ernst sein!«

»Aber Mutti, ich dachte, du freust dich«, stammelte Ilse verwirrt. Begeisterungsstürme hatte sie nicht erwartet, eher mit Fragen gerechnet, vielleicht zögerndem Erstaunen. Auch leise Missbilligung über das bisherige Verschweigen von Bodos Existenz hätte sie verstanden. Dieses unverhohlene Entsetzen erwischte sie kalt und völlig unvorbereitet.

»Freuen? Worüber soll ich mich freuen? Dass du dich erneut in Abenteuer stürzt? Hast du denn gar nichts gelernt? Wie verantwortungslos kann man denn sein? Nein, Ilse, dass du das deinem armen Kind antust, einfach unfassbar!«

»Was tue ich denn meinem armen Kind an?«, begehrte Ilse auf. »Ich denke dabei vor allem an Udo!«

»An Udo? So dankst du uns für all die Opfer, die wir dir und deinem Sohn gebracht haben«, schaltete sich Wilhelm mit dem Tonfall kalter Wut ein. »Du heiratest also wegen deines Kindes, das du bislang ganz unbesorgt bei uns gelassen und um das du dich seit seiner Geburt kaum gekümmert hast. Interessant.«

»Sei bitte nicht so ungerecht, Vati. Du weißt genau, dass ich mich sehr bemüht habe.«

»Bemüht? Ja, wer hat denn an Udos Bett gesessen, wenn er krank war? Nicht seine Mutter! Wer hat ihn gefüttert und gekleidet? Du etwa?«

»Ich kann doch gar nicht immer hier sein, ich muss schließlich selbst für meinen Lebensunterhalt aufkommen!«

»Das hättest du dir besser überlegt, bevor du dich von diesem Fred getrennt hast«, sagte Hedwig spitz.

»Ihr beide hieltet unsere Scheidung für die beste Lösung.«

»Gar nicht erst einlassen hättest du dich mit ihm dürfen. Wer sich in Gefahr begibt, kommt darin um. Oft genug wurdest du gewarnt.«

»Das müssen wir jetzt nicht schon wieder aufwärmen, Mutti. Es ist passiert und vorbei. Wollt ihr mir denn für den Rest meines Lebens deswegen Vorwürfe machen? Bitte, versucht, mich zu verstehen.« Ilse war der Verzweiflung nahe. Das lief ganz anders als geplant.

»Wer sagt denn, dass wir dich nicht verstehen?« Wilhelms Stimme zitterte. »Ist überhaupt nicht schwierig, schließlich kennen wir dich. Du bist wieder mal einem dahergelaufenen Charmeur auf den Leim gegangen, der dir das Blaue vom Himmel verspricht, und träumst dir jetzt ein neues Leben zurecht, weil dir das bisherige zu langweilig wird.«

Ilse begann zu weinen.

»Wilhelm, lass gut sein. Du sollst dich nicht so aufregen.« Hedwig legte ihm beschwichtigend die Hand auf den Arm und schaute Ilse ernst an. »Vati ist sehr enttäuscht von dir. Jetzt sag halt, mit wem hast du dich da eingelassen? Bisher wissen wir nicht mehr, als dass er Bodo heißt und du ihn beim Tanzen kennengelernt hast. Weiß er denn eigentlich, dass du geschieden und Mutter eines vierjährigen Sohnes bist?«

Ilse trocknete die Tränen, straffte den Rücken und atmete tief durch. »Ja, das weiß er. Und es stört ihn nicht. Im Gegenteil, er mag Udo und will, dass wir eine richtige Familie werden.«

»Eine richtige Familie. Was weiß der denn davon. Jetzt ist das Bübchen klein und niedlich. Aber das ändert sich schneller, als man glaubt«, winkte Hedwig ab.

»Er weiß das durchaus, schließlich hat er zwei Brüder. In Berlin.«

»Berlin«, brummte Wilhelm. »Schon wieder ein Flüchtling.«

»Er ist kein Flüchtling, Vati. Er hat in Mannheim studiert und ist hier geblieben, weil er eine gute Stelle bei einer Versicherung bekam.« Den Blickwechsel zwischen Wilhelm und Hedwig ignorierte sie. »Sie haben in Berlin ein großes Haus mit Garten. Die Mutter ist Hausfrau, der Vater Ingenieur, und seine beiden Brüder haben ebenfalls studiert.« Ilse richtete sich auf, ja, sie war stolz auf Bodo und seine Familie.

»Dann kommt er wohl nicht selbst, weil er sich für etwas Besseres hält? Schließlich war ich nur ein einfacher Arbeiter. Tja, Hedwig, das haben wir nun von unserer Gutmütigkeit. Kümmern uns jahrelang um sie und ihr Kind. Und kaum läuft ihr so ein Studierter über den Weg, schämt sie sich für ihr Elternhaus.« Wilhelm erhob sich und ging zur Tür. »Ich habe genug gehört. Von mir aus nimm deinen Sohn gleich mit und fühle dich als feine Dame. Deine Schulden zahlst du bis zur Hochzeit an uns zurück, die Möbel kannst du dann auch gleich bringen lassen.«

Ilse starrte ihrem Vater sprachlos hinterher.

Die Mutter schaute zur Uhr und stand auf. »Ich muss mich ums Abendessen kümmern. Sag Udo gute Nacht.«

An der Tür, Ilse war schon fast hinaus, hielt Hedwig sie zurück. »Du musst uns verstehen. Nach deiner Scheidung erklärtest du, du wolltest nie wieder heiraten und erst recht keine weiteren Kinder. Du wolltest allein leben und auf eigenen Füßen stehen. Das hat uns sehr getroffen, trotzdem haben wir dich weiterhin unterstützt. Finanziell und vor allem mit Udo. Irgendjemand musste ja die Verantwortung übernehmen, die du allein nicht tragen konntest. Auf einmal hast du einen neuen Mann und willst plötzlich dein Kind zurück.«

»Ich dachte, ihr würdet euch freuen«, entgegnete Ilse kühl. »Klingt doch gut, Udo lebt in einer richtigen Familie mit Vater und Mutter, am Wochenende kommen seine Großeltern zu Besuch, und alle sind zufrieden. Was stört dich denn wirklich an meinen Plänen? Und was soll denn: ›Du wolltest nie wieder heiraten‹? Wie kannst du mir vorwerfen, dass ich eine Entscheidung, die ich mit nicht einmal zweiundzwanzig getroffen habe, jetzt ändere?«

»Wir werden dich nicht von deinen Heiratsplänen abhalten. Das ist allein deine Sache. Aber bei allem Verständnis können wir nicht tatenlos zuschauen, wie du deinen armen Sohn ins Unglück stößt. Du kennst diesen Mann ja gar nicht richtig und von einem echten Zusammenleben, wo die Eheleute füreinander da sind in guten und in schlechten

Tagen, weißt du erst recht nichts. Und er? Glaubst du denn, dass man von heute auf morgen Vater eines vierjährigen Kindes werden kann, nur weil man studiert hat? Da muss man hineinwachsen! Das dauert, und diese Zeit habt ihr nicht. Udo hatte wahrlich keinen guten Start ins Leben. Erst die Streitereien seiner Eltern, dann die Unzuverlässigkeit seiner Mutter, die mal kommt und mal nicht. Hier geht es ihm gut, er fühlt sich sicher und geborgen, sein Leben ist bestens geregelt und es mangelt ihm an nichts. Er entwickelt sich prächtig, wie du sehr wohl weißt. Das willst du ihm für eine völlig ungewisse Zukunft aus purem Eigennutz wieder nehmen?«

Hedwig suchte Ilses Blick, die kopfschüttelnd und mit fest zusammengepressten Lippen einen Krümel auf der Fußmatte fixierte.

»Was soll nur werden, Ilse? Du hast noch nie etwas durchgehalten.«

»Ist sie weg?« Wilhelm steckte den Kopf in die Küche, wo Hedwig mit versteinerter Miene das Abendessen zubereitete. Gerade hatte sie die gestern übrig gebliebenen Pellkartoffeln mit Zwiebeln und Speck angebraten. Nun entledigte sie sich ihres Ärgers durch kräftiges Schlagen mit dem Schneebesen. Dabei nahm die bearbeitete Portion Quark mit Milch und Ei eine herrlich schaumige Konsistenz an. Abgeschmeckt mit Paprika und Petersilie würde sie anschließend die Kartoffeln in die Masse mengen, eine gefettete Auflaufform damit füllen, Semmelbrösel und Butterflöckchen darüber streuen und die Quarkkartoffeln dann im Ofen goldgelb überbacken. Dazu gab es frischen Endiviensalat und einen Rest Roter Rüben.

»Ja«, antwortete sie kurz angebunden und ohne aufzuschauen. »Wir essen in einer dreiviertel Stunde. Du kannst in der Zwischenzeit schnell zu Frau Meier laufen. Fürs Frühstück ist keine Milch mehr da. Nimm Udo mit, dann ist er mir aus den Füßen.«

Wilhelm ignorierte Hedwigs Anweisung und setzte sich an den Tisch. »Udo stört dich nicht beim Kochen. Er ist mit seinen Legosteinen beschäftigt. Die Milch besorge ich morgen früh, das hat jetzt keine Eile.«

»Mittlere Hitze«, murmelte Hedwig, ihre Notizen studierend, und schob die Form in den Ofen. Das Rezept stammte von Ilse. Sie war seit Kurzem stolzes Mitglied im Bertelsmann-Lesering[33], vermutlich, um diesem Bodo zu imponieren. Eine ihrer jüngsten Errungenschaften war ›Das neue große Kochbuch‹ von Roland Gööck aus dem Bertelsmann-Verlag. Eigentlich unnötig, dachte Hedwig anfangs, schließlich konnte Ilse jederzeit auf den schier unerschöpflichen Rezepte-Fundus ihrer Mutter zurückgreifen. Doch beim Durchblättern dieses Küchenkompendiums musste sie anerkennend feststellen, dass es durchaus einige nachahmenswerte, moderne Anregungen enthielt.

Während Wilhelm den Sportteil der Bild-Zeitung studierte, putzte sie den Endiviensalat, wusch ihn gründlich und schnitt die Blätter in feine Streifen. Die Salatsoße aus Essig, Öl, Salz, Pfeffer, Petersilie und einer Prise Zucker würde sie erst später dazugeben. Schließlich erledigte sie noch den Abwasch und setzte sich seufzend zu ihrem Mann.

Wilhelm faltete die Zeitung zusammen, nahm die Brille ab und goss sich bedächtig ein Glas Bier ein.

»Und?«

Hedwig zuckte resigniert mit den Schultern. »Was haben wir nur falsch gemacht?«

»Keine Ahnung. Vielleicht waren wir zu nachgiebig. Jetzt ist es eben so.«

---

[33] Der Bertelsmann-Lesering wurde am 31. Mai 1950 gegründet und erreichte bis 1954 bereits eine Million Mitglieder. Diese wählten Bücher zu besonders günstigen Preisen aus einem Katalog aus und erhielten ihre Titel postalisch bzw. in Lesering-Bücherstuben - anfangs Bereiche in betreuenden Buchhandlungen, ab 1964 in eigenen Buchläden.

»Ich mache mir Sorgen um das Bübchen.«

»Ich auch.«

»Er würde mir sehr fehlen.«

Einige Minuten hing jeder still seinen Gedanken nach.

Schließlich erklärte Wilhelm: »Ich erkundige mich beim Vormundschaftsgericht. Die werden wohl nicht einfach jeder beliebigen Laune einer flatterhaften Mutter nachgeben. Immerhin tragen wir jetzt seit vier Jahren die Verantwortung für Udo.«

Teil 5

Vergangen, vergessen, vorüber
Vergangen, vergessen, vorbei
Die Zeit deckt den Mantel darüber
Vergangen, vergessen, vorbei
Wer kann wissen, wo wir einmal landen?
Wer kann wissen, was einmal geschieht?
Wer kann wissen, ob wir einmal stranden?
Immer ist es nur das gleiche Lied
Vergangen, vergessen, vorüber...

Freddy Quinn[34]

[34] Erschienen 1964 bei Polydor. Musik/Text: Lotar Olias, Walter Rothenburg. Produzent: Lotar Olias. © mit freundlicher Genehmigung EDITION ESPLANADE OHG

1967

Lustlos schob Ilse die Zeitschrift beiseite. Während sie die Anleitungen diverser Häkelmodelle betrachtete, zerriss Birgit mit Feuereifer einen ausrangierten ›Quelle‹-Katalog im Laufställchen. Mit ihren mittlerweile zehn Monaten entwickelte die Kleine ungeheuren Tatendrang. Besonders gern zerknüllte und zerfetzte sie glänzende Katalogseiten. Und Wollknäuel und Garnröllchen mit ihren unendlich langen Fäden, die so lustig herumrollten, zählten zu ihren absoluten Beschäftigungsfavoriten. Wehe, der Nähkorb stand in Reichweite. Dann hangelte sie so lange durch die Gitterstäbe, bis das Objekt ihrer Begierde erbeutet und – bemerkte man es zu spät – komplett heruntergewickelt war.

Die Schulglocke müsste bereits geläutet und Udo den Heimweg angetreten haben. Seinen Milchreis wollte Ilse allerdings erst zubereiten, wenn er tatsächlich eintraf. Worauf sie sich nicht verlassen konnte, da ihn häufig seine Großeltern samt einer Tüte Süßigkeiten am Schultor erwarteten. Nach solchen Überraschungsbesuchen trödelte er oder ging lieber mit zu ihnen anstatt nach Hause.

Anfangs hatte Ilse ihn aufgeregt gesucht, mittlerweile informierte sie lediglich Bodo über das Ausbleiben ihres Sohnes, damit dieser abends einen Umweg über den Hemshof machte und Ilses Sprössling dort abholte. Einen eigenen Telefonanschluss besaßen sie nicht, sie musste in diesen Fällen Birgit in den Kinderwagen setzen und zur nächsten Telefonzelle an der Bushaltestelle laufen. Ein weiteres Ärgernis in ihrem Leben. Ein privater Telefonanschluss kostete heute schließlich kein Vermögen mehr und wäre so viel praktischer. Aber nein, Bodo betrachtete ihn als unnötig, telefonierte für seinen Geschmack mehr als genug im Büro, und

Ilse hatte das Nachsehen.

Das Zifferblatt ihrer Armbanduhr machte deutlich, dass Udo nun definitiv überfällig war. Also hatten Hedwig und Wilhelm wieder einmal ihre Vereinbarung ignoriert und den Enkel abgepasst. Garantiert. Sie war es so leid.

Ihre Hoffnung auf ein normales Familienleben hatte sich schon kurz nach der Hochzeit zerschlagen. Dafür hatten Hedwig und Wilhelm gesorgt, die ihr bereits vor der Eheschließung Ärger mit dem Vormundschaftsgericht bescherten. Der zuständige Amtsgerichtsrat teilte die völlig unbegründete Sorge der Großeltern um das Kindeswohl und verfügte, dass Udo, quasi zur Eingewöhnung in die neuen Lebensverhältnisse, vormittags weiterhin seinen Kindergarten besuchte, den Nachmittag wie gewohnt bei den Großeltern und die Abende und Nächte bei Ilse und Bodo verbrachte.

Für Ilse bedeutete das eine einzige Rennerei: Udo früh in den Kindergarten nahe ihrem ehemaligen Elternhaus bringen, den ganzen Weg retour und zum Büro, abends wieder mit Bus und Bahn in den Hemshof fahren, Udo abholen, zurück nach Mundenheim in die Rheingönheimer Straße, wo sie nach der Hochzeit noch lebten.

Bodo legte zudem Wert auf einen geregelten Tagesrhythmus und erwartete natürlich, dass das Essen pünktlich gemeinsam eingenommen wurde. Wie sie das inklusive Büro, Einkauf, Haushalt und der Fahrerei wegen ihres Sohnes bewältigte, blieb ihr selbst überlassen. Bodos Vorschlag, ihre Arbeit aufzugeben und sich ganz der Familie zu widmen, lehnte sie empört ab. Schließlich hatte sie ihr Ja-Wort an diese Bedingung geknüpft. Selbstverständlich war sein Vorschlag gut gemeint, das wusste sie. Es war ihm ja nicht verborgen geblieben, wie sehr der ständige Zeitdruck sie belastete. Trotzdem überwog ihre Enttäuschung. Er hatte offensichtlich vergessen oder nicht verstanden, wie wichtig ihr die Arbeit und damit dieses kleine Stück Unabhängigkeit war. Schließlich setzte sie einen Wechsel des Kindergartens in ihre Nähe durch und sparte so zumindest vormittags etwas

Zeit. Dennoch hielt sie die abendliche Hetze eisern im Griff und zermürbte sie zunehmend.

Nach einem knappen Vierteljahr mussten die jungen Eheleute erkennen, dass sie sich die Liebe irgendwie anders vorgestellt hatten, und erwogen die Trennung. Ilse konnte sich mit diesem Gedanken durchaus anfreunden, wollte jedoch einer Scheidung keinesfalls zustimmen. Bodo wiederum schloss eine Trennung ohne Scheidung kategorisch aus. Notgedrungen beschlossen sie, durchzuhalten. Das große Glück wollte sich zwar nicht einstellen, dafür kündigte sich im Frühjahr 1966 Nachwuchs an.

Fast gleichzeitig erhielten sie die Zusage für eine große Dreizimmerwohnung im Neubaugebiet Gartenstadt, sodass sich zumindest das befürchtete Platzproblem erledigte.

Mit dem Umzug im Sommer wurde Udo im neuen Stadtteil eingeschult und Ilse schweren Herzens Hausfrau. Der Abschied von den Kolleginnen fiel ihr unendlich schwer, die Aussicht auf einsame Tage mit Windeln, Wischmopp und Kochlöffel anstatt abwechslungsreicher Bürostunden mit Korrespondenz, Telefonaten und Sitzungsvorbereitungen erst recht. Insgeheim beschloss sie bereits nach Einreichen der Kündigung, mit Beginn der Kindergartenzeit des kleinen Wesens, das sie in sich trug, wenigstens halbtags wieder ins Berufsleben zurückzukehren.

Udo fand schnell neue Freunde, die seine Begeisterung für wilde Indianerspiele auf dem nahegelegenen Spielplatz oder abenteuerliche Erkundungstouren in der sie umgebenden Bruchlandschaft[35] teilten. Kam er von seinen aufregenden Nachmittagen heim, trug man ihn am besten direkt von der Fußmatte an der Wohnungstür in die Badewanne, um ihn dort von seinen Kleidungsstücken zu befreien, während

---

[35] Eine Bruchlandschaft – nicht zu verwechseln mit einer Brachlandschaft – ist ein sumpfiges Gebiet, oftmals mit einem Bruchwald. Hier handelt es sich um das sog. Maudacher Bruch (https://de.wikipedia.org/wiki/Maudacher_Bruch)

Sand, Kieselsteinchen, Blätter und sonstige Naturmaterialien aus sämtlichen Aufschlägen und Taschen rieselten.

Mit der Zeit fand sich Ilse mit ihrem Hausfrauendasein ab und entdeckte ihre Begabung fürs Kochen und Backen. Sah sie darin auch nicht ihre wahre Bestimmung, probierte sie dennoch mit Begeisterung ständig neue Rezepte aus Kochbüchern, Zeitschriften oder Kärtchen aus, die an der Frischfleischtheke bei ›Konsum‹[36] auslagen. Ilses Plätzchen übertrafen zu ihrer Genugtuung an Beliebtheit sogar die bis dato als unerreicht köstlich geltenden Kekse der Berliner Schwiegermutter. Ihr Familienleben gestaltete sich schrittweise zufriedenstellender und hätte – verbunden mit der Aussicht auf einen absehbaren Wiedereintritt in den Berufsalltag – vielleicht sogar glücklich werden können, wenn, ja, wenn nicht das ewig drohende Damoklesschwert in Gestalt von Ilses Eltern unheilvoll über ihnen schwebte.

Mit dem Umzug und Udos Einschulung hatte dessen zweigeteiltes Leben ein Ende genommen.

Er verstand sich bestens mit seinem Stiefvater, den er ›Papa‹ nannte, blühte in Gesellschaft seiner Freunde auf und kam im Unterricht prima mit.

Leider konnten sich Hedwig und Wilhelm nicht mit der ungewollten Trennung und Beschränkung auf gelegentliche Wochenendbesuche abfinden. Mit Birgits Geburt im Dezember 1966 erwachte zudem ihr Argwohn, dass die Kleine fortan bevorzugt und ihr geliebtes Bübchen benachteiligt würde. Anstatt sich an die mit juristischer Hilfe getroffenen Besuchsvereinbarungen zu halten und der neuen Enkelin ebenfalls einen Platz im großelterlichen Herzen einzuräumen, verstärkten sie ihr Buhlen um Udos Gunst,

---

[36] Die Konsum-Lebensmittelgeschäfte gehörten einer Genossenschaft an und wurden in den 1970er Jahren Teil der co op AG. Die co op AG existierte bis Ende der 1980er Jahre und wurde nach einem der größten Finanzskandale der Nachkriegszeit aufgelöst.

überraschten ihn trotz Ilses und Bodos Verbot in der Pause oder nach Schulende und lehnten jeglichen Kontakt zu Birgit ab.

Udo genoss die zärtliche Aufmerksamkeit seiner Großeltern, nicht zuletzt wegen der mitgebrachten Süßigkeiten, die er großzügig unter seinen Schulkameraden verteilte und sich damit zusätzliche Anerkennung verschaffte. Allerdings zeigte das beständig eingeträufelte Gift der Missgunst seine Wirkung. Zwar liebte er sein Schwesterchen, fühlte sich aber in der Tat zurückgesetzt, wenn sich die Aufmerksamkeit von ihm ab- und dem schreienden Winzling zuwandte, was er Hedwig und Wilhelm auf deren Nachfragen bereitwillig anvertraute und die beiden somit in ihrer Sorge bestärkte. Um Nachteilsausgleich bemüht, verwöhnten sie ihn nach allen Regeln der Kunst. Mit Zeit, Ausflügen, kleinen Geschenken – und auch mit größeren. So war Udo bald stolzer Besitzer zweier Fahrräder. Eines, das Bodo günstig gebraucht erworben und für ihn hergerichtet hatte, und ein nigelnagelneues feuerrotes Jungenfahrrad für kleine Radtouren mit den Großeltern, das nicht nur teurer, sondern natürlich wesentlich schöner war.

Es dauerte nicht lange, und aus dem fidelen Jungen wurde ein frecher Bengel, dessen Schulleistungen und Zuverlässigkeit deutlich zu wünschen übrig ließen.

So auch heute, wie Ilse missmutig zur Kenntnis nahm.

»Komm, Birgit, den Katalog kannst du später wieder bearbeiten.« Sie zog der zeternd strampelnden Kleinen eine warme Jacke an, hob sie aus dem Laufställchen heraus und in den Kinderwagen hinein. »Wir müssen den Papa anrufen!«

1968

»Ich fasse es nicht, dass du wieder damit anfängst. Wann begreifst du es endlich? Ich sagte ›Nein‹!« Genervt warf Ilse das Häkelstück aufs Sofa, rauschte hinaus und ließ einen nachdenklichen Bodo im Wohnzimmer zurück.

Einige Minuten später folgte er ihr in die Küche, warf auf dem Weg dahin einen Blick ins Kinderzimmer, aus dem ungeachtet der vergangenen lautstarken Auseinandersetzung zu seiner Beruhigung nur die gleichmäßigen Atemzüge seiner anderthalbjährigen Tochter und ihres neunjährigen Bruders zu vernehmen waren. Er schloss die Küchentür hinter sich, lehnte sich an den Vorratsschrank und beobachtete Ilse, die mit Scheuerpulver den Herd bearbeitete und ihn dabei gänzlich ignorierte.

»Meine Mutter wird sich bestens um Birgit kümmern«, unternahm er einen weiteren Überzeugungsversuch.

»Nein.«

»Verdammt noch mal, Ilse. Würdest du arbeiten, wäre Birgit in dieser Zeit auch ohne dich. Das scheint dir seltsamerweise nichts auszumachen. Was hast du gegen die Obhut meiner Mutter? Sie weiß sehr genau, was zu tun ist, hat schließlich drei Kinder aufgezogen, schon vergessen?«

Ilse warf den Lappen ins Waschbecken. »Schon vergessen?«, äffte sie ihn nach. »Dein Vergleich ist unnötig, schließlich arbeite ich nicht. Du hast es verboten.« Zornig funkelte sie ihn an, bevor sie sich mit dem Putzlappen beschäftigte und ihm energisch die Scheuerpulverreste herausrubbelte. »Einfach unglaublich, wie du mich vor meinem Chef brüskiert hast. Einfach unglaublich!«

»Ich soll dich brüskiert haben? Papperlapapp. Was glaubst du denn, wie ich mir vorgekommen bin, als mich ein wildfremder Mensch aus heiterem Himmel anrief und dazu überreden wollte, dich wieder an deinen alten Arbeitsplatz zurückzulassen. Geradezu verteidigen musste ich mich dafür, dass ich den jetzigen Zeitpunkt noch als zu früh erachte. Mich solcher Peinlichkeit auszusetzen!«

»Was, bitteschön, war denn peinlich? Dass er mich händeringend um Unterstützung gebeten hat, als wir uns vor einigen Wochen über den Weg liefen? Ich habe dir erklärt, dass meine Nachfolgerin nicht mehr alles bewältigen kann. Der Markenartikel-Vertrieb wächst rasant, sie brauchen Verstärkung. Oder dass er dir genau diesen Sachverhalt schilderte? Anstatt stolz darauf zu sein, dass man nicht irgendjemanden sucht, sondern mich wiederhaben will, lehnst du dieses freundliche Ansinnen einfach ab. Du warst peinlich, Bodo. Du allein. Und so muss ich eben daheim bleiben, weil der Herr es wünscht. Nun beschwere dich nicht, dass ich mich um mein Kind kümmere. Genau das wolltest du. Genau das.«

»Darum geht es hier also. Billige Rache! Weil ich nicht damit einverstanden bin, dass Birgit in ihrem Alter stundenlang bei fremden Leuten sein muss, darf sie ergo nicht für ein paar Tage mit zu ihren Großeltern.«

»Hör auf damit, das nach Gutdünken auszulegen. Ein paar Stunden pro Woche ohne mich schaden deiner Ansicht nach Birgits Entwicklung, zwei ganze Wochen ohne mich hingegen nicht. Das ist absurd. Außerdem ist deine Mutter eine alte Frau und kann sich nicht rund um die Uhr um so ein kleines Kind kümmern.«

»Ich bin ja auch noch da.«

»Ach so? Ab und zu das Kind baden, gelegentlich einmal füttern, aber um Himmels willen keine Windeln wechseln. Du hast absolut keine Ahnung!«

»Das muss ich mir nicht vorwerfen lassen«, widersprach Bodo gekränkt. »Und was das Alter betrifft, meine Mutter ist mit ihren einundsiebzig Jahren sehr rüstig, versorgt schließlich ganz ohne fremde Hilfe Haus und Garten. Das musst du ihr erst einmal nachmachen. Wenn ich gelegentlich etwas Obst zum Einkochen mitbringe, schreist du sofort Zeter und Mordio.«

»Deine Mutter hat dafür alle Zeit der Welt. Im Gegensatz zu ihr muss ich rund um die Uhr ein Kleinkind versorgen, mich zusätzlich um einen rüpelhaften Buben kümmern, habe den ständigen Ärger mit meinen Eltern am Hals, den Haushalt und deine Pedanterie. Wenn du dann plötzlich mit zehn Kilo überreifen Pflaumen, wie letzten Herbst, oder dieser Unmenge an Rhabarber letzte Woche hereinschneist, kannst du nicht erwarten, dass ich vor Begeisterung Luftsprünge mache.«

»Ein Grund mehr, dass du nicht arbeitest. Dir ist ja so schon alles zu viel.«

»Deine Pedanterie ist mir zu viel, dein ständiges ›meine Mutter kann dies, meine Mutter kann jenes‹ ist mir zu viel. Es ist mir zu viel, dass du jeden Tag um fünf Uhr Kaffee und Kuchen willst, der sich übrigens nicht von selbst backt. Neuerdings erwartest du um sieben Uhr ein warmes Essen, anstatt mittags wie deine Kollegen in die Kantine zu gehen und dich abends mit belegten Broten zu begnügen. Und komm bloß nicht auf die Idee, hier wieder Rhabarber anzuschleppen, nur weil dein Kollege nicht weiß, was er mit dem ganzen Zeug aus seinem Garten anfangen soll. Und ein für alle Mal! Du fährst nicht allein mit Birgit nach Berlin. Das lasse ich nicht zu.«

»Dann komm eben mit.«

»Um mich die ganze Zeit von deinem Vater anschweigen zu lassen oder mir von deiner Mutter Erziehungs- und Haushaltstipps einzuholen? Vielen Dank. Außerdem habe ich noch einen Sohn. Nein.«

»Ich kann nicht verstehen, warum du immerzu an meinen Eltern herummeckerst. Sie haben dir nie etwas getan. Wenn es dich stört, dass mein Vater dich angeblich anschweigt, dann erzähle du ihm doch einmal ein wenig. Aber das willst du ja auch nicht. Udo kann gern mitfahren. Er ist in Berlin jederzeit willkommen. Genauso wie du, ob du das glaubst oder nicht.«

»Ich habe ›Nein‹ gesagt, und dabei bleibt es. Wenn du unbedingt fahren willst, tu es. Birgit bleibt hier bei mir, genauso wie Udo. Er hat im Juni keine Ferien, das weißt du ganz genau. Ihn die ganze Zeit bei meinen Eltern zu lassen, ist ausgeschlossen. Am Ende geben die ihn nicht wieder raus und das Theater mit dem Vormundschaftsgericht beginnt von Neuem. Das alles nur, damit du dich von Mama und Papa verwöhnen lassen kannst. Nein, nein und nochmals nein.« Sie fischte den Lappen aus dem Becken, wrang die allerletzten Scheuerpulverreste aus, tränkte ihn mit frischem Wasser und fuhr mit der Herdsäuberung fort.

Niedergeschlagen trottete Bodo zurück ins Wohnzimmer. Nach einem kurzen Überfliegen des aktuellen ›Spiegel‹ legte er die Zeitschrift beiseite. Die Schüsse auf Rudi Dutschke schlugen große Wellen, doch er konnte sich nicht auf den Artikel konzentrieren.

Ein Student in Berlin, der gegen die Amerikaner, gegen Sorayas Ehemaligen, gegen den Notstand marschierte, gegen Senat und Rias -- eine Verkehrsstörung in Permanenz, bei der nicht ersichtlich wurde, warum die Polizei sie duldete.[37]

All dieses Gerede von Revolution und Konterrevolution. Er hatte wenig Verständnis für den langhaarigen Pöbel und seine rote Propaganda, wie er insgeheim die Studentendemonstrationen nannte. Es war richtig gewesen, dass die SPD 1961 alle Mitglieder des SDS[38] aus ihren Reihen entfernt hatte. Die stifteten ohnehin nur Ärger und verrannten sich in undurchdachte Forderungen. Kämpften gegen den ›Muff von 1.000 Jahren‹ an den Universitäten und stellten Strafanzeige gegen Richter, die ehemals den Nazis angehört

---

[37] Zitat Der Spiegel, Ausgabe 16/1968 vom 15.04.1968 https://www.spiegel.de/spiegel/print/d-46050175.html
[38] Sozialistischer Deutscher Studentenbund

hatten. Welch ein Unsinn. Irgendjemand musste schließlich das Richteramt übernehmen. Und was konnte man diesen Beamten vorwerfen? Dass sie sich damals an geltendes Recht gehalten hatten? Was hätten sie denn sonst tun sollen? Nichts anderes war auch jetzt ihre Aufgabe. Die heutigen Studenten würden ihnen irgendwann folgen, womit sich diese Diskussion von ganz allein erledigte. Dann dieser unwürdige Umgang mit den Amerikanern, denen man in Berlin nicht weniger als das Überleben verdankte. Rief dieser Haufen tatsächlich vor zwei Jahren zum Widerstand auf, blockierte eine Verkehrskreuzung und bewarf das Amerika-Haus mit Eiern. Nicht aus Hunger oder weil diese Brüder barfuß einen kilometerlangen Fußmarsch zur Schule bewältigen mussten, wie seine Geschwister und er in Kindertagen. Nein, wegen des Vietnamkriegs. Eigentlich schuldeten sie den Amerikanern Anerkennung dafür, dass diese alles unternahmen, um dem Kommunismus Einhalt zu gebieten. Wohin der führte, sah man bekanntermaßen in der DDR.

Schade, dass er mit Ilse nie über Weltpolitik sprechen konnte. Als er ihr einmal einen Artikel über den Vietnamkrieg zu lesen gab, hatte sie gelangweilt abgewinkt und wollte auch seine Erklärungen dazu nicht hören. Ob sie überhaupt wusste, wo Vietnam lag?

Seit Jahren sorgten diese fanatischen Studenten nun für Randale, anstatt zu lernen. Merkten sie denn gar nicht, dass ihre Ziele nicht denen ihrer Mitmenschen entsprachen? Als Rudi Dutschke große Reden in der Berliner Gedächtniskirche schwang, quittierte ein alter Mann dies mit dem Hieb seiner Krücke auf Dutschkes Kopf. Natürlich war es falsch, dass man nun auf ihn geschossen hatte, aber irgendwann musste die Situation ja eskalieren. Es wurde Zeit, dass wieder Recht und Ordnung einkehrten.

Das Rumoren in der Küche legte sich, leise Radiomusik klang durch den Flur. Nun gut. Dann würde er ohne Ilse nach Berlin fahren. Keinesfalls verzichtete er ihretwegen auf das Wiedersehen mit Eltern und Brüdern. Zudem wollte er den

Rat seiner Mutter hören. Dass er jederzeit Ilse und Ludwigshafen verlassen und nach Berlin zurückkehren konnte, war ihm gewiss. Doch war dies der richtige Weg? Recht und Ordnung. Daran glaubte er, dem mussten sich auch Ilse und er unterordnen. Morgen würde er Rechtsanwalt Dr. Scharfenberger anrufen, der bereits ein Schreiben an das Vormundschaftsgericht aufgesetzt hatte und nur auf Bodos Weisung wartete. Dass Ilse ihm die Erlaubnis verweigerte, Birgit notfalls ohne ihre Begleitung nach Berlin mitzunehmen, stellte eine reine Schikane dar. Dahinter steckte nicht die Sorge um das Kind, sondern Zorn und Rachegelüste. Es war die Retourkutsche dafür, dass Bodo Ilses Berufspläne unterbunden hatte. Außerdem vertrat sie die wirre Ansicht, dass seine Eltern keinen Kontakt zu Birgit pflegen sollten, da sie selbst sich nicht gut mit ihnen vertrug. Halsstarrig und uneinsichtig war sie, taub für jedes vernünftige Argument. Emotionen hatten nichts mit Recht und Ordnung zu tun. So musste er eben Justitia bemühen.

Justitia wiegelte jedoch ab, pochte auf Bodos Nachsicht und bewahrte Ilse vor einer gerichtlichen Auseinandersetzung. Es gelang ihnen, ihre Differenzen beizulegen und sich zusammenzuraufen. Ilse, dank ihrer Fähigkeit zu verdrängen, Bodo, in Erinnerung an die liebevollen und eindringlichen Ratschläge seiner Mutter, gemeinsam, in Beschwörung des kleinen Fünkchens Hoffnung auf bessere Zeiten. Die nicht kommen sollten, da Udo sich mehr und mehr zu einem Sorgenkind entwickelte und Justitia dadurch eine Dauerbeschäftigung mit dem Hause Kormann bescherte.

1970

»Ich habe dir von Anfang an gesagt, es geht nicht gut. Tja, du musstest unbedingt deinen Willen durchsetzen und wieder arbeiten. Das hast du jetzt davon.« Bodo blickte verärgert auf Udos verheerendes Jahreszeugnis vom 15. Juli 1970.

»Schieb ja nicht mir die Schuld in Schuhe!«, brauste Ilse auf. »Während der paar Stunden am Vormittag ist Udo in der Schule und Birgit im Kindergarten. Meine Arbeit hat absolut nichts mit diesen Noten zu tun.«

Seit Februar arbeitete Ilse wieder halbtags als Stenokontoristin bei Giulini, sehr zu Bodos Unwillen. Die Bearbeitung von Qualitäts- und Mengenreklamationen sowie der Präparate-Rücksendungen von Apotheken und Großhandel war zwar bei Weitem nicht so spannend und abwechslungsreich wie ihre früheren Aufgaben, als sie den Verkaufsleiter in seinem rasanten Alltag unterstützte, dennoch genoss sie diese Stunden ohne Haushalt, Kinder und sich weiter zuspitzendem Ärger mit ihren Eltern.

»Gerade mal ein Jahr auf der Oberschule, und nun schau dir das an: Mitarbeit unzulänglich. Schlechter geht es nicht mehr! Mathematik und Religion mangelhaft. Wie kann man sich denn in Religion eine Fünf einhandeln? Mathematik verstehe ich vielleicht. Aber Religion? Oder hier: Deutsch ausreichend, eine Vier. Unglaublich. Udo ist schließlich kein Legastheniker. Das zeigt schlicht und ergreifend seine Bockigkeit und Faulheit.«

»Immerhin ist er in die sechste Klasse versetzt worden.«

»Und wie will er die meistern? Wenn er so weitermacht, wird das bestimmt nichts.« Bodo schüttelte zweifelnd den Kopf. »Ilse, du musst einsehen, dass es so nicht weitergehen kann. Du musst dich mehr um ihn kümmern, vor allem mit ihm lernen.«

»Ich soll mit ihm lernen? Wie stellst du dir das vor? Ich habe schließlich nur die Volks- und Handelsschule besucht und von seinem Schulstoff keine Ahnung. Warum tust du das nicht?«

»Weil er nicht auf mich hört. Wie oft hat er mir ›Du hast mir gar nichts zu sagen‹ an den Kopf geworfen. Außerdem gehören die Hausaufgaben mittags erledigt. Bevor es zum Spielen geht! Du hast ihn einfach nicht im Griff. Wo gibt es denn sowas, dass sich ein Junge von nicht einmal elf Jahren ungestraft bis spät abends herumtreibt! Kein Wunder, dass er dann nicht in der Schule aufpassen kann.«

»Was redest du denn da? Wenn ich ihn nicht rechtzeitig am Schultor abpasse, entwischt er zwar zu seinen Großeltern, aber ein Herumtreiber ist er ganz gewiss nicht.«

»Und warum verkrümelt er sich dorthin? Weil du im Büro bist, anstatt pünktlich an der Schule zu stehen. Dieses Zeugnis ist die Quittung dafür. Deine Eltern verfügen ja selbst über keinerlei Bildung und achten nicht darauf, dass er seine Schularbeiten erledigt. Wozu auch? Es ist schließlich nicht ihre Aufgabe, es ist deine. Und der kommst du nicht nach. Willst du noch länger tatenlos zusehen? Er landet früher oder später in der Gosse.«

»Jetzt mach mal einen Punkt. Nur weil meine Eltern nicht studiert haben wie du, sind sie schließlich nicht asozial. Sie haben ihr ganzes Leben lang geschuftet, waren fleißig und ordentlich.«

»Kein Mensch bezeichnet deine Eltern als asozial. Aber letztlich schaden sie Udo. Mit ihren ständigen Interventionen konterkarieren sie all unsere Anstrengungen. Er entgleitet dir vollends, wenn du nicht aufpasst.«

Diese Ansicht vertrat auch die Psychologin der sozialpsychiatrischen Klinik, die Ilse mit Udo seit Mai regelmäßig aufsuchte. Fräulein Wirtz hatte ihr beim letzten Besuch mitgeteilt, dass sie nun alle zur Verfügung stehenden Mittel ausgeschöpft habe und Udo früher oder später eine Heimerziehung bevorstand, sollten Eltern und Großeltern nicht bald einen Weg aus der seit Jahren andauernden Konfrontation finden. Ihr letztes Gespräch mit Hedwig und Wilhelm war erneut an deren Uneinsichtigkeit gescheitert. Die beiden beharrten darauf, stets Udos Wohl im Sinn zu haben und bezichtigten Ilse und Bodo der groben Vernachlässigung.

»Ich weiß nicht mehr weiter, Bodo. Was soll ich denn tun? Ich rede mit den Lehrern, mit dem Direktor, mit der Psychologin. Zwecklos. Es wird trotzdem immer schlimmer. Alle Bemühungen, zu Udo durchzudringen, enden bei meinen Eltern. Sie waren neulich schon wieder im Schulsekretariat und haben haarsträubende Geschichten erzählt, behaupteten gar, wir würden den Jungen vernachlässigen und Birgit bevorzugen. Vielleicht sollten wir nachgeben und ihn bei meinen Eltern lassen, wenn er dort glücklicher ist.«

»Du willst deinen Sohn aufgeben? Ihn erneut im Stich lassen? Das kann nicht dein Ernst sein, Ilse. Wenn du das tust, hast du ihn endgültig verloren.«

»Hast du eine bessere Idee?«

»Allerdings.«

$$* * *$$

31.8.1970 Dr.S/Ri

Sehr geehrte Frau Oehler!

Sehr geehrter Herr Oehler!

Ihre Tochter, Frau Ilse Kormann, hat mich gebeten, Ihnen folgendes mitzuteilen:

Meine Mandantin hält es aus verschiedenen Gründen, die Ihnen bekannt sind und wiederholt mit Ihnen besprochen wurden, für unzweckmäßig, daß Ihr Enkel Udo in nächster Zeit mit Ihnen Umgang hat. Meine Mandantin wird daher als Inhaberin der elterlichen Gewalt jegliche Besuche ihres Sohnes bei Ihnen unterbinden und untersagt Ihnen hiermit ausdrücklich, von sich aus, etwa durch Abholen an der Schule, Kontakt mit Udo aufzunehmen.

Meine Mandantin hat hierbei ausschließlich das Wohl des Kindes im Auge und sieht sich zu diesen Maßnahmen veranlasst, nachdem der bisherige Kontakt des Jungen zu Ihnen zu schädlichen Folgen für ihn geführt hat.

Ich habe Sie daher aufzufordern, sich strikt an diesen Wunsch meiner Mandantin zu halten und habe Sie gleichzeitig auftragsgemäß darauf hinzuweisen, daß meine Mandantin notfalls gerichtliche Hilfe in Anspruch nehmen wird, falls Sie diesen Wunsch nicht respektieren sollten.

Hochachtungsvoll

Gez. Dr. Richard Seubert, Rechtsanwalt

1971

»Gehst du heute Abend aus?«, fragte Bodo erstaunt, als Ilse, sorgfältig zurechtgemacht, den Kopf durch die Wohnzimmertür streckte. Sie trug das knapp knielange, großflächig zickzackgemusterte Kleid in Braun-, Gelb- und Orangetönen, mit den schmalen langen, quergestreiften Ärmeln in gleicher Farbgebung, das er so gern mochte, dazu ihre bequemen und dabei ausgesprochen kleidsamen braunen Pumps mit Keilabsatz. An ihrer Schulter baumelte die passende Wildledertasche mit lustigen Fransen, den leichten Wollmantel mit seinen großen zartschimmernden Knöpfen, perfekt geeignet für kühle Aprilabende, hatte sie über den Arm gelegt. Ein zartes Wölkchen ›Tosca‹, des Duftes, den er ihr zu Weihnachten geschenkt hatte, erreichte ihn.

»Du hast es schon wieder vergessen, Bodo«, tadelte Ilse. »Heute ist Mütterkreis. Birgit schläft fest, du musst dich also um nichts mehr kümmern.«

Seit etwa einem Jahr nahm sie regelmäßig am Mütterkreis im Gemeindesaal teil. Die Frau des Pfarrers hatte ihn ins Leben gerufen und im evangelischen Kindergarten dafür geworben. Nun trafen sich die jungen Mütter regelmäßig montags im Dreiwochenrhythmus, bastelten, erzählten, sangen, lachten und tauschten Ratschläge aus. Mittlerweile hatte sich ein fester Kern gebildet, eine Clique unternehmungslustiger Frauen, die sich zusätzlich zum wöchentlichen Turnen in der Sporthalle der Grundschule traf.

»Lass unbedingt die Kinderzimmertür offen. Du weißt, dass sie Angst vor der Dunkelheit hat. Ich bin um spätestens zehn Uhr zurück.«

Damit keiner der Ehemänner Einwände gegen die regelmäßigen Zusammenkünfte erheben konnte, fanden diese stets zwischen halb acht und halb zehn Uhr statt. So war gewährleistet, dass das Familien-Abendbrot verzehrt, der Abwasch erledigt und die Kinder zu Bett gebracht waren.

Bodo ergab sich seinem Schicksal. Es war ihm unbegreiflich, dass Ilse trotz der aktuellen dramatischen Vorkommnisse an ihren Vergnügungen festhielt. Er hätte es lieber gesehen, dass sie sich Gedanken darüber machte, wie Udo wieder zu ihr fand, anstatt sich abends der Bauernmalerei im Mütterkreis zu widmen oder rhythmische Sportgymnastik mit Keulen und Bändern in der Turnstunde zu üben. Andererseits mussten sie wohl zunächst die Antwort des Amtsgerichtsrats am Vormundschaftsgericht abwarten, den Ilse am 12. April 1971 auf Bodos Drängen hin kontaktiert hatte. Diesmal hatten sie eine einstweilige Verfügung erbeten, um Ilses Eltern den Umgang mit Udo endgültig zu untersagen. Eine drastische Maßnahme, Ilse hatte sich sehr schwer damit getan. Letztlich blieb ihnen kaum eine Wahl, wollten sie schlimmeres Unheil abwenden. Eine Woche war seither vergangen, doch die Mühlen der Justiz mahlten langsam. Nun ja, in den Osterferien, die erst gestern, am 19. April, zu Ende gegangen waren, arbeiteten Amtsgerichtsräte vermutlich nicht.

Er legte die Zeitung beiseite und beschloss, seine Eltern in einem ausführlichen Brief über die jüngsten Entwicklungen zu unterrichten. Um Birgit nicht durch die helle Lampe am großen Tisch in der Essdiele zu wecken, schloss er leise die Kinderzimmertür, schenkte sich ein Glas Bier ein und rollte nachdenklich den Füllfederhalter zwischen seinen Fingern. Es war nicht ganz einfach, all seine Sorgen in die richtigen Worte zu kleiden.

Seine Schwiegereltern hatten ihn von Anfang an abgelehnt und das junge Familienglück voller Argwohn beäugt. Zwar konnte er ihr mangelndes Vertrauen in Ilse nachvollziehen, schließlich musste sie sich erst einmal als Mutter beweisen, nachdem sie das Wohl ihres Sohnes jahrelang in die Hände seiner Großeltern gelegt hatte, doch rechtfertigte dies nicht ihre Haltung ihm gegenüber. Er war schließlich stets bestrebt gewesen, dem Jungen ein Zuhause und seiner Frau eine gesicherte Zukunft zu bieten. Es gelang ihm schnell, Udos Zuneigung zu gewinnen. Bald nannte er ihn Papa, schaute zu ihm auf und entwickelte sich zu einem fröhlichen, interessierten und braven Buben. Bei ihm und Ilse fand er Geborgenheit und Ordnung.

Ärgerlicherweise schienen sich Hedwig und Wilhelm nie mit ihrer natürlichen Großeltern-Rolle abfinden zu können, stichelten unablässig und säten Zwietracht. Nichts war in ihren Augen gut genug für Udo, stets fanden sie Anlass zu Kritik. Mit Birgits Geburt wurde es dann richtig schlimm. Fortan redeten sie Udo ein, seine kleine Schwester würde bevorzugt und er habe das Nachsehen. Um einen irrationalen Ausgleich bemüht, verwöhnten und beschenkten sie ihn über die Maßen. Und vergaßen nicht, ihn darauf hinzuweisen, dass seine Geschenke ausschließlich für ihn bestimmt und nicht zum Teilen mit seiner Schwester gedacht seien. Dem kleinen Mädchen aber beizubringen, dass bestimmte Buntstifte dem Bruder vorbehalten waren und keinesfalls von ihr benutzt werden durften, war unmöglich und sorgte bei allen Beteiligten für Zorn und Verwirrung. Lediglich die Großeltern schienen Vergnügen daran zu finden. Seit viereinhalb Jahren ging das nun so.

Die Verunsicherung und Zerrissenheit des Jungen, der seine Großeltern abgöttisch liebte, wirkte sich verheerend auf seine schulischen Leistungen und das Benehmen gegenüber jeglicher Respektsperson aus.

Von ihm, Bodo, nahm er schon lange nichts mehr an, und Ilse schien zu schwach, um zu ihm durchzudringen. Bodo hegte den Verdacht, dass sie sich gar nicht mehr intensiv genug darum bemühte. Weder die Termine mit der Psychologin, die Bodo bezahlen musste, fruchteten, obwohl Ilse und Udo seit gut einem Jahr regelmäßig bei ihr vorstellig wurden, noch die Gespräche mit Lehrern und Schuldirektion, bei denen Bodo um Verständnis und Unterstützung warb. Selbst

Ilses Ex-Ehemann, eigentlich ein patenter Kerl, der es in der BASF vom Schlosser-Lehrling bis zum Ingenieur gebracht hatte und sogar maßgeblich am Aufbau eines Werks in Antwerpen beteiligt gewesen war, erreichte nichts. Möglicherweise lag es an seinem schlechten Verhältnis zu Ilses Eltern, Genaueres hatte Bodo nie erfahren, oder an Freds fehlender Beziehung zu seinem Sohn, da er ja einige Jahre im Ausland verbracht und erst in letzter Zeit wieder etwas engeren Kontakt zu Udo gefunden hatte.

Wie auch immer, der Junge hatte sich mit seinen nicht einmal zwölf Jahren zu einem unzuverlässigen, rüpelhaften Bürschchen entwickelt, der sich bis spät abends herumtrieb, sogar einmal bei einem Diebstahl erwischt worden war, nicht mehr lernte und sich von niemandem etwas sagen ließ. Es war zu erwarten, dass er das Carl-Bosch-Gymnasium verlassen und mit Beginn des nächsten Schuljahrs auf eine Hauptschule wechseln musste, sofern ihn keine Realschule annahm, was aufgrund seiner katastrophalen Betragensnoten zu befürchten war.

Bodo hatte diese Entwicklung kommen sehen, stieß jedoch sowohl bei Ilse als auch bei ihren Eltern auf taube Ohren. Und nun begann das Theater mit dem Vormundschaftsgericht, das sie bereits in der Anfangszeit ihrer Ehe zu ertragen hatten, erneut. Am 7. April hatte der Knabe zwar morgens seine Schwester zum Kindergarten gebracht, sich dann aber, wer weiß wo, herumgetrieben. Als er gegen halb acht Uhr am Abend endlich auftauchte und Ilse ihm die verdiente Strafpredigt hielt, nahm er Reißaus zu seinen Großeltern, bei denen er sich nach wie vor aufhielt. Ilse hatte ihm seinen Willen gelassen, gehofft, er würde während der Ferien zur Besinnung kommen. Vergebens.

Heute hatte die Schule wieder begonnen. Er würde Udos Schulbücher morgen im Schulsekretariat abgeben. Auf die Idee, Udo endlich nach Hause zu bringen oder sich zumindest um die Schulsachen zu kümmern, schienen Hedwig und Wilhelm anscheinend nicht zu kommen.

Bodo starrte auf das wartende Briefpapier und legte den Füllfederhalter zur Seite. Nein, er wollte seine Eltern nicht unnötig beunruhigen und sie lieber wie gewohnt am Sonntag anrufen.

Jämmerliches Wimmern ließ ihn aufhorchen. Seufzend ging er zum Kinderzimmer, um seine Tochter zu trösten. Anscheinend hatte sie, wie so oft in letzter Zeit, schlecht geträumt und allein in der Dunkelheit Angst bekommen. Eine weitere Kümmernis. Ständig fragte Birgit nach ihrem Bruder, den sie anscheinend schmerzlich vermisste und dessen Abwesenheit sie nicht durchschlafen ließ. Es war wirklich an der Zeit, dass Ruhe und Ordnung ins Haus Kormann zurückkehrten.

* * *

Ludwigshafen/Rhein, den 12.5.1971
Lieber Udo,
ich war reichlich enttäuscht, daß Du nicht einmal gestern zu meinem Geburtstag gekommen bist. Auch wenn Du viele Hausaufgaben zu erledigen hattest, wäre doch wohl noch etwas Zeit für einen Besuch bei uns gewesen. Wir erwarten Dich daher am Samstag, den 15.5. und zwar gleich nach der Schule mit Schultasche bei uns.
Papa hatte Dich ausdrücklich in seinem langen Brief gebeten, zu berichten, wie es Dir geht. Einige wenige Zeilen hättest Du ruhig schreiben können.
Über Deine Karte haben wir uns natürlich gefreut, aber ganz so knapp hättest Du ja auch nicht zu schreiben brauchen.
Also, lieber Udo,
dann bis Samstag,
herzliche Grüße
Deine Mama
Grüße natürlich auch von Papa und Birgit

* * *

Ludwigshafen/Rhein, 14.5.1971
   Liebe Mama,
   mir geht es gut. Am Geburtstag konnte ich nicht kom-
   men. Nach der Schule habe ich immer Nachhilfe. Am
   Samstag fahre ich mit Oma und Opa gleich nach der
   Schule in die Pfalz. Da ist es schwierig Dich zu
   besuchen.
   Gruß Udo
   auch an Papa und Birgit

* * *

Ludwigshafen/Rhein, 19.5.1971
   Lieber Udo,
   bitte, komme am Sonntag, den 23.5.1971, vormittags
   gegen 10 Uhr zu uns. Ich hoffe, daß Du den Brief be-
   kommst und Dein Besuch mit weniger Schwierig-
   keiten verbunden ist als am vergangenen Samstag.
   Bis Sonntag viele Grüße von Papa, Birgit und Mama

* * *

Ludwigshafen/Rhein, 18.6.1971
   Betr. Vorm.-ger. Maßnahmen Udo Marquardt, geb.
   1.12.1959, 8b X 343/71
   Sehr geehrte Frau Kormann!
   Es wird Bezug genommen auf Ihr Schreiben vom
   12.4.1971 und mitgeteilt, daß Ihre Eltern zur Anhö-
   rung auf Dienstag, den 13.7.1971, 10.00 Uhr, Zimmer
   261 geladen sind. Ein Protokoll über die Anhörung
   geht Ihnen zu.
   Auf Anordnung
   Jung
   Angest.

* * *

25.6.1971
  Ilse!
  Wir haben mit Frau Hahn Rücksprache genommen.
  Sie hat gesagt, wir sollen tun was wir für richtig halten
  und Udo zu seinen Eltern schicken, wenn wir das wollen. Wie Fräulein Wirtz beim letzten mal bei Dienem
  Mann im Geschäft anrief, war man doch einverstanden, daß Udo bis zu den Ferien unbehelligt bei uns
  bleiben solle. Warum jetzt wieder dieses? Bis wann
  steht man ehrlich zu einem einmal gegebenen Versprechen?
  Wilhelm Oehler

* * *

Ludwigshafen/Rhein, 28.6.1971
  Lieber Udo,
  da seit Deinem letzten Besuch schon über 4 Wochen
  vergangen sind, wäre es an der Zeit, daß Du wieder
  einmal zu uns kommst. Wir erwarten Dich am kom-
  menden Samstag, den 3.7.1971, gleich nach der
  Schule. Deine Schultasche bringe bitte mit. Wir holen
  Dich aber nicht an der Schule ab, Du kommst dann
  bitte mit dem Bus.
  Wir freuen uns, wenn Du kommst.
  Für heute viele Grüße
  Mama, Papa und Birgit

* * *

Ludwigshafen/Rhein, 2.7.1971
  Liebe Mama,
  wir machen am Samstag einen Ausflug.
  Gruß Udo auch an Papa und Birgit

Ludwigshafen/Rhein, 7.7.1971
    An das Amtsgericht - Vormundschaftsgericht
    Betr. 8bX343/71 Vormundschaftsgerichtliche Maß-
    nahmen
    Sehr geehrter Herr Amtsgerichtsrat,
    zu der obigen Angelegenheit (Vorladung meiner Eltern
    für 13.7.) übersende ich Ihnen die Abschrift meines
    Briefs an Udo. Es spricht wohl für sich selbst, denn
    meine Eltern haben Udo nicht geschickt. Es ist auch
    eine seltsame Arbeitsmethode von Frl. Hahn (Für-
    sorgerin beim Jugendamt Lu.), daß sie meinen Eltern
    sagt „Tun Sie was Sie für richtig halten", „schicken
    Sie Udo zu seinen Eltern, wenn Sie das wollen".
    Man kann ja Entscheidungen nicht meinen komischen
    Eltern überlassen, die in den 4 Monaten nicht einmal
    den Versuch machten, die Situation zu verbessern,
    sondern versuchen immer mehr, Udo ganz von uns
    abzubringen.
    Bei dieser Gelegenheit bitte ich darum, meinen Eltern
    zu sagen, daß Udo am 23.8. vormittags, mit sämt-
    lichen Kleidern und Schulsachen, wieder zu uns
    kommt, und daß sich meine Eltern an diesen Termin
    zu halten haben.
    Für Ihre Bemühungen besten Dank im voraus
    Ilse Kormann

* * *

Ludwigshafen/Rhein, 20.7.1971
    Betr. Vormundschaftsgerichtliche Maßnahmen, 8b X
    343/71
    Sehr geehrte Frau Kormann!
    In der Anlage geht Ihnen die Niederschrift über die
    Anhörung Ihrer Eltern vom 13.7.1971 zu. Daraus ist

zu ersehen, daß auf Seiten der Großeltern der gute Wille vorhanden ist. Es wird angenommen, daß dieser auch auf Seiten der Eltern vorliegt, sodaß irgendwelche Maßnahmen durch das Gericht nicht notwendig sind.

Auf Anordnung

F_____

Just.H.Sekr.

* * *

Amtsgericht

 Vormundschaftsgericht

 8b X 343/71

 Ludwigshafen/Rhein, den 13.7.1971

 <u>*Gegenwärtig*</u>*:*

 Amtsgerichtsrat Ripper als Richter

 Just. Angest. Augustin

Es erscheinen auf Ladung die Eheleute Wilhelm und Hedwig Oehler, sowie das Kind Udo Marquardt.

Nach Besprechung der Sachlage erklären die Großeltern des Kindes, daß es ihnen nur auf dessen Wohl ankomme. Es sei ihnen auch bekannt, daß Udo zu seinen Eltern gehöre. Das sei von ihnen auch schon immer gesagt worden. Es sei jedoch nicht ihre Schuld und es liege nicht an ihnen, wenn Udo gern zu ihnen komme und bei ihnen sei. Daß er am 3.7.1971 nicht zu seinen Eltern gekommen sei, habe seinen Grund. Die Mutter wisse ja, daß vereinbart worden sei, daß Udo auf keine Art und Weise gestört werden solle, um sein seelisches Gleichgewicht wieder zu erlangen. Es sei also kein böser Wille von ihnen oder von Udo gewesen. Seit Udo bei ihnen sei, hätten sich seine Leistungen in der Schule gebessert. Er erhalte ja auch Nachhilfestunden, und zwar täglich 2 Stunden. Herr Schubert sei mit ihm zufrieden. Morgen gebe es Zeugnisse. Es werde angenommen, daß Udo versetzt werde.

Am 23.8.1971 komme Udo zu seinen Eltern zurück. Es sei gut, wenn er von Herrn Schubert weiter Nachhilfeunterricht erhalte. Sie seien gern bereit das Unterrichtsgeld zu zahlen. Es wäre gut, wenn Udo wie vereinbart jeden Monat 1 mal zu ihnen kommen dürfe. Dies werde sich mit Sicherheit nicht zu seinem Nachteil auswirken.

l.d.v.g.u.u.
gez. Wilhelm Oehler
gez. Hedwig Oehler
F.d.R.d.U.a.d.St.
Just. Angest.   Amtsgerichtsrat

* * *

Ludwigshafen am Rhein, 19.8.1971
  Ilse!
  Udo muß am 23.8. nach Hause. Gut. Doch nachdem sich heute so ein kleiner Gernegroß so rüpelhaft benommen hat, will ich ihm auf andere Art antworten. Udo kann um 19.00 Uhr bei uns abgeholt werden, aber nur wenn die versprochene Summe von April bis 23.8.71 beglichen wird, andernfalls bleibt er so lange hier, bis alles in Ordnung ist. Wenn er abgeholt wird keine Flegel schicken.
  Wilhelm Oehler

Welch eine Unverschämtheit, ihn als Gernegroß und Flegel zu titulieren. Bodo ballte die Hand zur Faust. Nicht zum ersten Male empörten und verletzten ihn die Schwiegereltern mit ihrer Verachtung. Nun sollte Schluss damit sein, das schwor er sich. Dabei hatte er sie lediglich daran erinnert, dass Udo ab 23.8. wieder ins Elternhaus zurückkehren und er ihn samt Gepäck pünktlich um achtzehn Uhr unten an ihrer Haustür erwarten würde. Für die beiden letzten Ferientage sowie die erste Schulwoche hatte sich Ilse freigenommen, um Udo wieder einzugewöhnen. Am 26.8. würde sie ihn zur Hauptschule bringen und nach Schulschluss dort abholen. Natürlich hatten Udos Leistungen nicht zur Versetzung gereicht, selbst wenn Wilhelm und Hedwig dies dem Amtsgerichtsrat erst im Juli hatten weismachen wollen. Und wie befürchtet bestand die Direktion auf einem Schulwechsel, obwohl sämtliche Realschulen seine Aufnahme ablehnten. Udo hatte durch sein Verhalten all seine Chancen verspielt und konnte wohl nur noch einen niedrigen Bildungsabschluss erlangen. Hoffentlich vermasselte er nicht auch diesen.

Für die Wochenenden hatte Bodo bereits einige Wanderrouten durch den Pfälzer Wald ausgearbeitet. Er wollte den Kindern den Trifels, die Limburg und die Hardenburg zeigen, ihnen von den Staufern, den Grafen von Leiningen, den Saliern und von Richard Löwenherz, dem prominentesten Gefangenen auf dem Trifels, erzählen. Udo würden die Rittergeschichten bestimmt gefallen und Birgit hätte sicherlich Spaß daran, nach Vögeln und anderen Waldbewohnern Ausschau zu halten. Überall gab es schöne Plätze, an denen sie rasten und mitgebrachte Vesperbrote verzehren konnten, zudem lud der Isenachweiher zu einer Bootsfahrt ein.

Den Kontakt zu Hedwig und Wilhelm würden sie Udo nicht untersagen, doch Besuche bei den Großeltern sollten erst erfolgen, wenn der Junge seinen Platz in seiner Familie wiedergefunden hatte.

Ob dieser Plan aufging, hing nicht zuletzt von Ilse ab. Sie musste Udos Vertrauen zurückgewinnen. Nicht ganz leicht, da sie begreiflicherweise einen tiefen Groll gegen ihre Eltern hegte, den sie ihren Sohn keinesfalls spüren lassen durfte. Seit einiger Zeit plagten sie zu allem Überfluss wieder gesundheitliche Probleme, die Bodo auf ihre ungesunde Lebensweise zurückführte. Ilse schlief schlecht, aß wenig und rauchte viel. Sie war sehr nervös und hätte wohl ohne sein

Drängen nicht auf Udos Rückkehr bestanden, die sie geradezu ängstigte. Aber Kinder gehörten nach Bodos Überzeugung zu ihren Eltern. Mit vereinten Anstrengungen sollte es ihnen gelingen, wieder für Stabilität Leben aller Kormanns zu sorgen.

Er warf einen letzten Blick auf die hässlichen Zeilen. Nun gut. Er würde Fred bitten, Udo zu ihnen zurückzubringen. Als leiblicher Vater konnte er ruhig ebenfalls ein wenig Fürsorge für seinen Sohn zeigen, wenn Bodo sich schon um all die Alltagsnöte kümmerte.

1972

Amtsgericht/Vormundschaftsgericht
8b X 343/71
Ludwigshafen/Rhein, den 12.1.1972
Gegenwärtig:
Amtsgerichtsrat Ripper als Richter
Just. Angest. Augustin

Es erscheinen auf Vorladung die Eheleute Frau Ilse und Herr Bodo Kormann sowie die Großeltern Herr Wilhelm und Frau Hedwig Oehler mit dem Kind Udo Marquardt.
Die Mutter Frau Ilse Kormann ist damit einverstanden, daß ihr Kind Udo bis auf weiteres bei seinen Großeltern Oehler bleiben darf. Es besteht jedoch auch Einigkeit darüber, daß sie jederzeit berechtigt ist, da sie ja die elterliche Gewalt über Udo hat, denselben bei den Großeltern abzuholen und in ihren Haushalt zurückzubringen.
Das Verkehrsrecht der Eltern bezieht sich darauf, daß diese Udo samstags nach dem Schulunterricht von der Schule abholen und in ihre Wohnung bringen dürfen. Sie bringen ihn spätestens am Sonntag zwischen 18 und 20 Uhr zu seinen Großeltern zurück. Das Besuchsrecht soll nicht an jedem Wochenende ausgeübt werden.
l.d.v.g.
F.d.R.d.Ü.a.d.St.
gez. Augustin, Just. Angest. gez. Ripper Amtsgerichtsrat

* * *

Ilses Magen krampfte sich zusammen, und eine Welle der Übelkeit ließ ihren schmalen Leib erzittern. Nun war es also amtlich.

Wilhelm und Hedwig hatten sie erneut bezwungen und im Streit um Udo den Sieg davongetragen. Ein von Beginn an aussichtsloser Kampf, der viel Kraft kostete und letztlich niemandem nutzte. Vielleicht mit Ausnahme ihrer Eltern, die sich nun in ihrem Triumph sonnten. Sie hatte es bereits vor Udos Rückkehr im August geahnt. Aber Bodo musste ja auf dieser nervenraubenden Auseinandersetzung bestehen. Alles Menschenmögliche hatte sie versucht, um Udo dem Einfluss ihrer Eltern zu entziehen. Erfolglos.

Bereits am zweiten Schultag wartete sie vergeblich zur verabredeten Zeit auf ihren Sprössling, der ihr das frühere Unterrichtsende absichtlich verschwieg und die Gelegenheit genutzt hatte, zu den Großeltern auszubüxen.

Kurzentschlossen hatte sie sich mit der erwartungsvollen Birgit an der Hand auf den Weg gemacht, um den Abtrünnigen wieder zurückzuholen. Welche Schmach! Wilhelm verweigerte ihr den Zutritt zur Wohnung, würdigte seine kleine Enkelin keines Blickes und verlangte von ihr, im Hof auf Udo zu warten. Eine geschlagene Stunde verbrachte sie dort, bis sich ihr Herr Sohn nach unten bequemte. In aller Ruhe hatte er währenddessen sein Mittagessen verzehrt und angeblich danach die Schularbeiten erledigt. Ihre Vorwürfe wies er in geschickt einstudiertem Erstaunen zurück und behauptete gar, sie vom früheren Schulende unterrichtet zu haben. Da sie ihn nicht wie versprochen am Tor erwartet habe und er nicht Gefahr laufen wollte, vor verschlossener Wohnungstür zu stehen, war er lieber in den Hemshof zu den Großeltern gefahren. Schließlich hatte man ihm stets eingetrichtert, dass er sich nach Schulschluss nicht irgendwo herumtreiben sollte.

Was so unheilvoll begonnen hatte, konnte nicht funktionieren. Zwar pflegte Udo einen liebevollen Umgang mit seiner kleinen Schwester und wahrte ihr und Bodo gegenüber einen halbwegs anständigen Ton, sofern er überhaupt mit ihnen sprach, doch sobald er eine Chance zum Weglaufen witterte, ergriff er sie.

Bodo machte ihr Vorhaltungen, war der Ansicht, sie kümmere sich nicht ausreichend, Udo bockte, Birgit wurde immer unsicherer, ihre Eltern straften sie mit spöttischer Missbilligung und Ilses Nerven drohten zu versagen. Schließlich forderte sie Udo auf, sich zwischen seiner Familie und den Großeltern zu entscheiden, und war insgeheim erleichtert, als seine Wahl auf Wilhelm und Hedwig fiel. Das ständige Hin und Her, unausgesprochene Vorwürfe und die Verachtung ihrer Eltern waren nicht mehr zu ertragen. Sie nahm ihm das Versprechen regelmäßiger Besuche ab und packte seine Sachen. Der Termin beim Amtsgericht sollte einen Schlussstrich unter dieses qualvolle Kapitel setzen und den Rahmen für eine erträgliche Beziehung aller Beteiligten schaffen.

Nun würde sie einige Wochen verstreichen lassen und Udo dann um regelmäßige Besuche bitten. Zwar hatte sie vor ihren Eltern kapituliert und vielleicht – wie Bodo behauptete – nicht ›wie eine Löwin um ihr Junges‹ gekämpft, doch hoffte sie auf ein nun entspannteres Miteinander. Sie wollte sich wieder ohne schlechtes Gewissen ihrer Arbeit widmen und natürlich Birgit, zu der sie eine wesentlich größere Nähe als zu Udo empfand, die Fürsorge zuteilwerden lassen, die sie brauchte.

»Und du glaubst, die Sache ist damit ausgestanden?« Bodo hegte anscheinend Zweifel.

Ihre Eltern hatten stets eine fatale Neigung gezeigt, Unfrieden zu stiften.

»Was soll denn jetzt noch geschehen? Alle haben ihren Willen bekommen.« Ilse kämpfte die Übelkeit nieder. »Schlimmer, als es war, kann es wohl nicht mehr werden.«

Sie sollte sich irren.

* * *

»Das darf doch nicht wahr sein. Geben sie denn nie Ruhe?«
Fassungslos knetete Ilse ihre kalt-feuchten Hände. »Ich halte
das nicht mehr aus, Bodo.«

»Beruhige dich. Damit werden sie nicht durchkommen.
Nichts als haltlose Unterstellungen. Außerdem steht hier lediglich, dass du die Kopie dieses Pamphlets vom 29.8.1972
zur Kenntnisnahme erhältst. Keine Bitte um Stellungnahme
oder Aufforderung zum persönlichen Erscheinen.« Bodo
schob den Brief angewidert zur Seite. »Leg ihn zu den übrigen Schmähschriften. Darauf zu reagieren ist unnötig.«

Ilse war nicht überzeugt. Wilhelm wollte ihr das Sorgerecht entziehen, nachdem sie sich vor gerade erst knapp acht
Monaten ihren Eltern gebeugt und ihnen ihr geliebtes Bübchen überlassen hatte. In einem hochemotionalen Schreiben
an das Vormundschaftsgericht rollte er erneut die Vorkommnisse auf, die zu Udos Umzug zu den Großeltern geführt hatten. Er klagte, die Ausstattung des bedauernswerten
Jungen habe aus ungepflegten, teilweise zerrissenen, ansonsten überwiegend herausgewachsenen Kleidungsstücken
bestanden. Den gerade erfolgten Wechsel an die seinem jetzigen Aufenthaltsort nähergelegene Rupprecht-Hauptschule
hätte der Stiefvater veranlasst, um Udos Kontakt zu seiner
Schwester zu unterbinden, der bei seinem Verbleib an der
bisherigen Schule mit Einschulung Birgits in etwa zwei
Jahren unvermeidbar sein würde. Angeblich hätte man Udo
sogar untersagt, jemals wieder die elterliche Wohnung zu
betreten. Ilse habe ihr Kind verstoßen, der Stiefvater keinerlei Interesse an dessen Wohlergehen.

Schockiert las Ilse den Passus aus dem Schreiben erneut:
Wenn eine Mutter das Sorgerecht für ihr Kind hat und
Sorgerecht nur dazu benützt um dem Kind sei es in geistiger
oder materieller Art und Weise zu schaden, dann ist sie nicht
wert und fähig dies in Zukunft weiterhin zu tun. Was bisher
geschehen ist oder was sie treibt ist Missbrauch der elterlichen
Gewalt und ist nicht zum Wohle des Kindes. Ich bitte Sie der
Mutter meines Enkels das Sorgerecht für ihn zu entziehen.

Sie wischte die Tränen von den Wangen. »Bodo, wie können sie denn behaupten, Udo solle keinen Kontakt zu Birgit haben und er dürfe die Wohnung nicht mehr betreten? Wie kommen sie denn auf solche Dinge? Hast du irgendwann einmal etwas in dieser Richtung geäußert?« Ilse deutete auf die entsprechende Passage. »Das sollen deine Worte an Udos Lehrerin gewesen sein, als du sie vom bevorstehenden Schulwechsel unterrichten wolltest.«

»Jetzt mach mal einen Punkt, Ilse!«, brauste Bodo auf. »Du wirst hoffentlich nicht auf diese Lügenmärchen hereinfallen? Hier steht ja außerdem, du plantest, Udo zu fremden Leuten abzuschieben, und die Lehrerin hätte dir erklären müssen, dass dies nicht recht sei. Wann hast du ihr denn von diesem angeblichen Vorhaben erzählt? Hefte diese Schmiererei ab und Schluss.«

»Er wird ihnen glauben, Bodo. Er wird ihnen all diese furchtbaren Dinge glauben.«

»Der Amtsgerichtsrat? Sicher nicht. Das ist ein vernünftiger Mann, der sich von deinen Eltern nicht so schnell ins Bockshorn jagen lässt.«

»Der vielleicht nicht. Aber Udo. Udo schon.«

Bodo maß Ilse mit einem langen Blick. »Es liegt an dir, das zu verhindern. Wenn es nicht bereits zu spät ist. Seit Jahren predige ich, du musst kämpfen. Du hast dich dem negativen Einfluss deiner Eltern stets nur halbherzig entgegengestellt.«

Schweigend erhob sich Ilse und ging in die Küche. Aufgewühlt rauchte sie am weit geöffneten Fenster eine Zigarette. Sie fröstelte. Die kühlen Nachttemperaturen vermeldeten einen frühen Herbstbeginn.

Bodo hatte leicht reden. Wann hatte er denn jemals ›kämpfen‹ müssen? Sein bisheriges Leben war hübsch geradlinig verlaufen. Mit Ausnahme der Kriegsnot, die nicht zählte, der hatten sie schließlich alle standhalten müssen. Behütetes Elternhaus, Schule, Studium, Arbeitsplatz, Eheschließung, Kind, vorgezeichneter beruflicher Aufstieg.

Planmäßig und durchdacht. Benötigte er Rat oder Hilfe, konnte er sich stets des Rückhalts seiner Familie sicher sein.

Und sie selbst? Seit dreizehn Jahren kämpfte sie unaufhörlich, was Bodo anscheinend gar nicht wahrnahm. Noch minderjährig, plötzlich Ehefrau und Mutter, musste sie kurz darauf ein Leben als Geschiedene meistern, das sie ohne Unterstützung ihrer Eltern gar nicht hätte bewältigen können. Jeder Tag ein Balanceakt zwischen Unabhängigkeit und Unterwerfung. Die zweite Ehe kriselte bereits nach wenigen Monaten, nicht zuletzt wegen des mittlerweile neun Jahre währenden Dauerkrieges um einen Sohn, der sie als Mutter zutiefst ablehnte. Ausgelöst durch ihre Eltern, die ihr alle mütterlichen Fähigkeiten absprachen und ihr zweites Eheversprechen als Eidbruch betrachteten. Schließlich hatte sie einst geäußert, nie wieder heiraten zu wollen. Insgeheim musste sie sich eingestehen, dass sie diesen Kampf nie gesucht und sich lediglich Bodos Erwartungen gefügt hatte. Auch wenn – oder gerade weil – sie ihren Jungen liebte, wäre es nicht viel besser gewesen, ihm und ihren Eltern von Anfang an den Willen zu lassen und sich auf gegenseitige Besuche zu beschränken? Statt Hass und Verachtung ertragen zu müssen, hätte man Distanz wahren und sie im Lauf der Zeit vielleicht sogar überbrücken können.

Warum dieser neuerliche Angriff? Sie hatten alles erreicht, was sie wollten. Oder nicht? Früher hätte sie ihre Mutter um Rat gefragt. Doch diese Zeit war unwiederbringlich vorbei. Hedwigs gnadenloser Verrat an ihr war unverzeihlich. Ob sie jemals wieder einem Menschen bedingungslos vertrauen könnte? Eher nicht.

Vor drei Monaten hatte Ilse den dreiunddreißigsten Geburtstag gefeiert und erkannt, dass ihr Wunsch nach Freiheit und Selbstbestimmung unerfüllt geblieben war.

Wie beneidete sie ihre Cousine Laura. Die war vor vier Jahren ganz allein nach Stuttgart gezogen, wo sie ihrer großen Liebe begegnete und dem Mann ihrer Träume, einem Musiker, ein Jahr später nach Österreich folgte. Gemeinsam tingelten sie dort nun durch die Lande und führten ein schillerndes Leben.

Traurig musste sich Ilse eingestehen, dass ihr Leben vor allem einer bitteren Melange aus Monotonie und Zwietracht entsprach, anstatt Abenteuer und Harmonie zu bieten. Sie ließ den Zigarettenstummel unter fließendem Wasser verlöschen und leerte in langen Zügen ein Glas Weißwein. Permanent appellierte Bodo an ihren Kampfeswillen. Doch welchen Kampf wollte sie eigentlich kämpfen?

* * *

Ilse schaltete die Deckenlampe im Kinderzimmer an. Obwohl erst früh am Nachmittag, wurde es bereits dunkel. Sie mochte den November und seine grauen Tage nicht. Birgit wandte sich ihr freudig zu. »Mama, das habe ich im Kindergarten gebastelt. Ich schenke es Udo, wenn er mich besuchen kommt.« Sie präsentierte stolz den rot bemalten Stein mit schwarzen Punkten.

Er erinnerte Ilse vage an die Steinfiguren, die sie in ihren eigenen Kindertagen fabriziert hatte. Ihr Meisterstück, eine besonders gut gelungene Maus, gestaltet aus einem nahezu herzförmigen Rheinkiesel, hatte sie Tante Frieda geschenkt, die damit Dorotheas Grab zierte. Zwar zeigte Birgit wenig Talent beim Malen und Basteln, doch minderte dieser Umstand nicht ihre Begeisterung, die sie mit Feuereifer immer neue wunderliche Kreationen erschaffen ließ.

»Oh, ein Fliegenpilz. Wie schön!«

»Das ist doch ein Marienkäfer. Fliegenpilze haben weiße Punkte«, belehrte sie ihre Tochter mit leicht beleidigter Stimme.

»Stimmt. Das habe ich verwechselt. Wollen wir Udo ein Päckchen packen?«

»Nein. Ich will ihm den Käfer selbst geben. Wann kommt er denn endlich?«

»Ich weiß es nicht. Vielleicht an Weihnachten.«

Ilse hatte Udo per Postkarte gebeten, mit ihnen seinen Geburtstag zu feiern.

Lieber Udo,

> *wir haben uns ja schon sehr lange nicht mehr gesehen. Da am Freitag Dein Geburtstag ist, möchten wir Dich bitten, am Samstag, den 2.12.1972 nach der Schule zu uns zu kommen. Sicher feierst Du auch bei Deiner Oma mit vielen Kindern Deinen Geburtstag. Wir wünschen Dir für diesen Tag viel Spaß.*
> *Wir freuen uns auf Deinen Besuch.*
> *Viele Grüße*
> *Mama, Papa und Birgit*

Seit Monaten hatten sie einander nicht mehr gesehen. Udo schien sie nicht zu vermissen, wie die kurze Antwort, die sie im Briefkasten vorgefunden hatte, erkennen ließ.

Liebe Mama,

> *ich möchte mich herzlich für Deine Karte bedanken. Aber ich kann leider nicht kommen. Für den Samstag habe ich bereits meine Freunde eingeladen. Am Freitag kann ich nicht feiern, da ich noch für Probearbeiten lernen muß. Ich werde in den nächsten Tagen wahrscheinlich ins Krankenhaus müssen. Dort kannst du mich auch besuchen.*
> *Grüsse an Birgit und Papa*

Birgit war furchtbar enttäuscht. Nicht einmal der Geburtstagskuchen, den Ilse zum Trost dennoch backte, konnte sie trösten. Also startete sie einen weiteren Versuch. Nicht zuletzt, um zu erfahren, was es mit dem Krankenhausaufenthalt auf sich hatte, von dem sie bislang niemand in Kenntnis gesetzt hatte.

Lieber Udo,

> *Deine Karte haben wir erhalten. Es war ja schade,*

daß Du nicht kommen konntest und ich will auch glauben, daß Deine Angaben stimmten. Da es zum Wochenende nicht klappte, wirst Du uns eben in dieser Woche besuchen. Den Tag kannst Du uns ja schreiben. Ich nehme ja an, daß Du noch weißt, was Dir Herr Ripper gesagt hat und hoffe, daß jetzt keine Ausrede kommt. Denn wir können es auch anders machen, Du wirst dann eben wieder zu uns kommen. Du kannst uns ja dann auch erzählen, weshalb Du ins Krankenhaus mußt.

Ich lege Dir eine frankierte Karte bei.

Also, bis bald, viele Grüße

Mama, Papa und Birgit

Udo hatte es nicht für nötig befunden, zu antworten. Stattdessen erfuhr Ilse von Fred, den sie auf Drängen Bodos zu sich eingeladen hatten, dass Udo ein kleiner Eingriff zwecks Entfernung der Polypen bevorstand.

Ihre Empörung, dass man sie nicht früher einbezogen hatte, fegte ihr Ex-Mann beiseite. Schließlich habe sich Ilse monatelang nicht für Udo interessiert, da müsse sie sich nicht wundern. Freds weitere Ausführungen alarmierten sie.

Angeblich hatten Ilses Eltern durchblicken lassen, dass die väterlichen Unterhaltszahlungen nicht ausreichten. Er legte ihnen beim Abschied nahe, ebenfalls Zuwendungen zu leisten. Weder Bodo noch sie konnten sich mit diesem Gedanken anfreunden. Immerhin verweigerten Wilhelm und Hedwig jeglichen Einblick in ihre Lebensumstände und hatten sie nicht um Unterstützung gebeten. Sie beschlossen, sich ein weiteres Mal ans Vormundschaftsgericht zu wenden und Ilses Eltern per Schreiben an Udo am 11.12. darüber zu informieren.

Lieber Udo,

wie mir Fred am letzten Donnerstag, dem 7.12., sagte, entscheidet es sich wohl noch in dieser Woche, wann Du ins Krankenhaus kommst. Papa, Birgit und ich hoffen, daß Du alles gut überstehst und uns am 1. Weihnachtsfeiertag um 12 Uhr, also zum Mittagessen, besuchst. Auf der Postkarte, die ich Dir schon geschickt habe, kannst Du mir schreiben, ob Du mit dem Bus kommst oder ob Papa Dich abholen soll. In letzterem Fall müßtest Du dann um ¾ 12 Uhr vor dem Haus Deiner Oma stehen. Abends liefert Papa Dich dann wieder dort ab.

Die Durchschrift meines heutigen Briefes an Herrn Ripper ist für Deine Oma bestimmt.

Ich wünsche Dir nun einen günstigen Verlauf der Operation und einen möglichst kurzen Krankenhausaufenthalt. Vergiß auch nicht mir zu schreiben, wann und in welches Krankenhaus Du gehst.

Für heute viele Grüße, auch von Papa und Birgit
Mama

Ludwigshafen/Rhein, den 11.12.1972
Vormundschaftsgericht
Herrn Amtsgerichtsrat Ripper
Ihr Aktenzeichen 8b X 343/71

Sehr geehrter Herr Amtsgerichtsrat Ripper,
am 12.1.1972 hatte ich mich bei Ihnen damit einverstanden erklärt, daß mein Sohn Udo Marquardt bei meinen Eltern, den Eheleuten Oehler bis auf weiteres wohnt.

Im Protokoll vom 12.1.1972 war ausdrücklich festgehalten, daß ich Udo samstags nach dem Schulunterricht, wenn auch nicht an jedem Wochenende, von der Schule abholen darf und spätestens am Sonntag zwischen 18 und 19 Uhr zu seinen Großeltern zurückbringe. Von diesem Verkehrsrecht habe ich erstmals am 2.12.72 Gebrauch machen wollen *und sandte Udo am 27.11.72 eine Einladung. Kopie hiervon füge ich zu Ihrer Kenntnisnahme bei. Udo sandte mir eine Postkarte mit Datum vom 30.11.72, von der ich Ihnen ebenfalls eine Kopie als Anlage übersende.*

In der Zwischenzeit war Udo nun immer noch nicht bei mir, sondern es kam lediglich sein Vater, mein geschiedener Mann, und sagte, Udo wolle nicht zu mir. Darüber möchte ich allerdings mit Udo schon selber sprechen. Außerdem sagte Herr Marquardt, Udos Großeltern könnten ihren Enkel nicht von DM 130,--, die Herr Marquardt monatlich als Unterhalt zahlt, und die ich meinen Eltern in voller Höhe überweise, unterhalten. Herr Marquardt ließ erkennen, daß ich ebenfalls Geld an meine Eltern zahlen solle. Hierzu möchte ich bemerken, daß mein Unterhaltsbeitrag bisher darin bestand, daß Udo in meinem und meines zweiten Mannes Haushalt lebte. Ich möchte daher, auf Grund meiner elterlichen Gewalt, Udo wieder zu mir nehmen. Im vorgenannten Protokoll war festgehalten, daß zwischen meinen Eltern und mir hierüber Einigkeit besteht. Da Herr Marquardt nicht erkennen ließ, daß er meinen Eltern weiter Beträge über die DM 130,-- hinaus monatlich zahlt, muß ich befürchten, daß Udo auf Grund der wirtschaftlichen Verhältnisse meiner Eltern, sie sind beide Rentner, mein Vater bereits seit seinem 54. Lebensjahr, vielleicht Dinge entbehrt, die eigentlich erforderlich sind.

Der zweite Grund, warum ich Udo wieder zu mir nehmen möchte ist meine Befürchtung, daß er mir völlig entfremdet wird. Obwohl ich mein Verkehrsrecht bisher überhaupt nicht in Anspruch genommen habe, hintertreiben meine Eltern meine Versuche, Udo zu sehen. Der Ihnen bekannte Antrag meines Vaters in seinem Brief vom 29.8.1972, mir das Sorgerecht entziehen zu lassen, zeigt deutlich genug, daß meine

Eltern sich nicht loyal im Sinne der Erklärung vom 12.1.1972 verhalten.

Nebenbei möchte ich auch bemerken, daß meine Eltern es nicht einmal für nötig befunden haben, mich über Udos Gesundheitszustand zu unterrichten. So weiß ich bis heute nicht, in welches Krankenhaus Udo kommt. Krankenscheine lassen sie lediglich durch meinen geschiedenen Mann für den Zahnarzt oder einen Orthopäden anfordern. Einzelheiten über Udos Beschwerden und die Behandlung habe ich bis jetzt nicht erfahren, außer dem Umstand, daß Udo jetzt wegen seiner Polypen ins Krankenhaus soll.

Ich möchte Sie bitten, meinen Eltern meine Absicht bekanntzugeben und mich davon zu unterrichten.

Im übrigen habe ich Udo zum 1. Weihnachtsfeiertag eingeladen, da er am 2. Weihn.Feiertag in der Vergangenheit stets bei Familie Marquardt war.

Hochachtungsvoll Ilse Kormann

»Bestimmt an Weihnachten?« Birgit ließ nicht locker.

»Vielleicht. Ich hoffe es.«

»Bleibt Udo dann bei mir?«

»Nicht an diesem Tag. Da geht er wieder zurück zu seiner Oma.«

»Dann gehe ich mit«, verkündete die Kleine entschlossen.

Ilse schnappte schockiert nach Luft. »Auf gar keinen Fall, Birgit. Auf gar keinen Fall!«

»Und warum nicht? Das ist auch meine Oma. Hat Udo gesagt!«

»Deine Oma will nur Udo. Mit uns will sie nichts zu tun haben.«

»Warum denn nicht?«

»Weil sie eine böse Frau ist. Und jetzt reden wir nicht mehr davon.«

»Aber …«

»Lass gut sein, Mäuschen.« Ilse zupfte augenzwinkernd an Birgits Zöpfen. »Vergiss das einfach. Hilfst du mir beim Backen? Der Papa will der Berliner Oma Plätzchen schicken. Die kannst du ausstechen.«

15. Mai 2014

»Da stimmt etwas nicht. Es ist immer noch besetzt.« Unentschlossen schob Birgit das Telefon zurück in die Ladestation.

»Vielleicht hat sie einfach nicht richtig aufgelegt«, entgegnete Markus und widmete sich seinem Frühstücksbrötchen.

»Und was, wenn sie versucht hat zu telefonieren, gestürzt ist und nun nicht mehr an den Apparat kommt? Dann baumelt der Hörer vielleicht sinnlos herum und niemand kann ihr helfen«, spekulierte Birgit.

»Ja, wenn sie gestürzt ist, liegt sie wohl hilflos am Boden. Allein schafft sie es keinesfalls auf die Beine«, stimmte Markus nachdenklich kauend zu. »Ruf die Polizei an.«

»Meinst du wirklich?«

»Was denn sonst? Die öffnen die Tür und vergewissern sich, dass alles in Ordnung ist. Wenn sie tatsächlich Hilfe braucht, ist das wohl der einzige Weg.«

»Und wenn nicht? Wenn sie einfach vergessen hat, den Hörer aufzulegen? Das würde sie mir nie verzeihen.«

»Was willst du denn sonst machen? Einen Schlüssel hast du nicht, kannst also nicht selbst nachschauen. Deine Sorge ist berechtigt. Ihr ging es am Sonntag wirklich schlecht.«

Birgit überlegte einen Moment, dann griff sie nach Markus' iPad. »Ich frage bei dem Schreibwarengeschäft nach, wann Mama zuletzt dort war. Normalerweise holt sie sich täglich ihre Zeitung und hält mit der Dame ein Schwätzchen.« Sie gab die Adresse in die Suchmaschine ein, hangelte nach dem Telefon und wählte mit zitternden Fingern.

Eine freundliche Stimme meldete sich.

»Guten Morgen, mein Name ist Birgit Kormann-Weiß. Das wird Ihnen jetzt vielleicht merkwürdig vorkommen, ich bitte um Entschuldigung. Ich bin in großer Sorge um meine Mutter. Sie wohnt Ihnen schräg gegenüber und ist eine Stammkundin. Eine sehr schmale Frau, trägt immer ein Hütchen. Sie wirkt ziemlich gebrechlich. Ich glaube, Sie plaudern öfter mit ihr. Kormann ist ihr Name. Ilse Kormann. Kennen Sie sie?«

»Natürlich! Die Frau Kormann! Ja, die holt ihre Zeitung und Zigaretten bei mir. Und einmal in der Woche die Zeitschriften. Heute war sie noch nicht da. Aber es ist ja erst Vormittag. Normalerweise kommt sie nachmittags. Eine nette Frau. Ich glaube, es geht ihr nicht gut. Sie hat sehr abgebaut in letzter Zeit. Weswegen machen Sie sich Sorgen? Ist etwas passiert?«

»Hoffentlich nicht. Es ist nur … ich erreiche sie nicht, und das Telefon ist seit gestern besetzt.«

»Ach du liebe Zeit, ja, da wäre ich auch beunruhigt. Haben Sie schon in der Arztpraxis angerufen? Frau Kormann sagte, sie müsse ins Krankenhaus. Vielleicht ist sie dort und holt irgendwelche Unterlagen ab.«

»Das ist natürlich eine Möglichkeit. Dann suche ich mal die Nummer heraus. Danke für den Tipp!«

»Die Nummer kann ich Ihnen geben, ich bin ja auch bei Frau Doktor Gerwig.«

»Gerwig? Nicht Metzner?«

»Metzner? Nein, es ist die Frau Doktor Gerwig. Neben dem Staubsaugerladen.«

»Staubsaugerladen?«, fragte Birgit verwirrt. »Ich war seit einer Ewigkeit nicht mehr in der Innenstadt. Dass da ein Staubsaugerladen ist, muss ich wohl vergessen haben.«

»Ah, jetzt verstehe ich. Nein, Ihre Mutter ist schon lange nicht mehr bei dem Arzt in der Innenstadt. Ungefähr zwei Häuser links von ihr ist ein Staubsaugerladen. Hier in unserer Straße. Und daneben ist die Praxis von der Ärztin. Ich hatte sie ihr empfohlen, als sie nach einem neuen Arzt suchte. Frau Kormann ist ganz angetan von ihr, fühlt sich dort sehr gut aufgehoben, wie sie erst neulich wieder sagte. Die ist wirklich sehr fürsorglich.«

Birgit dankte für die Auskunft und notierte sich die Nummer.

»Habe ich gern gemacht. Geben Sie Bescheid, wenn ich irgendwie helfen kann!«

»Hast du das mitbekommen, Markus?«, fragte sie erstaunt. »Sie hat den Arzt gewechselt. Seltsam. Davon hat sie gar nichts erzählt. Dabei war sie jahrelang bei Doktor Metzner.«

»Hm. Sie erzählt so einiges nicht. Da erwarten uns bestimmt noch weitere Überraschungen.«

»Beschwöre es nicht«, murmelte Birgit und wählte die Nummer der Praxis.

»Nein, Frau Kormann ist nicht bei uns. Sie müsste aber diese Woche vorbeikommen.«

»Als ich sie am Sonntag traf, wirkte sie sehr angeschlagen, teilte mir zudem mit, dass sie ins Krankenhaus müsse. Ich bin jetzt ziemlich beunruhigt, weil seit gestern die Leitung besetzt ist und niemand sie gesehen hat.«

»Ich fürchte, da kann ich Ihnen nicht helfen. Augenblick, da kommt gerade die Frau Doktor.« Fahrstuhlmusik tönte in Birgits Ohr, unterbrochen von einer monotonen Stimme, die um Geduld bat.

»Hören Sie bitte? Frau Doktor kann Ihnen keine Auskunft geben. Sie wird Frau Kormann heute Nachmittag anrufen, sollte sie bis dahin nicht bei uns gewesen sein.«

»Und was soll das bringen, wenn der Hörer anscheinend nicht aufliegt?«, fragte Birgit ungeduldig.

»Ich kann halt nur wiederholen, was Frau Doktor sagte.«

»Und jetzt soll ich einfach warten, bis auch Ihre Chefin das Besetztzeichen gehört hat? Sagen Sie mir wenigstens, ob ich Grund zur Sorge habe oder nicht!«

»Wir können Ihnen keine Informationen zum Gesundheitszustand Ihrer Mutter geben. Tut mir leid.«

»Das habe ich durchaus verstanden, ist trotzdem keine

Antwort auf meine Frage. Was würden Sie denn an meiner Stelle tun? Die Polizei rufen?«

»Also, wenn es meine Mutter wäre, dann …«, die Assistentin am anderen Ende der Leitung zögerte einen Augenblick, »ich glaube, ich würde die Polizei rufen. Aber von mir haben Sie das nicht!«

»Das Polizeipräsidium?«

»Den Notruf. Eins-Eins-Zwei. Viel Glück.«

Birgit dankte und tat, wie ihr empfohlen. Zum wiederholten Male beschrieb sie das Geschehen und den besorgniserregenden Eindruck, den ihre Mutter vor wenigen Tagen erweckt hatte, wies auf die Krankenhauseinweisung hin und schilderte ihr merkwürdiges Verhalten, das selbst bei dem Mitarbeiter der Leitstelle Unbehagen auslöste.

»Wir schicken einen Streifenwagen los, Frau Kormann-Weiß. Sicher ist sicher. Die Beamten werden versuchen, mit Ihrer Mutter Kontakt aufzunehmen, und die Tür öffnen, sollte das nicht gelingen. Dann wird man sehen, ob und welche Maßnahmen erforderlich sind. Kann man Sie telefonisch erreichen?«

»Ja, am besten über meine Mobilnummer. Ich nehme mir jetzt ein Taxi und bin in etwa zwanzig Minuten dort.«

»So machen wir das. Vor Ort wird auf jeden Fall ein Beamter auf Sie warten. Nun bleiben Sie möglichst ruhig, wir kümmern uns um Ihre Mutter. Sie haben alles richtig gemacht!«

»Ich brauche ein Taxi«, stieß Birgit atemlos hervor.

Markus umarmte sie. »Zieh deine Schuhe an und hole deine Handtasche. Ich kümmere mich darum«, antwortete er ruhig. »Oder soll ich meinen Termin absagen und dich fahren?«

»Nein, das ist ebenso wichtig. Ich bekomme das hin. Oh Gott, hoffentlich ist nichts passiert!«

Wie versprochen, wurde sie von Polizeibeamten am Haus ihrer Mutter erwartet. Ein Krankenwagen fuhr gerade los und reihte sich in den fließenden Verkehr ein.

»Frau Kormann-Weiß?« Der Beamte folgte Birgits erschrockenem Blick. »Keine Angst, Ihre Mutter ist nicht in dem Fahrzeug.«

»Haben Sie sie gesehen? Geht es ihr gut?«, japste Birgit.

»Gesehen haben wir sie nicht, aber gesprochen.«

»Wie meinen Sie das?«, fragte sie verständnislos.

Die beiden Beamten nickten einander vielsagend zu und berichteten von ihrer denkwürdigen Begegnung mit Ilse. Ein Nachbar hatte sie ins Haus gelassen, da auf ihr Läuten niemand reagierte. »Die Klingel war abgestellt, also haben wir geklopft. Als niemand antwortete, haben wir uns als Polizeibeamte zu erkennen gegeben und gerufen, dass wir die Tür öffnen würden, da Grund zur Annahme besteht, dass sich eine Person in hilfloser Lage befindet. Daraufhin hörten wir Schritte und es schaute wohl jemand durch den Spion. Wir riefen und klopften erneut und erhielten schließlich Antwort. Dabei stellte sich heraus, dass Ihre Mutter keine Hilfe benötigte.«

»Wie können Sie das denn wissen, wenn Sie sie nicht gesehen haben?«

»Ihre Mutter ließ keinen Zweifel daran.«

»Was hat sie denn gesagt?«

»Ich glaube, das wollen Sie so genau nicht wissen. Sie hat uns aufgefordert, unverzüglich zu verschwinden. Vorsichtig ausgedrückt.«

Auf Birgits ratlosen Blick hin ergänzte der zweite Beamte nach einem Räuspern: »Ihre Mutter ist keine sehr freundliche Zeitgenossin, Frau Kormann-Weiß. Wir haben die Haustür unten offen gelassen. Sie kommen also ins Haus. Ob Ihre Mutter Sie in die Wohnung lässt, können wir Ihnen allerdings nicht versprechen. Sie zeigt wenig Verständnis für Ihre Sorge, fürchte ich. Wobei jeder Mensch, der über einen Funken Grips verfügt, wie Sie gehandelt hätte. Ich hoffe, Sie können ihr das begreiflich machen. Uns ist es leider nicht gelungen.«

Die Beamten wünschten ihr viel Glück und verabschiedeten sich.

Birgit holte tief Luft und eilte die Treppen hinauf. Die Klingel war noch immer abgestellt. Als sie klopfte, bemerkte sie eine Bewegung am Türspion.

»Mama? Ich bin's. Birgit. Mach doch bitte auf.«

Sie wartete einen Moment, lauschte, klopfte erneut. »Mama, ich weiß, dass du da bist. Bitte, lass mich rein.« Ein leises Rascheln drang zu ihr.

»Geh weg«, knurrte es hinter der Tür.

»Mama, bitte.«

»Du sollst verschwinden.«

1975

»Ah, da kommt ja eine frischgebackene Drittklässlerin«, begrüßte Fräulein Ulrike die strahlende Birgit. »Deine Mama ist hinten, geh ruhig durch. Sie wartet schon.«

Birgit ließ sich nicht lange bitten, durchquerte die Anmeldung, eilte am Sprechzimmer vorbei, passierte das blitzsaubere Labor und gelangte in den gemütlichen Aufenthaltsraum mit seinen bunten Kissen und Zugang zum verwunschenen Garten.

Ilse räumte gerade das Kaffeegeschirr zusammen. »Hallo Mäuschen, wie war es denn?«

»Ich glaube, Frau Spatz ist ganz schön streng. Und ziemlich alt. Viel älter als Fräulein Möbius. Sie hat ganz graue Haare.«

»Hauptsache, sie ist trotzdem nett zu euch. Habt ihr Hausaufgaben bekommen?«

Birgit schüttelte den Kopf. »Nein, aber den Stundenplan und eine Einkaufsliste.« Sie kramte einen Zettel mit Aufschrift ›An die Eltern‹ hervor. »Hier, den soll ich dir geben.«

Ilse warf einen kurzen Blick darauf. Sie sollte mehrere Hefte und verschiedenfarbige Schutzumschläge besorgen, außerdem einen Füller, Tinte, einen Vierfarb-Kugelschreiber und einen Zirkel. »Das kaufen wir auf dem Heimweg im Schreibwarenladen. Wenn wir uns beeilen, schaffen wir es, bevor er über Mittag schließt. Wir müssen dort ohnehin eine ältere Bestellung abholen.« Sie zog ihre Tasche aus dem Spind und schaute sich noch einmal um. »Alles fertig. Dann los. Ich muss Doktor Fellbach nur schnell die Unterschriftenmappe geben.«

Kurz vor Birgits Einschulung hatte Ilse ihre Stelle bei Giulini aufgegeben. Arbeitszeit und Fahrtweg waren mit den

Schulzeiten unvereinbar. Glücklicherweise suchte Dr. Fellbach gerade halbtags eine Arztsekretärin. Seine Praxis lag auf dem Schulweg, sodass Birgit sie nach der letzten Stunde dort abholen konnte. Hatte Ilse noch zu tun, erledigte Birgit im Aufenthaltsraum die Hausaufgaben oder wurde von einer der Kolleginnen verwöhnt, die sich um diese Zeit meist mit kurzen Pausen abwechselten. Dr. Fellbach hatte selbst zwei Jungs und nichts gegen Kinderbesuch einzuwenden.

Ilse war froh, dass sie ihre Tochter überallhin mitnehmen konnte. Birgit war ein höfliches und stilles Mädchen, das sich stundenlang selbst beschäftigte und nie störte. Am glücklichsten war sie, drückte man ihr ein Buch in die Hand. Begeisterung fürs Lesen hatte sie schon früh gezeigt. Bereits vor ihrer Einschulung konnte sie die ersten Worte entziffern. Sie fühlte sich in der Praxis sichtlich wohl, und Ilse war erleichtert über dieses günstige Arrangement. So bewahrte sie sich ein hart erkämpftes Stück Unabhängigkeit, steuerte etwas zur Haushaltskasse bei und war in der Lage, ihre Freizeitvergnügungen selbst zu finanzieren, ohne Bodo um Geld bitten oder es von der Haushaltskasse abknapsen zu müssen.

Beim Schreibwarenhändler waren alle Schulutensilien vorrätig. Birgit betrachtete sehnsüchtig die bunten Pixi-Büchlein und wollte gerade um eines betteln, als sie das beige eingeschlagene Buch bemerkte, das die Verkäuferin mit verschwörerischem Augenzwinkern auf den Heftstapel legte.

»Hier noch die Bestellung. Tut mir leid, dass es vor den Sommerferien nicht mehr geklappt hat. Aber ich bin sicher, Ihre Tochter freut sich auch jetzt darüber.«

»Oh Mama, nehmen wir das mit?«, jubelte sie.

»Ja. Ich hatte es dir schließlich versprochen. Hier hast du den zweiten ›Pucki‹-Band[39].«

---

[39] Die Pucki-Reihe von Magda Trott ist zwischen 1935 und 1941 entstanden. Die Bücher zählen zu ihren bekanntesten Werken und sind aufgrund des erzkonservativen Wertebildes besonders untypisch für die einstige Feministin.

»Ist es nicht schön, dass die Kinder heute noch diese Geschichten mögen? Ich habe sie als kleines Mädchen verschlungen«, sagte die Geschäftsinhaberin begeistert. »Ich habe übrigens auch die ›Nesthäkchen‹-Reihe da.«

»Wie schön, die sind ja besonders nett. Darauf kommen wir bestimmt bei Gelegenheit zurück«, dankte Ilse.

Daheim angekommen, wartete eine Postkarte von Udo im Briefkasten. Ilse legte sie ungelesen zur Seite und kümmerte sich zunächst ums Mittagessen. Auf Anordnung des Kinderarztes musste Birgit kräftig an Gewicht zulegen, was einer Herkulesaufgabe gleichkam. Sie hatte nie Hunger, beäugte argwöhnisch jeden gefüllten Teller, ob sein Inhalt unzumutbare Ingredienzien aufwies, sortierte und stocherte.

Sobald ein von Ilse zuvor akribisch untersuchtes Gulaschbröckchen mit übersehenem Fettrand auftauchte, wies Birgit die gesamte Portion als ungenießbar zurück. Nach einer schweren Masernerkrankung mit anschließender Nierenentzündung, die Birgit den Großteil der Sommerferien ans Bett gefesselt hatte, wirkten die streichholzdünnen Beinchen kaum stabil genug, den schweren Schulranzen zu tragen.

»Das Kind muss essen, essen, essen!«, hatte der Kinderarzt geschimpft.

Wie sie das ihrer Tochter erklären sollte, blieb ihr überlassen. Heute Mittag bestand die Hoffnung, dass Birgit ohne größeres Theater ihren Teller leerte. Grießbrei mit eingelegten Kirschen fand in der Regel Gnade vor dem kritischen Kinderblick. Beim für heute Abend vorgesehenen Zucchinigemüse aus dem Garten, den Bodo seit knapp einem Jahr bewirtschaftete, hegte Ilse hingegen Zweifel. Egal, das sollten Papa und Töchterchen miteinander klären. Sie konnte sich für diese grünen Gurkenkürbisse selbst nicht erwärmen. Vor allem, seitdem sie Garten und somit Küche überschwemmten und ihr allmählich die Zubereitungsideen ausgingen.

Sie füllte Birgits Teller mit einem Löffel Grießbrei,

drapierte die Kirschen darüber und rief sie zum Essen. Wie erwartet, verhallte ihr Ruf ungehört. Birgit hatte sich ins Kinderzimmer verzogen und mit der Lektüre von ›Puckis erstes Schuljahr‹ begonnen.

»Essen ist fertig!«

»Ich habe keinen Hunger.«

»Essen ist trotzdem fertig. Komm jetzt.« Und mit strenger Stimme: »Jetzt heißt sofort!«

Unwillig trödelte Birgit in die Essdiele und linste auf den Teller. »Das mag ich nicht«, maulte sie.

»Unsinn. Du isst gern Grießbrei. Außerdem ist es nur ein einziger Löffel. Den packst du.«

»Und wo ist dein Teller?«

»Ich habe in der Praxis gegessen«, schwindelte Ilse.

Birgit nahm eine Löffelspitze, auf Ilses tadelnden Blick hin eine weitere. »Ich kann nicht mehr.«

»Doch, du kannst. Du isst das jetzt auf.«

»Und wenn nicht?«

Statt einer Antwort winkte Ilse mit der orangefarbenen Paste in greller Tube, die dem Kind auf ärztliche Anordnung hin verabreicht werden sollte, verweigerte es das Essen. Von angeblich appetitanregender Wirkung enthielt sie darüber hinaus eine geballte Ladung wichtiger Vitamine, roch aufdringlich und schmeckte scheußlich.

Beim Anblick der schreckerregenden Alternative entschied sich Birgit, ihre Grießbreiportion schleunigst auszulöffeln. Beleidigt über die mütterliche Erpressung verkrümelte sie sich anschließend zurück in ihr Zimmer und tröstete sich mit den heiteren Erlebnissen ihrer Lieblingsfreundin Hedi Sandler, genannt ›Pucki‹. Die blondgelockte Heldin wurde stets von ihrem Hund ›Harras‹ begleitet. Der treue Gefährte wachte über das Wohl seiner kleinen Herrin, übernahm gelegentlich die Rolle des Puppenpapas und tröstete sie, wenn sie einmal traurig war oder sich einsam fühlte. Einen solchen vierbeinigen Begleiter wünschte sich auch Birgit, leider vergeblich.

Zwischenzeitlich spülte Ilse Birgits Teller, füllte den restlichen Grießbrei in Dessertschälchen, um ihn nach dem Abendessen zum Nachtisch zu reichen, gönnte sich eine Kaffeepause und überflog bei einer Zigarette die Post.

Udo kündigte sich für Sonntag an. Einerseits freute sie sich darüber, schließlich sah sie ihren Sohn sehr selten, manchmal monatelang nicht. Andererseits enttäuschte er ihre – und vor allem Birgits – Vorfreude in mindestens der Hälfte aller Fälle, wenn er wieder einmal trotz Ankündigung nicht erschien. Sicherheitshalber wollte sie ihrer Tochter nichts von Udos Plänen verraten, um keine Hoffnungen zu wecken.

Die halbherzige Idee aus Dezember 1972, Udo wieder zu sich zu nehmen, war letztlich am erbitterten Widerstand ihres Sohnes gescheitert. Nach einem langen und eindringlichen Gespräch folgte Ilse daher der Empfehlung des Amtsgerichtsrats und ließ den Jungen bei seinen Großeltern, wo er sich heimisch und zugehörig fühlte. Diesmal sollte es eine endgültige Entscheidung sein.

Bodo baute daraufhin das Kinderzimmer um, schreinerte für Birgit Schrank, Schreibtisch, Sideboard und ein Bett, das sich tagsüber in eine Sitzbank verwandelte. Die Wände bekamen eine neue Blümchentapete, passend zur roten Farbe der Möbel. Ein Neubeginn für Birgit, nichts erinnerte sie mehr an Udo. Sollte er wider Erwarten einmal bei ihnen übernachten wollen, stünde ihm das bequeme Sofa im Wohnzimmer zur Verfügung.

Lange hatte es gedauert, bis die Kleine die Trennung von ihrem heißgeliebten Bruder überwand. Seine angekündigten und dann nicht eingehaltenen Besuche machten es ihr nicht leichter. Seit man in ihrer Gegenwart nicht mehr über Udo sprach, schien ihr Schmerz zu schwinden. Ohnehin gab es kaum Gutes zu berichten.

Die Hauptschule hatte Udo einigermaßen zufriedenstellend abgeschlossen, dann aber nur dank Freds Verbindungen und Überzeugungskünsten eine Lehrstelle bei der BASF erhalten. Nun, im zweiten Lehrjahr zum Mess- und Regel-mechaniker, schien sich anzudeuten, dass seine Laufbahn als Aniliner mit Lehrabschluss im nächsten Jahr bereits wieder beendet sein würde. Zu unzuverlässig, zu wenig Engage-ment, unentschuldigtes Fehlen lautete die bisherige Beurtei-lung seiner Meister. Hedwig und Wilhelm, die sich stets ge-rühmt hatten, als Einzige für Udos Wohl sorgen zu können, schienen restlos überfordert.

Ihr habt es nicht anders gewollt. Nun seht selbst, wie ihr damit zurechtkommt, dachte Ilse bitter, wenn sich bei ihr gelegentliche Zweifel und Sorge um Udo meldeten.

Vielleicht kam er am Sonntag. Wenn nicht, würde Birgit sein Ausbleiben weder bemerken noch bedauern. In dieser Hinsicht musste Ilse ihrer Mutter zustimmen. Was Kinder nicht sahen oder hörten, belastete sie nicht.

Entschlossen legte sie die Postkarte zum Altpapier und betupfte die erneut aufflammenden, schmerzenden Flecken an ihren Armen mit kühlender Salbe.

1977

Lähmende Kälte vertrieb den stechenden Schmerz, und die Tränen versiegten allmählich. Ilses hatte sich gerade noch rechtzeitig zu Bodo an den Esstisch gesetzt, als ein Schwindelanfall drohte, ihr die Sinne zu rauben. Ihr Blick wanderte erneut auf den cremefarbenen, schwarz umrandeten Briefbogen.

Mit einfühlsamen Worten, die dennoch den schrecklichen Inhalt nicht milderten, drückte Tante Frieda ihr Beileid zu Ilses tragischem Verlust aus und bedauerte zugleich, dass sie die traurige Nachricht überbringen müsse.

Hedwig war nach einem heftigen Asthmaanfall verstorben und ihre Asche in Anwesenheit Wilhelms, Udos und ihr selbst in der Urnenmauer des Hauptfriedhofs bestattet worden. Mit diesem Schreiben widersetze sie sich dem ausdrücklichem Wunsch Wilhelms, der Ilse selbst im Nachhinein nicht über den Tod ihrer Mutter informieren wollte und dies auch Udo untersagt habe. Sie bat um Nachsicht. Wilhelm sei untröstlich und blind in seinem Schmerz. Bei allem Respekt vor seiner ablehnenden Trauer erachte sie es als wichtig, dass Ilse recht bald eine Annäherung wage. Er sei schließlich ihr Vater und nach vierundvierzig Ehejahren nun allein. Es sei an der Zeit, die Gräben der Vergangenheit und das lange Schweigen zu überwinden, bevor auch er eines Tages gehen müsse.

Bodo streichelte Ilses Hand. Wilhelms Hartherzigkeit erschütterte ihn erkennbar.

»Deine Tante hat recht. Ihr müsst miteinander reden.«

Ilse schüttelte den Kopf.

»Ihr müsst euch ja nicht versöhnen. Aber aussprechen.«

Müde geweint trocknete sie sich die verquollenen Augen,

putzte die Nase, griff zur Zigarettenschachtel. »Es gibt nichts, worüber wir uns jetzt noch aussprechen müssten.«

»Das sehe ich anders«, entgegnete Bodo. »Rede wenigstens mit Udo.«

»Und worüber? Soll ich ihn loben oder eher tadeln, dass er sich diesem verbitterten alten Mann gefügt hat? Wozu sollte das gut sein?«

»Du darfst nicht zulassen, dass das zwischen euch steht.«

»Tut es nicht. Udo hat sich vor langer Zeit für seine Großeltern und gegen mich entschieden. Es ist also nur konsequent, dass er den Willen meines Vaters respektiert, ohne dabei einen Gedanken an mich zu verschwenden«, winkte sie verdrossen ab.

»Sei nicht ebenso hart«, versuchte er es erneut. »Schreib deinem Vater wenigstens ein paar Zeilen. Vielleicht bringt ihn das zur Einsicht.«

»Einsicht? Du scheinst ihn noch immer nicht zu kennen. Nein. Es gibt nichts zu sagen. Nie wieder.«

»Das wirst du irgendwann bereuen.«

»Wie vieles andere. Darauf kommt es dann wohl auch nicht mehr an.«

»Und was willst du Birgit erzählen?«

»Nichts. Sie hat keine Erinnerung an meine Mutter, also betrifft sie ihr Tod nicht.«

»Und was ist mit ihrem Großvater?«

»Weder kennt sie ihn, noch interessiert er sich für sie. Und das wird auch so bleiben. Es gibt nichts, was Birgit wissen müsste.«

»Sie wird irgendwann fragen.«

»Warum sollte sie?«

»Aus Neugierde? Wegen Udo? Kinder fragen nun einmal. Und wer weiß, ob sie nicht eines Tages etwas über ihre Großeltern wissen möchte.«

»Da sie ihre Großeltern nicht vermisst, wird das eher nicht passieren. Und wenn doch, wird sie respektieren, dass manche Dinge ausschließlich mich etwas angehen. Und jetzt lass es gut sein. Meine Mutter ist tot, mein Vater für mich gestorben. Ich will nicht mehr darüber sprechen.«

Obwohl ganz und gar nicht einverstanden mit Ilses unversöhnlicher Haltung, unterließ Bodo weitere Beschwichtigungsversuche.

»Vielleicht ist es ja dein Weg, Schmerz und Kummer zu verarbeiten«, war das Einzige, was ihm zu sagen blieb.

Ilse behielt recht, denn Birgit fragte nicht. Udos Besuche wurden noch seltener und sie selbst stählte sich mehr und mehr gegen die Unbill des Lebens.

Ruhige Gleichförmigkeit bestimmte den Familienalltag der folgenden Monate.

Während Bodo nach Feierabend den Garten in ein ertragreiches Gemüseparadies verwandelte, Ilse im Arbeitsleben die lange ersehnte Eigenständigkeit genoss und in Gesellschaft ihrer Turnschwestern an vergnüglichen Abenden in Pfälzer Weinstuben Abwechslung von täglicher Routine fand, Birgit sich seit Kurzem mit Physik, Chemie und Mathematik im Gymnasium plagte und Udo im selben Jahr, sehr zu seinem Unwillen, zur Bundeswehr eingezogen wurde, brauten sich am Horizont unbemerkt weitere dunkle Gewitterwolken zusammen.

November 1979

Natürlich hatten sie die Unausweichlichkeit dieses Moments geahnt. Trotzdem fühlten sie sich überrumpelt von der Wucht unterdrückter Gefühle, nie ausgesprochener Vorwürfe, bislang schweigend hingenommener Verletzungen. Und dass ihre Aussprache in einem klirrenden Scherbenhaufen, lautstarken Anschuldigungen und anschließendem hilflosen Schweigen endete, als Birgit entsetzt in der Tür stand, erschreckte sie beide.

»Geh wieder ins Bett. Du musst früh aufstehen«, ergriff Bodo das Wort mit belegter Stimme, während Ilse betreten ihre Fußspitzen musterte.

»Ihr habt euch angeschrien! Schon eine ganze Weile!« Birgit rührte sich nicht von der Stelle.

»Das kommt manchmal vor. Es ist nichts«, versuchte Ilse sie halbherzig zu beruhigen.

Unstet flackerte Birgits Blick von einem zum anderen.

Bodo nickte ihr zu. »Geh. Wir sind jetzt leise.«

Verunsichert trollte sie sich. Alarmiert von der gespannten Atmosphäre horchte sie noch lange mit gespitzten Ohren, in ängstlicher Erwartung eines Wiederaufkeimens der nächtlichen Streiterei. Es war nicht die erste, doch diese hatte anders geklungen. Bedrohlich. Wie versprochen, blieb alles still, und sie schlief wieder ein.

Am nächsten Morgen erwartete sie die übliche Tasse Tee zum Marmeladenbrot. Bodo überflog die Zeitung und mahnte zur Eile.

»Wo ist denn Mama?«

»Schon zur Arbeit. Hast du alles? Du musst zum Bus.«

»Warum bist du denn noch hier?«

»Ich gehe heute später ins Büro. Wann kommst du aus der Schule?«

»Wie immer«, meinte sie schulterzuckend. »Gegen halb zwei.«

Räuspernd reichte ihr Bodo ein kleines Lederetui. »Ich weiß nicht, ob ich bis dahin zurück bin. Nimm zur Sicherheit den Schlüssel mit.«

Birgit starrte verwirrt auf das dunkelrote Mäppchen. »Das ist Mamas Schlüssel.«

»Ja. Sie hat ihn dir hiergelassen.«

»Warum das denn?«

»Sie kommt heute Mittag nicht nach Hause.«

»Was? Wieso denn nicht? Wann kommt sie denn?«

»Heute nicht mehr. Ich erkläre dir nachher alles.« Bodo deutete auf die Wanduhr, die unbeeindruckt ihre Zeiger weiterschob. »Jetzt ist dafür keine Zeit. Du darfst nicht zu spät zur Schule kommen. Pass schön auf!«

Wie betäubt schlüpfte sie auf sein Drängen hin in Stiefel und Mantel, knüllte die Mütze in die Jackentasche, vergaß Schal und Handschuhe und ließ sich von Bodo die Schultasche reichen. Aufpassen würde sie heute – und an vielen weiteren Schultagen – nicht.

»Menschenskind, Ilse, das ist ja schade. Und da ist nichts zu retten?«

»Nein. Ich wäre ja durchaus mit einer Trennung auf unbestimmte Zeit einverstanden gewesen. Aber er besteht auf klaren Verhältnissen und will die Scheidung.« Sie zuckte hilflos mit den Schultern. »Kann ich irgendwie verstehen.«

»Was wird mit eurer Tochter?«

»Das müssen wir erst klären. Am besten bleibt sie wohl bei ihrem Vater. Ich bin letzte Nacht ausgezogen. Ging alles hopplahopp.«

»Nimm dir mal ein paar Tage frei, regele deine Angelegenheiten. Bis dahin kommen wir hier klar.« Doktor Fellbach begleitete Ilse zur Tür. »Kopf hoch. Ich habe das auch gerade hinter mich bringen müssen, wie du weißt. Unschön, aber das Leben geht weiter.«

»Danke, Herbert. Die Urlaubstage hebe ich mir auf. Ich hole jetzt ein paar Sachen und bin morgen wieder hier.«

Sie musste packen, Unterlagen zusammensuchen, was noch? Bodo hatte ihr vorübergehend einen Ersatzschlüssel überlassen und den großen Koffer hinter die Schlafzimmertür gestellt. Nach dem Streit in der vergangenen Nacht war sie lediglich mit ihrem Reise-Necessaire samt einer Garnitur Wäsche in der Handtasche ins Taxi gestiegen. Mit Birgit würde sie erst morgen sprechen, heute Abend wollte Bodo ihr zunächst die Situation erklären.

Eine Gedankenflut durchrauschte ihren Kopf: Birgit, Papiere, Koffer, Arbeit, Umzug, Manfred.

Der hatte nicht schlecht gestaunt, als Ilse letzte Nacht unverhofft vor der Tür stand. Zwar hatte diese Beziehung keine Zukunft, das war ohnehin nie geplant, doch darüber wollte sie jetzt nicht auch noch nachdenken müssen.

Rasch suchte sie Kleidungsstücke, Wäsche und Kosmetika zusammen, packte die Sommergarderobe wieder aus, das Schmuckkästchen dafür ein, schob zwei weitere Paar Schuhe unter die Pullover und kramte den Karton mit Zeugnissen, Arbeitsverträgen und Korrespondenz aus dem Dielenschrank. Einer inneren Eingebung folgend eilte sie zurück ins Schlafzimmer, durchwühlte die nach Lenor duftenden Handtücher im großen Schrank, fand ganz hinten ihr altes Poesiealbum und stopfte es in den Koffer, gefolgt von Birgits Kinderbild in dem dunkelbraunen Standrahmen und ihrem Karton mit den gesammelten Papieren. Die Post würde Bodo an die Praxis weiterleiten, dort wäre sie vormittags auch telefonisch erreichbar.

Das vorsorglich bestellte Taxi erwartete sie bereits. Wie erhofft, gelangte sie unbemerkt von neugierigen Nachbarsblicken aus der Wohnung, die seit dreizehn Jahren ihr Zuhause war, und machte sich auf den Weg in eine vorerst ungewisse Zukunft.

* * *

Ludwigshafen/Rh., den 09.11.79 s-g

Sehr geehrte Frau Kormann,

Ihr Ehemann hat mich aufgesucht und mir erklärt, daß er die Absicht hat, sich scheiden zu lassen.

Grundsätzlich ist es erforderlich, daß die Parteien ein Jahr getrennt leben, wenn die Ehe geschieden werden soll.

Wenn aber Gründe vorliegen, die es einem Ehepartner unzumutbar machen, die Ehe fortzusetzen, dann kann das Gericht auch vorher die Scheidung durchführen.

Sie haben seit etwa einem dreiviertel Jahr ein Verhältnis mit einem anderen Mann. Ich bin der Auffassung, daß dieser Umstand ausreicht, die Klage vor Ablauf des Trennungsjahres zu erheben.

Wenn Sie der Scheidungsklage nicht entgegentreten, ist es nicht erforderlich, einen Rechtsanwalt zu beauftragen. Sie können natürlich einen Rechtsanwalt beauftragen.

Bevor ich Scheidungsklage erhebe frage ich an, ob eine einverständliche Scheidung möglich ist.

Mein Mandant legt Wert darauf, daß beide Parteien gegenseitig auf jeglichen Unterhaltsanspruch verzichten. Mein Mandant wäre bereit, der Übertragung der elterlichen Gewalt über die Tochter Birgit an Sie zuzustimmen. Natürlich würde er für Birgit einen ausreichenden Unterhaltsbetrag zahlen.

Der Hausrat müßte, soweit er während der Ehe angeschafft worden ist, hälftig geteilt werden. Hausrat und sonstige Gegenstände, die eine Partei mit in die Ehe gebracht hat, soll ihr zu Alleineigentum verbleiben.

Mein Mandant wäre auch bereit zuzustimmen, daß Ihnen die Wohnung verbleibt.

Ich bitte um gefällige Mitteilung, ob auf dieser Basis eine Einigung erzielt werden kann. Ich werde dann die Klage gegen Sie erheben.

Wenn Sie einen Rechtsanwalt mit der Wahrnehmung Ihrer Interessen beauftragen, wollen Sie bitte diesen Kollegen veranlassen, sich mit mir in Verbindung zu setzen.

Wenn ich von Ihnen keine Nachricht bis zum 15.11.1979 erhalte, werde ich die Klage erheben.

Mit vorzügl. Hochachtung

Dr. K. Scharfenberger

Rechtsanwalt

Die Unterschrift Dr. Scharfenbergers zu lesen, mutete seltsam an. Welche Ironie, dass ausgerechnet der Anwalt, der einst Ilses Interessen gegenüber ihrem ersten Mann durchgesetzt hatte, nun die des zweiten vertrat.

Fast zwanzig Jahre waren seither vergangen und das unglücklich-verwirrte Mädchen zu einer selbstbewussten Vierzigjährigen gereift. Glücklich war sie bis heute nicht. Der Brief kam schneller als erwartet. Gerade zwei Tage waren seit der denkwürdigen Nacht vergangen. Bodo wollte keine Zeit verlieren. Nicht, nachdem klar war, dass sie in einer Fortsetzung ihres gemeinsamen Lebens keine Perspektive sah. Anfangs hatte sie sich gegen eine Scheidung gesträubt. Zu schmerzhaft waren die Erinnerungen an die 1960 überstandene Schlammschlacht gegen Fred. ›Eheverfehlungen‹ und ›Schuldprinzip‹ lauteten die Schreckensworte, die sie nie wieder hören oder lesen wollte. In dieser Hinsicht konnte Bodo sie beruhigen. Er erklärte ihr, dass man mit dem 1977 in Kraft getretenen neuen Eherecht von derlei Verunglimpfungen abgekommen war. Mittlerweile galt das ›Zerrüttungsprinzip‹, ohne dabei den moralischen Zeigefinger zu heben oder einander mit Schuldzuweisungen zu quälen. Die Notwendigkeit eines juristischen Antrags- und Gegenantragskriegs bestand ebenfalls nicht. War man sich einig, konnte ein gemeinsamer Anwalt die Formalitäten übernehmen.

An der Wohnung war sie nicht interessiert. Die Blicke der Nachbarn, ihr Tuscheln, mal mitleidig, mal schadenfroh

– sie kannte es bereits, wollte es nicht erneut erleben. Wenn schon Trennung, dann auch Ortswechsel. Außerdem war die Wohnung viel zu teuer. Warum Bodo sie ihr überhaupt anbot? Er wusste durchaus, dass sie die Miete nicht aufbringen würde. Auch hinsichtlich der elterlichen Gewalt musste ihm klar sein, dass er in der Verantwortung stand. In ihrer jetzigen Situation konnte sie Birgit keinesfalls zu sich nehmen. Manfred hatte ihr deutlich zu verstehen gegeben, dass sie selbst zwar bei ihm wohnen könne, nicht jedoch ihre Tochter. Hätte er sich jemals eine eigene Familie gewünscht, wäre er längst Ehemann und Vater. War er aber nicht und würde er nie sein.

Bevor also an ein Zusammenleben mit Birgit nur zu denken wäre, müsste sich Ilse eine ausreichend große Wohnung nehmen und sie mit einer entsprechend dotierten Stelle finanzieren können. Davon war sie weit entfernt.

Natürlich legte Bodo Wert auf beidseitigen Unterhaltsverzicht. Ilse musste unwillkürlich grinsen. Wie leicht zu durchschauen er war. Niemand käme auf die Idee, sie zu einer Unterhaltszahlung zu verdammen. Das Gehalt der Halbtagsstelle bei Doktor Fellbach reichte ja nicht einmal zur Sicherung ihres eigenen Lebensunterhalts. Wenn überhaupt, würde man wohl Bodo zur Kasse bitten, was er verständlicherweise um jeden Preis zu vermeiden suchte. Im Gegensatz zu ihm war es ihr egal, sie würde einen Weg finden. Ihren eigenen Weg. Sie würde nicht betteln, sich unterordnen, um Erlaubnis fragen oder Entgegenkommen erwarten. Nie wieder.

Ilse griff zum Telefon und wählte die Nummer der Anwaltskanzlei. Es war nicht nötig, bis 15.11. zu warten. Herr Dr. Scharfenberger sollte die nächsten Schritte in die Wege leiten.

Dezember 1980

»Gefällt es dir?« Ilse fühlte sich wohl in ihren vier Wänden.

Der dunkelbraune Schrank mit seinem Barfach aus ihrer ersten Wohnung, der die letzten Jahre als Dielenschrank genutzt worden war, hatte einen Platz im kleinen Schlafzimmer gefunden und beherbergte nun im unteren Teil Handtücher und Bettwäsche, im Barfach das Porzellan und hinter den zierlichen Schiebetüren ein Sammelsurium aus Saft-, Wein- und Sektgläsern. Gesellschaft leisteten ihm ein Kleiderschrank und auf der anderen Wandseite ihr Bett. Auf einen Nachttisch hatte sie verzichtet und dafür am Kopfende ein Weidenregal mit Büchern, Wecker, Nachttischlampe, einer Kiste mit Fotografien sowie Birgits Kinderbild im Standrahmen platziert. Die Deckenlampe aus Korbgeflecht verbreitete gedämpftes Licht, der winzige Südbalkon lud zu Sonnenbädern ab den Mittagsstunden ein. Hinter einer Schiebetür, abgetrennt vom restlichen Schlafzimmer, verbarg sich die Kochnische.

Durch den Flur gelangte man ins Wohnzimmer, passierte dabei das kleine Bad auf der linken und die Wohnungstür auf der rechten Seite, ihm genau gegenüber gelegen. Zwischen Wohnungstür und Wohnzimmer befand sich eine schmale Nische mit eingebautem Regal und viel Stauraum, daneben der Kühlschrank, der für den ursprünglich vorgesehenen Platz in der Kochecke wenige Zentimeter zu breit war.

Das Fensterbrett im Wohnzimmer zierten Grünpflanzen, für diskreten Sichtschutz sorgte eine selbstgenähte Gardine. Das schmale Wandstück links vom Fenster nahm eine Kommode aus Kiefernholz ein, die rechte ein Kiefernholzschränkchen mit dem Fernseher darauf.

Außerdem gab es eine gemütliche braun-weiß-karierte Sitzgruppe, bestehend aus Dreisitzer, Zweisitzer und Sessel zum passenden Couchtisch und mehrere Kiefernholzregale, die ausreichend Platz boten für künftige literarische oder dekorative Anschaffungen.

»Doch, es ist schön.« Birgit schaute sich zögerlich um. »Wo ist denn mein Zimmer, Mama?«

»Ach, Schätzchen. Wenn du einmal bei mir übernachten möchtest, dann beziehen wir dir einfach das große Sofa. Das ist sehr bequem.«

»Du hast gesagt, wenn du bei Manfred ausziehst, kann ich bei dir wohnen«, begehrte Birgit leise auf. Sie war enttäuscht. Bitter enttäuscht.

Seit einem Jahr waren ihre Eltern nun geschieden. Sie selbst lebte bei Bodo, obwohl sie bei ihrer Befragung durch das Jugendamt unter Tränen darum gebeten hatte, bei ihrer Mutter bleiben zu dürfen. Der hatte sie schließlich das Versprechen abgerungen, zu ihr ziehen zu dürfen, sobald sie eine eigene Wohnung habe. Und nun das.

»Es ist alles gut so, wie es ist, Birgit. Du kannst schließlich jederzeit zu mir kommen. Ich bin immer für dich da! Eine größere Wohnung ist einfach zu teuer. So viel verdiene ich nicht.«

Glücklicherweise hatte sie auf Empfehlung ihres früheren Chefs noch im Dezember 1979 die Stelle beim werksärztlichen Dienst in der BASF bekommen. Sie war Doktor Fellbach für seine uneigennützige Hilfe sehr dankbar, konnte sie doch nun problemlos für ihren Lebensunterhalt aufkommen.

Sie war einige weitere Monate bei Manfred geblieben, sparte etwas Geld für Mobiliar und war überaus froh, als sie die kleine Wohnung in der Mundenheimer Straße beziehen konnte. Endlich wieder ein eigenes Heim, eingerichtet nach ihren Vorstellungen, ein Ort zum Durchatmen, sich Wohlfühlen. Ein Ort ohne Kompromisse oder Rücksichtnahme. Ein Ort nur für sie.

Dank überschaubarer Miete käme sie gut über die Runden. Außerdem würde sie zu Beginn des kommenden Jahres 1981 eine besser dotierte Stelle als Sekretärin bei der nahegelegenen Knoll AG antreten. Dann entfielen gleichzeitig die Fahrtkosten, da ihr künftiger Arbeitsplatz zu Fuß erreichbar war.

Für Birgit war die Trennungssituation nicht leicht. Zur Aufmunterung wollte Ilse sie im Frühjahr zu einer Städtereise einladen.

Mit der Aussicht auf einen gemeinsamen Urlaub hob sich deren Stimmung wieder etwas, wenn auch getrübt durch die Nachricht, Weihnachten ohne ihre Mutter überstehen zu müssen. Ilse würde die Feiertage in Tunesien verbringen.

»Ich gebe dir den Wohnungsschlüssel, dann kannst du dich hier aufhalten, so oft du möchtest. Am vierten Januar bin ich zurück, dann holen wir unser eigenes Weihnachtsfest nach. Einverstanden?«

Birgit nickte traurig.

Ilse umarmte sie. »Ich hab dich lieb.«

15. Mai 2014

Birgit erstarrte. Hatte ihre Mutter sie soeben aufgefordert ›zu verschwinden‹? »Mama, das kann nicht dein Ernst sein. Komm, mach mir bitte auf. Willst du mich etwa im Treppenhaus stehen lassen?«

»Wie kannst du es wagen, mir die Polizei auf den Hals zu hetzen? Das ist ungeheuerlich. Hau ab, sage ich. Lass mich in Ruhe!«

Fassungslos starrte Birgit die verschlossene Tür an. Was geschah hier? Ilse konnte halsstarrig sein, durchaus, aber diese heftige Reaktion traf sie wie ein Faustschlag. Ratlos sah sie sich um. Vereinzelte Zaungäste des Treppenhaus-Dramas huschten schleunigst zurück in ihre Wohnungen, sobald Birgits Blicke sie trafen.

Eine junge Frau aus einem der oberen Stockwerke schaute sie im Vorbeigehen mitleidig an. »Die macht nicht auf. Das können Sie vergessen.«

Birgit wandte sich ihr zu. Mühsam hielt sie die Tränen zurück. »Kennen Sie sie?«

»Na ja, hier kennt man eigentlich niemanden. Die Leute kommen und gehen. Außer ihr.« Sie deutete auf die Tür. »Die lebt schon ewig hier. Sind Sie verwandt?«

Birgit nickte.

»Dann wissen Sie doch Bescheid.«

»Worüber?«

Die junge Frau tippte sich vielsagend an die Stirn.

»Ich verstehe nicht …«

»Echt nicht? Dann fragen Sie mal den Hausmeister, er wohnt nebenan. Ist der Bruder vom Hausbesitzer. Die Frau tickt nicht ganz richtig. Vielleicht weil sie so alt ist. Keine Ahnung. Sie grüßt nie. Und wenn man sie auf der Treppe anspricht, wird sie gleich pampig. Kann kaum ihre Tasche nach oben tragen. Aber will man ihr helfen, dann wird sie geradezu rabiat, als wollte man sie bestehlen. Nehmen Sie es nicht persönlich, dass Sie jetzt hier herumstehen. Die macht niemandem auf, nicht einmal dem Handwerker, den der Hausbesitzer geschickt hat. Mit dem gab es dann einen furchtbaren Streit. Die haben sich auf der Treppe regelrecht angebrüllt. Am Ende hat er sie in Ruhe gelassen, weil sie so geheult hat. Konnte einem richtig leidtun.«

Birgit traute ihren Ohren nicht. Dass es im Haus einen häufigen Mieterwechsel gab und ihre Mutter keinen Kontakt zu den übrigen Bewohnern pflegte, wusste sie. Aber seit wann war sie denn so unfreundlich und misstrauisch? Auch von Problemen mit dem Hausbesitzer hatte Ilse nie berichtet. Es zerriss ihr fast das Herz, als sie sich ihre verzweifelte Mutter vorstellte. »Sie hat geheult? Meine Güte, was war denn da los?«

»Kann ich Ihnen nicht sagen«, meinte die junge Frau schulterzuckend. »Fragen Sie nebenan. Die wird Ihnen jedenfalls nicht öffnen. Und wenn Sie bis morgen früh hier herumstehen.« Sie wünschte Birgit viel Glück und sprang die Treppe hinunter.

Birgit legte das Ohr an die Tür. Kein Geräusch war zu vernehmen. Zaghaft klopfte sie ein letztes Mal, erhielt aber keine Antwort. »Mama, bitte. Tu das nicht. Ich habe zwei Tage lang versucht, dich zu erreichen, und es war durchgehend besetzt. Nur deshalb war die Polizei hier. Weil ich Angst um dich hatte. Es ging dir am Sonntag so schlecht, da musst du meine Sorge verstehen. Umgekehrt wäre es ja genauso.« Es blieb still. »Ich gehe jetzt, Mama. Lass uns wenigstens telefonieren. Wir müssen unbedingt miteinander reden. Das können wir jetzt nicht einfach so stehen lassen.« Noch immer rührte sich nichts. »Ich hab dich lieb. Vergiss das bitte nicht.«

Da sie ihre Mutter spähend hinter der Tür vermutete und keinesfalls zusätzlich aufregen wollte, verzichtete sie darauf, nebenan zu läuten. Ohnehin fühlte sie sich einem Gespräch mit dem Nachbarn augenblicklich nicht gewachsen. Aufgewühlt stolperte Birgit die Treppe hinunter und wandte sich nach links, um Ilses Ärztin aufzusuchen. Denn irgendetwas musste Birgit unternehmen.

Ilses merkwürdiges Benehmen am Geburtstag, ihre Unterstellung, Birgit habe heimlich ihre Wohnung betreten und eine Spur aus Münzen gelegt, entsetzte sie noch immer, ihr erschreckender Allgemeinzustand, der mysteriöse bevorstehende Krankenhausaufenthalt, ihr Verhalten gegenüber den Polizeibeamten, die Hinweise der jungen Frau und nicht zuletzt die Tatsache, dass sie ihre eigene Tochter hatte eiskalt im Treppenhaus stehen lassen, all dies ängstigte sie sehr. Sie beschloss, Frau Dr. Gerwig um Rat zu bitten. Ihr schien Ilse zu vertrauen.

Eine gute halbe Stunde wartete sie nun bereits, und ihre Unruhe wuchs mit jeder verstreichenden Minute. Die Assistentin an der Rezeption hatte Birgit mitfühlend gebeten, vor dem Sprechzimmer Platz zu nehmen und versprochen, ihre Chefin zu informieren, ehe der nächste Patient an die Reihe käme. Zweimal war die Ärztin nun bereits an ihr vorbeigegangen, ohne das Wort an sie zu richten. Eine erregt geflüsterte Diskussion am Empfang ließ Birgit aufmerken.

Erwartungsvoll richtete sie sich auf, als die Ärztin auf sie zukam. Die hingegen streifte sie lediglich mit einem kurzen Blick und verschwand im Sprechzimmer, gefolgt von einem hustenden Patienten. Gleich darauf erschien die verlegene Mitarbeiterin.

»Es tut mir wirklich sehr leid, Frau Doktor Gerwig hat keine Zeit.« Mit einer unbestimmten Geste in Richtung Wartezimmer erklärte sie hilflos: »Sie sehen ja selbst, was hier los ist.«

Birgit zählte erstaunt zwei, vielleicht drei Leidende, sofern das malende Kind auch einer Behandlung bedurfte. »Kein Problem. Ich warte.«

Die Assistentin räusperte sich. »Ich fürchte, das wird nichts nützen.«

»So viele Leute sind das doch gar nicht«, wunderte sich Birgit.

»Schon, aber danach schließen wir die Praxis bis zur Nachmittagssprechstunde.«

»Bitte, ich brauche wirklich dringend Hilfe. Sie wissen genau, was geschehen ist. Ich kann jetzt unmöglich so tun, als sei die Welt in Ordnung«, presste sie hervor, den aufsteigenden Kloß in ihrer Kehle mühsam wieder herunterschluckend. »Ich werde Frau Doktor Gerwigs Zeit nicht lange in Anspruch nehmen.«

Die Assistentin wand sich und druckste herum. Schließlich gestand sie Birgit: »Es liegt nicht an den Patienten oder der Mittagspause. Die Frau Doktor bittet Sie zu gehen, weil sie mit Ihnen nicht über Ihre Mutter sprechen kann.«

Birgits Augen füllten sich erneut mit Tränen. Zum zweiten Mal an diesem Tag wurde sie des Platzes verwiesen. Sie wischte das salzige Nass entschlossen weg, putzte sich die Nase und eröffnete der betretenen Nachrichtenüberbringerin: »Wissen Sie was? Das soll sie mir selbst sagen. Meine Mutter braucht Hilfe. Und ich will wissen, wie ich ihr die geben kann. Ich rühre mich hier nicht von der Stelle, bevor ich nicht mit Ihrer Chefin gesprochen habe.«

Nachdem der letzte Patient die Praxis verlassen hatte, brach Frau Dr. Gerwig schließlich ihr Schweigen und sprach sie an: »Sie sollten jetzt gehen. Ich kann nichts für Sie tun.«

»Lassen Sie mich bitte erklären …«, setzte Birgit an. Und wurde sogleich unterbrochen.

»Ich bin darüber unterrichtet, dass Sie heute polizeiliche Unterstützung angefordert haben. Das ist nachvollziehbar. Doch sowohl die Polizeibeamten als auch Sie selbst konnten sich davon überzeugen, dass Ihre Mutter ansprechbar ist und offensichtlich keine Hilfe wünscht. Das müssen Sie akzeptieren.«

»Das kann ich nicht. Ich habe meine Mutter am Sonntag gesehen und festgestellt, dass sie sich in einem sehr schlechten gesundheitlichen Zustand befindet. Sie selbst haben ihr deswegen dringend zu einem Krankenhausaufenthalt geraten, zu dem sie sich aber nicht entschließen kann oder will. Sie ist bis auf die Knochen abgemagert, wirkt ungepflegt, hat Schmerzen, macht wirre Äußerungen und lässt niemanden in ihre Wohnung. Eine Mieterin des Hauses hat weitere beunruhigende Vorkommnisse angedeutet. Das alles lässt mich annehmen, dass sie Hilfe braucht, auch wenn sie dies vielleicht nicht wünscht. Sie können nicht ernsthaft verlangen, dass ich jetzt seelenruhig nach Hause gehe und abwarte, dass sie tot umfällt!«

»Wie gesagt, kann ich Ihnen keinerlei Auskünfte zu ihrem Gesundheitszustand geben.«

»Ja. Das haben Sie mehrfach betont. Ich habe das durchaus begriffen. Und ich habe Sie mit keiner Silbe danach gefragt. Ich möchte wissen, was ich unternehmen soll, damit nicht das Schlimmste eintritt.«

»Wenn ich Sie richtig verstehe, unterstellen Sie Ihrer Mutter eine mangelnde Zurechnungsfähigkeit. Das kann ich nicht bestätigen und werde in dieser Hinsicht keine Maßnahmen befürworten. Als ich Frau Kormann zuletzt sah, wirkte sie ihrem Krankheitsbild entsprechend stabil. Sowohl körperlich als auch geistig. Es trifft zu, ich habe ihr einen Krankenhausaufenthalt zur weiteren Abklärung empfohlen. Sie hat dem zugestimmt. Über den Zeitpunkt entscheidet sie selbst. Ich kann sie heute Nachmittag anrufen und mich nach ihrem Befinden erkundigen. Sie selbst können gar nichts unternehmen. Wenn Ihnen Ihre Mutter keine weiteren Details erzählen will, dann müssen Sie das respektieren, ob es Ihnen gefällt oder nicht. Solange ein Mensch bei klarem Verstand ist – und das trifft auf Ihre Mutter zu – entscheidet einzig er allein.«

Mühsam erhob sich Birgit. »An eine mangelnde Zurechnungsfähigkeit dachte ich bisher nicht. Und schon gar nicht an irgendwelche diesbezüglichen ›Maßnahmen‹, was immer das bedeuten mag. Ich mache mir schlicht und ergreifend große Sorgen und bin auf der Suche nach fachkundigem Rat, den Sie mir jedoch offensichtlich nicht geben wollen. Mit einer solchen Situation hatte ich noch nie zu tun und fühle mich damit regelrecht überfordert. Ich kann wohl kaum die Tür eintreten und mich davon überzeugen, dass es meiner Mutter gut geht und ihr Verstand funktioniert. Was ich übrigens nicht glaube, nach allem, was ich nun gehört und mitbekommen habe. Ich hatte gehofft, Sie könnten ihr gut zureden, Hilfe anzunehmen oder mich dabei in irgendeiner Weise unterstützen. Anscheinend sind Sie momentan der einzige Mensch, dem sie zumindest halbwegs vertraut. Und ich glaube, Sie wissen das. Es ist schlimm, dass Sie das einfach ignorieren.« Birgit trottete zur Tür und wandte sich ruckartig um. »Wenn Sie jetzt untätig bleiben und meiner Mutter etwas zustößt, dann werden Sie sich dieser Verantwortung nicht entziehen können.«

Unschlüssig verharrte sie einige Minuten im Treppenhaus. Eine Melange aus Wut, Hilflosigkeit und unermesslicher Traurigkeit erfasste, ja lähmte ihre Glieder, während unzählige Gedanken in ihrem Kopf Kapriolen schlugen.

Im Nachhinein empfand sie ihren Abgang als etwas überzogen. Andererseits sollte die Ärztin ruhig wissen, dass diese Situation bedenklich und nicht mit simplen Rezeptvergaben oder untätigem Warten zu klären war. Ilses Gesundheitszustand als stabil und ihren Verstand als klar zu bezeichnen, war geradezu makaber angesichts ihres klapprigen Erscheinungsbildes, der offenkundigen Schmerzen und verworrenen Äußerungen. Und der Eklat vorhin, als sie sich weigerte, ihrer Tochter die Tür zu öffnen? Anscheinend eine völlig normale Reaktion. In den Augen der Ärztin.

Birgits Überlegungen drehten sich im Kreis, und eine neue Welle der Verzweiflung kündigte sich an. Entschlossen schüttelte sie sich frei und jagte die Stufen hinunter. Innerlich lamentierend herumzustehen war ebenso sinnlos wie auf Unterstützung von Frau Dr. Gerwig oder Ilses Einsicht zu hoffen.

Sie wandte sich nach rechts, lief am Hauseingang ihrer Mutter vorbei, überquerte die Straße und betrat, von einem fröhlichen Türglöckchen begrüßt, den Schreibwarenladen.

Sogleich umfing sie ein markanter Duft, den nur Druckerzeugnisse in Gesellschaft von Tabakwaren verströmten. Andächtig schnuppernd erinnerte sie sich an das kleine Geschäft ihrer Kindheit, das neben Zigaretten, Zigarren, Zeitschriften, Schulbüchern und -heften eine Fülle an Kinderlektüre bereithielt, die nur auf Birgit zu warten schien. Ob sich hier auch ›Pucki‹-Bücher oder ›Nesthäkchen‹-Abenteuer in verschrammten Regalen voller Geschichten und Abenteuer verbargen?

»Was darf es denn sein?« Eine freundliche Stimme holte sie aus ihrer Versunkenheit.

»Verzeihung, ich habe wohl einen Moment geträumt. Haben wir vorhin miteinander telefoniert? Mein Name ist Birgit Kormann-Weiß. Ich hatte wegen meiner Mutter angerufen.«

»Aber ja! Ich dachte mir, dass Sie bei mir vorbeischauen. Ich habe gesehen, dass die Polizei da war. Hoffentlich ist alles in Ordnung?«

»Offen gestanden ist überhaupt nichts in Ordnung.« Niedergeschlagen schüttete sie der einfühlsamen Ladenbesitzerin ihr Herz aus.

»Mein Gott, das tut mir so leid. Dass die Frau Doktor so gar nichts für Sie tun kann. Nein, so was. Und wie muss sich Ihre Mutter fühlen, so allein, krank und anscheinend deprimiert. Sie lässt halt niemanden an sich ran. Zu mir kommt sie ja regelmäßig, erzählt dann ein bisschen, aber helfen lässt sie sich nie. Wie oft habe ich ihr angeboten, die Tasche rüberzubringen. Oder mal einen Kasten Wasser. Sie kauft halt nur eine Flasche, weil sie nicht schwer tragen kann. Keine Chance, das lehnt sie konsequent ab. Sie braucht keine Hilfe, sagt sie immer. Sie kann gut für sich selbst sorgen. Aber man sieht doch, dass es ihr nicht gut geht. Früher hat sie das Wasser in dem Ein-Euro-Laden an der Ecke geholt. Der Besitzer ist vor einem Jahr gestorben. Sie war so traurig, als dann alles ausgeräumt wurde, weil sie seinen kleinen Hund so gernhatte. Mausi. Den hat sie noch lange vermisst. Neulich saß sie hier auf den Treppenstufen. Anscheinend war ihr das Kleingeld heruntergefallen. Sie suchte die Münzen zusammen, legte sie in eine Reihe und zählte genau nach. Richtig durcheinander kam sie mir vor. Das war das einzige Mal, dass ich sie wenigstens über die Straße begleiten durfte. Ach, und jetzt das.«

Birgit putzte die Nase und wagte es schließlich, ihr Anliegen vorzubringen. »Ich wollte Sie etwas fragen.«

»Raus mit der Sprache. Wie kann ich helfen?«

Birgit blickte sich verstohlen um und erläuterte dann ihren Plan.

* * *

Entmutigt schlurfte Birgit in die Küche. Markus steckte in seinem Termin, von Miez und Mauz, den beiden Katzen, keine Spur. Im Tagesrhythmus bestimmt von ihrer inneren Uhr, ruhten sie vermutlich an einem der wechselnden und streng geheimen Lieblingsplätzchen, Leckerchen oder eine handfeste Mahlzeit waren um diese Zeit ohnehin nicht zu erwarten.

Per Knopfdruck mahlte die Maschine eine Portion Kaffeebohnen und kredenzte ihr eine Tasse voll duftend-heißem Koffeingenuss. Alarmierendes Telefonklingeln unterbrach den aromatischen Augenblick, pausierte und schrillte erneut.

Ilses Telefonzeichen!

»Mama, bin ich froh, dass du dich meldest!«, sprudelte Birgit erleichtert in den Hörer. Vielleicht würde ja doch alles gut werden.

»Ich wollte eigentlich gar nicht mehr mit dir sprechen«, klang es wenig ermutigend zurück. »Dein Benehmen ist unentschuldbar. Ich habe dir ja einiges zugetraut. Aber damit bist du entschieden zu weit gegangen. So. Das musste ich dir noch sagen.«

»Mama, bitte. So lass dir endlich erklären …«

»Ich brauche keine weiteren Erklärungen. Ich weiß jetzt endgültig Bescheid.«

»Tust du das?« Birgit wurde ärgerlich. »Dann erkläre du mir bitte, was du damit meinst. Ich verstehe nämlich gerade nur Bahnhof.«

»Das liegt doch auf der Hand. Du willst mich kontrollieren und mir vorschreiben, was ich zu tun habe. Tu bloß nicht so ahnungslos. Dass du mir nun sogar die Polizei auf den Hals hetzt, schlägt dem Fass den Boden aus. Damit kommst du nicht durch. Das lass dir gesagt sein. Und erreicht hast du gar nichts. Jetzt kann ich nämlich nicht ins Krankenhaus, obwohl du das ja so gern wolltest.« Ilse redete sich zunehmend in Rage.

»Was habe ich denn damit zu tun, dass du jetzt angeblich nicht ins Krankenhaus kannst?« Birgit war schlichtweg perplex. Was war nur mit ihrer Mutter los?

»Weil ich deswegen einiges besorgen muss. Aber heute Morgen kam ich dank dir nicht mehr dazu.«

»Und wieso nicht?«

»Na, wegen der Polizei und deinem unangekündigten Kontrollbesuch! Du bist schuld daran, dass ich jetzt nicht alles erledigen konnte, was zu erledigen war.«

»Also wirklich. Das ist doch eine faule Ausrede. Die Polizei war nach ein paar Minuten weg und mich hast du erst gar nicht hereingelassen. Wenn es dir so wichtig gewesen wäre, hättest du deine Erledigungen ebenso gut nach unserem unschönen Türgespräch vornehmen können. Außerdem, was hindert dich daran, das jetzt oder gleich morgen Vormittag zu tun?«

»Ich muss dir meine Pläne nicht erklären.«

Das Gespräch drohte aus dem Ruder zu laufen. Birgit atmete tief durch. »Nein, Mama, das musst du nicht. Aber es wäre schön, wenn du es tätest.«

»Wie konntest du nur mit der Polizei kommen? Das verzeihe ich dir nie.«

»Ich war außer mir vor Sorge! Du hast mir am Sonntag erklärt, dass du dich schlecht fühlst. Es war auch nicht zu übersehen. Und kurz danach bist du nicht mehr erreichbar. Da hätte sonst was passiert sein können. Ich musste befürchten, dass du gestürzt bist und nicht allein auf die Beine kommst. Nachschauen konnte ich nicht, weil du ja das Schloss ausgetauscht hast. Also, was hättest du an meiner Stelle getan?«

»Ich habe dir mehrfach gesagt, dass du dir keine Sorgen machen und dich vor allem nicht in mein Leben einmischen sollst.«

»Ich mische mich nicht ein. Ich will dir lediglich dabei helfen, es weiterhin so zu führen, wie du es gern möchtest. Was ist so falsch daran? Stell dir einmal umgekehrt vor, mir ginge es nicht gut, ich könnte nichts essen, mir die Strümpfe nicht anziehen und mich vor lauter Schmerzen kaum rühren. Und dann wäre plötzlich zwei Tage lang das Telefon besetzt, ohne dass ich mich bei dir melde. Würdest du dir keine Sorgen machen?«

Ilse schwieg.

»Mama, sei doch froh, dass sich jemand um dich sorgt. Dass es jemandem wichtig ist, wie es dir geht. Dass dich jemand lieb hat.«

Grabesstille.

»Mama. Bitte. Schließe mich nicht aus. Du weißt genau, wie schlimm das ist. Wir wollten einander nie dergleichen antun, das haben wir uns versprochen.«

»Ich sage dir jetzt Folgendes: Ich wünsche keine weiteren Einmischungen. Ich werde ins Krankenhaus gehen, das habe ich bereits entschieden. Du wirst mich nicht begleiten. Ich mache das allein. Und ich werde dir nicht sagen, wann. Bald. Mehr brauchst du nicht zu wissen. Wenn ich es für richtig halte, werde ich mich bei dir melden. Bis dahin gibt es nichts weiter zu sagen.«

Der stille Telefonhörer demonstrierte Birgits Machtlosigkeit. Aufgelegt. Wiederholte sich etwa die Geschichte, und fügte ihr Ilse gerade die schlimmsten Zurückweisungen ihres eigenen Lebens zu? Erschöpft trank Birgit den mittlerweile kalten Kaffee.

Teil 6

Stellt das düstre Grübeln ein,
Lernet froh und sorglos sein.

Philipp Eduard Devrient,
deutscher Schauspieler und
Theaterleiter (1801 - 1877)[40]

---

[40] Quelle: Devrient, Hans Heiling. Libretto der Oper von Heinrich Marschner, uraufgeführt 1833. Erster Aufzug, zweiter Auftritt. Anna

März 1983

Birgit schaute sich neugierig um. Hier also war ihre Mutter aufgewachsen. Über ihre Kindheit und Jugend sprach Ilse nie, und sie hatte es aufgegeben zu fragen. Überraschenderweise hatte sie Birgit nun gebeten, ihr beim Räumen der Wohnung zu helfen. Ihr Blick fiel auf den Altpapierkarton.

»Aber das wirft man doch nicht weg!« Sie fischte die schwarz eingebundene Bibel heraus und blätterte zur Gedenkseite. »Die muss noch von deinen Großeltern stammen. Der erste Eintrag ist von 1905. Ein echtes Stück Zeitgeschichte. Also wirklich.« Sie schüttelte tadelnd den Kopf und legte das schwere Buch sorgsam zur Seite.

»Dann nehme ich sie halt mit.«

Typisch Birgit. Das Interesse an Geschichte musste sie von ihrem Vater geerbt haben. Außer Deutsch war es leider das einzige Schulfach, in dem ihre Tochter nennenswerte Leistungen erbrachte.

»Und das Gesangbuch. Was ist das hier?«

»Ein Katechismus. Das gehörte alles meiner Mutter.«

Die beiden Bücher wanderten unter Birgits wachsamem Blick zur Bibel, einem verstaubten Fotoalbum und verschiedenen Dokumenten, die Ilse mitnehmen und bei Gelegenheit durchsehen wollte.

»Das war's. Den restlichen Kram kann dein Bruder übernehmen, wenn er möchte. Was dann übrig bleibt, kommt zur Mülldeponie.«

»Willst du denn gar nichts behalten, Mama? Nicht einmal die schöne Nähmaschine?«

Stirnrunzelnd betrachtete Ilse das offensichtlich regelmäßig abgestaubte, uralte Gerät, das ihre Mutter schon als frischgebackene Ehefrau benutzt hatte. Eine schwere und dabei zierliche schwarze Maschine von Pfaff, eingelassen in einen massiven Holzkorpus, manuell bedienbar mit einem Trittschalter, der, gleichmäßig auf und ab bewegt, die Nähnadel zum Laufen brachte. Unzählige Stoffbahnen hatten das Füßchen passiert, praktische und kleidsame Textilien waren unter Hedwigs versierten Händen entstanden, wurden umgearbeitet, ausgebessert. Auch sie selbst hatte damit geschneidert, wenngleich nie mit der Perfektion ihrer Mutter.

»Ich habe dafür weder Platz noch Verwendung. Und du kannst erst recht nichts damit anfangen.«

Birgit fragte sich, wer wohl die alte Maschine so sorgsam gepflegt hatte. Ihr Bruder wohl kaum, auch wenn er bis vor Kurzem hier gelebt hatte. Mittlerweile war er mit seiner Verlobten zusammengezogen und würde demnächst heiraten, nach Ende seiner vierjährigen Dienstzeit bei der Bundeswehr.

»Tut es dir sehr leid, das alles hier zurückzulassen, Mama?«

Ilse musste einen Moment nachdenken. »Nein. Das hat nichts mehr mit mir zu tun. Ich habe mein eigenes Leben.«

Wenige Wochen vor Wilhelms Tod hatte sie Udo nachgegeben und ihren Vater ein paar Mal besucht. Beide vermieden es tunlichst, das Gespräch auf vergangene Zeiten zu lenken. Ein einziges Mal ließ sie sich hinreißen und konfrontierte ihn mit dem Schmerz, den ihr das Verschweigen und Leugnen des Todes ihrer innig geliebten Cousine Thea am 9. August 1945 bereitet hatte. Erst vier Jahre später hatte sie davon erfahren. »Kinder vergessen schnell, aber was sie nicht wissen, müssen sie nicht vergessen«, meinte er damals müde. »So hast du es auch mit deinen eigenen Kindern stets gehalten, es kann so falsch also nicht gewesen sein«, hatte er sich verteidigt.

Die meiste Zeit schwiegen sie. Ilse fragte nach seinen Wünschen, machte kleinere Besorgungen und richtete ihm gelegentlich eine Mahlzeit. Gern hätte Birgit sie begleitet und den Großvater besser kennengelernt, doch Ilse winkte ab. Sie hatte bereits ihren Sohn an Hedwig und Wilhelm verloren und daher Birgit stets vor deren schädlichem Einfluss bewahrt. Dabei sollte es bleiben.

Ende Februar war Wilhelm in seinem Lieblingssessel eingeschlafen und nicht mehr aufgewacht. Nun ruhte seine Asche neben Hedwigs in der Urnenmauer des Hauptfriedhofs. Ilse hatte bereits bei der vorhergegangenen Trauerfeier Abschied genommen. Die Ruhestätte ihrer Eltern würde sie niemals betreten.

Sie wanderte ein letztes Mal durch die Räume und drängte dann zum Aufbruch. Mit diesem Tag setzte sie einen endgültigen Schlussstrich unter die Vergangenheit.

Oktober 1988

Birgit kicherte. »Hehe, da erkennt man dein Rotglühen ganz deutlich.«

»Du siehst nicht viel besser aus«, konterte Ilse grinsend.

Vergnügt betrachteten sie die Fotos ihres gemeinsamen Mallorca-Urlaubs.

Mitten in der Nacht waren sie aufgebrochen, um den frühen Flug ab Frankfurt zu erreichen. Entsprechend müde gelangten sie Stunden später ans Ziel, einem beschaulichen Hotel an der Playa de Palma. Um die Wette gähnend hatten sie kurzerhand die Badesachen ausgepackt und sich am nahegelegenen Sandstrand eine Liege samt Sonnenschirm gemietet. Kaum darauf ausgestreckt, schlummerten sie sogleich ein, während die Sonne weiterwanderte und mit ihr der schützende Schatten.

Und so leuchteten Mutter und Tochter bereits am Ankunftsabend in verdächtigen Rotschattierungen, die nicht nur farbliche Akzente setzten, sondern auch enorme Hitze ausstrahlten.

Die folgenden Tage mieden sie den Strand, hüpften bei Cafébesuchen und Stadtbummeln von einer Schatteninsel zur nächsten, trugen kühlende Salben statt Sonnencreme auf und genossen statt Sonnenbädern deren abendliches Versinken hinterm Horizont.

»Schau mal, hier sind Joyce, Mary und Donna! Das Bild musst du ihnen unbedingt schicken, Mama.«

Die drei fidelen Engländerinnen hatten sie an einem der ersten Abende in einer Bar kennengelernt und fortan viel Zeit mit ihnen verbracht. Sie trafen sich im Café, unternahmen Ausflüge nach Palma, erkundeten reizvolle Ortschaften und durchtanzten gemeinsam die Nächte. Am letzten Abend verabredeten sie sich für den nächsten Urlaub im April 1989. Wie versprochen, hatte Ilse direkt nach ihrer Rückkehr für sich und Birgit gebucht und die Anzahlung geleistet. Mit dem Weihnachtsgeld im Dezember konnte Birgit dann ihren Anteil begleichen.

Ilse holte eine Flasche Sekt aus dem Kühlschrank. »Stoßen wir an. Auf den tollen Urlaub, den wir hatten und den nächsten, der kommt.«

Nachdem sich Birgit verabschiedet hatte, gönnte sich Ilse ein weiteres Glas und betrachtete nochmals in aller Ruhe die Urlaubsbilder. Es tat gut, ihre Tochter, die sie eher als Freundin denn als Mutter betrachtete, so entspannt zu sehen.

In den letzten Jahren war Birgit das Lachen allzu oft vergangen. Das Zusammenleben mit ihrem Vater gestaltete sich von Beginn an schwierig. Anstatt sich zusammenzuraufen, entfernten sie sich mehr und mehr voneinander. Birgits Alltag schien bestimmt von Ärger in der Schule, Streit mit dem Vater und Verboten. Ihr Trotzkopf machte die Verständigung mit Bodo nicht leichter, und auch Ilses Vermittlungsversuche waren nicht immer von Erfolg gekrönt. Immer häufiger flüchtete sich die protestierende Tochter zu ihr, heulte sich aus und musste doch wieder zurück. Als schließlich das ersehnte Ende der Schulzeit erreicht war und sie einen Ausbildungsplatz fand, studierte sie unverzüglich die Immobilienangebote und eröffnete ihrem verdutzten Vater, dass sie im Dezember 1986 ausziehen würde, knapp ein halbes Jahr nach Ausbildungsbeginn. Natürlich hoffte sie auf einen väterlichen Mietzuschuss für die sechsundzwanzig Quadratmeter große Wohnung, der ihr jedoch versagt blieb, wie von Ilse nicht anders erwartet. Schließlich hatte sie bei Bodo ein eigenes Zimmer und durfte über ihre Ausbildungsvergütung frei verfügen. Dass dieses Zuhause für Birgit kein Daheim darstellte, lag fern seiner Vorstellungskraft.

Ganz Tochter ihrer Mutter zog Birgit unbeirrt – halsstarrig, wie Bodo konstatierte – in ihr eigenes Domizil, das sie mit zusammengewürfelten Möbeln aus kostenlos abgegebenem Hausrat in ein gemütliches Heim verwandelte.

Ihr kleines Einkommen reichte gerade so für Miete, Nebenkosten und das Essen in der Kantine, zum Ausgehen blieb nichts übrig. Statt Partys mit Freunden, von denen ihr infolge der Sparzwängen nur wenige treu blieben, zu feiern, verbrachte sie ihre Freizeit mit Büchern und häufig bei Udo und ihrer Schwägerin. Sonntags aß sie bei Ilse zu Mittag und nahm die Reste mit, die aufgewärmt auch am nächsten und übernächsten Tag schmeckten. Im Sommer dieses Jahres war die Ausbildungszeit vorbei, die sie mit Glück und Fleiß um ein Jahr verkürzen konnte. Sie wurde in ein reguläres Arbeitsverhältnis übernommen und atmete endlich auf. Für die Mallorca-Reise hatte sie eisern gespart und jede Minute aus vollem Herzen genossen.

Ilse beschloss, den Rest der Flasche zu leeren, entzündete eine Zigarette und hing zufrieden ihren Gedanken nach. Eigentlich hatte sich alles recht gut entwickelt. Birgit lag die Welt zu Füßen, sie würde ihren Weg gehen. Der erste richtige Schritt war ohne Zweifel die eigene Wohnung gewesen. Die bestandene Prüfung schenkte ihr weiteres Selbstvertrauen. Allzu lange war sie zaghaft gewesen, hatte sich viel zu oft auf andere Menschen verlassen und nach kurzer Zeit enttäuscht einsehen müssen, dass, wenn sie etwas erreichen wollte, dies nur durch eigene Kraft möglich war.

Verließ sie der Mut, baute Ilse sie mit ihrem eigenen Lebensmotto auf: »Was andere können, kannst du erst recht!« Es wirkte.

Mit Udo schien es, dank Bundeswehr und dem guten Einfluss seiner zielstrebigen Ehefrau, aufwärts zu gehen. Der haltlose und mürrische Bub, der mit Ilse lange nichts zu tun haben wollte, seinen Großeltern meist auf der Nase herumtanzte und weder in der Schule noch im Beruf Fuß fasste, hatte sich wohl gefangen und zu einem lebenslustigen, wenn auch manchmal etwas großspurigen jungen Mann entwickelt. Zwar wahrte er zu Bodo Distanz und beschränkte die Besuche bei ihr auf ein Minimum, dafür verband ihn ein liebevolles Verhältnis zu seiner Schwester. Ilse hoffte für Birgit, dass dieses Band hielt. Denn ob Udo seine Unbeständigkeit endgültig verloren hatte, konnte niemand wissen. Er neigte leider dazu, sich von heute auf morgen in Luft aufzulösen und ein Jahr später wieder vor der Tür zu stehen, als sei nichts geschehen.

Freds plötzlicher Tod im Februar, acht Wochen vor seinem fünfzigsten Geburtstag, hatte Udo tief getroffen. Fast schien es, als sei ihm dadurch die Endlichkeit und Unvorhersehbarkeit des eigenen Lebens vor Augen geführt worden und sein Lebenshunger noch gewachsen.

Trauer umfing sie beim Gedanken an den flotten Begleiter ihrer Jugend. Doch gestattete sie sich keinen längeren Rückblick, der jedes Mal Schmerz und Zorn hervorrief. Die Vergangenheit war abgeschlossen, sie lebte jetzt. Und sie lebte gut. Sie genoss das Reisen, hatte Spaß an der Arbeit, mochte ihre Kollegen, ihre Freunde, ihr Zusammensein mit Birgit und sogar die freundschaftliche Verbundenheit mit Bodo.

Bei allen Zwistigkeiten zwischen Vater und Tochter hatte sie nie ein böses Wort über ihn verloren. Sie schätzte und achtete ihn sehr. Am zweiten Weihnachtsfeiertag würden sich alle bei ihr versammeln. Fast eine Art Tradition, die sich vor etwa zwei Jahren ergeben hatte. Man traf sich bei Ilse zu Kaffeestunde und Abendessen, tauschte Geschenke und Urlaubsbilder, lachte, erzählte und kehrte anschließend in den jeweiligen Alltag zurück. Sie freute sich darauf. Endlich konnten alle zwanglos und ohne Streit miteinander umgehen.

Sie schenkte sich ein weiteres Glas Weißwein ein und prostete in Gedanken ihren Lieben zu. Auf das Leben!

Lange hatte es gedauert, jetzt konnte sie es genießen. Sie hatte alles richtig gemacht.

August 1995

Es läutete. Ilse hatte es sich an ihrem Lieblingsplatz gemütlich gemacht. Die Hitze des heißen Samstagnachmittags ließ sich bei heruntergelassenen Jalousien in ihrem nach Osten ausgerichteten Wohnzimmer und einer eisgekühlten Schorle gut ertragen. Ungerührt blätterte sie die Seite um. ›Der Pferdeflüsterer‹ von Nicholas Evans war ganz nach ihrem Geschmack. Eine wundervolle Geschichte, die zu Herzen ging. Obwohl sie auch John Grisham mochte, dessen Thriller ›Die Kammer‹ neben der Leselampe auf sie wartete. Birgit hatte ihr das Buch mitgebracht. Sie tauschten oft ihre bevorzugten Schmöker, saßen gern nach dem Sonntagskaffee beisammen, Birgit im Sessel, Ilse auf dem Sofa, jede in ihre Lektüre vertieft.

Die Klingel schrillte erneut. Ilse ließ sich nicht stören, sie erwartete niemanden.

Eine knappe halbe Stunde später schreckte sie vom Telefonklingeln auf. Ilse erkannte das vereinbarte Zeichen und nahm ab. »Hallo, mein Schatz. Wie geht's?«

Ihre Tochter durchlitt gerade den großen Kummer einer gescheiterten Beziehung und befand sich auf Wohnungssuche. Die bisherige Unterkunft war für sie allein zu groß, zu teuer, zu erinnerungsbelastet. »Geht so. Ich habe vorhin bei dir geläutet, da warst du wohl unterwegs.«

»Ach, du warst das? Warum hast du denn nicht vorher angerufen?«, wunderte sich Ilse.

»Wie, du warst daheim? Warum hast du denn nicht geöffnet?« Birgit war enttäuscht. »Ich hatte es daheim nicht mehr ausgehalten und daher mit dem Rad eine Runde auf der Parkinsel gedreht. Auf dem Heimweg wollte ich dich mit einem Spontanbesuch überraschen. Wie schade.«

»Ich konnte ja nicht ahnen, dass du das bist. Ich war nicht angezogen. Und du weißt doch, ich mache nie auf, wenn ich niemanden erwarte.«

»Tatsächlich? Das habe ich dann wohl vergessen.«

Birgit erzählte von der letzten Wohnungsbesichtigung, Ilse stöhnte über die Hitze und gemeinsam stimmten sie darin überein, dass Männer nur Probleme bereiteten. Ohne sie war man sehr viel besser dran.

* * *

Einige Wochen später unterzeichnete Birgit den neuen Mietvertrag und beschrieb ihrer Mutter telefonisch die exakte Lage. »Die Wohnung liegt zwei Etagen oberhalb der Metzgerei, bei der du oft einkaufst, wenn du zum Arzt gehst.«

Birgit war froh, dass Ilse sich bei Dr. Metzner anscheinend gut aufgehoben fühlte. Denn ihre Allergien hatten in den letzten Jahren zugenommen und zu einer heftigen Neurodermitis geführt. Zu allem Überfluss musste sie nun noch den Verlust ihres Haarschopfes ertragen, verursacht durch eine Medikamenten-Unverträglichkeit. Die unangenehmen Hautreaktionen ließen sich durch eine Kortisonbehandlung mildern, von ihrem Arzt exakt auf sie abgestimmt. Doch die ohnehin sehr feinen und daher wenig fülligen Haare würden vermutlich nicht mehr nachwachsen. Ilses Umgang mit ihren Leiden zollten Birgit und jedermann Respekt und Bewunderung. Sie versteckte sich nicht und begegnete mitleidigen Blicken voller Selbstbewusstsein.

»Du kannst ja dann einfach mal bei mir vorbeischauen, wenn du sowieso in der Gegend bist, Mama. Dann trinken wir Tee oder essen zusammen Abendbrot.«

»Nein, das mache ich nicht«, erwiderte Ilse irritiert. »Wir können uns natürlich verabreden, aber ich überfalle dich ganz bestimmt nicht einfach so.«

Birgit dachte an ihre missglückte Stippvisite und stutzte. Waren Besuche schon immer nur nach vorheriger Terminabsprache möglich? Sie konnte sich nicht erinnern und ließ es etwas verunsichert dabei bewenden. Sie widmete sich seufzend dem Packen der ersten Umzugskartons.

Ilse betrachtete nach dem Telefonat missbilligend ihr Konterfei im Spiegel. Die Haut großflächig gerötet, andernorts trocken und schuppig, die Kopfhaut stellenweise nässend, und aus den verbliebenen Härchen ließ sich beim besten Willen keine Frisur mehr formen.

Die Krankenkasse war zur Kostenübernahme einer Perücke bereit, aber das Kopfhautekzem brauchte Luft zum Abheilen, weswegen sie auf diese kaschierende Maßnahme verzichtete. Ihren Anblick mochte sie kaum ertragen, doch Jammern und Wehklagen halfen nun mal nicht weiter. Woher all diese Malaisen rührten, war nicht zu erklären. Sie hatten sie überfallen, als das Leben es richtig gut mit ihr meinte. Ungerecht. Ihre lange verstorbene Mutter würde vermutlich mahnen, sich selbst nicht so wichtig zu nehmen, was sollten die Leute sagen, ließe sie sich jetzt hängen. War ihr die Meinung Hedwigs auch herzlich egal, in diesem Falle stimmte sie ihr zu.

Mit einer Nagelschere, kein Friseur konnte hier etwas ausrichten, brachte sie die verbliebenen Strähnchen in Form und setzte probeweise eines der neuen Stoffhütchen auf, die sie bei ›Kaufhof‹ erstanden hatte. Kappe statt Kurzhaar. So ging es.

Juli 1999

»Danke dir, Bodo. Den Rest schaffe ich.«

»Na komm, ich helfe dir beim Hinauftragen.«

Gemeinsam beförderten sie den Geschenkkorb, einen riesigen Blumenstrauß und die Tasche mit ihren persönlichen Gegenständen nach oben.

An der Tür dankte Ilse nochmals, verabschiedete sich eilig und plumpste aufs Sofa. Geschafft. Ein paar Tage Resturlaub, dann zählte sie offiziell zur Rentnergarde. Ein merkwürdiges Gefühl. Sie rechnete nach.

Am 1. August 1954 hatte sie ihre Lehre angetreten. Fünfzehn Jahre zählte sie damals, fast ein Kind. Mit kurzen Unterbrechungen war sie nun fünfundvierzig Jahre lang berufstätig. Liebend gern hätte sie weiter gearbeitet. Doch den geplanten Umstrukturierungen fiel auch ihr Arbeitsplatz zum Opfer, sodass sie letztlich das großzügige Abfindungsangebot inklusive vorzeitigem Ruhestand mit sechzig akzeptiert hatte.

Nach einer tränenreichen Abschiedsfeier im Kreise der Kollegen und der gegenseitigen Versicherung, in Kontakt zu bleiben, erwartete Bodo sie in seinem Citroën am Werkstor, chauffierte sie nach Hause und sparte unterwegs nicht mit guten Tipps für das Rentnerleben.

Derlei wollte sie nicht mehr hören. Sogar die Krankenkasse hatte sie bereits mit dem gut gemeinten Programm ›Fit ins Alter‹ auf den neuen Lebensabschnitt vorbereitet. Als die Einladung auf ihren Schreibtisch flatterte, ignorierte sie sie zunächst. Erst nach eindringlichem Zureden ihres Chefs und des Betriebsrats erklärte sie sich letztlich zur Teilnahme bereit. Die Mappe mit überflüssigen Seniorensportangeboten und Ausflugsterminen der Volkshochschule wanderte jedoch schnell zum Altpapier. Sie fühlte sich weder als Seniorin noch dem alten Eisen zugehörig und wollte ihren Alltag nach eigenem Gusto bestimmen.

Nachdem die Blumen versorgt und alle Geschenke ausgepackt waren, blätterte sie in einigen Urlaubskatalogen. Sie plante, den Renteneintritt mit einer Reise zu feiern. Zypern, Samos oder Malta?

Jahrtausendwechsel

Birgit fand zunehmend Spaß am Kochen. Und so trafen sie sich mittlerweile in ihrer Küche zum gemeinsamen Essen anstatt bei Ilse.

Zu Silvester servierte sie einen typisch mallorquinischen Eintopf.

Wie so oft in letzter Zeit, sortierte ihre Mutter nach wenigen Bissen dessen Bestandteile von einer zur anderen Tellerseite und legte schließlich den Löffel ab. »Das schmeckt ausgezeichnet, aber ich bin pappsatt.«

»Na gut, dann nimm einfach den Nachtisch. Der originale Flan[41] ist mir leider total missglückt. Das glibberige Zeug habe ich entsorgt und dafür einen Vanillepudding gekocht. Dafür ist die Karamellsoße auf Anhieb gelungen.«

»Lieber nicht. Ich kann nicht mehr.«

Enttäuscht räumte Birgit den Tisch ab. Zwar hatte Ilse nie zu Völlerei geneigt, doch ein bisschen mehr könnte sie ruhig essen. Selten zeigte sie Appetit, und Birgit hegte den Verdacht, dass sie allein daheim die meisten Mahlzeiten ausfallen ließ.

»Brotkorb und Käse lasse ich stehen, vielleicht magst du ja im Lauf des Abends ein Häppchen zum Wein. Und nachher stoßen wir mit Champagner an. Ich habe extra eine Flasche besorgt.«

Der eingeblendete Countdown im Fernseher kündigte den nahenden Jahrtausendwechsel an. Sie warteten gespannt, ob mit dem neuen Millennium sogleich der Strom ausfiel oder die Welt unterging, wie von zahlreichen

---

[41] Spanisches Dessert aus Eiern, Milch, Zucker und Vanille, das im Wasserbad zubereitet wird.

Pessimisten und obskuren Phantasten orakelt. Doch abgesehen von farbenprächtigen Feuerwerken allerorten geschah nichts Außergewöhnliches.

Birgit prostete Ilse zu.

»Was hältst du denn von einer Woche Mallorca im Frühling? Wir haben noch nie die Mandelblüte bewundert.«

»Stimmt. Die war jedes Mal vorbei. Ich denke darüber nach.«

»Überleg nicht zu lange. Sonst ist alles ausgebucht.«

»Eigentlich habe ich keine Lust.«

»Warum denn nicht? Hast du etwas anderes im Februar und März geplant?«, fragte Birgit erstaunt.

»Das nicht. Aber um diese Zeit ist es auf Mallorca ziemlich kalt. Wegen ein paar weißen Bäumen zu frieren, nein, das muss ich nicht haben.«

»Willst du woanders hin?«

»Nein. Lieber nicht.«

»Jetzt überraschst du mich. Sogar Zypern hast du wieder storniert. Stimmt etwas nicht?«

»Nein, es ist alles in Ordnung. Ich habe nur gerade keine Lust zu verreisen. Kofferschleppen, über den Flughafen hetzen, auspacken, einpacken, wieder auspacken, Wäsche waschen. Ich bleibe lieber daheim. In den letzten Jahren habe ich so viel gesehen, das reicht erst einmal. Wenn mich das Fernweh packt, schaue ich die Postkarten und Fotos an. Das ist ebenso schön.«

»Wie du meinst. Dann gönnen wir uns demnächst wieder einen Konzertbesuch. Einverstanden?«

»Hm, vielleicht. Lass uns schauen, was kommt.« Ilse blickte auf die Uhr. »Kind, das war ein schöner Abend. Mein Taxi kommt gleich. Wir sehen uns nächste Woche, wie ausgemacht.«

Birgit brachte sie hinunter und winkte ihr gedankenverloren nach. Ilse wirkte müde und irgendwie desinteressiert. Ob sie unter dem Zwist mit Udo litt? Sie hatte es vorhin verneint.

Der Gedanke an den Bruder stimmte sie traurig und zornig zugleich. Welchen Spaß sie bei gemeinsamen Unternehmungen und gegenseitigen Besuchen erlebt hatten. Wie schade, dass diese unbeschwerte Zeit bloß von kurzer Dauer war. Udos Ehe hielt nur wenige Jahre, dann scheiterte die angenehme Beständigkeit an seiner lebenshungrigen Unbesonnenheit, er brach aus und hinterließ einen nicht zu kittenden Scherbenhaufen.

Ausgerechnet Birgits Freundin hatte vor bald zehn Jahren seinen Wunsch nach Abwechslung und Abenteuer neu geweckt. Ihre Freundschaft fiel Udos Freiheitsdrang mit einem Paukenschlag quasi als Kollateralschaden zum Opfer, und das geschwisterliche Vertrauensverhältnis erlitt einen tiefen Riss. Zerrissen schien auch Udo. Die Romanze war bald beendet, es folgten andere, dazu etliche Umzüge und immer längere Kontaktflauten. Bei einem ihrer letzten Treffen, nachdem er sich knapp zwei Jahre nicht gemeldet hatte, und sie ihm sein Schweigen gegenüber ihrer beider Mutter vorwarf, erklärte er ihr überraschend, die müsse sich wahrlich nicht wundern, schließlich habe sie ihn vor Jahren verstoßen und Birgit stets bevorzugt. Als Beispiel führte er unter anderem irgendwelche Buntstifte an, ein Geschenk seiner Großmutter Hedwig, ganz allein für ihn bestimmt, die er auf Ilses Veranlassung angeblich der kleinen Schwester überlassen musste.

Überrumpelt von Udos Gefühlsausbruch brach Birgit in Gelächter aus und fragte ihn, ob er allen Ernstes einen solch albernen Vorfall ihrer frühesten Kindheit, an den sie selbst keinerlei Erinnerung hatte, dreißig Jahre später zum Anlass für monatelange Nichtbeachtung nehmen wolle. Es lag wohl einiges im Argen, wie sich im Verlauf ihres Gesprächs herausstellte.

Schließlich konnte sie ihn zu einer Aussprache mit Ilse bewegen, über die beide seither eisernes Stillschweigen bewahrten. Betrüblicherweise schien der Erfolg gering. Denn Udo blieb dem fest zugesagten Treffen zu Weihnachten fern und sandte nicht einmal Fest- oder Silvestergrüße.

Seufzend wählte Birgit seine Mobilnummer, einen Fest-
netzanschluss gab es nicht. War es zwar bereits ein Uhr früh,
am Jahrtausend-Silvester wäre er sicherlich noch wach. Sie
würde ihm fröhlich alles Gute wünschen und ihn zum Sonntagskaffee einladen.

Perplex vernahm sie die elektronische Ansage, dass der
Anschluss nicht existiere.

Mai 2006

Birgit und Markus, das frischgebackene Ehepaar, ließen sich von dem widrigen Wetter dieses Samstags in ihrem Glück nicht stören. Sie feierten den schönsten Tag des Lebens in ihrer großzügig geschnittenen Wohnung. Strömender Regen und heftige Sturmböen umrahmten das ausgelassene Fest. Der von den Organisatoren kurzfristig abgesagte alljährliche Dämmermarathon verschaffte den Besuchern ausreichend Parkmöglichkeiten. Praktisch. Zahlreiche Freunde waren angereist und die Nachbarschaft feierte ebenfalls mit. Anstelle überflüssiger Hochzeitsgeschenke steuerte ein jeder Gast eine kulinarische Überraschung zum Partybuffet bei, schlemmte nach Herzenslust, lachte über Anekdoten, schloss neue Bekanntschaften oder ließ alte wieder aufleben, während das glückliche Paar um die Wette strahlte. Als sich gegen vier Uhr morgens die letzten Gäste auf den Heimweg machten, fiel Birgit erschöpft in den Tiefschlaf. Sie staunte nicht schlecht, als sie am Morgen ein liebevoll gedeckter Frühstückstisch erwartete, immerhin gehörte Markus nicht gerade zur Gilde der Frühaufsteher. Sie ließ sich das knusprige Croissant schmecken, das er beim Sonntags-bäcker extra für sie besorgt hatte.

»Ein rundum gelungenes Fest, nicht wahr?«, meinte Birgit zufrieden kauend.

»Absolut«, stimmte Markus zwischen zwei Kaffee-schlucken zu. »Schade nur, dass sich meine Schwieger-mutter bereits nach dem Mittagessen verabschiedet und auf den feuchtfröhlichen Abend verzichtet hat.«

Birgit zupfte ihr Croissant in mundgerechte Stücke, die sie großzügig mit Butter versah und nickte nachdenklich. »Ich glaube, die Zeremonie auf dem Standesamt hat sie ziemlich aufgewühlt. Und dass Papa wieder von Udo anfing, hat erst recht nicht geholfen.«

Ein Anflug von Trauer überkam sie bei der Erinnerung an ihren schmerzlich vermissten Bruder, von dem so lange schon kein Lebenszeichen erfolgte.

Seit sechs Jahren herrschte mittlerweile Funkstille. Sämtliche Recherchen im Internet liefen ins Leere, er schien sich in Luft aufgelöst zu haben. Bodo hatte vor einiger Zeit vorgeschlagen, einen Detektiv mit der Suche zu beauftragen, doch Ilse war dagegen. Nach langem Überlegen musste ihr Birgit beipflichten. Ganz offensichtlich wünschte Udo keinen Kontakt. Ihn mit List und Tücke aufzuspüren wäre gewiss nicht in seinem Sinne. Sie vertraute darauf, dass er eines Tages über seinen Schatten sprang und sich wieder meldete.

Hoffentlich wartete er nicht zu lange, Ilse wurde schließlich nicht jünger.

* * *

Mit einem Anflug von Melancholie lehnte sich Ilse zurück. Sie wollte es sich gemütlich machen, vielleicht den Sonntags-›Tatort‹ anschauen, der in wenigen Minuten beginnen würde. Der gestrige Tag hatte sie angestrengt, obwohl sie die Hochzeitsgesellschaft bereits nach dem Essen nahe dem schmucken Standesamt verlassen hatte. In ihrer Wohnung fühlte sie sich geborgen. Nun war Birgit also Ehefrau. Allzu viel würde sich dadurch nicht ändern, schließlich lebte sie seit ein paar Jahren mit Markus zusammen. Die beiden kannten den Alltag, hatten sich zusammengerauft und kamen trotz aller Unterschiedlichkeit gut miteinander aus. Sie mochte ihren Schwiegersohn und wusste Birgit bei ihm in guten Händen.

Die Trauung im Ratssaal war sehr festlich gewesen, der Standesbeamte hatte einfühlsame und dabei humorvolle Worte gefunden. Beim Eheversprechen zückten einige

Anwesende ergriffen ihre Taschentücher, sie selbst natürlich auch. Wie glücklich ihr kleines Mädchen gewirkt hatte.

Ilse hoffte inständig, dass dieses Wohlbehagen anhielt und wollte ihren Teil dazu beitragen. Anders als ihre Mutter damals, die sich ständig einmischte und am Scheitern der Ehe mit Fred nicht schuldlos war.

Die jungen Leute mussten ihren eigenen Weg gehen. Natürlich wäre sie jederzeit für Birgit da, wenn diese sie brauchte. Doch keinesfalls würde sie uneingeladen aufkreuzen oder gar ungefragt Ratschläge verteilen. Tochter und Schwiegersohn sollten ungestört ihr Leben führen. Unter anderem aus diesem Grund hatte sie auf die feucht-fröhliche Party verzichtet und sich nach dem Familienpart zurückgezogen. Mit einem kühlen Glas Weißwein prostete sie dem Hochzeitspaar aus der Ferne zu und gestatte sich noch ein paar Tränen der Rührung.

2010

Ilse entrollte ihr Zeitungspäckchen und wollte es sich gerade gemütlich machen, als das vertraute Telefonzeichen erklang. Nachdem sie einander auf den neuesten Stand gebracht hatten, lud Birgit sie zu Kaffee und Kuchen ein.

»Markus kann dich abholen. Ich richte zwischenzeitlich den Kaffeetisch auf der Terrasse. Meine Frühlingsblumen stehen in voller Blüte, das wird dir sicher gefallen.«

»Heute ist Samstag.«

»Na, und?«

»Wir treffen uns nie samstags. Außerdem bin ich gerade erst heimgekommen und will jetzt nicht mehr weg. Lass uns das auf nächste Woche verschieben. Dann richte ich mich darauf ein.«

»Gib dir einen Ruck, wer weiß, ob dann die Sonne so schön wie heute scheint.«

»Nein, heute passt es mir wirklich nicht.«

»Dann packe ich den Kuchen ein und wir kommen zu dir! Ich habe extra Streuselkuchen besorgt, den magst du so gern. Außerdem war Markus noch nie bei dir zuhause. Da wird es langsam mal Zeit.«

»Ein anderes Mal. Heute geht es nicht.«

»Ich hatte mir fast gedacht, dass das nichts wird. Wie immer halt«, gab Birgit verstimmt nach. »Hast du denn wenigstens genug zu essen im Haus?«

»Ja, ich war doch gerade einkaufen. Für heute habe ich mir einen italienischen Salat aus der Pizzeria gegenüber besorgt, morgen koche ich mir Paprika und Tomaten, dazu gibt es Schnitzel. Wasser und eine Flasche Cola sind auch da. Die Getränke hole ich in dem kleinen Kramladen nebenan. Ich habe dir schon von ihm erzählt.«

»Der Ein-Euro-Laden mit dem Hund? Da gibt es Getränke?«

»Sehr praktisch, nicht wahr? Da muss ich nicht weit tragen. Der Besitzer besorgt mir extra diese kleinen Wasserflaschen, das ist viel angenehmer.«

Ilse hatte oft von dem Geschäft gesprochen. Dort kaufte sie samstags ihre Zigaretten und einen Teil ihrer Zeitungen. An den anderen Wochentagen suchte sie den Schreibwarenladen gegenüber auf. »Sollen wir dir nicht einfach einmal einen Kasten Wasser bringen? Dann musst du gar keine Flaschen mehr schleppen.«

»Nein, lass mal, dafür habe ich ohnehin keinen Platz. So ist es besser. Außerdem freut sich Mausi, wenn ich samstags komme. Stell dir vor, sie wartet sogar auf mich.«

»Mausi?«

»Der kleine Pudel! Ich bringe ihr jeden Samstag ein Wiener Würstchen mit.«

»Gib es zu. Du gehst nur wegen Mausi in den Laden«, Birgit lachte.

»Na ja, nicht nur. Wir halten immer ein nettes Schwätzchen. Und meine kleine Pudelfreundin ist wirklich süß. So, mein Kind, jetzt machen wir Schluss. Esst ihr beide euren Kuchen, ich muss aufräumen und saubermachen.«

* * *

Während Birgit mit Markus die Sonne auf der Terrasse genoss, schob Ilse die Zeitschriften der vergangenen Woche beiseite und begann zufrieden ein neues Kreuzworträtsel.

Januar 2012

Es konnte nicht sein. Birgit starrte auf die Online-Gedenk-seite. Der Name stimmte, auch das Geburtsdatum. Das Ge-sicht auf dem kleinen Foto jedoch war kaum zu erkennen. Unscharf.

Eiseskälte durchkroch ihre Glieder. Sie musste sich Ge-wissheit verschaffen und suchte weiter, stieß auf eine An-zeige im ›Mannheimer Morgen‹ vom vergangenen Juni. Be-rührende Worte einer ihr unbekannten Frau namens Heike Lorenz:

Es gibt Momente
im Leben da steht die Welt
für einen Augenblick still.
Und wenn sie sich weiter dreht
ist nichts mehr wie es war,
doch was bleibt ist die
Erinnerung.[42]

Nach einigem Zögern rief sie beim Kundencenter der Zei-tung an.

»Es tut mir furchtbar leid, aber ich darf Ihnen keine Tele-fonnummer oder Adresse geben. Das verstehen Sie be-stimmt.«

»Ja, natürlich. Es ist nur … mein Gott, ich bin total verzweifelt, ich weiß gar nicht, was ich jetzt machen soll.« Sie brach in Tränen aus.

»Ich wünschte so sehr, ich könnte mehr für Sie tun. Aber der Datenschutz … eine Idee habe ich noch. Die Bestattung

---

[42] Traueranzeige im Mannheimer Morgen, ein häufig verwendetes Zitat von Hans Böck, österreichischer Journalist, geb. am 31.12.1951 in Baden bei Wien

erfolgte auf dem Waldfriedhof, das geht aus der Anzeige hervor. Rufen Sie beim zuständigen Friedhofsamt an. Vielleicht kann man Ihnen dort helfen. Warten Sie, ich suche Ihnen die Nummer heraus.«

Erneut betrachtete sie das undeutliche Foto. Auch eine Vergrößerung im Bildbearbeitungsprogramm brachte nichts. Vielleicht war er es ja gar nicht. Sie beschloss, zunächst beim Standesamt anzurufen. Möglicherweise existierte ein weiterer Udo Marquardt.

»Telefonische Auskünfte erteilen wir nicht. Da müssen Sie hier vorbeikommen. Und das ist nicht gebührenfrei«, wehrte eine unwirsche Stimme ab.

»Ich will doch lediglich wissen, ob am 01.12.1959 nur ein einziger Junge mit diesem Namen in Ludwigshafen geboren wurde oder vielleicht ein zweiter. Bitte. Ich habe im Internet eine Todesanzeige gefunden und muss wissen, ob es sich um meinen Bruder handelt oder nicht.«

Schließlich erklärte sich ihr Gesprächspartner bereit, nachzusehen. Mitleid gab kaum den Ausschlag, eher die bevorstehende Mittagspause und die Erkenntnis, dass Birgit sich nicht so leicht abschütteln ließ. Nach einigen Augenblicken, untermalt vom Geräusch klappernder Schubladen und raschelnder Papiere, meldete sich die Stimme erneut.

»Ich habe es überprüft. Es gab nur einen.«

Noch bevor sie ein schwaches Danke für die kaltschnäuzig erteilte Information stammeln konnte, war die Leitung bereits unterbrochen.

Ihre Nerven flatterten. Jetzt eine Zigarette. Dabei war sie seit fünf Jahren überzeugte Nichtraucherin. Fieberhaft durchwühlte Birgit sämtliche Taschen und Schubladen, fand jedoch keinen Geheimvorrat, goss sich ein Glas Cognac ein und stürzte es in einem Zug hinunter. Die erhoffte Entspannung blieb aus, dafür brannten Rachen und Speiseröhre wie Feuer. Heißer Schmerz bewegte sich abwärts und ließ prompt ihren Magen erglühen. Der ungewohnte Schluck verursachte Übelkeit statt Wohlbefinden. Angewidert verzichtete sie auf weiteren Alkohol und trank ein großes Glas Leitungswasser.

Deutsche Bürokraten irrten selten. Sie musste davon ausgehen, dass die Auskunft stimmte und sie vor weniger als einer Stunde die Todesnachricht ihres Bruders entdeckt hatte.

Über zehn Jahre war er verschwunden. In unregelmäßigen Abständen hatte sie das Internet nach ihm durchforstet und ihn heute endlich gefunden. Ein halbes Jahr zu spät.

Die Mitarbeiterin des Friedhofsamtes zeigte weitaus mehr Einfühlungsvermögen als der unfreundliche Behördenvertreter zuvor. Sie beschrieb ihr den Standort des Grabes, bot ihr an, sie dorthin zu begleiten, und nannte sogar die letzte Anschrift ihres Bruders. Möglicherweise lebte dort besagte Heike Lorenz, die sich um Bestattung und Todesanzeige gekümmert hatte.

Kurz darauf traf Markus fröhlich pfeifend ein und verstummte schlagartig angesichts des zusammengesunkenen Gespensts am Esstisch.

»Meine Güte, was ist denn mit dir passiert? Bist du krank?«, fragte er entsetzt.

Von Weinkrämpfen geschüttelt berichtete Birgit das Unfassbare.

»Und du bist sicher, dass es sich um deinen Bruder handelt?«

»Nach allem, was ich herausgefunden habe, ja. Ach, Markus, was soll ich denn jetzt machen? Ich muss diese Frau sprechen, sie hat ihm anscheinend nahe gestanden, aber der Name steht nicht im Telefonverzeichnis.«

»Wir fahren zu der Adresse. Vielleicht wohnt sie noch dort. Los, putz dir die Nase und wasch dein Gesicht«, übernahm er die Führung.

»Jetzt sofort?«

»Wann sonst?«

»Und was soll ich sagen?«

»Da fällt dir unterwegs etwas ein. Zum Beispiel, dass du Udos Schwester bist und mit ihr sprechen möchtest.«

Als sie ihr Ziel erreicht hatten, fuhr Birgit der nächste Schrecken in die Glieder. Erschüttert stellte sie fest, wo sie sich befand: Über mehrere Monate hinweg hatte ihre Arbeit sie zu einem Unternehmen wenige Straßen weiter geführt. An der Straßenbahnhaltestelle hätten sie sich eigentlich irgendwann begegnen müssen. Die Vorstellung, unwissentlich einander so nahe gewesen zu sein, sich möglicherweise mehrfach nur um wenige Minuten verpasst zu haben, brachte ihre Tränen erneut zum Fließen.

Die Suche nach den Namen ›Marquardt‹ und ›Lorenz‹ an Briefkästen und Klingeln verlief erfolglos. Birgit musste sich etwas anderes einfallen lassen.

Von Schlaflosigkeit geplagt schlich sie spät nachts erneut an ihren Rechner und setzte die Recherche nach Heike Lorenz fort. Bei Facebook entdeckte sie schließlich ein mögliches Profil und sandte eine Nachricht. Sie gab sich als Udos Schwester zu erkennen, bat um Kontaktaufnahme und hinterließ Telefonnummer und Mailadresse. Mit etwas Glück handelte es sich um die Gesuchte und mit noch mehr Glück käme diese ihrer Bitte nach. Sie beschloss, sowohl Ilse als auch Bodo erst dann zu informieren, wenn sie sich absolute Gewissheit verschafft hatte. Zunächst musste sie mit Heike Lorenz sprechen.

Die meldete sich wenige Tage später und schien geradezu glücklich, endlich eine Angehörige Udos kennenzulernen. Dankbar nahm Birgit ihre Einladung zum Kaffee an.

Heike und ihre Familie bereiteten Birgit einige Tage später einen warmherzigen Empfang und sprachen ihr tiefes Mitgefühl aus. Am liebevoll gedeckten Kaffeetisch ließen sie sie an ihren Erinnerungen teilhaben. Sie erzählten von gemeinsamen Unternehmungen, von Udos Backkünsten und seiner Geselligkeit.

Auf dem Heimweg von einem Geburtstagsfest hatte er einen Herzinfarkt erlitten. Heike wählte von unterwegs den

Notruf und raste in atemberaubender Geschwindigkeit mit dem bewusstlosen Mann auf dem Beifahrersitz ins nahegelegene Krankenhaus. Doch alle Reanimationsversuche blieben vergebens.

»Davor hatte er große Angst«, berichtete Heike. »Er sagte, sein leiblicher Vater wäre mit fünfzig an einem Herzinfarkt gestorben und befürchtete, ihm blühe das gleiche Schicksal.« Traurig strich sie die Tischdecke glatt. »Und so geschah es dann wirklich.«

Sie sprach über die Zeit mit Udo, der seine Vergangenheit wie ein düsteres Geheimnis hütete. Heike wusste lediglich, dass er bei den Großeltern aufgewachsen war, Mutter und Stiefvater vermutlich noch lebten und eine Schwester existierte. Aber stets winkte er ab, wenn sie ihm vorschlug, seiner Familie wenigstens ein kleines Lebenszeichen zu senden.

»Ich konnte niemanden benachrichtigen, Birgit. Er hat mir keinen einzigen Namen verraten. Immer hieß es ›Lass gut sein‹, wenn ich wieder einmal damit anfing. Es gab überhaupt keine Unterlagen. Nur diese Bilder hier.« Sie deutete auf einen prall gefüllten Stoffbeutel. »Angeschaut hat er sie nie, die Tasche lag all die Jahre im Keller. Ich habe die Fotos durchgeblättert, aber keinen Hinweis auf seine Familie gefunden. Als ich kurz nach Udos Tod hierherzog, habe ich sie verwahrt. Ich dachte mir, dass vielleicht irgendwann einmal jemand kommt, der damit etwas anfangen kann. Nimm du sie. Sie sind alle aus der Zeit vor unserer ersten Begegnung.«

»Ich würde so gern verstehen, was eigentlich passiert ist. Seit Weihnachten neunundneunzig habe ich kein Wort mehr von ihm gehört.«

»Ich weiß es leider nicht. Er hat nie über früher gesprochen. Nichts von einem Streit, nichts Böses und nichts Gutes. Einfach gar nichts.«

»War er wenigstens glücklich?«

Heike zögerte zunächst. »Ich glaube nicht. Anfangs vielleicht. Da waren wir ja frisch verliebt. Udo besaß rein gar nichts, wohnte in einem möblierten Einzimmerappartement, hielt sich mit Gelegenheitsjobs über Wasser. Er ist mit einer Mikrowelle, einem Teller, seinen paar Klamotten und diesem Stoffbeutel bei mir eingezogen. Das passte alles in einen Koffer und eine Kiste. Er hatte kein Konto, sein Gehalt wurde gepfändet und der Rest bar ausgezahlt. Woher die Schulden stammten, weiß ich nicht, er machte ja aus allem ein Geheimnis. Sie müssen unverändert hoch sein. Nach seinem Tod kam nämlich direkt der Gerichtsvollzieher. Gott sei Dank konnte er nichts pfänden. Udo gehörte ja nichts. Außerdem waren wir nicht verheiratet. Und selbst wenn, was hätte er bei mir holen können. Es gibt eine Akte beim Nachlassgericht, dort sammeln sie alle Forderungen. Du kannst natürlich nachfragen, aber dann musst am Ende du für alles aufkommen. Lass es also besser.«

Birgit schluckte. Das hörte sich alles nicht gut an.

»Mit der Arbeit gab es dauernd Probleme«, fuhr Heike stockend fort. »Das lag nicht nur an ihm. Es ist eine Abwärtsspirale. Bist du erst einmal bei der Zeitarbeit gelandet, kommst du nicht mehr heraus. Die haben ihn furchtbar ausgenutzt. Kaum war der Auftrag beim Kunden erledigt, stand er wieder auf der Straße. Richtig übel. Zuletzt hat er schwarzgearbeitet. Renovieren, tapezieren, solche Sachen. Dafür bekam er ein paar Euro auf die Hand. Wenn ein Auftraggeber nicht zahlte, konnte er nichts dagegen tun. Das hat ihn ziemlich fertiggemacht.«

»Für dich war das bestimmt auch nicht leicht«, meinte Birgit leise. »Wart ihr denn lange zusammen?«

»Acht Jahre. Aber ich weiß nicht, ob es noch lange gehalten hätte. Am Ende hatte ich das Gefühl, dass es da eine andere Frau gibt. Ich habe ihn beim Schwindeln erwischt, telefoniert hat er heimlich im Bad, Nachrichten auf dem Handy sofort gelöscht. Solche Sachen eben. Viel geredet hat er ja nie, und selbst das wurde immer weniger. Bei der Beerdigung fiel mir dann eine Frau auf, die eine gelbe Rose auf das Grab legte. Erst dachte ich, es ist jemand von der Familie. Aber sie ist sofort wieder gegangen, ohne ein Wort oder zumindest einen Blick mit mir zu wechseln. Das ist doch komisch, oder?«

»Allerdings. Und du hast keine Idee, wer sie sein könnte?«

Heike schüttelte den Kopf. »Keine. Auf den alten Bildern habe ich sie nicht entdeckt. Ich vermute, es ist die, mit der er heimliche Nachrichten austauschte.«

Nach einem langen Nachmittag machte sich Birgit unglücklich auf den Heimweg. Über die Gründe für sein jahrelanges Schweigen tappte sie weiterhin im Dunkeln. Udo blieb ihr ein Rätsel.

Es war nicht leicht, ihre Mutter zu einem gemeinsamen Treffen zu bewegen. Birgit überbrachte ihr die Nachricht von Udos Tod möglichst schonend und erzählte von Heike, die Ilse gern kennenlernen wollte. Schließlich willigte sie ein. Auch Bodo sagte zu.

Und so trafen sie sich an einem sonnigen Nachmittag bei Birgit und Markus und fragten sich erneut, worunter Udo so sehr gelitten hatte, dass er seine Vergangenheit abschütteln musste. Die zahlreichen Fotografien hatten keine Erklärung geliefert, Birgit dafür einen weiteren Schock versetzt. Die abgebildeten Personen stammten vermutlich aus Freundeskreisen der siebziger, achtziger und neunziger Jahre, von denen sie niemanden kannte. Außerdem fand sie Kinderbilder von Udo und Aufnahmen der Großeltern. Sämtliche Erinnerungsfotos von Ilse, Bodo und ihr selbst hatte Udo anscheinend vernichtet. Seine Familie war, mit Ausnahme der Großeltern, ausgelöscht.

Nach Heikes späterem Aufbruch wiederholte Bodo, sichtlich erschüttert, sein wiederkehrendes Mantra: »Es war doch alles gut. Was hat er sich da eingeredet. Was hat er sich da eingeredet.« Er erinnerte sich an den Jungen, der ihn mochte und ›Papa‹ nannte.

Birgit merkte mit scharfer Stimme an, dass wohl keineswegs alles gut gewesen sein könne. Schließlich sei ihr Bruder nicht nur jahrelang abgetaucht, er habe bereits als

Zwölfjähriger sein Elternhaus gegen das Zuhause bei den Großeltern eingetauscht. Und dies auf eigenen Wunsch.

»Das war einzig die Schuld meiner Eltern«, wies Ilse sie zurecht. »Sie haben alles zerstört.«

Bodo nickte zustimmend.

»Das hast du schon so oft gesagt, Mama. Nie erklärst du mir, was du damit meinst. War nicht unter anderem das Inhalt deiner letzten Aussprache mit Udo? Willst du nicht endlich einmal mit mir reden?«

Ilse wehrte ab. »Da gibt es nichts zu reden. Das ist alles lange her. Wir haben Udo jedenfalls nichts getan.« Geschüttelt von einem Weinkrampf rief sie schließlich aus: »Immer wieder diese alten Geschichten. Ich war das alles los, jetzt fängt es von vorn an.«

Als sie sich beruhigt hatte, bot Bodo an, sie nach Hause zu fahren.

Zum Abschied gab sie Birgit das gerahmte Bild ihres Sohnes, das ihr Heike zur Erinnerung geschenkt hatte. »Behalte du es. Ich habe keinen Platz dafür.«

Später rief Birgit noch einmal an. Sie wollte sich vergewissern, dass Ilse sich wieder etwas gefangen hatte. »Wollen wir gemeinsam sein Grab besuchen, Mama? Dann kannst du dich von ihm verabschieden.«

»Das ist lieb gemeint. Aber ich will nicht. Ich behalte ihn so in Erinnerung, wie er war. Und ich möchte jetzt nicht mehr über ihn sprechen. Die Vergangenheit ist vorbei.«

»Bitte sag das nicht. Erzähle mir von früher. Nicht sofort, aber bald. Ich habe in den letzten Tagen über meine eigene Kindheit nachgedacht. Und weißt du was? Da ist nichts. Gar nichts. Ich erinnere mich nicht. Nicht an die Tage mit Udo, nicht einmal an die Zeit, als du noch daheim warst. Meine Erinnerungen beginnen, da bin ich ungefähr dreizehn. Wie ist das möglich?«

Ilse wusste es nicht.

Erstaunt erkannte sie später, dass auch ihr fast alle Erinnerungen an ihre Kindheit fehlten. Sie erinnerte sich nicht an die Kriegstage, nicht an Hauenstein, nicht an die Rückkehr nach Ludwigshafen. Einzig Dorothea, ihre geliebte Thea mit der großen weißen Schleife im Haar, huschte vor ihrem inneren Auge vorbei. Gefolgt von Jette, einem weißen und einem schwarzen Pudel.

Teil 7

Mein Leben
Mein Leben, ein Leben ist es kaum,
Ich geh durch Straßen als wie im Traum.
Wie Schatten huschen die Menschen hin,
Ein Schatten dazwischen ich selber bin.
Und im Herzen tiefe Müdigkeit -
Alles sagt mir: Es ist Zeit ...
Lernet froh und sorglos sein.

Theodor Fontane (1819-1898)

16. und 17. Mai 2014

Frau Dr. Gerwig reichte Ilse den Umschlag. »So, das wären alle Unterlagen. Die Einweisung, die letzten Untersuchungsergebnisse, mein Kurzbericht. Sie gehen ganz bestimmt, Frau Kormann?«

Ilse nickte. »Am Montag. Übers Wochenende bleibe ich lieber daheim.«

»Da wäre noch etwas. Ihre Tochter war gestern bei mir, nachdem weder die Polizei noch sie selbst etwas ausrichten konnte.«

Ilse richtete sich kerzengerade auf. »Das hat sie gewagt? Sie haben ihr hoffentlich nichts erzählt?«

»Ich achte meine Schweigepflicht. Dennoch finde ich, Sie sollten offen mit ihr sprechen. Sie macht sich große Sorgen. Zu Recht, oder wie sehen Sie das?«

»Es ist allein meine Sache. Sie soll sich nicht in mein Leben einmischen, kann es aber nicht lassen. Ich habe ihr nie gesagt, dass ich bei Ihnen in Behandlung bin. Irgendwie hat sie es herausgefunden.«

»Ihre Tochter hat Angst um Sie. Und die wird nicht einfach verschwinden, nur weil Sie das verlangen. Vielleicht wäre es besser, sich ihr zu öffnen. Denken Sie noch einmal darüber nach. Sie wissen, es bleibt vielleicht nicht mehr viel Zeit.«

»Wie lange habe ich?«

»Das lässt sich nicht exakt bestimmen. Ihr Aneurysma ist nicht mehr gewachsen, das ist erfreulich. Aber die Gefäßerkrankungen sind nun einmal sehr bedenklich. Mit einer drastischen Änderung Ihrer Lebensgewohnheiten ließe sich womöglich etwas Zeit gewinnen. Sie wissen ja: keine Zigaretten, kein Alkohol und eine vernünftige Ernährung. Das haben wir bereits ausführlich besprochen. Lassen Sie uns nun die Untersuchungen im Krankenhaus abwarten. Eventuell ergeben sich dadurch neue Therapieansätze.«

»Und wenn nicht?«

»Dann müssen Sie sich mit dem nahen Ende vertraut machen. Ein Grund mehr für ein Gespräch zwischen Mutter und Tochter. Es würde sicherlich Ihnen beiden guttun.«

»Ich denke darüber nach. Vorher bringe ich diese Untersuchungen hinter mich.«

Erschöpft stapelte Ilse die Taschen aufs Bett. Nach den kräftezehrenden Aufregungen des Vortags hatte sie die geplante Besorgungstour verschoben, den Taxifahrer auf heute umdisponiert und nun alle Einkäufe erledigt. Eine neue Reisetasche, Toilettenartikel, Getränke fürs Wochenende, eine Portion Pommes frites zum Mittagessen, ein Brötchen und eine kleine Käse-Snackbox. Davon konnte sie später oder morgen naschen.

Früher, als Birgit noch zu ihr kam, richtete sie oft einige Käsewürfel zum Abend. Heute kaufte sie keine Emmentaler- oder Gouda-Stücke mehr. Sie warf ohnehin den Großteil davon weg, außerdem war es mühsam, sie in mundgerechte Happen zu schneiden. Die Snackboxen im Supermarkt hatten die richtige Größe und ließen sich einfach öffnen und wieder verschließen. Zigaretten und Zeitschriften wollte sie morgen besorgen, ihr Vorrat reichte so lange.

Sie quälte sich in ihre Sitzkuhle, knabberte einige der mittlerweile zimmerwarmen Pommes frites, schaute sich um.

Die Worte der Ärztin waren nicht spurlos an ihr abgeprallt, auch wenn sie, wie üblich, Stärke demonstriert hatte. Seit geraumer Zeit wusste Ilse um ihren bedenklichen Zustand. Mehr als einmal hatte sie zum Hörer gegriffen, um Birgit davon zu berichten. Schließlich hatte sie ihr fest versprochen, ehrlich und offen zu sein. Nicht wie Udo, der wortlos aus ihrem Leben verschwunden war und sie alle mit verzweifelten Fragen zurückgelassen hatte. Nicht wie ihre

Mutter, die ihr Schweigen bis zum Tod nicht brechen konnte. Jedes Mal verschob sie den Anruf. Sie wollte ihre Tochter nicht damit belasten. Und wie hätte sie es denn erklären können, wo sie selbst keine Erklärung hatte. Irgendwie war es einfach geschehen.

Vielleicht später. Jetzt musste sie ausruhen. Sie schob die Pommes frites beiseite, erschreckte durch das Geraschel versehentlich einen Weberknecht, der schleunigst zu einem anderen Plätzchen huschte, blätterte zum nächsten Kreuzworträtsel, trank einen Schluck, griff nach der Zigarettenschachtel und konzentrierte sich auf die zu füllenden Buchstabenlücken.

* * *

Am folgenden Tag läutete Birgits Telefon.

»Hallo, Frau Kormann-Weiß. Winkler hier. Vom Schreibwarenladen. Ich wollte Ihnen Bescheid geben, dass Ihre Mutter heute bei mir war.«

»Wie nett, dass Sie mich anrufen. Vielen Dank!«

»Keine Ursache, das mache ich gern. Also, Ihre Mutter geht am Montag ins Krankenhaus. Sie war vorhin bei der Ärztin und hat die Einweisung abgeholt. Vorerst müssen Sie sich nun keine Sorgen machen, sie ist ja dort in guten Händen. Und die ›Brigitte‹ habe ich zu den anderen Zeitschriften gepackt, wie versprochen.«

Birgit war froh, dass ihr Plan funktionierte und sich Frau Winkler als Informantin zur Verfügung stellte. Sie hatte vorgestern eine kleine Grußkarte und die Jubiläumsausgabe der ›Brigitte‹ besorgt und mit Frau Winkler vereinbart, dass sie Ilse beides beim nächsten Einkauf überreichte. Sie hoffte, ihrer Mutter damit eine Freude zu bereiten, hatte diese doch bestimmt die erste Auflage vor sechzig Jahren erlebt und seither etliche ›Brigitte‹-Hefte gelesen. Zwar galt ihr Interesse seit Langem eher den Boulevardblättchen mit ihren Herz-Schmerz-Geschichten, aber vielleicht gefiel ihr diese besondere Ausgabe.

»Wissen Sie, wie lange sie bleiben wird?«

»Sie sagte etwas von zwei bis drei Wochen.«

Frau Winkler versprach, sie zu informieren, sobald Ilse wieder zurück sei.

Birgit war hin- und hergerissen. Allzu gern hätte sie mit Ilse gesprochen. Doch die hatte unmissverständlich klargemacht, dass sie vorerst keine weiteren Anrufe wünschte. Schweren Herzens beschloss sie, den Wunsch zu respektieren und zu warten.

23. Juni 2014

»Hallo, Frau Kormann-Weiß. Winkler hier. Vom Schreibwarenladen.«

Birgits liebenswürdige Informantin hatte am Freitag gemeldet, dass Ilse aus dem Krankenhaus zurück sei und den üblichen Einkauf erledigt habe. Natürlich konnte sie es sich nicht verkneifen anzurufen, doch Ilse hob nicht ab. Nicht am Samstag, nicht am Sonntag.

»Ist etwas passiert?«, fragte sie beunruhigt. Ihr schwante nichts Gutes.

»Hoffentlich nicht. Ich wollte Sie sicherheitshalber benachrichtigen. Als ich am Samstag das Geschäft geschlossen habe, schaute ich zum Fenster hoch. Frau Kormann hatte das Licht eingeschaltet. Nicht ungewöhnlich, es war ziemlich trüb und daher in der Wohnung bestimmt ein bisschen dunkel. Es ist ja die Ostseite. Na ja, heute Morgen strahlt die Sonne, und ihre Lampe leuchtet noch immer. Ich bin rüber gelaufen und habe geläutet, aber es öffnet niemand. Das muss nichts heißen, Sie sagten ja, die Klingel ist meistens abgestellt. Trotzdem. Wenn zwei Tage das Licht brennt, sollte man vielleicht einmal nachsehen.«

Birgit bedankte sich und rief Ilse an. Auf das übliche Telefonzeichen verzichtete sie. Nach dem fünfzehnten Läuten legte sie auf, versuchte es erneut und nach wenigen Minuten ein drittes Mal. Markus nickte ihr zu. Sie wählte den Notruf.

»Wir sind jetzt vor Ort, Frau Kormann-Weiß. Sollen wir auf Sie warten?«

»Nein, verschaffen Sie sich Zutritt, falls niemand reagiert. Die Klingel ist wahrscheinlich abgestellt. Eine

Angewohnheit von ihr. Mein Mann und ich sind unterwegs und treffen in ein paar Minuten ein. Bitte verlieren Sie keine Zeit. Vielleicht braucht meine Mutter Hilfe.«

»In Ordnung, dann schauen wir uns die Situation jetzt an. Ein Krankenwagen ist ebenfalls hier. Wir kümmern uns um alles. Fahren Sie also bitte vorsichtig und bewahren Sie Ruhe. Sie müssen sich nicht beeilen. Es wird auf jeden Fall ein Beamter auf Sie warten.«

Birgit packte ihr Mobiltelefon mit zitternden Händen in die Tasche und warf Markus, der sich mit steinerner Miene auf den Verkehr konzentrierte, einen angstvollen Blick zu. Die Polizei war schon da. Das zweite Mal innerhalb von knapp vier Wochen. Ihre Mutter würde ihr das nie verzeihen, sollte sie ansprechbar sein.

Vor dem Haus hatten sich einige Voyeure eingefunden. Polizei und Rettungsdienst versprachen schließlich ein Spektakel. Frau Winkler winkte von gegenüber und signalisierte fest gedrückte Daumen.

Ein Polizeibeamter begleite sie zum Treppenabsatz. »Bitte warten Sie hier. Der Notarzt und die Hausärztin sind in der Wohnung.«

»Waren Sie bei ihr? Ist sie verletzt?«

»Soweit ich das beurteilen kann, nein. Wir haben die Tür aufgebrochen, da niemand auf unser Rufen und Klopfen antwortete und …«, der Beamte verharrte einen Moment. »Es tut mir sehr leid. Wir haben Ihre Mutter tot im Flur aufgefunden.«

Birgits Alptraum war wahr geworden.

Kurz darauf huschten Notarzt und Sanitäter wortlos an ihr vorbei, gefolgt von Frau Dr. Gerwig, die stehen blieb. Geflissentlich übersah Birgit die ausgestreckte Hand.

Mit bebender Stimme schrie sie: »Um das hier zu vermeiden, war ich bei Ihnen! Sie haben mich abgewiesen! Und jetzt ist es passiert!«

Schützend trat der Polizist neben die Ärztin und bat Birgit um etwas Mäßigung.

»Es tut mir sehr leid. Bitte kommen Sie in meine Praxis, wenn die Beamten hier fertig sind. Dann reden wir.« Bevor die Ärztin ihren Weg fortsetzte, drehte sie sich noch einmal um. »Sie sollten jetzt nicht die Wohnung betreten. Warten Sie, bis Ihre Mutter abgeholt wurde. Ersparen Sie sich diesen Anblick. Bitte.«

»Soll ich bleiben?«, fragte Markus.

»Ja«, Birgit weinte. »Aber das geht nicht. So kurzfristig kannst du deine Termine nicht absagen. Ich schaffe das irgendwie.«

Markus nahm sie in den Arm. »Ich lasse mein Telefon eingeschaltet. Melde dich.«

Im Stockwerk über ihr waren bohrende und schraubende Geräusche zu hören. Auf Birgits fragenden Blick hin erklärte der Beamte, dass das bei der Türöffnung beschädigte Schloss ausgetauscht wurde. Nachdem sie dem Handwerker den neuen Schlüssel quittiert hatte, sprach ihr der Beamte nochmals sein Beileid aus und wandte sich zum Gehen.

Birgit hielt ihn auf. »Was wird denn jetzt mit meiner Mutter? Sie kann doch nicht einfach dort liegen bleiben!«

»Darum kümmert sich das Bestattungsunternehmen.«

»Wann?«

»Sie müssen natürlich eines beauftragen.«

»Ich muss das machen?«, fragte sie ratlos. »Wie denn? Ich kenne gar keines. Mein Gott, wo soll ich denn so plötzlich ein Bestattungsunternehmen hernehmen? Ich dachte, da wird automatisch jemand beauftragt. Nein?«

»Leider nur im Fernsehen«, antwortete er mitfühlend. »Bestimmt hilft man Ihnen in der Arztpraxis weiter.«

Verzweifelt schaute ihm Birgit nach. Sie fühlte sich so verlassen wie nie zuvor in ihrem Leben.

Diesmal musste Birgit nicht warten. Die junge Assistentin geleitete sie unverzüglich ins Sprechzimmer, wo die Ärztin gerade ein braunes Kuvert verschloss.

»Möchten Sie ein Glas Wasser?«

Birgit schüttelte den Kopf.

»Es tut mir aufrichtig leid, dass Sie das jetzt durchmachen müssen.« Sie stockte kurz. »Konnten Sie mit Ihrer Mutter ein klärendes Gespräch führen?«

Birgit verneinte und presste das aufgeweichte Taschentuch an die brennenden Augen. »Sie wollte mir nicht einmal sagen, wann sie ins Krankenhaus geht. Die Dame vom Schreibwarengeschäft hat mich auf dem Laufenden gehalten. Sie war es, die mich auf das seit zwei Tagen brennende Licht aufmerksam gemacht hat.« Ein schmerzender Kloß in der Kehle hinderte sie am Weitersprechen. Schließlich fuhr sie gequält fort: »Ich habe seit Samstag versucht, sie zu erreichen, aber sie ging nie ans Telefon. Nachdem mich Frau Winkler heute verständigt hat, habe ich die Polizei informiert.« Mit bitterer Stimme fügte sie hinzu: »Zum zweiten Mal. Diesmal war es zu spät.«

»Sie hätten nichts tun können, Frau Kormann-Weiß.«

»Woran ist sie gestorben?«

»Vermutlich an der Summe ihrer Leiden.«

»War es das Aneurysma?«

Die Ärztin blickte überrascht auf. »Darüber waren Sie unterrichtet?«

»Sie erzählte vor Monaten davon, versicherte mir aber, es sei nicht schlimm, man müsse es lediglich beobachten. Ich habe ihr das sogar geglaubt.«

»Darüber hinaus wussten Sie nichts?«

»Nein. Man konnte ihr ansehen, dass sie leidet. Sie hatte Schmerzen, konnte weder sitzen noch laufen. Und sie machte irritierende Äußerungen, wirkte verwirrt und in ihrer Erscheinung ungewohnt nachlässig. Das wollte ich Ihnen neulich schon erklären. Sie verriet mir lediglich, dass man im Krankenhaus genauere Untersuchungen vornehmen wolle, um der Ursache ihrer Schmerzen auf den Grund zu gehen. Hat man denn etwas herausgefunden?«

»Mir liegt bisher kein Krankenhausbericht vor. Und selbst wenn, ich dürfte Ihnen nichts sagen.«

»Wollen Sie mich denn für den Rest meines Lebens im Unklaren lassen? Was war denn los mit meiner Mutter?«

»So leid es mir tut, da ist nichts zu machen. Ich habe Frau Kormann sehr ans Herz gelegt, mit Ihnen zu sprechen. Dass sie das offensichtlich nicht wollte, müssen Sie einfach akzeptieren. Ich bin weiterhin an meine Schweigepflicht gebunden. Sie hat mich beim letzten Termin extra darum gebeten. Ich kann Ihnen nur sagen, dass Ihre Mutter Bescheid wusste.«

»Bescheid? Worüber?«

»Dass sie bald sterben würde.«

Birgit war fassungslos. Ilses Tod war schlimm genug. Aber dass sie damit gerechnet, sie trotzdem zurückgewiesen und sogar die Ärztin zum Schweigen verdammt hatte, war geradezu unerträglich.

»Das muss ich erst einmal verdauen«, presste sie hervor.

»Verständlich. Hier ist ein Umschlag für das Friedhofsamt. Er enthält den Totenschein. Sie dürfen ihn nicht öffnen. Und dieses Dokument müssen Sie dem Bestattungsunternehmen geben.«

Birgit betrachtete hilflos die Unterlagen und ging grußlos. An der Rezeption hielt ihr die Assistentin ein großes Glas Wasser hin. »Trinken Sie mal. Es hilft.«

»Ich brauche ein Bestattungsunternehmen. Meine Mutter liegt immer noch in der Wohnung«, murmelte sie und leerte durstig das Glas. »Ich weiß nicht, wie das jetzt für Sie klingt, ich habe keine Ahnung, was ich tun soll. In einer solchen Situation war ich noch nie.«

»Das einfachste ist, Sie wenden sich direkt an den Friedhof. Die kümmern sich auch um den Transport. Man braucht gar nicht unbedingt ein Bestattungsunternehmen. Soll ich die Nummer für Sie heraussuchen?«

Birgit nickte dankbar. Endlich half ihr jemand.

Die kommenden zwei Stunden verbrachte Birgit in einem Café mit Blick zur Straße, erwartete die Ankunft des gefürchteten schwarzen Fahrzeugs und mit ihm die greifbare Endgültigkeit dieses so unwahrscheinlich anmutenden Moments. Ihrer Sehnsucht, diese Zeit allein mit ihrer Mutter zu verbringen, widerstand sie trotz heftig widerstreitender Gefühle. Eindringlich hatte ihr die Ärztin davon abgeraten, war Ilse doch bereits vor zwei bis drei Tagen verstorben. Sie solle sich diesen Anblick ersparen, das Bild der Erinnerung dadurch nicht zerstören.

Angespannt und von ängstlicher Übelkeit geplagt trank sie daher mit zitternden Händen ein weiteres großes Glas Wasser, bestaunte vom Geschehen unbeeindrucktes Leben vor der großen Glasscheibe, das dumpf durch einen Nebelschleier an ihr vorbeizog und überlegte krampfhaft, ob der Leichenwagen denn einen Parkplatz vor dem Haus fände. Was, wenn nicht?

Als er letztlich eintraf und vorsichtig auf den Bürgersteig rollte, wich die wattegraue Unwirklichkeit routinierter Geschäftigkeit.

Mit dem Schlüssel versehen, eilten die Friedhofsmitarbeiter in die Wohnung, während Birgit auf dem Treppenabsatz wartete, legten Ilse in ein schwarzes Transportgewebe mit silbern glänzendem Reißverschluss, das sie an Markus' Reise-Kleidersack erinnerte, und huschten mit ihrer anscheinend federleichten Last die Treppe wieder hinunter. An der Haustür verstauten sie den Kleidersack in einem bereitstehenden, viel zu großen grauen Sarg, ließen ihn nahezu geräuschlos in den Fond des geräumigen Fahrzeugs gleiten, nahmen das für sie bestimmte Dokument entgegen, gaben Birgit den Schlüssel zurück und verschwanden mit ihrer traurigen Fracht. Sie sollte nun den Personalausweis oder Reisepass suchen und zusammen mit dem Totenschein und Ilses Geburtsurkunde beziehungsweise dem Familienstammbuch am nächsten Vormittag vorbeibringen.

Tiefe Ruhe umfing sie, als sie die Tür zum Reich ihrer Mutter aufschloss. Sie sehnte sich danach, ihre Nähe zu spüren, im Sessel gegenüber Ilses Kuschelecke auf dem Zweisitzer-Sofa Platz zu nehmen, vielleicht die von ihr zuletzt gehörte CD abzuspielen, den vertrauten Duft nach Büchern, Zeitschriften und ihrem Lieblingsparfüm ›Diva‹ zu atmen, sich zu erinnern und zu weinen. Nun endlich war dieser Moment gekommen.

Der Schlüssel bewegte sich widerstandslos. Langsam schob sie die Tür zum dunklen Flur auf, wagte einen vorsichtigen Schritt hinein. Anscheinend hatten die Ärzte oder Friedhofsmitarbeiter versehentlich eine Tasche oder Ähnliches umgestoßen, als sie ihrer Arbeit nachgingen. Behutsam schob sie einige leere Wasserflaschen aus Plastik mit der Fußspitze beiseite, schloss die Tür, richtete ihren Blick den Flur entlang zum Wohnzimmer und erstarrte.

Niemand hatte sie gewarnt. Niemand.

Völlig unvorbereitet schrien ihr Handlungsunfähigkeit und Einsamkeit entgegen. Der Flur übersät mit Plastikflaschen, zugeknoteten Tüten, hüfthoch gestapelten Zeitungen entlang der Wand. Kein freies Plätzchen war auszumachen von links Richtung Schlafzimmer bis rechts Richtung Wohnzimmer. Eine schmale Schneise, in der Birgit wadentief in knisterndem Kunststoff und raschelndem Papier versank, verband die beiden Räume. Ein Sammelsurium sorgsam platzierter Taschenlampen beherrschte die Ablagefläche des Kühlschranks, der seit den achtziger Jahren in der schmalen Nische zwischen Eingangstür und Wohnzimmer seinen Dienst versah. Billige Taschenlampen, ein Tribut an die defekte Flurbeleuchtung. Die Wohnzimmerlampe brannte noch immer. Vorsichtig folgte sie dem Trampelpfad zur schummrigen Lichtquelle.

Höhnisch leuchtend beherrschte sie die ehemals weiße Zimmerdecke, als einzige Fläche frei von achtlos hingeworfenen Gegenständen, Papierstapeln, Flaschen, Tüten und Textilien. Die Familienclans der Weberknechte nutzten sie als Ankerpunkt. Ein Baldachin aus Spinnweben umspannte ihr kugelrundes Korbgeflecht und bildete ein filigranes Wegenetz in Zimmerecken, zu Regalen, Kommode, eingestaubtem und dem eindeutig lange unbenutzten Fernseher.

Der zur Hälfte heruntergelassene Rollladen musste seit Monaten, wenn nicht gar Jahren in seiner Position verharrt haben und verbarg gnädig die Sicht durch das blinde Fensterglas hinter dem gelblich-grauen Gardinengespinst. Nie und nimmer hätte ihn Ilse bewegen können. Zum einen fehlte ihr hierfür die Kraft, zum anderen war der Gurt unerreichbar. Der gesamte Raum war bis auf Höhe des Couchtischs mit Zeitungen und Zeitschriften vollgepflastert, sowie von einem Potpourri unzähliger Gegenstände wie leerer Zigaretten- und Medikamentenschachteln, Asthma-Sprühstoßbehälter, Handtaschen, Kleidungsstücken, Einwegverpackungen übersät. Als die Bodenfläche für die Papierberge nicht mehr ausreichte, breiteten sie sich über Sofas und Sessel aus. Oder umgekehrt. Inmitten dieser Myriaden von Rätsel- und Boulevardblättchen, Tages- und Wochenzeitungen, die sämtliche Sitzmöglichkeiten unter sich begruben, existierte lediglich an einer Stelle des einstigen Zweisitzer-Sofas eine von einem fliederfarbenen Frotteehandtuch bedeckte, festgepresste Sitzkuhle.

Sie war im Grunde genommen der einzige Ort im gesamten Raum, der sich über den schneisenähnlichen Trampelpfad vom Flur aus erreichen ließ. In Reichweite – auf dem kaum erkennbaren Couchtisch davor – lagen Schreibgerät, Briefumschläge mit krakeligen Notizen, weitere Zeitschriften, Zigarettenschachteln, Feuerzeuge, Aschenbecher, Taschenlampen, Flaschen. Eine angebrochene Wasserflasche, eine kleine Colaflasche, mehrere geleerte Wein- und Weinbrandflaschen und etliche kleine Chantré-Fläschchen, wie man sie im Supermarkt an der Kasse findet. Jedes freie Fleckchen in den Regalen war mit Krimskrams und Papieren vollgestopft, die Bücher dahinter nur zu erahnen. Unter dem Couchtisch lagerten ordentlich zugeknotete Mülltüten voller Fast Food-Einwegbehälter, aufgeregte Weberknechte sausten die Wände entlang.

Von Ilses zartem Duft ›Diva‹ war nichts zu verspüren. Das Zimmer strömte lediglich kalten Tabakgeruch aus, der sich über etliche Jahre in sämtlichen Zimmerwinkeln gesammelt und in Möbel, Bücher, Tapeten, Gardine und den sicherlich irgendwo vorhandenen Teppich gekrochen war. Seltsamerweise schien der Müll unter dem Couchtisch geruchlos.

Birgit schoss es durch den Sinn, dass möglicherweise die Kolonien von Weberknechten als Geruchsputzkolonne gewirkt hatten. Von irgendetwas mussten sie ja gelebt haben.

Nach Minuten entsetzter Bewegungsunfähigkeit folgte sie dem Pfad ins Schlafzimmer. Erneut schmerzte der Anblick eines von Kleidungs- und Krempelbergen zweckentfremdeten Bügelbretts, der beiden zugestapelten Schränke, der durch Mülltüten unerreichbaren kleinen Kochnische, die seit langer Zeit keinen anderen Zweck mehr erfüllt hatte als den der Beherbergung achtlos abgestellter oder hingeworfener Taschen und Behälter. Dazu die zahllosen Flaschen, die die gesamte verfügbare Bodenfläche einnahmen. Wie Zinnsoldaten reihten sie sich in grausamer Ordnung aneinander. Lediglich eine fast leere Flasche Chantré hatte sich dem Regiment widersetzt und wartete in gekippter Lage darauf, wieder aufgerichtet zu werden.

Der Heizkörper unterhalb des Fensters war in ein wollenes Gewand aus Staub und verlassenen Spinnweben gekleidet, die Wand fleckig. Davor ein überquellender Aschenbecher.

Das Bett ragte wie eine Insel des Wohlbehagens aus all der Tristesse hervor. Decke und Kopfkissen schienen frisch bezogen. Fliederfarben, heimelig. Nur das graue Biberlaken, das Ilse wohl lange nicht mehr gewechselt hatte, bestimmt, weil sie die schwere Matratze nicht anheben konnte, war an den Ecken staubvergilbt und zu großen Teilen vom Liegen eingerissen. Die schadhaften Stellen bedeckten bunte Frotteehandtücher. Im Weidenregal am Kopfende betrauerte Birgits Kinderbild in seinem braunen Standrahmen die schreiende Not ihrer verschwiegenen, auf ewig schweigenden Mutter.

Natürlich hatte Birgit keine perfekt geflegte Umgebung erwartet, sondern mit staubigen Flächen, mäßig gereinigten Böden und ungespültem Kaffeegeschirr gerechnet. Oft genug hatte sie ihrer Mutter Unterstützung bei der Hausarbeit angeboten, da sie gewiss nur unter größter Anstrengung den schweren Staubsauger bedienen konnte. Irgendwann erfolgten derlei Offerten schematisch, ritualisiert, wohlwissend, dass Ilse sie, Stolz und Starrsinn folgend, samt und sonders ablehnte.

Birgit dämmerte, dass dies nicht an Ilses vielzitierter Eigenständigkeit lag. Hier gab es schlicht und ergreifend nichts zu saugen, und den Grund dafür wollte sie keinesfalls preisgeben.

Ilses verwirrende Äußerungen an ihrem fünfundsiebzigsten Geburtstag fielen ihr ein. Angeblich hatte Birgit die Wohnung heimlich betreten und eine Spur aus Münzen von der Wohnungstür zum Schlafzimmer gelegt, weswegen sich Ilse veranlasst sah, das Schloss auswechseln zu lassen. Angesichts des Trampelpfades wurde sie erneut von der Absurdität des Vorwurfs eingeholt. Selbst wenn dort jemals Münzen verstreut waren – sie wären inmitten des weißen, blauen, roten, grünen und querbeet-gemusterten Kaleidoskops aus Kunststoff und Papier unmöglich zu entdecken gewesen.

Waren seit diesem traurigen Festtag tatsächlich erst sechs Wochen vergangen? Sechs Wochen voller Sorge, Unruhe, Angst, Zurückweisung, Machtlosigkeit für Birgit. Sechs Wochen voller ... ja was ... für Ilse? Was musste sie durchgemacht haben! Das Bewusstsein, bald zu sterben, die Hoffnung auf Linderung, die Angst vor Entdeckung.

Birgit begriff plötzlich Ilses Not, als Polizei und Tochter vor der Tür standen. Natürlich konnte sie nicht öffnen und Birgit hereinbitten. Seit Jahren hatte Ilse zwei Leben geführt. Ein sichtbares für ihre Mitmenschen, ein verborgenes hinter der Wohnungstür. Mit Birgits Drängen eskalierte ihr sorgsam gehütetes Geheimnis. Nur durch Flucht in Abschottung konnte sie den letzten Rest Würde bewahren.

In Birgits Trauer und Entsetzen mischten sich Mitleid und Schuldgefühl. »Ach, Mama, warum hast du denn nie etwas gesagt?«, schluchzte sie verzweifelt. »Warum habe ich nichts bemerkt?!«

Sie musste weg. Am Fußende des Bettes stand eine neue Reisetasche. Darin entdeckte sie einen fast ungetragenen Bademantel, neue Nachtwäsche, kaum benutzte Toilettenartikel, ungeöffnete Medikamentenpackungen, die vielleicht eine neue Therapie versprachen, an die Ilse nicht mehr geglaubt hatte. Nach kurzem Zögern fischte sie eine Dokumentenmappe heraus, die anscheinend einen Krankenhausbericht enthielt. In einer kleinen Handtasche an der Tür fand sie Ilses Geldbeutel mit etwas Kleingeld und dem Personalausweis.

Anschließend rief sie Bodo an. Sie hatte ihn bereits nach ihrem Telefonat mit dem Friedhof über Ilses Tod informiert. »Papa, bitte bring mir das Familienstammbuch. Ich weiß nicht, wie ich Mamas Geburtsurkunde finden soll.«

Juli 2014

Die Trauergesellschaft beschränkte sich auf Birgit, Markus, Bodo und dessen Freundin, Birgits Patenonkel und ihre Tante, zwei von Ilses ehemaligen Kegelschwestern, zwei Freundinnen aus Zeiten des Mütterkreises und der Turnstunden in den sechziger und siebziger Jahren, einen Sandkastenfreund aus dem Hemshof mit Ehefrau.

Keine Beileidskarte hatte Birgit erreicht. Mangels eines Adressbuches, das Hinweise auf Ilses angeblich kontinuierlich gepflegten Kontakte zu früheren Reisebegegnungen und Kollegen geben konnte, hatte sie eine Todesanzeige mit Angabe der Traueranschrift in den regionalen Zeitungen geschaltet. Niemand hatte sich gemeldet oder ihre Mutter auf diesem letzten Weg begleitet. Niemand, mit Ausnahme des traurigen kleinen Grüppchens in der großen Trauerhalle. Die Hälfte von ihnen, um Birgit zur Seite zu stehen, und weniger aus Verbundenheit zur Verstorbenen. Ilse hatte sämtliche Verbindungen abgebrochen und all die fröhlichen Telefonate wohl nur erdacht.

Bei strömendem Regen bestattete Birgit die Urne ihrer Mutter auf einer Wiese mit kleinen Birken und großen Kastanien auf dem Ludwigshafener Hauptfriedhof. Munteres Vogelgezwitscher im umgebenden Buschwerk, neugierige Eichhörnchen und sicherlich die eine oder andere streunende Katze würden ihr hier künftig Gesellschaft leisten und die Einsamkeit vergangener Jahre vertreiben.

Die Wohnung hatte mittlerweile ein Entrümpelungsunternehmen geräumt. Birgit selbst hatte den Kampf gegen all diese Berge nach zwei Tagen aufgegeben. Die ältesten Zeitungen stammten von 2007, teilte man ihr auf ihre Frage hin mit. Geblieben waren ihr der Inhalt der Kommodenschublade – Briefe, teilweise ungeöffnet, Fotos, eine Familienbibel, Gesangbuch und Katechismus ihrer unbekannten Großmutter und Dokumente, die bis in Ilses Kindertage zurückreichten, darunter ein uraltes Poesiealbum.

Teil 8

Das Menschenleben ist seltsam eingerichtet:
Nach den Jahren der Last
hat man die Last der Jahre.

Johann Wolfgang von Goethe (1749–1832)

2019

Lange beschäftigte Birgit die Frage, ob und wie sie sich an Ilse schuldig gemacht hatte. Hatte sie die Augen verschlossen? Oder hatte Ilse ihr Leben tatsächlich so gut verborgen, dass sie sich von der Tochter unbemerkt zur todkranken Alkoholikerin in einer verwahrlosten Umgebung entwickeln konnte? Egal, wie oft sie die Fotos vergangener Jahre betrachtete, nach Anzeichen suchte, sie fand keine Antwort. Hätte sie auf Besuche in Ilses Zuhause bestehen sollen, anstatt Treffen bei Birgit oder im Café fraglos zuzustimmen? Mit welchem Recht? Wo endete Verantwortung und wo begann Schuld?

In vielen Gesprächen mit Markus, Bodo, Ilses Cousine Laura, der Pfarrerin, die eine einfühlsame Trauerrede hielt, dem Friedhofsbeamten, der viel zu oft ähnliche Situationen erlebt hatte, versuchte sie den Grad ihres Versagens zu eruieren. Sie erhielt Zuspruch. Denn niemand, der Ilse kannte, hatte den leisesten Verdacht gehegt, eine bedrohliche Veränderung festgestellt. Am Telefon wirkte sie aufgeschlossen und gesprächig, in Gesellschaft anderer trank sie nie mehr als ein Glas Wein, ihre Kleidung war bis zu ihrem fünfundsiebzigsten Geburtstag ordentlich und gepflegt. Appetitlosigkeit begleitete sie seit Jahren, war ›normal‹, verwunderte daher nicht. Und ihr nachlassendes Interesse an Büchern, Kultur und politischem Geschehen, die zunehmende Engstirnigkeit und Begeisterung für Kreuzworträtsel und Boulevardgeschichten nahm Birgit achselzuckend hin.

»Gib nicht dir die Schuld. Man kann nur helfen, wenn der andere dies zulässt«, mahnte Laura liebevoll. Ilses Cousine wurde ihr zu einer geduldigen Ratgeberin und Freundin. »Sie wollte keine Hilfe.«

»Wie konnte es nur so weit kommen? Wann gab es kein Zurück mehr für sie und warum?« Zweifel blieben.

Schließlich öffnete Birgit die Büchse der Pandora. Sie holte die große Kiste hervor, in die sie sämtliche Papiere aus der Kommode gestopft hatte, sofern es sich nicht um zu erledigende Bankangelegenheiten und Ähnliches handelte, studierte jedes Dokument, nahm sich die Fotos vor und begann Ilses Lebensweg mit Beginn der Eheschließung ihrer Eltern 1933 nachzuzeichnen. Sie besuchte das Stadtarchiv, um ein Gefühl für das Leben jener Zeit zu bekommen, las Ilses Schul- und Arbeitszeugnisse, entdeckte die zerstörte Widmung im Poesiealbum und Freds 1959 verfassten Brief an die künftigen Schwiegereltern, weinte bei der Lektüre der umfangreichen anwaltlichen Korrespondenz, die mit dem Scheidungsurteil im Februar 1961 einen ersten Höhepunkt, aber noch kein Ende fand. Sie durchlebte den Bruch zwischen Ilse und ihren Eltern, den Krieg um Birgits Bruder Udo und wurde Zeugin vom Scheitern der Ehe ihrer eigenen Eltern. Gesprochen hatte Ilse nie, dafür alles aufgehoben.

Mühsam setzte Birgit all diese Mosaiksteinchen zu einem Gesamtbild zusammen, verglich es mit dem anderer Zeitzeugen, erfragte die Einschätzung von Psychologen und Pfarrern. Und langsam befreite sie ihre Mutter aus dem Staub der Geschichte, der Sprachlosigkeit, der Intoleranz, der Missverständnisse und Prägungen längst vergangener Zeiten, deren Macht sich bis auf Birgits eigenes Leben erstreckte.

Ilse

»Laura, ich habe lange darüber nachgedacht«, erklärte Birgit in einem der vielen Telefonate mit Ilses Cousine. »Ich glaube, man kann Hedwig nicht als ›böse Frau‹ bezeichnen. Sie war gefangen in der Vorstellung eines Frauenbildes, das man ihr seit frühester Kindheit vermittelt hatte. Sie kannte nur Pflichterfüllung, Rechtschaffenheit, die konsequente Einhaltung von Konventionen. Ihre Tochter, meine Mutter, hatte darin versagt, möglicherweise bewusst damit gebrochen. Und so unternahm sie alles, um zumindest ihren Enkelsohn vor schlimmerem Unheil zu bewahren. Sie tat nichts, um anderen zu schaden, sondern um jene, die sie schützen wollte, vor Schaden zu bewahren.«

»Na, ich weiß nicht. Tante Hedwig war ja die gleiche Generation wie meine Mutter. Und die war ganz anders«, erwiderte Laura betrübt. »Ilse hatte kein schönes Leben. Sie fühlte sich eingesperrt, erzählte sie einmal. Wollte raus, auf eigenen Füßen stehen, die Welt erobern. Stattdessen gab es Verbote, Enge, Vorschriften. So richtig gelebt hat sie wohl erst, als sie von deinem Vater geschieden war, einen tollen Job hatte, ausgehen und reisen konnte.«

»Da hast du wahrscheinlich recht. Ich glaube auch, dass sie diese Spanne zwischen vierzig und sechzig, bis man sie in den Ruhestand schickte, sehr genossen hat. Das macht mir ja so zu schaffen. Sie war so lebendig, so stark und selbstbewusst. Das kann unmöglich alles Fassade gewesen sein.«

»Nein, glaube ich nicht. Das waren richtig gute Jahre, da ist sie aufgeblüht.«

»Und hat anscheinend alles, was sie belastete, abgeschüttelt. Zumindest erweckte sie den Eindruck. Wenn ich sie nach ihrer Kindheit oder meinen Großeltern fragte, wiegelte sie ab. An die Kindheit erinnerte sie sich nicht, es war halt Krieg und insgesamt eine harte Zeit, in ihrer Jugend gab es nur Verbote, sie durfte nichts und wurde trotzdem schwanger, anschließend musste sie permanente Einmischungen ertragen und zu guter Letzt hieß es, ihre Mutter sei eine böse Frau und ihr Vater nicht viel besser gewesen. Sie habe mit all dem abgeschlossen und wolle nicht mehr daran denken. Thema beendet.« Nachdenklich rührte Birgit in ihrem Kaffee und wechselte den Telefonhörer von einem Ohr zum anderen. »Seltsamerweise habe ich nie nachgehakt. Immer, wenn sie mir sagte, sie wolle nicht über etwas sprechen, habe ich das akzeptiert. Ich wäre nie und nimmer auf die Idee gekommen, ihre Worte infrage zu stellen. Wenn sie behauptete, es gehe ihr gut, sie sei nur etwas müde, dann habe ich es geglaubt. Erst am Ende wurde ich misstrauisch. Da war es zu spät.«

»Was hättest du denn tun sollen? Wie oft hattest du ihr Unterstützung angeboten. Und immer lehnte sie ab.«

Ja, Ilses konsequente Zurückweisung jeglicher, noch so kleiner Hilfsangebote schmerzte Birgit unverändert. Stets bestand sie darauf, niemandem zur Last fallen zu wollen und duldete keinerlei Einmischung in ihr Leben. Davon hatte sie wohl zu viele erfahren.

»Sie hat sich jahrelang selbst etwas vorgemacht, Laura. Wenn etwas nicht gut lief, und sie es nicht ändern konnte, ignorierte sie das Problem schlichtweg, bis es nicht mehr existierte. Auf diese Weise schüttelte sie sämtlichen Ballast ab. Gegen ihre Ängste, Sorgen und vielleicht unliebsamen Erinnerungen half der Alkohol. Solange sie ihre Arbeit hatte, ging es ihr gut. Mit dem Ruhestand begann ihr Abstieg. Und spätestens mit Udos Tod holte sie die Vergangenheit ein. Die Last all dieser verdrängten Jahre muss schlimm gewesen sein.«

Wegschauen, vergessen, verleugnen. Ilse hatte im Lauf ihres Lebens eine große Perfektion darin entwickelt und sich dabei immer tiefer in Einsamkeit und Krankheit verstrickt. Hätte sie doch gelernt zu reden!

»Hallo Papa, wie geht's?« Birgit hatte sich aufgerafft und Bodo angerufen. »Hast du über den Stammbaum nachgedacht? Lass uns damit beginnen. Ich will jetzt endlich mehr über meine Familie erfahren. Über die von Mama habe ich eine Menge herausgefunden. Aber über deine weiß ich fast nichts.«

Diesmal würde sie sich nicht abwimmeln lassen. Schluss mit dem Schweigen.

Die Vergangenheit ist niemals tot.
Sie ist nicht einmal vergangen.

William Faulkner,
amerikanischer Schriftsteller und
Literaturnobelpreisträger (1897–1962)

Epilog

Schätzungen zufolge ist etwa ein Drittel der Kriegskindergeneration traumatisiert, bei fünf Prozent spricht man gar von schweren Traumata. Beharrliches Schweigen kennzeichnet fast alle. Je jünger sie die Bombenangriffe erlebten, desto häufiger suchten sie in innerem Rückzug jene Zuflucht, die sie anders nicht finden konnten. Das Vergessen und Schweigen fest verinnerlicht, konnten sie ihre Vergangenheit leider nicht verarbeiten.

Jedoch flammt sie gerade dann wieder auf, wenn das Leben eine eigentlich gute Wendung nimmt. Solche ›flashbacks‹ nehmen mit dem Älterwerden zu. Folgen davon sind oftmals posttraumatische Belastungsstören wie psychosomatische Beschwerden, versteckte Depressionen, Ängste oder Panikattacken.

Betroffene suchen Sicherheit in klaren Strukturen, Disziplin, Kontrolle, verdrängen ihre Beschwerden. Wegschauen und vergessen sind die probaten Mittel frühester Kindheit.[43]

Auch Ilse konnte nie die Erlebnisse ihrer Kindheit verarbeiten. Um deren Schrecken zu entgehen, lehnte sie jegliche Erinnerungen konsequent ab. Einschneidende Veränderungen ihres späteren Lebens, wie der vorzeitige Ruhestand und der Tod ihres Sohnes, setzten jedoch ihre Schutzmechanismen außer Gefecht. Folgen waren die Nichtbewältigung ihres Alltags, die Flucht in den Alkohol, daraus resultierende diverse Erkrankungen und vermutlich eine schwere Depression. Es gelang ihr nicht, aus der Sprachlosigkeit

---

[43] Vgl. auch Sabine Bode ›Die vergessene Generation‹, Verlag Klett Cotta 2004

auszubrechen, sie hielt die Fassade aufrecht – so, wie sie es von Kindesbeinen an nicht anders gekannt hatte.

Die Generation der Kriegskinder tritt langsam ab. Damit ihre Lebensangst nicht über die Kriegsenkel weitergetragen wird, hilft vor allem eines: Hinschauen und Zuhören.

Danksagung

Ilses Lebensweg habe ich aus einer Vielzahl von Fotografien und Originaldokumenten, die hier im Buch auch (inklusive der Originalschreibweisen) zitiert werden, rekonstruiert. Alle Personen haben tatsächlich gelebt, allerdings habe ich jene aus Ilses Freundes- und Familienkreis, sowie ehemalige Mitarbeiter*innen und Vorgesetzte mit anderen Namen versehen, um ihre Privatsphäre zu schützen. Es war mir wichtig, alle Ereignisse und die Atmosphäre von Ilses Lebensabschnitten realitätsgetreu wiederzugeben. Dies war dank der Unterstützung u.a. von BASF History möglich, die mir freundlicherweise die beruflichen Stationen von Fred und Wilhelm zur Verfügung stellten. Auf diese Abteilung der BASF SE machte mich Frau Bettina Henkmann aufmerksam, der ich an dieser Stelle für diesen wertvollen Hinweis danke.

Die Arbeitsabläufe innerhalb der Palatinolfabrik darzustellen, fiel mir nicht leicht. Meine Facebook-Freundin „Doc Marlow", Chemikerin ihres Zeichens, warf daher einen kritischen Blick auf meine Schilderungen. Arbeitsbedingungen und die Stellung der damaligen „Ostarbeiter" innerhalb der Belegschaft sind historisch belegt.

Bei meinen Beschreibungen der Flugmotorengeräusche des ersten Luftangriffs am 03.06.1940 konnte ich auf die Erfahrungen meines Freundes Joseph Newton zurückgreifen, einem Veteranen des Vietnamkriegs. Ein weiterer Facebook-Freund, Volker Weber, sandte mir die Audio-Aufnahme startender Flugzeuge zu. Deren Tonlage konnte ich anschließend mit Hilfe meines Ehemannes Christian Lassen, einem Berufsmusiker, bestimmen. So kam ich letztlich auf die im Buch beschriebene Note „C".

Sämtliche Informationen rund um Ludwigshafen, den Kriegsverlauf und insbesondere die verschiedenen Bombenangriffe, Bunker und Zerstörungen der BASF-Gebäude verdanke ich dem Stadtarchiv Ludwigshafen. Mein Dank gilt Herrn Dr. Klaus J. Becker, der mich unzählige Dokumente einsehen und vor allem auch die Originalzeitungen der Jahre 1940 bis 1944 (General-Anzeiger und NSZ Westmark) studieren ließ.

Wertvolle Informationen zur Geschichte der Apostelkirche und der Rolle der evangelischen Kirche während des Nationalsozialismus steuerte Pfarrer Dr. Stefan Bauer (heute in Landau) bei.

Unverzichtbar für meine Recherchen war mein Onkel Helmut Walter, der Ilses Jahrgang angehört und mir etliche eigene Kindheitserinnerungen schilderte. Durch ihn lernte ich u.a. die Melde-Pflanze kennen, die mir bis dato gänzlich unbekannt war.

Mein ganz besonderer Dank gehört Ilses Cousine, die wir im Buch als Laura kennengelernt haben. In ihrem Besitz fanden sich beispielsweise der Totenschein ihrer Schwester (im Buch nenne ich sie Dorothea) und das Soldbuch ihres Vaters. Ihre unschätzbaren Erinnerungen fanden alle den Weg ins Buch.

Zu guter Letzt bedanke ich mich bei der wunderbaren Elsa Rieger, meiner Lektorin, deren Arbeit sich gar nicht genug würdigen lässt, der Schlussredakteurin Sabine Hägele, die für den letzten Schliff sorgte und bei Silke Boger, der besten Verlegerin, die man sich nur wünschen kann. Sie hat vom ersten Moment an erkannt, dass Iles Geschichte erzählt werden muss. Liebe Silke, ich freue mich schon darauf, mit Dir gemeinsam die nächste erzählenswerte Geschichte vorzustellen.

Karin Lassen

Quellen

Wie erwähnt, habe ich Informationen der BASF SE (BASF-History), die Fragen zur Palatinolfabrik und einigen Lebensläufen beantwortete, berücksichtigt, außerdem Zeitzeugenberichte aus Ilses persönlichem Umfeld, Gespräche mit Pfarrern und Psychologen, sowie umfangreiche Sekundärliteratur, u.a.:

- Kirchenbücher Apostelkirche, Ludwigshafen
- Soldbücher Wehrmacht (Privatbesitz)
- General-Anzeiger und NSZ-Westmark 1940-1944 (eingesehen im Stadtarchiv Ludwigshafen)
- Stefan Mörz ›Vom Westboten zur Rheinpfalz‹
- Lothar Meinzer ›Ludwigshafen am Rhein und die Pfalz in den ersten Jahren des Dritten Reiches‹
- Klaus J. Becker und Bernhard Kukatzki ›Ludwigshafen in der Weimarer Republik und im Dritten Reich‹
- Franz Maier ›Biographisches Organisationshandbuch der NSDAP und ihrer Gliederungen im Gebiet des heutigen Landes Rheinland-Pfalz‹
- Friedrich Kellner ›Vernebelt, verdunkelt sind alle Hirne – Tagebücher 1939-1945‹, 2 Bände
- Dr. Brigitte Hohlfeld, Hrsg. ›Bitteres Ende – schwieriger Anfang: Zeitzeugenberichte zu den Jahren 1933-1955‹
- Hilde Waldkirch-Geiger ›So war es damals‹
- Friedhelm Borggrefe ›Im Gleichschritt Marsch – Evangelisch in Ludwigshafen 1933-1945‹
- Veröffentlichung des Stadtarchivs Ludwigshafen am Rhein, Bd. 13 ›Evangelische Kirche in Ludwigshafen am Rhein 1919-1945‹, hier insbesondere der 2. Teil

- ›1930-1945 Der Pfälzische Kirchenkampf im Spiegel Ludwigshafener Gemeinden‹
- Sigrid Chamberlain ›Adolf Hitler, die deutsche Mutter und ihr erstes Kind‹
- Sigrid Georgine Stemler ›Nahe der Grenze‹
- Eginhard Scharf ›Man machte mit uns, was man wollte – Ausländische Zwangsarbeiter in Ludwigshafen am Rhein 1939-1945‹
- Hans-Joachim Perrey ›Zwischen Krieg, Wiederaufbau und Demontagen – Die BASF 1939 bis 1952/53‹
- Aufzeichnungen der Alliierten (Originaldokumente im Stadtarchiv LU) zur Bombardierung der BASF und deren Verteidigungsanlagen
- Rosemarie Köhler ›Steckrübenmus und Reibekuchen ohne Fett – Das Rheinische Notkochbuch‹
- handschriftliche Rezepte der 30er Jahre (Privatbesitz)
- Roland Gööck ›Das neue große Kochbuch‹, 1963 Bertelsmann
- Peter Graf ›Was nicht mehr im Duden steht – eine Sprach- und Kulturgeschichte‹
- Deutsches Ehegesetz (Kontrollratsgesetzt Nr. 16 v. 20.02.1946), Gleichberechtigungsgesetz von 1957, 1. EheRG 1967
- Sabine Bode ›Die vergessene Generation – Kriegskinder brechen ihr Schweigen‹
- Sabine Bode ›Kriegsenkel‹
- Martin Suter ›Small World‹
- Online-Pressearchive u.a. Spiegel, Hamburger Abendblatt der 60er und 70er Jahre
- Deutsche Musikcharts
- Online-Wetterarchive

HALLO.
Wir sind pinguletta.

pínguletta

Mehr Lesestoff
von

 pínguletta

Wintertöchter. Die Gabe

Band 1 der Forstau Saga. Die Forstau – ein kleines, verborgenes Bergdorf am Fuße der österreichischen Tauern. Drei Frauen – Barbara, die selbstbewusste Hebamme. Ihre schwermütige Ziehschwester Marie und Anna, das Kind mit der besonderen Gabe, die sowohl Geschenk als auch Fluch bedeutet. Sie stellen sich dem harten Leben in den Bergen sowie gegen althergebrachte Traditionen in einer männerdominierten Welt. Als Roman in Maries Leben tritt, scheint sich alles zum Guten zu wenden. Doch die Verbindung bringt weder Marie noch ihrer Tochter Glück …

Mignon Kleinbek
Roman

Taschenbuch 355 Seiten | ISBN 978-3981767858
eBook | ISBN 978-3981767865
Hörbuch | ISBN 978-3948063139

Wintertöchter. Die Kinder

Band 2 der Forstau Trilogie. Die Forstau-Saga geht weiter. Eine Familie, zwei Höfe, drei Frauen. Liebe, Verlust und – unendlich viel Schweigen. Die Ehe der melancholischen Marie mit Roman Wojtek ist längst gescheitert. Hilflos muss Barbara Sittler zusehen, wie ihre Nichte Anna zusehends in seinen Bannkreis gerät. Dann tritt Roman Wojtek auch ihr zu nahe und Barbara fasst einen entsetzlichen Entschluss. Die geheimnisvolle Gabe, das Erbe der Frauen ihrer Familie, erscheint als einziger Ausweg – doch sie hat ihren Preis ...

Mignon Kleinbek
Roman

Taschenbuch 342 Seiten | ISBN 978-3981767896
eBook | ISBN 978-3948063009
Hörbuch | ISBN 978-3948063146

Wintertöchter. Die Frauen

Das fulminante Ende der Trilogie. Zwei rätselhafte Tagebücher.
Eine Niederschrift voll Leidenschaft, unendlichen Leids und einer
Tat, die Leben zerstörte. Das Päckchen ohne Absender stürzt
Helena und Christina in tiefe Verwirrung; wer ist die geheimnisvolle Anna und was hat es mit dem silbernen Medaillon auf
sich? Die ungleichen Schwestern tauchen ein in die mysteriöse
Geschichte ihrer Herkunft. Und nichts mehr in ihrem Leben bleibt,
wie es war. Eine Erzählung über starke Frauen, die ihr Vermächtnis über Generationen erhalten und weitergeben.

Mignon Kleinbek   Taschenbuch 480 Seiten | ISBN 978-3948063054
Roman   eBook | ISBN 978-3948063061
Die Trilogie ist auch als Gesamtausgabe im Schuber erhältlich.

Grenzenlose Intrigen. Tod in Alepochori

Band 1 der ›Welle ermittelt‹ Reihe. Eine wunderbare Mischung aus Leichtigkeit, Spannung und griechischen Impressionen. Verbrannter Wald — schaurig, grausig. Verwesungsgeruch. Es sollte ein entspannter Griechenlandurlaub werden, den sich der Pforzheimer Sonderermittler Wellendorf-Renz, genannt Welle, gönnen wollte. Aber die feine Nase seines Vierbeiners veränderte alles. Gemeinsam mit den Athener Ermittlern stößt er auf Angst, Korruption und skrupellose Intrigen bis in die höchsten Instanzen von Staat und Kirche. Ihre länderübergreifenden Ermittlungen können weitere eiskalte Morde nicht verhindern.

Claudia Konrad
Kriminalroman

Taschenbuch 195 Seiten | ISBN 978-3948063078
eBook | ISBN 978-3948063085

Doppelte Spannung bietet der ›Welle-Pack‹ mit Goodie!

Das geheime Kapitel

Manche Bücher bergen tödliche Geheimnisse … Die unglücklich verheiratete Anna experimentiert mit den magischen Rezepten aus dem Buch vom Dachboden. Die Zauber scheinen zu wirken und sie schafft sich ein Problem nach dem anderen vom Hals. Einer der Hofbewohner liegt plötzlich tot im Bett. Anna wird panisch: Hat sie ihren Schwager versehentlich vergiftet?

Ein Mann, zwei Frauen, zwei Perspektiven, ein Zauberbuch, ein fränkischer Hof und ein Mord sind die Zutaten, aus denen Mara Winter einen tödlichen Cocktail voller Überraschungen mixt.

Mara Winter
Roman

Taschenbuch 223 Seiten | ISBN 978-3948063030
eBook | ISBN 978-3948063047

Frag nach Mario

Eine Liebesgeschichte zum Träumen. Mitte dreißig steckt Laura in einer Sackgasse fest: todunglücklich im Job, in der Beziehung, in ihrem ganzen Leben. Auf einer Dating-Plattform lernt sie Mario kennen. Bald merkt sie, dass alles anders läuft als geplant. Mario rüttelt an ihren festgefahrenen Mustern. Er schickt sie auf Reisen quer durch Europa, wo sie sich ihren tiefsten Ängsten stellen muss. Ist Laura stark genug, den Dämonen ins Gesicht zu blicken? Hat ihr das Leben nicht mehr zu bieten als nur Überstunden und einsame Zweisamkeit? Wartet irgendwo die große Liebe auf sie? Doch vor allem: Wer ist dieser geheimnisvolle Mario, der mehr über sie zu wissen scheint als sie selbst?

Gerd Schäfer
Eine Liebesgeschichte

Taschenbuch 240 Seiten | ISBN 978-3948063092
eBook | ISBN 978-3948063108

Als ich aus der Zeit fiel

Jens Jüttners Weg durch die paranoide Schizophrenie. Zehn Jahre Albtraum. Zehn Jahre voller Ängste. Eine Krankheit, bei der das ganze Leben aus den Fugen gerät. Die Diagnose Schizophrenie verbreitet gemeinhin Schrecken, und das nicht ohne Grund. Jens Jüttner berichtet aus eigener langer Erfahrung über seine paranoide Schizophrenie. Offen erzählt er über seinen langen Weg mit vielen Tiefen, und wie er es am Ende geschafft hat, aus der Krankheit herauszufinden. Das Buch klärt auf, wirbt um Verständnis und will anderen Betroffenen und deren Umfeld eine Hilfestellung sein und Mut machen – informativ, emotional, spannend, authentisch geschrieben.

Jens Jüttner
Autobiografisches Sachbuch

Taschenbuch 138 Seiten | ISBN 978-3948063115
eBook | ISBN 978-3948063122
Hörbuch | ISBN 978-3948063160

Mädchenklo

Vom Bücherportal Leserkanone.de zur ›Indie-Perle des Monats‹ gekürt. Was passiert hinter den Türen mit dem großen ›D‹, fragt sich der männliche Teil der Menschheit. Was erleben andere Frauen hinter den ›Ladies‹-Türen rund um den Globus, fragt sich die weibliche Hälfte. Das Buch ›Mädchenklo‹ mit dem klangvollen Untertitel ›Das gaanz normale Leben!‹ gibt in sieben vergnüglichen Episoden die höchst amüsante Antwort.

Silke Boger
Komödie

Taschenbuch 279 Seiten | ISBN 978-3981767803
eBook | ISBN 978-3981767810

pinguletta.
Farbklecks in der Bücherwelt.

Der Pinguin.
Sympathischer Bewohner
der Südhalbkugel.
Unser Maskottchen.

[ˈpɪŋgu]

pínguletta

[lɛˈta]

La lettera
Italienisch für Buchstabe
oder Schreiben.
Unsere Leidenschaft.

A01_F02_2021 V2021-11-02